CONTRATO DE SEGURO À DISTÂNCIA
O CONTRATO ELECTRÓNICO

PAULA RIBEIRO ALVES

CONTRATO DE SEGURO À DISTÂNCIA
O CONTRATO ELECTRÓNICO

ALMEDINA

CONTRATO DE SEGURO À DISTÂNCIA
O CONTRATO ELECTRÓNICO

AUTORA
PAULA RIBEIRO ALVES

EDITOR
EDIÇÕES ALMEDINA. SA
Av. Fernão Magalhães, n.º 584, 5.º Andar
3000-174 Coimbra
Tel.: 239 851 904
Fax: 239 851 901
www.almedina.net
editora@almedina.net

PRÉ-IMPRESSÃO I IMPRESSÃO I ACABAMENTO
G.C. GRÁFICA DE COIMBRA, LDA.
Palheira – Assafarge
3001-453 Coimbra
producao@graficadecoimbra.pt

Outubro, 2009

DEPÓSITO LEGAL
300426/09

Os dados e as opiniões inseridos na presente publicação
são da exclusiva responsabilidade do(s) seu(s) autor(es).

Toda a reprodução desta obra, por fotocópia ou outro qualquer
processo, sem prévia autorização escrita do Editor, é ilícita
e passível de procedimento judicial contra o infractor.

Biblioteca Nacional de Portugal – Catalogação na Publicação

ALVES, Paula Ribeiro

Contrato de seguro à distância : o contrato
electrónico. – (Teses de mestrado)
ISBN 978-972-40-3912-1

CDU   347
      368
      004

PLANO

I – Introdução
  A – Enquadramento
  B – Sistematização

II – Contratação à distância
  A – Regime geral do contrato à distância
  B – Contratação electrónica

III – Contrato de seguro no regime anterior a 2009 e no novo regime
  1. Definição de seguro
  2. Forma
  3. Pagamento de prémios
  4. Deveres de informação do segurador
  5. Direito resolução do contrato

IV – Contrato de seguro à distância
  A – Aspectos gerais
  B – Contrato de seguro electrónico
    1. Formação do contrato
    2. Deveres de informação e apólice
    3. Direito de livre resolução do contrato de seguro electrónico
    4. Processo de formação do contrato de seguro electrónico
  C – Contrato de seguro em linha
    1. Regime específico do contrato em linha
    2. Regime do contrato de seguro em linha
  D – Contrato de seguro por telefone
    1. Aspectos gerais
    2. Contratação electrónica e por telefone
    3. Especificidades do contrato por telefone
    4. Regime do contrato de seguro por telefone

V – Conclusões

ABREVIATURAS

DL 95/2006	–	Decreto-Lei n.º 95/2006, de 29 de Maio
DL 143/2001	–	Decreto-Lei n.º 143/2001, de 26 de Abril
DL 57/2008	–	Decreto-Lei n.º 57/2008, de 26 de Março
DL 7/2004	–	Decreto-Lei n.º 7/2004, de 7 de Janeiro
DL 290-D/99	–	Decreto-Lei n.º 290-D/99, de 2 de Agosto
DL 176/95	–	Decreto-Lei nº 176/95, de 26 de Julho
DL 94-B/98	–	Decreto-Lei nº 94-B/98, de 17 de Abril
DL 142/2000	–	Decreto-Lei n.º 142/2000, de 15 de Julho
DL 72/2008	–	Decreto-Lei n.º 72/2008, de 16 de Abril
LCS	–	Lei do contrato de seguro
RCCG	–	Decreto-Lei nº 446/85, de 25 de Outubro
Directiva 97/7/CE	–	Directiva n.º 97/7/CE, do Parlamento Europeu e do Conselho, de 20 de Maio
Directiva 2000/31/CE	–	Directiva n.º 2000/31/CE, do Parlamento Europeu e do Conselho, de 8 de Junho
Directiva 2002/65/CE	–	Directiva n.º 2002/65/CE, do Parlamento Europeu e do Conselho, de 23 de Setembro
CESE	–	Comité Económico e Social Europeu
CIMASA	–	Centro de Informação, Mediação e Arbitragem do Seguro Automóvel
CMVM	–	Comissão de Mercado de Valores Mobiliários
ICAE	–	Instrumentos de Captação de Aforro Estruturados
PPR	–	Planos de Poupança Reforma

I
INTRODUÇÃO

O contrato à distância é o futuro, já presente.

Corre o risco de ser o modo mais frequente de celebrar negócios jurídicos.

Seja nas lojas virtuais apresentadas na *Internet* ou através de correio electrónico, seja por telefone, através da televisão interactiva, encomendando por catálogo, ou de qualquer outro modo que já exista ou se invente, a preponderância dos contratos propostos e celebrados à distância tende a ser uma realidade que se impõe nas sociedades industrializadas e tecnológicas.

A falta de tempo, a aversão às multidões, as dificuldades de trânsito, o conforto que cada vez mais pessoas vão sentindo nas suas próprias casas, o desenvolvimento de novas tecnologias, a progressiva e generalizada substituição das relações pessoais, com a presença física e simultânea dos sujeitos, pelas relações virtuais, através de vários meios de comunicação à distância, determinam, também ao nível dos contratos, a progressiva preferência pela comunicação à distância.

O grande salto foi dado com a generalização do uso de computadores e com o desenvolvimento da *Internet* e dos motores de busca, cada vez mais potentes e afinados.

A *Internet* sem fios e os computadores portáteis tornaram a contratação electrónica uma possibilidade sempre presente. Começaram a surgir espaços de acesso livre, inicialmente ligados à Universidade[1] e

---

[1] Registe-se um projecto pioneiro na Universidade de Aveiro. Já com alguns anos e tendo em consideração o ritmo a que tudo acontece no mundo virtual, esta realidade começa a ter a antiguidade necessária a poder ser incluída na categoria dos acontecimentos a considerar históricos. Pouco deve faltar para deixarmos de ter memória do tempo em que não se podia aceder, em qualquer lugar, do telemóvel/computador à *Internet*.

que, actualmente, se apresentam como uma mais-valia de lojas e zonas comerciais[2].

Os próximos passos vão ser dados em paralelo com os desenvolvimentos tecnológicos susceptíveis de serem tornados acessíveis ao grande público.

Está em curso a revolução efectuada através dos telefones móveis que, cada dia, apresentam novas funcionalidades e potencialidades, nomeadamente possibilitando através deles o acesso à *Internet*, tornando desnecessário para tal o próprio computador[3].

Iniciou-se já a revolução efectuada através das televisões que se encontram acessíveis a um público ainda mais vasto do que aquele que possui e sabe utilizar telemóveis equipados com sistema de acesso à *Internet*.

Neste contexto, é inevitável que o próprio Direito[4], procure espartilhar e disciplinar uma realidade que lhe vai escapando, multiplicando-se em parciais soluções legislativas, que se sobrepõem e deixam zonas de lacuna, que se sucedem a um ritmo que procura acompanhar as realidades que visa enformar e que acaba, muitas vezes, por consagrar soluções que já resultavam, sem grande dificuldade, de uma interpretação actualista das regras estruturais de Direito Civil[5].

A legislação sobre seguros tem, recentemente, sofrido profundas alterações tendo sido aprovado um novo regime relativo ao contrato de seguro.

---

[2] O que origina a ironia de um centro comercial fisicamente limitado às suas lojas, conter um centro comercial virtual universal, em cada aparelho minúsculo e sofisticado de que cada seu visitante é portador. E os potenciais clientes, com um telemóvel/computador na esplanada, podem verificar se lhes é mais vantajoso comprar o livro mesmo ali, ou encomendá-lo na mesma livraria, ou noutra, mas virtual, algures no mundo, com condições de aquisição mais vantajosas.

[3] O que tem, certamente, grande impacto no número de utilizadores, uma vez que o universo dos que têm computador em casa, ligado à *Internet*, será substancialmente menor do que os que têm telemóveis de última geração, permitindo o acesso em qualquer momento e lugar.

[4] Bem vistas as coisas, o Direito tem também algo de realidade virtual que no núcleo restrito dos especialmente informados pode ser conhecido, mas acaba em grande parte, armazenado num qualquer servidor, replicado em vários discos rígidos, etéreo no ciberespaço ao alcance dos motores de busca e mais inacessível do que nunca.

[5] Neste sentido, cfr. ANTÓNIO MENEZES CORDEIRO, *Tratado de Direito Civil Português*, Tomo I, 3.ª Edição, Almedina, 2005, pp. 591, que referindo-se à contratação à distância e, especificamente à contratação electrónica considera que "(...) é patente a natureza civil desta matéria, em consonância com as regras básicas do Código Civil)".

A legislação sobre consumidores também tem vindo a sofrer grandes alterações que vão implicando novas necessidades de conjugação de regimes.

Refira-se, ainda, que dado o carácter recente destas questões é muito escassa a documentação existente sobre o contrato à distância e, mais escassa ainda, sobre o seguro à distância[6]. Encontra-se alguma doutrina, essencialmente estrangeira, sobre as directivas comunitárias e alguns textos de avaliação da própria União Europeia sobre os regimes que instituiu.

Acresce que, no mercado de seguros, o desenvolvimento dos canais de comercialização de seguros através da *Internet* e do telefone é uma realidade cada vez mais intensa. Foram dados recentemente, em Portugal, alguns passos significativos neste caminho, com empresas de seguros que, com algumas marcas, se assumem clara e exclusivamente como operadoras *on-line*.

Embora ainda seja um fenómeno relativamente circunscrito, tudo indica que a contratação electrónica e por telefone venha a assumir muito maiores proporções.

Neste contexto, urge delinear os contornos do contrato de seguro à distância e clarificar o regime jurídico que o estrutura e enquadra.

É arriscado o desafio, mas o risco é a essência do contrato de seguro.

---

[6] Cfr. especificamente sobre este tema na doutrina portuguesa, apresentando alguma jurisprudência e uma vasta análise de direito comparado, JOSÉ CARLOS MOITINHO DE ALMEIDA, "A Celebração à Distância do Contrato de Seguro", in Actualidad Jurídica, Uria Menéndez, año 2007, número 18, Tribuna Abierta, pp. 9 e ss.. e PEDRO ROMANO MARTINEZ, Direito dos Seguros, Principia, 1.ª Edição, 2006, pp. 72 e ss..

A – ENQUADRAMENTO

É no âmbito da União Europeia que o contrato de seguro à distância se desenvolve[7].

Não surge como algo unitário, mas sim como uma realidade que vai chamar à sua regulamentação uma série de diplomas de diversas áreas que convergem para fornecer o seu regime jurídico.

Dessa legislação, alguma é especificamente destinada à protecção de consumidores, outra é especificamente destinada a regulamentar objectivamente algumas realidades, independentemente dos que venham a ser os seus protegidos.

Há um mercado em mudança, impulsionada e enquadrada por um vasto leque de legislação que, recentemente, tem vindo a renovar as estruturas dos serviços financeiros em que os seguros se incluem.

De entre essa nova legislação destaca-se o regime sobre mediação de seguros que, por ser uma realidade que apresenta uma problemática muito própria, relacionada com a intervenção de um intermediário na relação entre o segurador e o tomador de seguro, não cabe na análise que nos propomos realizar.

Vamos centrarmo-nos, neste trabalho, nas relações que se estabelecem entre o segurador e o tomador de seguro.

Assim sendo e neste contexto, propomo-nos definir os contornos do contrato de seguro à distância. Tal passa, naturalmente, por definir os contornos do contrato à distância, do contrato electrónico e do contrato de seguro e delimitar a sua zona de intersecção.

Estabelecidos os contornos, há que clarificar o regime jurídico aplicável ao contrato de seguro à distância.

Tendo em consideração a conjuntura actual em relação às regras do contrato de seguro, impõe-se realizar a análise à luz do direito em vigor até 1 de Janeiro de 2009 e à luz do novo regime do contrato de seguro que, nessa data, iniciou a sua vigência.

É incontornável esta realidade de sucessão e até, tendo em consideração as normas de aplicação da lei no tempo, de vigência simultânea de regimes nesta matéria.

O que torna imprescindível analisar o contrato de seguro à distância à luz do regime dos contratos, à distância, electrónicos, com cláusulas

---

[7] É da transposição para a ordem jurídica nacional de legislação comunitária, que uma parte do regime se vai compor.

contratuais gerais, de seguro, no regime anterior a 2009 e no novo regime do contrato de seguro.

É este vasto universo emergente, fervilhante, em permanente e rápida evolução que vamos procurar enquadrar, analisar e relacionar, de modo a que fique tracejado um pouco do caminho do contrato de seguro à distância.

1. A União Europeia

Para além da componente universal, associada às novas tecnologias e à utilização do recurso à *Internet* e aos motores de busca que tudo encontram, algures no mundo, ou que chega através da publicidade global[8], desejada ou não[9], há que considerar o espaço concreto em que nos situamos, no seio da União Europeia.

O contrato à distância encontra-se, umbilicalmente, ligado à génese da União Europeia.

1.1. Livre circulação

O principal propósito da criação da Comunidade Económica Europeia foi a instauração de um espaço de cooperação e de liberdade. Por um lado, era necessário garantir a Estados, que em meio século não tinham conseguido evitar duas guerras à escala global, absolutamente devastadoras, um modo eficaz e próximo de se relacionarem.

Por outro lado, era importante criar um espaço comum de liberdade, um mercado sem fronteiras, uma interligação entre economias, geografias e povos.

Esta vontade aparece expressa no Tratado de Roma, que consagrou a livre circulação de pessoas, bens, serviços e capitais, criando um mercado

---

[8] Cfr. sobre publicidade na *Internet*, CELSO ANTÓNIO SERRA, "Publicidade ilícita e abusiva na Internet", in Direito da Sociedade da Informação, Volume IV, Associação Portuguesa do Direito Intelectual, Coimbra Editora, 2003, pp. 455 e ss..

[9] Cfr. sobre as mensagens de correio electrónico indesejadas, LUÍS MENEZES LEITÃO, "A Distribuição de Mensagens de Correio Electrónico Indesejadas (SPAM)", in Direito da Sociedade da Informação, Volume IV, Associação Portuguesa do Direito Intelectual, Coimbra Editora, 2003, pp. 191 e ss. e SOFIA DE SALAS, "La publicite abusive sur Internet: quelques reflexions sur le Phenomene du "Spam" dans la Perspective des Institutions Europeennes et de la Legislation Espagnole", in European Review of Private Law 2-2007, pp. 185 e ss., in www.kluwerlawonline, consultado em 02/04/2007.

comum onde, pacífica e progressivamente, se fossem desenvolvendo as relações comerciais.

Essa vontade surge muito reforçada no Tratado da União Europeia[10] e, de um modo ainda mais intenso, aprofundando a cooperação aos mais diversos níveis, no Tratado de Lisboa[11].

A concretização do mercado único passa, sem dúvida, pela liberdade de estabelecimento em Estados-membros diferentes daquele de que o cidadão comunitário é oriundo, mas passa, também em muitas circunstâncias, pela oferta à distância, de bens e serviços, que se vai concretizar em contratos celebrados sem a presença física e simultânea das partes.

A preocupação da União Europeia em criar condições de segurança e confiança dos intervenientes no mercado e em procurar harmonizar aspectos fundamentais das relações transfronteiriças[12], tem sido de grande importância para a dinamização da contratação à distância.

As directivas relativas ao comércio à distância e electrónico foram de grande relevância nesta área[13].

Importante nesta senda foi também a aprovação da Directiva[14] 2007/764/CE do Parlamento Europeu e do Conselho, de 13 de Novembro de

---

[10] Que institui a cidadania europeia (Artigo 80), reforçando as liberdades de circulação de pessoas (Parte II e III), de capitais (Capítulo IV), do desenvolvimento do mercado comum (art. 115.º) e criando uma União Económica e Monetária.

[11] O Tratado de Lisboa não entrou ainda em vigor, por haver sido rejeitado, por referendo, na Irlanda.

[12] Destaca-se, pelo desenvolvimento que assumem, a criação de deveres de informação nas mais diversas áreas e a criação de mecanismos extrajudiciais de resolução de conflitos transfronteiriços. Salienta-se, ao nível dos serviços financeiros a rede FIN-NET que, segundo informação constante no sítio da CMVM, em www.cmvm.pt , consultado em 14/01/2008 e em 29/04/2009, é "uma rede para apresentação extrajudicial de queixas transfronteiriças no sector dos serviços financeiros (banca, seguros e valores mobiliários), constituída na União Europeia com vista ao reforço da cooperação entre entidades nacionais com competência para a resolução extrajudicial deste tipo de litígios.".

[13] A Directiva n.º 97/7/CE, do Parlamento Europeu e do Conselho, de 20 de Maio, regula a matéria relativa à protecção dos consumidores nos contratos celebrados à distância, a Directiva 2002/65/CE do Parlamento Europeu e do Conselho, de 23 de Setembro de 2002 é relativa à comercialização à distância de serviços financeiros prestados a consumidores e a Directiva n.º 2000/31/CE, do Parlamento Europeu e do Conselho, de 8 de Junho de 2000, é relativa ao comércio electrónico.

[14] Optamos pela expressão "Directiva", por ser aquela que os diplomas legais apresentam. Veja-se, adoptando a expressão "Directriz", JOSÉ DE OLIVEIRA ASCENSÃO, v.g., "Bases para uma Transposição da Directriz N.º 00/31, de 8 de Junho (Comércio Electrónico)", Separata da Revista da Faculdade de Direito da Universidade de Lisboa, Volume XLIV, n.ºs 1 e 2, Coimbra Editora, 2003.

2007, relativa aos serviços de pagamento no mercado interno[15]. Não há dúvida de que um sistema seguro e harmonioso de pagamentos à distância é um pressuposto do eficaz funcionamento de um mercado de comércio à distância.

A União Europeia mantém-se em permanente procura de novas soluções e caminhos no sentido de se concretizarem, de Direito e de facto, as condições necessárias a que livre circulação de pessoas, bens, serviços e capitais possa ser uma realidade cada vez mais intensa e presente no dia a dia dos cidadãos dos seus Estados-membros.

1.2. Mercado único de seguros

No âmbito dos seguros, foram gigantes os passos dados na construção do mercado único, concretizado em três gerações de directivas[16].

A liberdade de estabelecimento, a livre prestação de serviços num Estado-membro, através de uma empresa de outro Estado-membro e o princípio do controle pelo Estado-membro de origem, foram fundamentais para a concretização de um mercado único de seguros.

Autorizada uma empresa de seguros num Estado-membro, obtém um "passaporte comunitário" e fica habilitada a comercializar os seus serviços financeiros[17] nos outros Estados da União Europeia[18].

A União Europeia é, pois, um espaço alargado, tendencialmente harmonioso e capaz de garantir requisitos mínimos de segurança.

---

[15] Que altera as Directivas n.ᵒˢ 97/7/CE, 2002/65/CE, 2005/60/CE e 2006/48/CE e revoga a Directiva 97/5/CE.

[16] Cfr. sobre a construção do mercado único de seguros, ALEXANDRE DIAS PEREIRA, "A construção jurídica do mercado único dos seguros", in Estudos dedicados ao Prof. Doutor Mário Júlio de Almeida Costa, Universidade Católica Editora, 2002, pp. 75 e ss., ANTÓNIO MENEZES CORDEIRO, Manual de Direito Comercial, Volume I, Almedina, 2001, pp. 55 e ss, GISELA RÜHL, "Common Law, Civil Law, and The Single European Market for Insurances", in International Comparative Law Quarterly, Volume 55, Part. 4, October 2006, pp. 879 e ss. e RITA GONÇALVES FERREIRA DA SILVA, Do Contrato de Seguro de Responsabilidade Civil, Seu enquadramento e aspectos jurídicos essenciais, Coimbra Editora, 2007, pp. 56 e ss..

[17] Como foram qualificados os seguros, pela Directiva 2002/65/CE do Parlamento Europeu e do Conselho, de 23 de Setembro de 2002, relativa à comercialização à distância de serviços financeiros prestados a consumidores.

[18] Será necessário, no caso da Livre Prestação de Serviços, uma notificação à entidade de supervisão do estado de origem, que comunica às autoridades competentes do Estado-membro em que a empresa pretende actuar. A livre prestação de serviços é regulada pelo art. 59.º e seguintes do Decreto-Lei n.º 94-B/98, de 17 de Abril.

É um espaço que fomenta a contratação à distância, de que as pessoas vão estando cada vez mais dependentes[19].

É um mercado sem barreiras, um mercado único de seguros, o ambiente adequado ao desenvolvimento do contrato de seguro à distância.

2. Legislação

Converge de áreas distintas a legislação chamada a regular o contrato de seguro à distância.

Essencialmente, há que ter em consideração a legislação sobre o contrato à distância, sobre contratação electrónica, sobre o contrato de seguro, sobre os contratos em geral e sobre cláusulas contratuais gerais[20].

2.1. Legislação específica sobre contratos celebrados à distância

O Decreto-Lei n.º 143/2001, de 26 de Abril[21], que transpõe para a ordem jurídica interna a Directiva n.º 97/7/CE[22], do Parlamento Europeu e do Conselho, de 20 de Maio, regula a matéria relativa à protecção dos consumidores nos contratos celebrados à distância.

Este diploma excluiu do seu âmbito de aplicação, especificamente, os serviços financeiros, entre os quais destacou as "Operações de seguros e resseguros;"[23].

---

[19] Para livros, já não se usa a livraria secular, nem sequer uma das várias lojas especializadas do mega centro comercial. Vai-se, simplesmente, ao computador, à *Internet*, à livraria virtual. Para o supermercado, recorre-se às compras nos supermercados virtuais que, depois, entregam o que se escolheu em casa. Para presentes, procura-se o que se pretende na *Internet* e encomenda-se ou, caso se considere que pode ser arriscado, procura-se na rede onde é a loja mais próxima onde se possa concretizar a compra. Para filmes, música, jogos, tudo se pode fazer em rede. Escolha, *downloads*, ouvir, ver e jogar. Para operações bancárias usa-se o *homebanking*, que o banco agradece, porque lhe permite diminuir nos balcões clientes e empregados, tornando tudo mais barato. E há verdadeiros hipermercados virtuais cobrindo vastas áreas de comercialização. Destaca-se, a nível mundial, a Amazon, em www.amazon.com. Consultado o sítio da *Internet* em 12/01/2008, tem secções de livros, filmes, música, jogos, casa e jardim, mercearia, comida e apetrechos para animais de estimação, beleza, desportos, ferramentas e acessórios de automóveis. Enfim, tudo. Para seguros vão-se usando, cada vez mais, as lojas virtuais que vão surgindo.

[20] Também há que não perder de vista outra legislação de defesa do consumidor que, transversalmente, se poderá aplicar, estando em causa um consumidor.

[21] Adiante designado DL 143/2001.

[22] Adiante designada Directiva 97/7/CE.

[23] Cfr. Art. 3.º, n.º 1, alínea a), ii).

I – Introdução

Esta matéria é tratada autonomamente, no Decreto-Lei n.º 95/2006, de 29 de Maio[24], que transpõe[25] para a ordem jurídica portuguesa a Directiva n.º 2002/65/CE, do Parlamento Europeu e do Conselho, de 23 de Setembro[26] relativa à comercialização à distância de serviços financeiros prestados a consumidores.

A opção do legislador comunitário em separar, em diplomas diferentes, a matéria dos contratos celebrados à distância que, naturalmente, condicionou a opção do legislador nacional, não é pacífica.

Seria, provavelmente suficiente e, de um ponto de vista de sistematização, mais adequado prever um regime geral relativo ao contrato à distância, sem prejuízo de conter normas específicas sobre os serviços financeiros[27].

2.2. Legislação específica sobre contratação electrónica

O Decreto-Lei 7/2004, de 7 de Janeiro[28] regula a matéria relativa à contratação electrónica.

Transpõe para a ordem jurídica interna a Directiva n.º 2000/31/CE, do Parlamento Europeu e do Conselho, de 8 de Junho de 2000[29], relativa ao comércio electrónico, bem como o artigo 13.º da Directiva n.º 2002//58/CE, do Parlamento Europeu e do Conselho, de 12 de Julho de 2002, relativa ao tratamento de dados pessoais e à protecção da privacidade no sector das comunicações electrónicas.

---

[24] Adiante designado DL 95/2006.
[25] Com um atraso de quase dois anos visto que, nos termos do art. 21.º da Directiva n.º 2002/65/CE, do Parlamento Europeu e do Conselho, de 23 de Setembro, se prevê que essa transposição deve efectuar-se "(…) o mais tardar em 9 de Outubro de 2004 (…)".
[26] Adiante designada Directiva 2002/65/CE.
[27] Veja-se, neste sentido JOÃO CALVÃO DA SILVA, *Banca, Bolsa e Seguros*, Tomo I, Parte Geral, 2.ª Edição revista e aumentada, Almedina, 2007 pp. 98 ss., que defende que "Numa *apreciação breve e conclusiva* das duas Directivas (97/7/CE e 2002/65/CE) analisadas, diremos que a problemática da contratação à distância de serviços financeiros apresenta, inequivocamente, os mesmos contornos da contratação à distância de produtos e serviços em geral. Cotejadas a Directiva 97/7/CE e a Directiva 2002/65/CE, tem-se a sensação forte de que as semelhanças são tantas que não se teria justificado uma Directiva especial para a comercialização à distância de serviços financeiros.". "A persistir-se, como se persistiu, na ideia de uma Directiva especial para a contratação à distância de serviços financeiros, essa Directiva devia ter assumido natureza meramente complementar da Directiva 97/7/CE, evitando repetições e sobreposições desnecessárias.".
[28] Adiante designado DL 7/2004.
[29] Adiante designada Directiva 2000/31/CE.

Este diploma vem regular alguns aspectos atinentes aos prestadores de serviços na sociedade da informação e à sua responsabilidade[30], às comunicações publicitárias em rede e marketing directo, à contratação electrónica e às entidades de supervisão e regime sancionatório.

A disciplina da contratação electrónica encontra-se prevista nos seus aspectos gerais e é estabelecido, nos artigos 27.º a 29.º, um regime específico para o contrato em rede.

2.3. Legislação específica sobre contrato de seguro

A legislação sobre seguros tem, ultimamente, sofrido profundas alterações[31] e sofreu recentemente, em sede de contrato de seguro, uma das maiores.

É antiga a discussão sobre a reforma do Direito dos Seguros.

Desde logo, de um ponto de vista formal, questionando-se se deveria passar por uma reforma mais vasta do Direito Civil e Comercial[32] ou

---

[30] Sobre a responsabilidade civil no comércio electrónico, vejam-se ANTÓNIO PINTO MONTEIRO, "A Responsabilidade Civil na Negociação Informática", in Direito da Sociedade da Informação, Separata do Volume I, Associação Portuguesa do Direito Intelectual, Coimbra Editora, 1999, pp. 229 e ss., DÁRIO MOURA VICENTE, "Comércio Electrónico e Responsabilidade Empresarial", in Direito da Sociedade da Informação, in Direito da Sociedade da Informação, Volume IV, Associação Portuguesa do Direito Intelectual, Coimbra Editora, 2003, pp. 241 e ss., LUÍS LIMA PINHEIRO, "Competência Internacional em Matéria de Litígios relativos à Internet", in Direito da Sociedade da Informação, Volume IV, Associação Portuguesa do Direito Intelectual, Coimbra Editora, 2003, pp. 171 e ss., idem "Direito Aplicável à Responsabilidade Extracontratual na Internet", in Separata da Revista da Faculdade de Direito da Universidade de Lisboa, Vol. XLII, n.º 2, Coimbra Editora, 2001, LUÍS MENEZES LEITÃO, "A Responsabilidade Civil na Internet", in Direito da Sociedade da Informação, Volume III, Associação Portuguesa do Direito Intelectual, Coimbra Editora, 2003, pp. 147 e ss. e MANUEL CARNEIRO DA FRADA, "A Responsabilidade Civil das « operadoras de Internet » e a Doutrina Comum da Imputação de Danos", Separata do Volume II do Direito da Sociedade da Informação, Associação Portuguesa do Direito Intelectual, Coimbra Editora, 2001, pp. 7 e ss..

[31] Salientam-se pela sua amplitude, uma vez que substituíram o regime anterior de há muito vigente, o Decreto-Lei n.º 144/2006, de 31 de Julho (alterado pelo Decreto-Lei n.º 359/2007, de 2 de Novembro), sobre o Regime Jurídico da Mediação de Seguros e o Decreto-Lei n.º 291/2007, de 21 de Agosto (alterado pelo Decreto-Lei n.º 153/2008, de 6 de Agosto), sobre seguro obrigatório de responsabilidade civil automóvel.

[32] Sobre a uma reforma mais vasta do Direito Civil e Comercial, veja-se ANTÓNIO MENEZES CORDEIRO, Da Modernização do Direito Civil, I, Aspectos Gerais, Almedina, 2004, p. 65, em que adianta a possibilidade de uma opção forte de reforma do Direito Civil. Novo

se deveria concretizar-se num Código de Direito dos Seguros e, nesta hipótese, com que amplitude[33].

O Código Comercial, aprovado em 1888, continha as regras estruturais do contrato de seguro e foi objecto de sucessivas e goradas tentativas de reforma[34].

Finalmente, existe um novo regime do contrato de seguro.

O texto final proposto pela Comissão presidida pelo Professor Doutor Pedro Romano Martinez foi apresentado no dia 4 de Julho de 2007 e esteve em consulta pública até final de Setembro. Das respostas resultaram algumas alterações ao texto do diploma que se sujeitou, depois, a consulta a entidades específicas.

Este diploma foi aprovado em Conselho de Ministros de 24 de Janeiro de 2008, foi publicado em 16 de Abril de 2008 e entrou em vigor em 1 de Janeiro de 2009.

O novo regime do contrato de seguro, aprovado pelo Decreto-Lei n.º 72/2008, de 16 de Abril[35] que publicou em anexo a Lei do Contrato de Seguro[36] traz várias novidades de que é necessário destacar, pela relevância para o tema deste trabalho, a consagração de que não é necessária a observância de forma especial para a validade do contrato de seguro.

Código Civil "(...) que revogasse os actuais Códigos Civil e Comercial, absorvendo todos os contratos privados e o Direito do Consumo (...). E o mesmo autor, em "Da Reforma do Direito dos Seguros", in III Congresso Nacional de Direito dos Seguros, Almedina, 2003, pág. 22 admite a possibilidade de reforma do Código Comercial, mas considera que "Surge pouco realista a hipótese de uma reforma cabal do Código Comercial. Fazer depender, dela, a reforma dos seguros, seria eternizar um problema que deve ser resolvido."

[33] Sobre a reforma do Direito dos Seguros e a necessidade da sua codificação veja-se ANTÓNIO MENEZES CORDEIRO, "Da Reforma do Direito dos Seguros", cit., pág. 20, que afirma "Não escondemos a nossa preferência actual por um Código dos Seguros (...)" que permitisse "(...) reunir toda a matéria dos seguros: institucional e material." e PEDRO ROMANO MARTINEZ, Direito dos Seguros, cit., p. 39, que defende "(...) urge fazer uma revisão do regime geral dos seguros, justificando-se a sua codificação.".

[34] Uma sintética, mas completa resenha, sobre as várias tentativas de reforma do Direito relativo ao contrato de seguro encontra-se no Documento de Consulta Pública n.º 8/2007, do Anteprojecto de Lei do Contrato de Seguro, que refere que já em 1929, a então criada Inspecção de Seguros foi incumbida de elaborar um código de seguros. Desde aí várias tentativas se seguiram, que culminaram na nomeação pelo actual Governo, da Comissão de Revisão do Regime Jurídico do Contrato de Seguro, que apresentou o Anteprojecto que esteve em consulta pública.

[35] Adiante designado DL 72/2008.
[36] Adiante designada LCS.

A LCS vem, também, sistematizar os deveres de informação e a matéria relativa ao direito de resolução do contrato de seguro, duas áreas determinantes no contrato à distância.

Assim sendo, é inultrapassável a necessidade de analisar os regimes relevantes para o contrato de seguro à distância, de que se destacam, o DL 95/2006, o DL 7/2004 e o RCCG, relacionando-os com o regime anterior do contrato de seguro e com a LCS.

Tanto mais que o regime específico de aplicação da lei no tempo previsto nos artigos 2.º a 5.º do DL 72/2008 consagra várias situações em que se irá ainda aplicar, após a entrada em vigor da LCS, a legislação anterior.

2.3.1. Regime anterior a 2009

Sem prejuízo de outros diplomas que possam ter aplicação[37], a matéria do contrato de seguro[38] encontrava-se regulada, no essencial, em quatro diplomas[39].

O Código Comercial com a teoria geral do contrato de seguro.

Embora um pouco desactualizado e necessitando de uma interpretação actualista, no sentido de se retirarem das suas disposições regras que permitissem responder a situações para as quais não foi especificamente pensado demonstrou, no essencial, que continha a disciplina básica do contrato de seguro, com equilíbrio e sensatez[40].

---

[37] Cfr. sobre as fontes do Direito dos Seguros, ANTÓNIO MENEZES, *Manual de Direito Comercial*, cit, pp. 566 e ss. e PEDRO ROMANO MARTINEZ, *Direito dos Seguros*, cit. pp. 33 e ss.

[38] Saliente-se que, em primeira linha, são as cláusulas contratuais aceites pelas partes, desde que não contrariem normas imperativas, as regras que as vinculam. Essas cláusulas são as condições gerais e especiais, estabelecidas no contrato celebrado entre o segurador e o tomador de seguro e as condições particulares plasmadas em cada apólice ou certificado de adesão, que concretiza o seguro para cada aderente.

[39] O Documento de consulta pública n.º 8/2007, de 26 de Julho de 2007, relativo ao Anteprojecto de Lei do Contrato de Seguro, pág. 6 refere que "(...) pode afirmar-se que o regime base do contrato de seguro consta hoje de três sedes legais: em primeiro lugar, dos arts. 425.º a 462.º do Código Comercial de 1888; seguidamente, de regras gerais, como o Código Civil (arts. 443.º e segs.) e a Lei das Cláusulas Contratuais Gerais; por último, de regimes especiais estabelecidos em sede de seguros, mormente o Decreto-Lei n.º 94-B//98, de 17 de Abril (Regime Geral da Actividade Seguradora) e o Decreto-Lei n.º 176/95, de 26 de Julho (regime da transparência).". A referência ao Código Civil diz respeito ao contrato a favor de terceiro, especialmente relevante em matéria de seguros de vida.

[40] Saliente-se a referência elogiosa no Documento de consulta pública n.º 8/2007, de 26 de Julho de 2007, relativo ao Anteprojecto de Lei do Contrato de Seguro, pág. 6

As normas relativas aos seguros contidas no Código Comercial são revogadas pela LCS[41].

O Decreto-Lei nº 176/95, de 26 de Julho[42] veio introduzir na disciplina do contrato de seguro regras que visaram uma maior transparência na relação contratual e um aumento de confiança entre seguradores e segurados.

A sua maior preocupação assentava na necessidade de serem transmitidos ao interessado no seguro todas as informações relevantes para que pudesse formar a sua vontade livre e esclarecida, quer sobre a entidade com quem iria contratar, quer sobre as condições do contrato.

A formação e a cessação do contrato foram também áreas que mereceram a atenção do legislador que, inclusive, consagrou um "direito de renúncia" para o tomador de um contrato de seguro de acidentes pessoais ou doença a longo prazo.

Este diploma representou um marco muito importante na regulamentação do contrato de seguro, introduzindo algum equilíbrio entre o nível de informação das partes e a sua posição no contrato.

O DL 176/95 é parcialmente revogado pela LCS[43].

O Decreto-Lei nº 94-B/98, de 17 de Abril[44] estabelece o regime geral da actividade seguradora[45] e contínua uma parte dedicada ao contrato de seguro, mais uma vez assentando a protecção na informação e consagrando a necessidade de o segurador facultar ao tomador de seguro,

---

que aprecia "Em suma, pode entender-se que as soluções, particularmente felizes, consagradas pelo legislador de 1888, conjugadas com as regras resultantes de regimes gerais (v.g., Código Civil e Lei das Cláusulas Contratuais Gerais) e de regimes especiais da actividade seguradora (Decreto-Lei n.º 94-B/98 e Decreto-Lei n.º 176/95), permitiram a construção de um regime globalmente positivo.".

[41] Artigos 425.º a 462.º do Código Comercial, revogados pelo art. 6.º do DL 72/2008.

[42] Usualmente conhecido como "Lei da Transparência". Alterado pelo Decreto-Lei n.º 60/2004, de 22 de Março e pelo Decreto-Lei n.º 357-A/2007, de 31 de Outubro. Adiante designado DL 176/95.

[43] Artigos 1.º a 5.º e 8.º a 25.º, revogados pelo art. 6.º do DL 72/2008. Julga-se que poderia ter sido aproveitada esta oportunidade para revogar totalmente este diploma, integrando a regulamentação que contém e se mantém actual no LCS.

[44] Adiante designado DL 94-B/98. Recentemente alterado e republicado pelo Decreto-Lei n.º 2/2009, de 5 de Janeiro e objecto de rectificação através da Declaração de Rectificação n.º 17/2009, de 3 de Março. Anteriormente alterado por vários diplomas de que se destacam o Decreto-Lei n.º 8-C/2002, de 11 de Janeiro, pelo Decreto-Lei n.º 169/2002, de 25 de Julho, pelo Decreto-Lei n.º 72-A/2003, de 14 de Abril, pelo Decreto-Lei n.º 90/2003, de 30 de Abril, pelo Decreto-Lei n.º 251/2003, de 14 de Outubro (que o republicou), pelo Decreto-Lei n.º 76-A/2006, de 29 de Março, n.º 145/2006, de 31 de Julho, pelo Decreto-Lei n.º 291/2007, de 21 de Agosto e pelo Decreto-Lei n.º 357-A/2007, de 31 de Outubro.

[45] Cfr. sobre a denominação PEDRO ROMANO MARTINEZ, *Direito dos Seguros*, cit., p. 34.

antes e depois da celebração do contrato, os dados relevantes sobre os seus contornos e evolução.

O regime geral da actividade seguradora é parcialmente revogado pela LCS[46].

O Decreto-Lei n.º 142/2000, de 15 de Julho[47] estabelecia o regime de pagamento de prémios de seguro.

Este regime fazia depender o início da cobertura, do pagamento do prémio, o que se mantém na LCS.

O que é comum nos contratos é que à celebração se siga a normal produção de efeitos, nascendo as obrigações de cumprimento do contrato que entra, assim, na sua fase de execução.

No contrato de seguro é necessário que o tomador pague o prémio para que se desencadeiem os efeitos do contrato, relativos à cobertura dos riscos acordados[48].

Neste caso, o cumprimento, admitindo-se que não interfere com a existência e validade do contrato, interfere com a produção dos seus efeitos. Será, nestes termos, uma condição suspensiva dos efeitos do contrato.

Este diploma é totalmente revogado pela LCS[49].

Saliente-se, ainda, que existe muita legislação específica de alguns ramos de seguros que pode ser chamada à regulamentação. No entanto, neste trabalho, não será possível abrangê-la.

2.3.2. Novo regime

A LCS vem revogar expressamente a matéria relativa ao contrato de seguro contida na legislação atrás enunciada[50] e sistematizar o que há mais de um século andava cada vez mais disperso[51].

---

[46] Artigos 132.º a 142.º e 176.º a 193.º, revogados pelo art. 6.º do DL 72/2008.

[47] Adiante designado DL 142/2000. Alterado pelo Decreto-Lei n.º 248-B/2000, de 12 de Outubro, pelo Decreto-Lei n.º 150/2004, de 29 de Junho e pelo Decreto-Lei n.º 122/2005, de 29 de Julho, que o republicou. Foi posteriormente alterado pelo Decreto-Lei n.º 199/2005, de 10 de Novembro.

[48] Cfr., sobre as razões históricas e evolução, ANTÓNIO MENEZES CORDEIRO, *Manual de Direito Comercial*, cit, pp. 588.

[49] Art. 6.º do DL 72/2008.

[50] Bem como outra legislação ainda considerada em vigor, nomeadamente, os artigos 11.º, 30.º, 33.º e 53.º, corpo, 1.ª parte, do Decreto de 21 de Outubro de 1907 e a Base XVIII, n.º 1, alíneas c) e d), e n.º 2, e Base XIX da Lei n.º 2/71, de 12 de Abril.

[51] Embora, paralelamente à preparação, discussão e finalização do texto deste diploma que se pretende que congregue toda a regulamentação estrutural sobre o contrato de

Há que destacar, pela sua relevância para o contrato de seguro à distância, o facto de a LCS estabelecer, no art. 32.º, que "A validade do contrato de seguro não depende da observância de forma especial.".

O contrato de seguro foi tradicionalmente considerado um negócio jurídico formal[52], cuja validade dependia da sua redução a escrito numa apólice, datada e assinada pelo segurador[53].

A consagração de que a sua validade não depende da observância de forma especial é uma mudança substancial, que torna o contrato de seguro um negócio jurídico consensual. Poderá ser celebrado por qualquer modo que consubstancie um acordo entre a vontade de um segurador e de um tomador de seguro.

A qualificação do contrato de seguro como formal ou consensual[54] é importante para a determinação do modo de funcionar dos novos canais de distribuição de seguros, nomeadamente, a *Internet* e o telefone.

O mesmo se diga da assinatura.

A exigência de assinatura como requisito de validade do próprio contrato não levanta, juridicamente, problemas de maior, dado que o legislador consagra a equiparação da assinatura electrónica qualificada à

---

seguro tenha sido colocado em consulta pública, um Ante-Projecto de Decreto-Lei sobre seguros de grupo. Se a regulamentação dos seguros de grupo é algo que se impõe desde há muito, a realidade é que o LCS consagra, pela primeira vez, todo um título dedicado a este tema. Assim sendo, parece de toda a conveniência que se concentre toda a regulamentação sobre o contrato de seguro, individual e de grupo, nessa lei. Este regime veio a ser integrado no LCS.

[52] Cfr. sobre o negócio formal, v.g., ANTÓNIO MENEZES CORDEIRO, *Tratado de Direito Civil Português*, cit., pp. 565 e ss, que refere que (p. 565) "O negócio formal será assim não o que tenha uma certa forma – pois todos a têm – mas o que requeira uma forma especial." e que (p. 566) "A tradição jurídica distingue entre forma *ad substantiam* e *ad probationem*. A forma *ad substantiam* seria exigida pelo Direito para a própria consubstanciação do negócio em si; na sua falta, ele seria nulo. A forma *ad probationem* requerer-se-ia, apenas, para demonstrar a existência do negócio; na sua falta, o negócio não poderia ser comprovado, por o Direito não admitir qualquer outro modo de prova quanto à sua existência.".

[53] Art. 426.º do Código Comercial.

[54] Cfr., sobre a distinção entre negócios consensuais e formais, v.g., MÁRIO JÚLIO DE ALMEIDA COSTA, *Direito das Obrigações*, 9.ª Edição, 2005, p. 254. "(...) os contratos se classificam, atendendo ao modo de formação, em duas categorias: são consensuais, quando se celebram pelo simples acordo de vontades, sem a exigência de qualquer formalismo especial; e dizem-se solenes, ou formais, sempre que, para a sua conclusão, a lei imponha, não só o consenso de vontades, mas ainda o preenchimento de formalidades determinadas.".

assinatura autógrafa. Desde que fosse usada uma assinatura electrónica com os requisitos legalmente exigidos, valeria como se fosse pessoalmente aposta no papel.

No entanto, embora a lei das assinaturas electrónicas seja de 1999, não foram criadas entidades certificadoras credenciadas. O que significa que, na prática, não era possível ao público ter uma assinatura electrónica que lhe permitisse dar aos documentos electrónicos o valor que têm os documentos escritos e assinados tradicionais.

Esta situação está progressivamente a ser ultrapassada com a implementação mais generalizada do Cartão do Cidadão que atribui uma assinatura electrónica[55].

A principal questão que se coloca ao nível da contratação à distância é a da desmaterialização do contrato[56] que, de um modo muito visível, se vai revelar na ausência de papel.

No entanto, a liberdade de celebração de contratos à distância, nomeadamente através de via electrónica ou informática, não pode ser limitada pelo meio utilizado[57]. E, mesmo para os negócios jurídicos que exijam redução a escrito e assinatura, que o legislador previu especificamente no art. 26.º do DL 7/2004, o meio utilizado não pode comprometer a sua validade[58].

Outra questão relevante no que diz respeito aos contratos celebrados à distância e, especificamente aos contratos electrónicos que, pela sua imposição na vida corrente das sociedades de consumo merece especial atenção, é a da determinação do momento da sua celebração.

---

[55] Cfr. Adiante IV-B-a)1.2..

[56] Cfr. JOSÉ CARLOS MOITINHO DE ALMEIDA, "A Celebração à Distância do Contrato de Seguro", cit., p. 9, em que afirma que no contrato celebrado em rede, ou por correio electrónico "(...) não só o processo contratual é despersonalizado como se verifica a desmaterialização do contrato.".

[57] O que colidiria com o art. 25.º. n.º 1 do DL 7/2004 e com o art. 9.º n.º 1 da Directiva 2000/31/CE, sobre comércio electrónico, que determina que "Os Estados--Membros assegurarão que os seus sistemas legais permitam a celebração de contratos por meios electrónicos. Os Estados-Membros assegurarão, nomeadamente, que o regime jurídico aplicável ao processo contratual não crie obstáculos à utilização de contratos celebrados por meios electrónicos, nem tenha por resultado a privação de efeitos legais ou de validade desses contratos, pelo facto de serem celebrados por meios electrónicos.".

[58] Com excepção dos negócios jurídicos que são excluídos pelo art. 25.º, n.º 2 do DL 7/2004, os restantes devem poder ser validamente celebrados através de meios electrónicos.

No entanto, verifica-se que, na realidade, esta acaba por ser uma falsa questão no contrato de seguro.

Se observarmos atentamente o mercado de seguros, deparamo-nos com a constatação de que não será muito mais determinável o momento da celebração do contrato, quando a proposta é entregue em papel num segurador, ou preenchida *on-line*.

Isto porque, não é usual que o segurador que recebe a proposta em papel, por exemplo aos seus balcões de atendimento ao público, se pronuncie imediatamente sobre a avaliação que faz do risco e sobre se a aceita ou não[59].

E, aceitando, só posteriormente é emitida a apólice, assinada pelo segurador e remetida ao tomador de seguro.

Usualmente o contrato é celebrado com base em cláusulas contratuais gerais, já previamente impressas que vêm constituir, juntamente com as condições particulares, a apólice[60]. Só posteriormente esse documento é entregue ao tomador de seguro, tradicionalmente através de correio postal ou pessoalmente num estabelecimento comercial do segurador ou de um mediador[61].

O que significa que em ambas as situações, entrega da proposta "física", ou preenchimento da proposta *on-line*, poderá ser difícil determinar o momento da celebração do contrato.

O que só demonstra que a alteração que virá a ser introduzida pela LCS é uma medida de saneamento básico nos contratos de seguro.

Ao nível dos deveres de informação e do direito de resolução, matérias centrais para o contrato de seguro à distância, a LCS impõe uma organização que permite enquadrar os direitos e obrigações que estabelece, de um modo claro e coerente[62].

---

[59] É, até, mais provável que a aceitação e a finalização do contrato ocorra mais rapidamente num contrato celebrado numa loja virtual.

[60] Cfr. ANTÓNIO MENEZES CORDEIRO, *Manual de Direito Comercial*, cit., p. 585, que cita um assento do Supremo Tribunal de Justiça, de 12 de Janeiro de 1929 que explicita que "A minuta de contrato de seguro equivale para todos os efeitos à apólice.".

[61] Até porque o que acaba por acontecer é que, na prática, a data de início do contrato válido é a que vem a constar na apólice e que corresponde à do consenso e não aquela em que a apólice é efectivamente emitida e assinada.

[62] O que é ainda mais importante, numa área em que se trata da protecção dos tomadores de seguros e dos consumidores. É importante que estes, os destinatários da protecção, possam ter acesso real ao conhecimento da regulamentação que os vai afectar. Ninguém pode exercer direitos que desconhece.

A LCS evidencia uma técnica legislativa liberta dos condicionalismos que as transposições das Directivas comunitárias impõem, trazendo uma sistematização que era estruturalmente muito necessária ao contrato de seguro.

2.4. Legislação geral aplicável aos contratos

Sendo a relação jurídica subjacente ao seguro um contrato, são-lhe aplicáveis, naturalmente, as regras gerais dos contratos, nomeadamente o Código Civil, em tudo o que não estiver especialmente regulado. Especial relevância para o contrato de seguro tem o regime das cláusulas contratuais gerais[63].

E, tendo o contrato de seguro natureza comercial, aplicam-se as leis comerciais.

São-lhe, também, aplicáveis as regras relativas a aspectos específicos que possam estar em causa.

Destacam-se, pela sua importância para o tema deste trabalho, as leis de defesa do consumidor e, nesta área, o novo regime relativo às práticas comerciais desleais.

2.4.1. *Regime das cláusulas contratuais gerais*

O Decreto-Lei nº 446/85, de 25 de Outubro[64] estabelece o regime das cláusulas contratuais gerais e aplica-se, fundamentalmente, a contratos de adesão.

Aplica-se, também, aos denominados negócios rígidos, em que uma das partes impõe à outra um determinado clausulado que não aceita negociar, mas que foi especificamente criado para aquele contrato[65], pelo que não se estará em presença de cláusulas gerais.

Em regra, o contrato de seguro é celebrado com base em cláusulas contratuais gerais[66].

---

[63] A sua aplicação aos seguros tornou-se pacífica após as alterações introduzidas pelo Decreto-Lei n.º 220/95, de 31 de Agosto.

[64] Com as alterações que lhe foram introduzidas pelo Decreto-Lei n.º 220/95, de 31 de Agosto e pelo Decreto-Lei n.º 249/99, de 7 de Julho. Adiante designado RCCG.

[65] Art. 1.º, n.º 2 do RCCG.

[66] Sobre cláusulas contratuais gerais em seguros, veja-se ANTÓNIO MENEZES CORDEIRO, *Manual de Direito Comercial*, pp. 570 e ss., ARNALDO FILIPE OLIVEIRA, "Cláusulas Abusivas

Nos seguros de massa[67], o segurador disponibiliza previamente as condições contratuais, bem como todos os formulários necessários à contratação do seguro, inclusive o formulário da proposta contratual[68].

No entanto, o contrato de seguro, diferente em tantos aspectos, também apresenta aqui alguma originalidade.

É que, ao contrário do que é usual, não é o proponente que apresenta as cláusulas. O proponente é o destinatário da apresentação das cláusulas contratuais gerais. Isto é, o interessado no seguro, se vier a fazer uma proposta, sabe que o contrato que se venha a celebrar, será regido pelas condições que foram previamente determinadas pelo segurador, destinatária da proposta[69].

---

e o Contrato de Seguro", Comunicação no Congresso Luso-Hispano de Direito dos Seguros, Lisboa, Novembro 2005, *idem*, Contratos de Seguro Face ao Regime das Cláusulas Contratuais Gerais, in BMJ 448, 1995, pp. 69 e ss. e *idem*, Dois Exemplos Portuguesas da Resistência Material do Contrato de Seguro ao Direito das Cláusulas Contratuais Gerais, in BMJ 467, 1997, pp. 5 e ss, FRANCISCO JAVIER TIRADO SUAREZ, "Cláusulas Abusivas e o Contrato de Seguro", Comunicação no Congresso Luso-Hispano de Direito dos Seguros, Lisboa, Novembro 2005, FRANÇOIS GLANSDORFF e ROLAND HARDY – "La Protection à l'Égard des Clauses Abusives", cit., pp 491 e ss., JOÃO CALVÃO DA SIVA, *Banca, Bolsa e Seguros*, cit., pp. 159 ss., JOAQUIM DE SOUSA RIBEIRO, *O Problema do Contrato, As Cláusulas Contratuais Gerais e o Princípio da Liberdade Contratual*, Colecção Teses, Almedina, 1999, JOSÉ CARLOS MOITINHO DE ALMEIDA, "Cláusulas Abusivas e o Contrato de Seguro", Comunicação no Congresso Luso-Hispano de Direito dos Seguros, Lisboa, Novembro 2005, MARIANA FRANÇA GOUVEIA e JORGE MORAIS CARVALHO, *Conflitos de Consumo*, Almedina, 2006, p. 181, MÁRIO FROTA, "Registo das Cláusulas Abusivas – o caso português-", in Revista Portuguesa do Direito do Consumo, n.º 45, Março 2006, pp. 13 e ss., PAULA RIBEIRO ALVES, "Comunicação e Informação de Cláusulas Contratuais Gerais – Especificidades do Contrato de Seguro", in Fórum, Ano VI, n.º 14, Janeiro 2002, pp. 31 e ss. e PEDRO ROMANO MARTINEZ, "Conteúdo do Contrato de Seguro e Interpretação das Respectivas Cláusulas", in II Congresso Nacional de Direito dos Seguros, Almedina, 2001, pp. 59 e ss, *idem Direito dos Seguros*, Principia, 1.ª Edição, 2006, pp. 77 e ss...

[67] Por contraposição aos seguros de grandes riscos que são, com frequência, negociados pontualmente.

[68] O contrato celebrado entre o segurador e o tomador de seguro pode ser especificamente negociado, ou pode ter por base cláusulas contratuais gerais ou pode, ainda, ser um negócio rígido, que assente em cláusulas que o segurador criou para a ocasião e que não aceita discutir. Se entre o segurador e o tomador de seguro foi celebrado um contrato específica e pontualmente negociado, já não se aplicará o RCCG. Da negociação ou não das cláusulas do contrato entre o segurador e o tomador de seguro depende a aplicação ou não do RCCG.

[69] Cfr. sobre este assunto, PEDRO ROMANO MARTINEZ, *Direito dos Seguros Relatório*, Suplemento da Revista da Faculdade de Direito de Lisboa, Coimbra Editora, 2006, pp. 53 e ss..

No contrato de seguro a proposta contratual é, normalmente, efectuada pelo interessado no seguro e o segurador é o seu destinatário. Fica, portanto, o segurador na disponibilidade de aceitar ou recusar uma proposta contratual que incorpora as cláusulas contratuais gerais que ele próprio disponibilizou.

Claro que não será o segurador a merecer a protecção do RCCG, mas sim o tomador de seguro. Importa, portanto, considerar, para efeitos da aplicação do Decreto-Lei nº 446/85, de 25 de Outubro, o destinatário das cláusulas e não o destinatário da proposta.

O art. 1.º deste diploma prevê, precisamente, que "As cláusulas contratuais gerais elaboradas sem prévia negociação individual, que proponentes ou destinatários indeterminados se limitem, respectivamente, a subscrever ou a aceitar, regem-se pelo presente diploma.". No caso do contrato de seguro, com as condições apresentadas pelo segurador, estamos na situação em que o proponente as subscreve.

Esta é uma situação que constitui a esmagadora maioria dos contratos de seguro de massas, em que o interessado adere às condições previamente estabelecidas, fazendo uma proposta em que define o risco.

2.4.2. Legislação de defesa do consumidor

A Lei n.º 24/96, de 31 de Julho[70] é a cúpula de diversa legislação de defesa do consumidor[71]. Esta legislação poderá, também, ser chamada à aplicação aos seguros[72].

Para a aplicação de quaisquer regras que visem proteger o consumidor, necessário será que se esteja perante um consumidor, na acepção legal e que no contrato em questão estejam preenchidos os requisitos de aplicação da legislação específica que estiver em causa[73].

---

[70] Adiante designada Lei 24/96.

[71] Foi colocado em consulta pública, um Ante-Projecto do Código do Consumidor, de Março de 2006 que ainda não se concretizou em lei.

[72] Embora os seguros não sejam um bem ou uma prestação de serviços em sentido estrito, a tendência universal de aplicação das normas de defesa do consumidor determina a sua aplicação. Esta ideia vem sendo reforçada pela legislação comunitária e nacional que tem sido aprovada, maxime pelo DL 95/2006, que qualifica os seguros como serviços financeiros, estabelecendo no art. 2.º, alínea c) que "Para efeitos do presente decreto-lei, considera-se: c) «Serviços financeiros» qualquer serviço bancário, de crédito, de seguros, de investimento ou de pagamento e os relacionados com a adesão individual a fundos de pensões;".

[73] A legislação de defesa do consumidor é transversal à sociedade e ao Direito, abrangendo e sobrepondo-se a diversas áreas específicas.

Destaca-se, no âmbito da protecção ao consumidor, o novo regime relativo a práticas comerciais desleais.

O Decreto-Lei n.º 57/2008, de 26 de Março[74] realizou a transposição para a ordem jurídica interna da Directiva n.º 2005/29/CE, do Parlamento Europeu e do Conselho, de 11 de Maio, relativa às práticas comerciais desleais das empresas nas relações com os consumidores no mercado interno.

Este diploma, de acordo com o seu art. 1.º "(...) estabelece o regime jurídico aplicável às práticas comerciais desleais das empresas nas relações com os consumidores, ocorridas antes, durante ou após uma transacção comercial relativa a um bem ou serviço (...)".

Vem, também, introduzir algumas alterações ao Código da Publicidade[75] e revoga os artigos 26.º a 29.º do DL 143/2001.

Entra em vigor, de acordo com o seu art. 28.º "(...) no 1.º dia útil do mês seguinte ao da sua publicação."[76].

3. Consumidores

Em relação aos utilizadores dos meios electrónicos e potenciais clientes, eles podem ser ou não consumidores.

O seu grau de protecção depende dessa qualidade. A protecção do consumidor é uma preocupação sempre presente no legislador comunitário que, necessariamente, se repercute nas legislações nacionais[77].

E é relevante determinar em que categoria a pessoa celebra o contrato, uma vez que em função desse factor o regime jurídico muda[78].

Desde logo, existe legislação que se destina exclusivamente a consumidores, como acontece, por exemplo, com o DL 95/2006.

---

[74] Adiante designado DL 57/2008.
[75] Aprovado pelo Decreto-Lei n.º 330/90, de 23 de Outubro.
[76] Tendo a publicação ocorrido no dia 26 de Março de 2008, terá entrado em vigor, no dia 1 de Abril de 2008, Terça-Feira.
[77] Cfr. sobre a protecção do consumidor de seguros, MARCEL FONTAINE, *Droit des Assurances*, Troisième édition, Larcier, 2006, pp 46 e ss..
[78] Cfr. sobre a protecção dos consumidores no comércio electrónico, ALEXANDRE DIAS PEREIRA, "A Protecção do Consumidor no Quadro da Directiva sobre o Comércio Electrónico", in Estudos de Direito do Consumidor, Centro de Direito do Consumo, Faculdade de Direito da Universidade de Coimbra, n.º 2, 2000 e ELSA DIAS OLIVEIRA, *A Protecção dos Consumidores nos Contratos Celebrados através da Internet*, Almedina, 2002.

Depois, existe legislação que tem regimes diferenciados para consumidores e não consumidores como acontece, por exemplo, com o DL 7//2004, que admite a possibilidade de as suas exigências ao nível da contratação electrónica serem afastadas pela vontade das partes que não sejam consumidores.

Um outro exemplo muito relevante, mas estruturado de modo diferente, é o RCCG. O Decreto-Lei n.º 446/85, de 25 de Outubro estabelece o regime que visa implementar em termos gerais, de um modo objectivo, sem identificar destinatários. Depois, na enumeração das cláusulas que qualifica como proibidas, vem distinguir as relações entre empresários ou entidades equiparadas e as relações com os consumidores finais[79], apresentando-se elencos distintos para uma e outra situação[80].

Por fim, existe legislação, como por exemplo, o Código da Publicidade que visa proteger todos os destinatários[81] das mensagens publicitárias e a legislação sobre o contrato de seguro, de que se destaca o DL 176/95 e, agora, a LCS, que visam proteger os clientes de seguros[82].

A matéria da protecção do consumidor chegou a um ponto de viragem não parecendo ainda totalmente claro para o legislador, quer comunitário[83], quer nacional[84], qual o caminho a seguir.

Existem dificuldades no que diz respeito à determinação sobre quem proteger e como proteger, o que gera algumas dificuldades nesta área[85].

---

[79] O RCCG na Secção III, regula as "Relações com os consumidores finais", reforçando para estes a protecção, com um novo elenco de cláusulas proibidas. Cfr. sobre cláusulas contratuais gerais, ALMENO DE SÁ, *Cláusulas Contratuais Gerais e Directiva sobre Cláusulas Abusivas*, 2.ª Edição, Almedina, 2001 e ANTÓNIO MENEZES CORDEIRO, *Manual de Direito Bancário*, 2.ª Edição, Almedina, 2001, pp. 459 e ss..

[80] Para as relações entre empresários ou entidades equiparadas os artigos 18.º e 19.º e para as relações com os consumidores finais acresce o previsto nos artigos 21.º e 22.º do RCCG.

[81] Que define, no art. 5.º alínea d) "Destinatário: a pessoa singular ou colectiva a quem a mensagem publicitária se dirige ou que por ela, de qualquer forma, seja atingida.".

[82] Tomadores de seguro, segurados e pessoas seguras.

[83] Refira-se que a União Europeia se encontra a rever o normativo comunitário relativo à protecção dos consumidores, com a intenção de o sistematizar e, tendo-se o projecto iniciado com vinte e duas directivas, encontra-se actualmente reduzido a oito. Cfr. Livro Verde sobre a revisão do acervo relativo à defesa do consumidor e o Parecer do Comité Económico e Social Europeu (2007/C 256/05) 08.02.2007.

[84] Refira-se que o Anteprojecto de Código do Consumidor, de Março de 2006, foi objecto de grandes críticas e continua sem se concretizar em lei.

[85] É muito frequente a convicção de que, quando se fala em consumidores se está, simplesmente, a referir às pessoas que, na sociedade de consumo, efectivamente

Notam-se, no entanto, sinais positivos que auguram um futuro mais coerente e eficaz.

Chamar à aplicação diversos diplomas, com âmbitos de aplicação subjectiva diferenciados, vai determinar níveis de protecção gerais para os que se encontram no seu âmbito de aplicação objectiva e níveis de protecção acrescida para consumidores.

É sobre esta matéria que nos deteremos, brevemente, de seguida.

3.1. Protecção do consumidor

A legislação de defesa do consumidor protege, naturalmente, o consumidor.

Sem entrar em detalhes sobre a noção de consumidor, vamos assumir a definição do DL 95/2006 que considera "«Consumidor» qualquer pessoa singular que, nos contratos à distância, actue de acordo com objectivos que não se integrem no âmbito da sua actividade comercial ou profissional.".

Retirando a especificidade "nos contratos à distância", ficam os grandes traços da figura do consumidor comunitário: é uma pessoa singular, que actua fora do âmbito da sua actividade comercial ou profissional.

As questões de fundo que se colocam são as de saber porque razão esta pessoa merece, em detrimento de outras, maior protecção e porque razão a merece em algumas situações e não em outras[86].

Vejamos, com um exemplo na área dos seguros que ilustra alguns resultados a que esta segmentação leva.

Alguém, sócio único de uma sociedade unipessoal de produção e comercialização de fruta, celebra seis contratos de seguro. Contrata um seguro para o seu automóvel pessoal, um seguro de multi-riscos habitação para a sua casa e um seguro de responsabilidade civil familiar. Celebra, também, um contrato de seguro para o automóvel da empresa,

---

consomem. Assumem-se como protegidas pessoas que, por não poderem ser qualificadas como consumidores, não são afinal objecto de protecção e outras que dela não necessitariam, têm-na. O que acaba por ter o resultado prático que a legislação de defesa do consumidor usualmente tem, que é a de proteger mesmo os que não podem ser qualificados como consumidores.

[86] Cfr. sobre o âmbito de aplicação do Direito dos Consumidores, SANDRINA LAURENTINO, "Os destinatários da legislação do consumidor", in Estudos de Direito do Consumidor, Centro de Direito do Consumo, Faculdade de Direito da Universidade de Coimbra, n.º 2, Coimbra, 2000, pp. 415 e ss..

um seguro de multi-riscos comércio para o seu estabelecimento comercial e um seguro de responsabilidade civil profissional.

Em qualquer destas situações a sua actividade comercial não parece habilitá-lo com especiais conhecimentos para os contratos em causa.

Esta pessoa física, que é só uma e a mesma, surge nos três primeiros casos na sua qualidade de pessoa singular, nos outros casos na sua qualidade de pessoa colectiva. Por outro lado, surge nos três primeiros casos actuando no âmbito da sua esfera pessoal e, nos três últimos casos, no âmbito da sua actividade comercial ou profissional.

O que significa que, nos três primeiros casos, é consumidor e, nos três últimos casos, não é. Não parece defensável que o nível de conhecimentos que possui e a sua capacidade de entendimento melhorem substancialmente quando está a fazer um seguro para o automóvel da empresa e que a sua vulnerabilidade se intensifique ao contratar um seguro para o seu automóvel particular. Está em causa exactamente a mesma pessoa, em situações objectivamente idênticas[87].

É questionável que faça accionar todo o arsenal de protecção do consumidor nas três primeiras situações e não tenha qualquer protecção a esse nível, porque não é consumidor, nas três últimas situações.

Questão pertinente é também a que diz respeito ao modo como se efectiva a protecção.

A este nível, o que se tem vindo a verificar é que o fulcro da protecção conferida aos consumidores, nomeadamente em sede de serviços financeiros, se tem vindo a centrar na imposição de deveres de informação à entidade que com eles se relaciona.

É fundamental que o consumidor esteja bem informado e que tenha acessíveis os dados relativos ao contrato, ao prestador e a outros aspectos que possam ser considerados relevantes.

É, ainda, importante que o consumidor assuma que, para além dos direitos que lhe assistem e que reclama, também tem deveres, de que se salienta o dever de se deixar informar[88].

No entanto, há que reconhecer que um consumidor submerso em informação não é, necessariamente, um consumidor protegido.

---

[87] É certo que o inverso também pode acontecer. Alguém que é perito numa determinada área, com um nível de conhecimentos superior, vai usufruir de protecção de que não necessita. No entanto, não deixa normalmente de estar numa situação de maior fragilidade, desde logo porque, em regra, não vai poder negociar as condições do contrato. Embora esteja objectivamente protegido pelo RCCG.

[88] Cfr. PAULA RIBEIRO ALVES, "Comunicação e Informação de Cláusulas Contratuais Gerais", cit., pp. 31 e ss..

Desde logo, porque excesso de informação é, normalmente, sinónimo de falta de absorção.

Mesmo que o consumidor faça um esforço enorme, que não será usual no homem médio, para ler os dossiers, ou manuais, ou "CD's", que são colocados à sua disposição, dificilmente poderá, em muitas circunstâncias, ficar inteirado do que realmente lhe interessa ou é relevante[89].

Esta situação tende a agravar-se na *Internet* em que avançar para uma fase seguinte do que quer que seja implica produzir um clic que assinala com um visto de "Aceito" uma lista extensa de condições[90].

Pode-se sempre dizer que tem a possibilidade de não aceitar, o que é verdade.

No entanto, e mesmo que o cibernauta seja especialmente cuidadoso, em muitas situações necessita, realmente, do bem ou serviço que lhe vai ser fornecido e sabe que as condições não são negociáveis. O que acaba por tornar indiferente ler ou não ler, informar-se ou manter-se na ignorância[91].

Se existir um monopólio que impede a escolha de outra opção ou se, verificadas as opções oferecidas pelo mercado se conclui que são razoavelmente idênticas, a informação facultada ao consumidor não significará, necessariamente, a sua protecção, visto que precisa do bem ou serviço e, de facto, não tem escolha.

Conclui-se, portanto, que sem prejuízo de se admitir que é fundamental que seja facultada informação ao consumidor, há que reconhecer que é uma ilusão pensar que quanto maior for a quantidade de informação, maior será a protecção.

---

[89] Sendo o consumidor, por natureza, um não especialista que, por isso, precisa de protecção, dificilmente conseguirá compreender as especializadas informações de electrónica do telemóvel, de informática do computador, de economia e finanças dos produtos financeiros que adquire ou das operações bancárias que realiza. O que implica que, mesmo lendo com toda a atenção, muito do essencial, normalmente o mais desagradável, lhe possa escapar.

[90] Mesmo que nas primeiras vezes o internauta consumidor mais diligente tenha lido tudo até ao fim, ponderado sobre o conteúdo, tentado negociar alguma cláusula que lhe parecia menos consentânea com a sua vontade e, rendido, tenha acabado por assinalar o quadradinho aprovando, a partir de certa altura começa a limitar-se a aprovar, sem mais.

[91] E não há dúvida que a favor da ignorância militam neste caso fortes argumentos, de gestão de tempo e paciência, dois bens muito escassos nas actuais sociedades industrializadas. Há até quem defenda "o direito a não ser informado". Cfr. neste sentido, EDUARDO LOURENÇO, "Dever de informar e ser informado", in Comunicação e Defesa do Consumidor, Coimbra, 1996, pp. 97 e ss..

E basear a defesa do consumidor num excesso de deveres de informação, tem a consequência de assentar essa protecção numa ficção. O que não é saudável, nem eficaz.

Estes dois equívocos estruturais, sobre quem proteger e como proteger, podem retirar alguma lógica, coerência e eficácia à defesa do consumidor.

O caminho a seguir nesta área está a sofrer alguns ajustes.

3.2. Evolução do regime de protecção

Estão em curso na União Europeia e em Portugal alterações que determinam mudanças relevantes.

Por um lado, ao nível da sistematização.

É fundamental sistematizar o Direito do Consumo[92], o que está a acontecer em termos comunitários e nacionais. Encontra-se em curso na União Europeia a revisão do «aquis» comunitário em matéria de contratos de consumo e no ordenamento jurídico interno está em discussão um Código do Consumidor[93].

Por outro lado, ao nível da informação disponibilizada ao consumidor.

---

[92] A denominação não é inocente. Direito do Consumo é uma expressão que, sem esforço, se encontra apta a abranger as relações que se estabelecem no âmbito da sociedade de consumo, em que os contratos são propostos em massa e celebrados com a massa. O que os caracteriza é a voragem do tempo e dos métodos e não tanto a qualidade dos seus sujeitos. Um Professor de Direito dos Consumidores ao ser abordado através de apuradas e mais ou menos agressivas técnicas de venda para que adquira um livro extremamente útil para a sua profissão será, talvez, tão vulnerável enquanto pessoa, como qualquer outra pessoa menos informada sobre o assunto. A questão está no modo de organização despersonalizado e pressionado das sociedades de consumo em que para desenvolver a oferta, há que induzir a procura e, até, criar novas necessidades que se vêm a impor como inultrapassáveis. Não é tanta a qualidade de uma pessoa singular que está em causa, mas sim o modo como a sociedade está organizada para induzir ao consumo e pressionar a aquisição. Muitas vezes não é, sequer, a bondade intrínseca do bem ou serviço que está em causa, mas a sua real aptidão para satisfazer uma real necessidade de quem é, através da utilização de técnicas de venda agressivas, induzido a comprar. Por isso, a protecção deverá ser desenvolvida a partir da ideia de consumo e não da ideia de consumidor, na versão restrita que tem vigorado até agora. Devem, tendencialmente, ser protegidos todos os que adquirem, em massa, no âmbito de uma sociedade de consumo. Cfr. sobre a denominação desta legislação, Sandrina Laurentino, "Os destinatários da legislação do consumidor", cit, pp. 415 e ss..

[93] Cfr. supra I-A-2.4.2..

Não é importante que seja muita. Deve, sim, ser reduzida ao essencial e apresentada de um modo susceptível de ser compreendido por uma pessoa média, sem especiais conhecimentos na matéria. Além desta informação simples, completa, essencial e pré-contratual, devem sempre ser fornecidas as condições do contrato, por mais vastas e complexas que sejam para que o consumidor possa, se assim o entender e como é seu dever, inteirar-se de todo o seu conteúdo. São essas condições que regem aquela relação jurídica e não podem, por isso, ser dispensáveis.

É, ainda, necessário, redefinir o universo dos protegidos.

A noção actual de consumidor, restringindo a categoria a pessoas singulares que actuam exclusivamente na sua esfera pessoal, deixa de fora muitas situações objectivamente merecedoras da mesma protecção.

Em paralelo, existem e desenvolvem-se instrumentos de protecção objectiva.

Interessante poderia ser comparar o nível de eficácia duma protecção subjectiva, assente na figura do consumidor, com uma protecção objectiva, assente na regulamentação das situações que podem causar desequilíbrios significativos nas relações jurídicas.

3.2.1. *Revisão do* aquis *comunitário em matéria de contratos de consumo*

A União Europeia assentou sobre a necessidade de reunir e rever o *aquis* comunitário em matéria de direito do consumo.

O projecto inicial passava por vinte e dois instrumentos legais comunitários identificados pela Comissão, em Maio de 2003. Este projecto veio a revelar-se demasiado ambicioso e restringiu-se a oito directivas.

As conclusões da Comissão sobre este assunto e as opções possíveis estão expostas no Livro Verde sobre a revisão do acervo relativo à defesa do consumidor, adoptado em Fevereiro de 2007[94].

Paralelamente, encontra-se em discussão a revisão e eventual junção num só diploma[95] da matéria relativa à comercialização à dis-

---

[94] Conforme refere a Comunicação da Comissão ao Conselho, ao Parlamento Europeu e ao Comité Económico e Social Europeu, Com (2007) 99 final.

[95] Ideia defendida pelo Comité Económico e Social Europeu, num Parecer (2007//C 175/07) muito crítico sobre a "Comunicação da Comissão ao Conselho, ao Parlamento Europeu e ao Comité Económico e Social Europeu sobre a aplicação da Directiva 1997//7/CE do Parlamento Europeu e do Conselho, de 20 de Maio de 1997, relativa à protecção dos consumidores em matéria de contratos à distância" (COM (2006) 514 final) em que

tância[96], de bens e serviços[97] e de serviços financeiros[98] e ao comércio electrónico[99].

No que diz respeito especificamente à Directiva 2002/65/CE, relativa à comercialização à distância de serviços financeiros prestados a consumidores, o atraso na sua transposição[100], determinou o atraso do relatório com a análise sobre o funcionamento do mercado único dos serviços financeiros a apresentar pela Comissão.

A intenção de sistematização e simplificação da legislação comunitária renova-se e intensifica-se na definição[101] da Estratégia comunitária em matéria de Política dos Consumidores para 2007-2013[102].

A Comissão definiu três objectivos nesta área.

Propõe-se, por um lado, dar mais poder aos consumidores da EU[103], através de uma informação exacta, da transparência do mercado e do reforço da confiança.

---

afirma, no ponto 1.3. da Síntese, "O CESE é, no entanto, de parecer que uma revisão deste normativo legal, em simultâneo com os relativos às vendas à distância dos serviços financeiros e de certos aspectos do comércio electrónico, teria a ganhar se fosse efectuada de imediato, sem esperar pela conclusão dos trabalhos relativos à revisão do *aquis* comunitário em matéria de contratos de consumo, com a preocupação de tornar o conjunto das disposições dispersas mais acessível e inteligível.". E posteriormente no ponto 3.2.3. informa que "(...) o CESE diverge da Comissão no que se refere: a) à liminar exclusão dos serviços financeiros de uma única directiva sobre serviços à distância; b) à conveniência da manutenção da distinção entre as directivas «vendas à distância» e a directiva «comércio electrónico», dada a parcial sobreposição do seu conteúdo e a existência de soluções contraditórias em vários aspectos essenciais do regime jurídico relativamente a situações de facto idênticas, cuja aparente justificação apenas se achará na circunstância de a «origem» interna dos textos não ser a mesma ou não ter sido devidamente coordenada entre os serviços.".

[96] No referido Parecer, no ponto 3.2.4. "O CESE recomenda ainda à Comissão que procure simplificar e tornar mais acessível e inteligível o conjunto das disposições que se referem às vendas à distância e se encontram pulverizadas em vários instrumentos.".

[97] Directiva n.º 97/7/CE, transposta pelo DL 143/2001.

[98] Directiva n.º 2002/65/CE, transposta pelo DL 95/2006.

[99] Directiva n.º 2000/31/CE, transposta pelo DL 7/2004.

[100] De acordo com a Comunicação da Comissão, ao Parlamento Europeu e ao Conselho, COM(2006) 161 final, de 6.4.2006. Os Estados-membros deveriam aplicar a Directiva até 9 de Outubro de 2004 e, até finais de 2004 só oito Estados-membros haviam notificado a aplicação do diploma à Comissão.

[101] Cfr. Comunicação da Comissão ao Conselho, ao Parlamento Europeu e ao Comité Económico e Social Europeu, Com (2007) 99 final.

[102] Cfr. MÁRIO FROTA, "Novas Tendências do Direito do Consumidor na Europa", in Revista Portuguesa de Direito do Consumo, n.º 47, Setembro de 2006, pp. 44 e ss..

[103] São 493 milhões os consumidores da UE. "Consumidores confiantes, informados e responsáveis são o motor da mudança económica, pois as suas escolhas fomentam a inovação e a eficiência.", resume o Comunicado da Comissão (2007) 99.

Por outro lado, considera que é essencial para o bom funcionamento dos mercados melhorar o bem-estar dos consumidores, nomeadamente, em termos de preços, escolha, qualidade e segurança.

Por fim, julga crucial proteger eficazmente os consumidores de riscos e ameaças graves e resume "O objectivo da Comissão consiste em poder demonstrar, até 2013, a todos os cidadãos comunitários que podem fazer compras em qualquer lugar da UE, desde a loja da esquina até ao sítio da *Internet*, confiantes de que, em todas as circunstâncias, estão eficazmente protegidos; passa igualmente por conseguir provar a todos os retalhistas que podem vender em qualquer lugar com base num conjunto de disposições único e simples."[104].

E para alcançar os objectivos propõe-se "assegurar um nível elevado de defesa dos consumidores, graças a um quadro jurídico simples[105] e à melhoria dos dados, dos processos de consulta e da representação dos interesses dos consumidores;"[106].

Parece, portanto, perfeitamente clara a preocupação da União Europeia em relação à sistematização da regulamentação comunitária nesta área, tendo em consideração os interesses dos destinatários dessa protecção e garantindo um mínimo de harmonia que permita, de facto, a existência plena dum mercado único.

E muito se ganhará quando tal acontecer.

Até lá, vai-se tecendo a manta de retalhos, com sobreposições e lacunas, procurando alcançar as melhores e mais coerentes soluções dentro do sistema existente.

3.2.2. *Revisão da legislação nacional*

A revisão da legislação nacional, na área do Direito do Consumo, encontra-se num impasse.

---

[104] In Comunicado da Comissão (2007) 99, pp.25.

[105] Tal objectivo pareceria mais alcançável mantendo-se o elenco inicial de vinte e duas directiva a rever e harmonizar, em vez de se ter reduzido a oito. Cfr. neste sentido o documento (2007/C 256/05) 08.02.2007, Parecer do Comité Económico e Social Europeu sobre o "Livro Verde sobre a revisão do acervo relativo à defesa do consumidor" COM (2006) 744 final, em que o CESE informa que "(...) entende que tal esforço não deve ficar limitado apenas às 8 directivas agora em apreço, antes deve englobar, no mínimo, as 22 directivas constantes da lista elaborada pela Comissão em Maio de 2003.".

[106] In Comunicado da Comissão (2007) 99, pp.14.

Houve um esforço grande no sentido da codificação, tendo sido apresentado a consulta pública o Anteprojecto do Código do Consumidor, de Março de 2006.

O projecto de Código foi sujeito a muitas críticas, de que se destaca a que o acusa de não ser uma verdadeira codificação, mas sim uma simples colagem dos diplomas que existiam sobre a matéria sem, sequer, os procurar harmonizar.

Este projecto parece ter parado.

Deu-se, entretanto, a transposição de Directivas[107] que o Projecto de Código se propunha transpor. A matéria relativa à comercialização à distância de serviços financeiros veio a ser consagrada no DL 95/2006 e a matéria relativa às práticas comerciais desleais está regulada pelo DL 57/2008.

Seria, no entanto, importante retomar-se a sistematização desta área tão dispersa.

3.2.3. Simplificação da informação

Tem-se vindo a verificar alguma tendência no sentido da simplificação, nomeadamente através da exigência de que, a par de toda a informação obrigatoriamente disponibilizada, seja facultado um prospecto informativo com os aspectos fundamentais do contrato.

E no sentido de que seja dado relevo às informações sobre os aspectos que possam ter efeitos imprevistos ou gravosos para os consumidores que adquirem o bem ou serviço em questão.

Ao nível dos seguros torna-se visível[108] na obrigatoriedade de incluir na apólice de um modo destacado, escritas em letra maior, as cláusulas que estabeleçam o âmbito das coberturas[109], principalmente a sua exclu-

---

[107] A Directiva 2002/65/CE do Parlamento Europeu e do Conselho, de 23 de Setembro de 2002, relativa à comercialização à distância de serviços financeiros prestados a consumidores e a Directiva 2009/29/CE do Parlamento Europeu e do Conselho, de 11 de Maio de 2005, relativa às práticas comerciais desleais das empresas face aos consumidores no mercado interno.

[108] O LCS vem consagrar, no seu art. 37.º, a necessidade de apólice incluir de um modo destacado, escritas em letra maior, as cláusulas que estabeleçam o âmbito das coberturas, principalmente a sua exclusão ou limitação e as cláusulas que possam ter como consequência a extinção do contrato.

[109] Cfr. PEDRO ROMANO MARTINEZ, "Conteúdo do Contrato de Seguro e Interpretação das Respectivas Cláusulas", cit., pp. 59 e ss..

são ou limitação e as cláusulas que possam ter como consequência a extinção do contrato.

Se nos documentos que são entregues ao consumidor ou que este visualiza num sítio da *Internet* estiverem salientadas as informações mais críticas e mais importantes, isso facilita muito a apreensão do conteúdo do contrato.

3.2.4. Dever de conselho ao consumidor

Caminha-se, também, no sentido de serem consagradas obrigações de indicação ao consumidor do produto mais adequado aos fins a que se destina.

Esta medida é especialmente importante ao nível dos produtos financeiros e, em particular, dos seguros.

Se o consumidor se dirige ao segurador ou ao mediador de seguros e lhe explica as suas necessidades, tem a legítima expectativa de que lhe vá ser indicado um seguro que seja adequado ao risco e às circunstâncias que descreveu.

Se, em vez disso, é incentivado a adquirir algum produto incluído nos objectivos de venda do funcionário que o atende ou estabelecido como prioridade de venda da empresa em causa, que não se encontra apetrechado a satisfazer os objectivos que o consumidor terá informado serem os seus[110], essa situação não pode ser admitida.

A consagração de deveres de conselho visa, precisamente, evitar que tais situações ocorram.

Ao nível dos seguros, esta obrigação já se encontra prescrita no Decreto-Lei nº 144/2006, de 31 de Julho[111], que aprovou o novo regime geral da mediação de seguros que, no seu art. 32.º alínea b) estabelece como obrigação do mediador *"b) Aconselhar, de modo correcto e pormenorizado e de acordo com o exigível pela respectiva categoria de mediador, sobre a modalidade de contrato mais conveniente à transferência de risco ou ao investimento;"* [112].

---

[110] Estas situações são muito frequentes ao nível da comercialização de produtos financeiros.

[111] Adiante designado DL 144/2006. O Decreto-Lei n.º 144/2006, de 31 de Julho foi alterado pelo Decreto-Lei n.º 359/2007, de 2 de Novembro e regulamentado pela Norma Regulamentar e do Instituto de Seguros de Portugal n.ᵒˢ 17/2006-R de 29 de Dezembro, alterada pela Norma Regulamentar n.º 8/2007, de 31 de Maio e pela Norma Regulamentar n.º 19/2007-R, de 31 de Dezembro.

[112] O LCS consagra um dever especial de esclarecimento, no art. 22.º, que já apresenta alguns contornos de dever de conselho.

E, depois, prevê no n.º 5, que "Antes da celebração de qualquer contrato de seguro, qualquer mediador de seguros deve, tendo em conta especialmente as informações fornecidas pelo cliente e a complexidade do contrato de seguro proposto, especificar, no mínimo, as respectivas exigências e necessidades e as razões que nortearam os conselhos dados quanto a um determinado produto.".

Esta obrigação é mais intensa no caso dos corretores de seguros.

A obrigação de aconselhamento surge logo na definição, do art. 8.º alínea c) do Decreto-Lei nº 144/2006, de 31 de Julho que apresenta os corretores de seguros como "categoria em que a pessoa exerce a actividade de mediação de seguros de forma independente face às empresas de seguros, baseando a sua actividade numa análise imparcial de um número suficiente de contratos de seguro disponíveis no mercado que lhe permita aconselhar o cliente tendo em conta as suas necessidades específicas.".

Refira-se, também, a LCS que, no seu art. 22.º estabelece um dever especial de esclarecimento do segurador ao tomador de seguro[113].

3.2.5. *Abrangência das micro-empresas*

Um passo substancial ao nível do alargamento da abrangência subjectiva da protecção do consumidor é dado pela Directiva 2007/64/CE do Parlamento Europeu e do Conselho, de 13 de Novembro de 2007, relativa aos serviços de pagamento no mercado interno.

Esta Directiva é importante para a concretização da contratação à distância[114]. Sem harmonização de regras e sem segurança nos pagamentos à distância, a respectiva contratação encontra-se limitada. Garantindo-se que os pagamentos à distância, usualmente através de meios electrónicos, funcionam bem, os receios dos consumidores na finalização dos contratos perde razão de ser, o que permite o seu desenvolvimento.

O avanço substancial em matéria de alargamento subjectivo da protecção aos consumidores é explicado no Considerando (29) que, depois

---

[113] Cfr. infra III – 4.2.2..

[114] Vem logo no seu Considerando (1) afirmar que "Para a realização do mercado interno, revela-se essencial o desmantelamento de todas as fronteiras internas da Comunidade, de molde a permitir a livre circulação de bens, pessoas, serviços e capitais." E depois no (4) "Revela-se vital, por conseguinte, estabelecer um enquadramento legal moderno e coerente para os serviços de pagamento a nível comunitário.".

de admitir que consumidores e empresas não necessitam do mesmo nível de salvaguarda, vem informar que "Todavia, os Estados-membros deverão ter a possibilidade de estabelecer que as micro-empresas, definidas na Recomendação 2003/361/CE da Comissão, de 6 de Maio de 2003, relativa à definição de micro, pequenas e médias empresas[115], sejam tratadas da mesma forma que os consumidores.".

E acrescenta que "Em todo o caso, determinadas disposições fundamentais da presente directiva deverão ser sempre aplicadas independentemente do estatuto do utilizador.".

Esta opção vem consagrada no art. 30.º, n.º 2 que estabelece que "Os Estados-Membros podem estabelecer que as disposições do presente título sejam aplicadas às microempresas do mesmo modo que aos consumidores.".

Com a transposição da Directiva para os ordenamentos jurídicos internos de cada um dos Estados-membros, se verificará o que é que virá a ser estabelecido nesta área.

3.3. Protecção objectiva

A protecção dos consumidores tem vindo a ser entendida de um modo mais abrangente, ultrapassando a noção restrita de consumidor.

Em várias situações, o legislador, quer comunitário, quer nacional, optou por uma protecção objectiva dos sujeitos que contratam em determinadas circunstâncias. Isto é, tomou medidas por forma a que determinados modos de contratar, ou determinado tipo de contratos, fossem regulados, devido às suas características, independentemente da qualidade concreta do sujeito ou do seu nível de conhecimentos. E, com isto, estabeleceu protecção para as situações objectivas que considerou poderem comportar algum significativo desequilíbrio.

Tal ocorre, desde logo, com o regime das cláusulas contratuais gerais.

---

[115] Nos termos do art. 1.º do Anexo da Recomendação 2003/361/CE da Comissão, "Entende-se por empresa qualquer entidade que, independentemente da sua forma jurídica, exerce uma actividade económica. São, nomeadamente, consideradas como tal as entidades que exercem uma actividade artesanal ou outras actividades a título individual ou familiar, as sociedades de pessoas ou as associações que exercem regularmente uma actividade económica.". E o art. 2.º, n.º 3 estabelece que "Na categoria das PME, uma microempresa é definida como uma empresa que emprega menos de 10 pessoas e cujo volume de negócios anual ou balanço total anual não excede 2 milhões de euros.".

Independentemente da sua qualidade, o aderente a um contrato celebrado com base em cláusulas contratuais gerais que não pode ser negociado, encontra-se numa posição desigual em relação àquele que apresenta as condições do contrato. E, nesse pressuposto objectivo, é regulada a protecção. Sem prejuízo de ser estabelecido um nível mais elevado de protecção para os consumidores, nomeadamente no estabelecimento do elenco de cláusulas consideradas proibidas.

Ao nível da contratação electrónica também existe regulamentação objectiva dos aspectos considerados problemáticos. E, depois, o legislador consagrou a possibilidade de algumas regras que estabeleceu para todos os destinatários de serviços da sociedade da informação, pudessem ser afastadas pela vontade das partes que não fossem consumidores.

Ao nível do contrato de seguro o legislador estabelece o seu regime tendo em consideração características objectivas, principalmente as do seguro de massas.

E centra a sua protecção no tomador de seguro, alguém que vai celebrar um contrato[116], usualmente complexo e com base em cláusulas contratuais gerais que não pode negociar. A outra parte, o segurador, elaborou as condições do contrato, com as exclusões que entendeu justificarem-se, conhece o mercado e os produtos, tem experiência e dados sobre os riscos.

Tendo em conta a realidade, o legislador estabeleceu a protecção que entendeu necessária para acautelar os interesses das partes, nas situações que estão em objectivo desequilíbrio. Sem prejuízo de acrescer, aos que são qualificados como consumidores, a protecção subjectiva das disposições legais que em cada caso se mostrarem aplicáveis e que essa sua qualidade justifique.

A Directiva relativa aos serviços de pagamento no mercado interno, estabelece um nível de protecção geral que, em relação às disposições do Título III, poderá ser afastado por acordo das partes que não sejam consumidores. Estabelece, ainda, que as micro-empresas podem ser protegidas como os consumidores.

Parece, portanto, que a figura específica e restrita do consumidor, como a pessoa singular que adquire, para seu uso não profissional, um bem ou serviço, deve merecer um elevado nível de protecção por se encontrar, em regra, numa situação de fragilidade no mercado de con-

---

[116] E muitos seguros são obrigatórios.

sumo, particularmente agressivo nas modernas sociedades industrializadas e tecnológicas.

No entanto, esta necessidade deve ser equacionada em paralelo com outras situações objectivas de desequilíbrio que, enquanto tal, originam a necessidade de regulamentação que as enquadre e garanta condições objectivas para que as relações jurídicas entre os sujeitos se desenvolvam de um modo fluído e transparente.

No âmbito do contrato de seguro à distância, têm aplicação regras de protecção do consumidor enquanto tal e regras de protecção objectiva, inerentes às suas distintas características.

B – SISTEMATIZAÇÃO

O tema que propomos apresenta alguma dificuldade de sistematização, de modo a que possa ser lógica e perceptível a sequência que levará, esperamos, ao regime do contrato de seguro à distância.

1. Sequência

Dado que esta figura pressupõe a aplicação de regimes diferenciados, parece-nos que se pode obter maior eficácia com a análise prévia de cada um desses regimes em separado e, depois, tratar da sua convergência, procurando alcançar o regime do contrato de seguro à distância.

Para a necessária ligação à realidade que é o mercado na área seguradora, há que ter em consideração os canais de distribuição de seguros, nomeadamente os novos canais que se têm vindo a impor, que são a *Internet* e o telefone.

É este o universo relevante à nossa análise.

Começaremos pelo regime geral do contrato à distância de serviços financeiros e pela contratação electrónica, ambos aplicáveis ao contrato de seguro. Depois, há que analisar o regime do próprio contrato de seguro e, na actual conjuntura de transição, há que ter em consideração o direito vigente até 2009 e, em várias situações ainda aplicável[117] e a LCS.

Aqui chegados, haverá que encontrar os pontos de convergência desses regimes nos canais de distribuição de seguros relevantes para o contrato de seguro à distância.

Procuraremos, então, encontrar o regime do contrato de seguro electrónico e as especificidades do contrato de seguro em linha. Por fim, e dado que o legislador lhe dá um tratamento diferenciado e específico, autonomizaremos o contrato de seguro celebrado por telefone.

2. Delimitação

Importante será, ainda, referir algumas áreas que, embora relacionadas com o tema, correspondem a vastas problemáticas paralelas, que não cabe neste âmbito tratar.

---

[117] Por força do regime específico de aplicação da lei no tempo, previsto nos artigos 2.º a 5.º do DL 72/2008.

Uma dessas áreas é a da mediação de seguros. Assim, e embora o contrato de seguro à distância tanto possa ser celebrado directamente pelo segurador, como através de mediadores de seguros, o nosso universo será o da distribuição directa, considerando o contrato celebrado, sem mediação, entre o segurador e o tomador de seguro.

Outra dessas áreas é a que trata da determinação da legislação aplicável e do foro competente para a resolução de litígios. O contrato de seguro à distância, por natureza, é especialmente vocacionado para proporcionar contactos entre ordens jurídicas diferentes. A legislação de que tratamos resulta, no essencial, da transposição de directivas comunitárias e, estando em causa o contrato de seguro, a sua área geográfica relevante é a da União Europeia. O mercado único de seguros é uma realidade. Embora tenhamos presente a premência da necessidade de determinar a lei aplicável ao contrato de seguro à distância e da existência de regras, gerais e específicas, sobre essa matéria, não é esse o objectivo da análise que nos propormos. Este trabalho tem como pressuposto a aplicação da lei portuguesa.

Outra questão diz respeito ao facto de, como referimos, a matéria de que tratamos se encontrar, no essencial, no âmbito geográfico do mercado único de seguros da União Europeia e se encontrar principalmente regulada por diplomas que realizaram a transposição de Directivas comunitárias. O objectivo deste trabalho não é uma análise de Direito Comunitário ou de Direito Comparado não sendo, em princípio, abordadas directamente as Directivas, nem as soluções encontradas para a sua transposição em Estados-membros que já o tenham realizado. Embora, pontualmente e quando se justifique, possam ser efectuadas referências a umas ou a outras. No entanto, estando o Direito Comunitário transposto para o ordenamento jurídico português são, essencialmente, os diplomas nacionais que vamos considerar.

3. Circunstâncias específicas

É, também, necessário salientar que a área dos seguros, sofreu nos últimos três anos, que coincidiram com o tempo de investigação e concretização deste trabalho, alterações muito significativas.

Algumas foram muito profundas e directamente relacionadas com o tema, como a do regime do contrato de seguro que, vigente desde 1888, foi sendo alterado e completado formando um conjunto de disposições dispersas até que é substituído por um novo diploma que revoga, unifica e sistematiza a matéria do contrato de seguro.

Este diploma, com um longo processo legislativo[118], foi aprovado em Conselho de Ministros em 24 de Janeiro de 2008 e publicado em 16 de Abril de 2008.

Em final de 2007, após a consulta pública e no início de 2008, após a aprovação em Conselho de Ministros, pareceu-nos que o novo regime do contrato de seguro, apesar de não ter sido publicado, teria de ser considerado neste trabalho. Embora sem a publicação do diploma não existisse certeza sobre a sua concretização e nem sobre o seu texto definitivo, considerámo-lo no nosso estudo, com o texto que conhecemos depois da aprovação, tendo analisado o contrato de seguro à luz da legislação vigente nessa altura e à luz desse novo regime[119].

Actualmente, em 2009, a questão coloca-se ao contrário. É especialmente relevante a LCS agora em vigor, embora não seja possível perder de vista o regime anterior que, em muitas situações, como já foi referido, mantém e manterá a sua vigência.

Continua, pois, a ser necessário trabalhar com ambos, mantendo-se oportuna a consideração do regime anterior a 2009 e da LCS.

No entanto, a alteração de circunstâncias ocorrida entre 2008 e 2009, determina uma revisão global e actualização[120] da dissertação de Mestrado entregue em 16 de Abril de 2008.

---

[118] Após um longo processo de intenções e concretizações, que não chegaram a ser lei. Já em 1929, a então criada Inspecção de Seguros, foi incumbida de elaborar um código de seguros. Desde então várias tentativas se seguiram até que, finalmente, a Comissão presidida pelo Professor Doutor Pedro Romano Martinez apresentou, no dia 4 de Julho de 2007, o texto final que esteve em consulta pública, incorporou algumas alterações que daí resultaram e foi aprovado em Conselho de Ministros.

[119] A dissertação de Mestrado tinha como data limite de apresentação o dia 18 de Abril de 2008. No dia 16 de Abril de 2008, data em que o trabalho, respectivas cópias e encadernações ficou concluído, foi publicada a LCS. Ainda foi possível adicionar, antes da entrega, uma página de advertências em que se dava nota desta coincidência e de que as referências à LCS deveriam ser lidas como referências ao regime aprovado pelo Decreto-Lei n.º 72/2008, de 16 de Abril, que se verificou ser idêntico nas disposições em causa ao texto citado.

[120] Refira-se, em relação à bibliografia, alguns documentos pesquisados após a entrega da dissertação, nomeadamente, AAVV, *Lei do Contrato de Seguro Anotada*, Almedina, 2009, ARNALDO F. DA COSTA OLIVEIRA, *Seguro obrigatório de responsabilidade civil automóvel: síntese das alterações de 2007 (DL 291/2007, de 21 Ago.)*, Almedina, 2008, BRUNO NOVAES BEZERRA CAVALCANTI, "O Contrato de Seguro e os seus Elementos Essenciais", in RIPE – Revista do Instituto de Pesquisas e Estudos, Bauru, v. 40, n. 45, jan./jun. 2006, pp. 233-256, CARLA CADILHE e MÁRIO SANTOS PINTO, *Do regime jurídico do pagamento dos prémios de seguro*, Dislivro, Lisboa, 2007, EDUARDO PAZ FERREIRA, LUÍS SILVA MORAIS e GONÇALO ANASTÁCIO, *Regulação em Portugal: novos tempos, novo modelo?*,

I – Introdução

O presente trabalho é o resultado dessa revisão e actualização incluindo, também, os preciosos contributos, resultantes da arguição e da discussão, recolhidos nas provas finais de Mestrado[121].

Almedina, 2009, EVA SÓNIA MOREIRA DA SILVA, *Da responsabilidade pré-contratual por violação dos deveres de informação,* Almedina, 2006, FERNANDO GILBERTO, *Manual Prático dos Seguros,* Lidel - Edições Técnicas, 2008, HUBERT GROUTEL, FABRICE LEDUC, PHILIPPE PIERRE (colab. Maud Asselain), *Traité du Contrat d'Assurance Terrestre,* LexisNexis, Paris, 2008, IGOR FERRY SOUZA e MAGNO FEDERICI GOMES, "Contratos de Consumo por Meios Electrónicos, no Ordenamento Jurídico Brasileiro", in Revista Portuguesa de Direito do Consumo, n.º 55, Setembro de 2008, pp. 127 e ss., JEAN BIGOT, DANIEL LANGÉ e JEAN-LOUIS RESPAUD, *Traité de Droit des Assurances, Tome 2: L'intermédiation d'assurances,* LGDJ, Paris, 2009, JEAN BIGOT, PHILIPPE BAILLOT, JÉRÔME KULLMANN, LUC MAYAUX (pref. Georges Durry), *Traité de Droit des Assurances, Tome 4: Les Assurances de Personnes,* LGDJ, Paris, 2007, JOSÉ ARMANDO DA GLÓRIA BATISTA, "O dever de informação no contrato de seguro: considerações sobre a nova lei portuguesa, o novo Código Civil brasileiro e o projecto de lei brasileiro", in Revista Española de Seguros, n.º 136, Outubro / Dezembro 2008, pp. 725 e ss., JOSÉ CARLOS MOITINHO DE ALMEIDA, *Contrato de Seguro: estudos,* Coimbra Editora, 2009, JUAN BATALLER GRAU, "Un marco común de referencia para el contrato de seguro en la unión europea", in Revista Española de Seguros, n.º 136, Outubro / Dezembro 2008, pp. 669 e ss., FRANCISCO JAVIER TIRADO SUAREZ, "Reflexiones sobre la nueva regulación del contrato de seguro en Portugal desde el derecho español", in Revista Española de Seguros, n.º 136, Outubro / Dezembro 2008, pp. 679 e ss., LUC GRYNBAUM e STANISLAS DI VITTORIO, *E-@ssurance: marché, acteurs, régime juridique du contrat souscrit à distance,* L'Argus, Paris, 2007, LUÍS POÇAS, *Estudos de Direito dos Seguros,* Almeida & Leitão, Porto, 2008, MARCIO ALEXANDRE MALFATTI, "Seguros por conta própria e por conta de outrem: apontamentos sobre a nova lei de seguros portuguesa, o Código Civil brasileiro e o PL 3.555/2004", in Revista Española de Seguros, n.º 136, Outubro / Dezembro 2008, pp. 751 e ss., MARIA DA GLORIA FARIA, « Deveres de informação do segurado ou do tomador de seguros na legislação brasileira, na legislação portuguesa e na legislação espanhola », in Revista Española de Seguros, n.º 136, Outubro / Dezembro 2008, pp. 779 e ss., MARIA DE LA SIERRA FLORES DOÑA, "La contratación de seguros a distancia con el tomador-consumidor", in Revista Española de Seguros, n.º 136, Outubro / Dezembro 2008, pp. 705 e ss., PEDRO ROMANO MARTINEZ, *Colectânea de Seguros – O Novo e o Antigo Regime,* Livraria Petrony, 2008, *idem, Lei do Contrato de Seguro, com remissões para legislação revogada e preceitos relacionados,* Principia, 2008, *idem,* "Modificações na legislação sobre contrato de seguro", in Revista Española de Seguros, n.º 136, Outubro / Dezembro 2008, pp. 645 e ss., *idem,* "Novo Regime do Contrato de seguro", in O Direito, A. 140, n.º 1, Lisboa, 2008, pp. 23-117, RICARDO BECHARA SANTOS, "Seguro de responsabilidade civil: acción directa del tercero contra la aseguradora", in Revista Española de Seguros, n.º 136, Outubro / Dezembro 2008, pp. 761 e ss., TERESA DINIS CARDOSO, «A quinta directiva e a indemnização dos danos corporais no espaço ibérico », in Revista Española de Seguros, n.º 136, Outubro / Dezembro 2008, pp. 539 e ss..

[121] Realizadas na Faculdade de Direito de Lisboa, em 6 de Janeiro de 2009, com o seguinte júri: Professor Doutor Pedro Romano Martinez (Presidente), Professor Doutor Pedro Pais de Vasconcelos, Professor Doutor Júlio Gomes (arguente), Professor Doutor José Alberto Vieira (arguente) e Prof. Doutor Luís de Morais.

Em relação à terminologia usada no âmbito do regime do contrato de seguro, verificamos que o legislador de 1888 denominava aquele que assumia o risco num contrato de seguro como "segurador" e que, embora entretanto tenham sido usadas várias denominações para designar esta figura, o novo regime do contrato de seguro retoma aquela denominação. Vamos, pois, do passado para o futuro, adoptá-la.

4. Questão transversal e questões estruturais

Há, ainda, que tratar da questão transversal da qualificação ou não como consumidor que acarreta um diferente grau de protecção no âmbito de alguns diplomas e é, mesmo, pressuposto de aplicação do regime do contrato à distância de serviços financeiros, constante do DL 95/2006.

A este nível, e tendo referido resumidamente a problemática da defesa do consumidor, julgamos que o método mais eficaz, será apresentar, quando surgir, a diferenciação de protecção resultante dos diversos regimes em causa.

Quanto às questões estruturais, reconduzem-se, essencialmente a três áreas. A da formação do contrato, com especial relevância para a forma, a dos deveres de informação e a do direito de resolução do contrato.

É, pois, nestas questões que centraremos a nossa análise.

5. Regime do contrato de seguro à distância

Com este propósito e esta metodologia pretende-se que dos regimes analisados, salientando as questões estruturais, resultem os traços que se vão juntando num esboço que, numa primeira fase, permita intuir o contrato de seguro à distância.

Numa segunda fase, pretende-se reforçar os traços desse esboço, transformando-o num desenho tão claro e realista quanto possível.

II
CONTRATAÇÃO À DISTÂNCIA

A contratação à distância e a contratação electrónica, embora reguladas em diplomas diversos encontram-se umbilicalmente ligadas.

A contratação electrónica é contratação à distância, os meios de comunicação à distância realmente relevantes são os meios electrónicos.

Em termos de enquadramento sistemático é possível reconduzir a contratação electrónica ao âmbito de outras problemáticas ainda mais vastas, como a contratação à distância[122]. Este enquadramento resulta do facto de uma mesma realidade comportar diferentes aspectos[123], sendo a sua análise efectuada pela perspectiva que se entende predominante.

Julgamos, no entanto, que o campo de aplicação do regime relativo à contratação electrónica é, de certa forma, mais vasto que o da comercialização à distância, que só abrange as situações em que intervém um

---

[122] Cfr., com esta perspectiva, ANTÓNIO MENEZES CORDEIRO, *Tratado de Direito Civil Português*, cit, pp. 587 e ss. que analisa a contratação electrónica através do DL 143/2001, dando menor relevância ao DL 7/2004, e JOSÉ DE OLIVEIRA ASCENSÃO, "Introdução à Perspectiva Jurídica", in O Comércio Electrónico em Portugal_O Quadro Legal e o Negócio, ANACOM, 2004, p. 104 que defende que "o contrato electrónico é uma subespécie do contrato a distância, ou celebrado a distância." e JOSÉ DE OLIVEIRA ASCENSÃO, "Contratação Electrónica", in Direito da Sociedade da Informação, Volume IV, Associação Portuguesa do Direito Intelectual, Coimbra Editora, 2003, pp. 45 e ss. que defende que a contratação a distância é complementar em relação à contratação electrónica. Cfr. também, na área financeira, mas com enquadramento semelhante, JOÃO CALVÃO DA SILVA, *Banca, Bolsa e Seguros,* cit., pp. 125, que afirma a natureza complementar da Directiva 2000/31/CE e do Decreto-Lei n.º 7/2004, considerando que se está sempre perante contratação à distância e que essa complementaridade resulta do seu Considerando (11) que enumera outras directivas igualmente aplicáveis.

[123] Um mesmo contrato poderá ser, simultaneamente, um contrato a distância, electrónico, de consumo, de adesão e ter, ainda, outras características, que vão trazer à colação vários regimes jurídicos.

consumidor. O regime da contratação electrónica aplica-se a todo o comércio electrónico, independentemente da natureza dos sujeitos que nela intervenham, embora contenha regulamentação específica para os consumidores.

Por outro lado, o conteúdo e as preocupações do legislador numa e noutra realidade são, em larga medida, distintas.

Na legislação sobre contratação à distância[124], protectora exclusivamente de consumidores, a grande preocupação do legislador é com o cumprimento dos deveres de informação e com a consagração do direito de livre resolução do contrato.

O universo de protecção é o das pessoas singulares, agindo no âmbito da sua esfera pessoal e o que se pretende é que essas pessoas sejam largamente informadas sobre o contrato que admitem celebrar sem a presença física[125] e simultânea da outra parte e que, mesmo depois da celebração, ainda tenham a possibilidade de simplesmente desistir do contrato durante um determinado período de tempo, sem ter de alegar qualquer incumprimento ou, sequer, qualquer razão.

Na legislação sobre contratação electrónica, é regulada a contratação realizada através de meios electrónicos, independentemente da qualidade dos sujeitos que nela intervenham, embora se estabeleça um regime imperativo para consumidores.

A grande preocupação do legislador é estabelecer pontes entre o contrato clássico e o contrato celebrado através de meios electrónicos[126] e tratar especificamente do contrato em rede, realizado numa loja virtual, consagrando um regime especial para a sua formação.

Ambas as figuras são estruturantes do contrato de seguro à distância.

O contrato de seguro à distância, no caso de ser parte um consumidor, vai determinar a aplicação do DL 95/2006, relativo à contratação à distância de serviços financeiros.

---

[124] Sendo a contratação à distância de serviços financeiros, entre os quais o legislador incluiu os seguros, a relevante para o contrato de seguro.

[125] Os tradicionais contratos entre ausentes, celebrados através de carta, estão em desuso e parecem pouco adequados a integrar o regime de protecção cada vez mais centrado em sofisticados meios electrónicos.

[126] Embora seja fundamentalmente à contratação através do computador que as soluções do diploma melhor assentam. O que se compreende, visto que com o advento da *Internet* e do correio electrónico o computador passou a ocupar um lugar de destaque na vida das pessoas e, com os novos telefones móveis que já o incorporam, permitindo aceder à rede e à caixa do correio virtual é, realmente, esta a realidade virtual que urgia enquadrar.

É, usualmente celebrado por meios electrónicos, nomeadamente através do computador, consubstancia uma situação de contratação electrónica e, independentemente de ser celebrado por consumidores ou não consumidores, vai determinar a aplicação do DL 7/2004, relativo ao comércio electrónico. E poderá ser negociado simplesmente através de meios electrónicos ou ser celebrado numa loja virtual de seguros[127].

Vamos, pois, analisar o regime do contrato à distância e o regime da contratação electrónica.

---

[127] Situação que se tem vindo a impor, cada vez com mais intensidade, na realidade europeia e, na realidade portuguesa, especialmente desde Janeiro de 2008, com o surgimento de novas seguradoras e marcas de seguros *on-line*.

A – REGIME GERAL DO CONTRATO À DISTÂNCIA

O regime do contrato celebrado à distância é regulado, em termos gerais, pelo DL 143/2001 e, no que diz respeito aos serviços financeiros, pelo DL 95/2006.
Estes diplomas só se aplicam a consumidores.
A noção de contrato à distância não é linear. Proliferam as definições que o legislador comunitário vem impondo à legislação nacional em relação a uma série de conceitos, não escapando o contrato à distância a esse ímpeto.

1. Aspectos gerais

O âmbito de aplicação de cada um dos diplomas que regulam esta matéria, bem como a definição dos conceitos estruturais que estão aqui em causa são pressupostos da delimitação da figura do contrato celebrado à distância.
O seu regime assenta, essencialmente, na consagração de deveres de informação e das sanções resultantes do seu não cumprimento e na consagração do direito de livre resolução do contrato. É, também, especialmente regulada a situação dos serviços não solicitados.

1.1. Âmbito de aplicação dos diplomas legais

O DL 143/2001 e o DL 95/2006 realizaram a transposição para o ordenamento jurídico interno, respectivamente, da Directiva 97/7/CE, "relativa à protecção dos consumidores em matéria de contratos celebrados à distância" e da Directiva 2002/65/CE,[128] "relativa à

---

[128] Cfr. sobre esta Directiva, JOHN ELLIOTT, «The Distance Marketing of Consumer Finacial Services Directive», in A Practitioner's Guide to EU Financial Services Directives, 2003, pp. 211 e ss.. Cfr. TAMBÉM MICHELE ROMA, "Vendita a Distanza di Servizi Finanziari, Regime Sanzionatorio", in Diritto ed Economia dell'Assicurazione, IRSA, n.º 2, 2006, pp. 465 e ss., GÉRARD DEFRANCE, "La Vente à Distance Soumise à Ordonnances", in L'Argus de L'Assurance, n.º 6962, 27 Janvier 2006, 28 e ss., PIERRE BICHOT, "Contrats à Distance, Nouveau Droit de la Distribuition", in Tribune de l'Assurances, n.º 97, Janvier 2006, pp. 30 e ss.. Sobre a transposição da Directiva para Espanha, cfr. MÓNICA CALONGE CONDE, "Las Modificaciones del Régimen de Contratación en Seguro en la Ley 34/2003 y en el Real Decreto 397/2004", Revista Española de Seguros, n.º 120, Octubre-Diciembre 2004, 535 e ss..

comercialização à distância de serviços financeiros prestados a consumidores".[129]

O DL 143/2001 excluiu do seu âmbito de aplicação, especificamente, os serviços financeiros, entre os quais destacou as "Operações de seguros e resseguros;"[130].

O DL 95/2006 inclui os seguros nos serviços financeiros, que define no seu art. 2.º, alínea c) como "qualquer serviço bancário, de crédito, de seguros, de investimento ou de pagamento e os relacionados com a adesão individual a fundos de pensões abertos;".

Temos, portanto, o DL 143/2001 que regula uma parte dos contratos celebrados à distância e não outros, que são regulados pelo DL 95/2006.

Seria preferível uma sistematização que incluísse num único diploma o regime específico do contrato à distância[131], fosse ou não de serviços financeiros e deixasse para outro instrumento a regulamentação de outras figuras[132].

O DL 143/2001, por sua vez, regula uma série de figuras que foram sendo tidas como práticas lesivas dos interesses dos consumidores e não admissíveis, mas que não têm relação directa com a contratação à distância.

---

[129] A Directiva 2002/65/CE insere-se no amplo Plano de Acção para os Serviços Financeiros (FSAP). Cfr. sobre o desenvolvimento deste plano no âmbito do comércio electrónico GERALDINE BUCKLEY, « E-Commerce Policy Comunication, in A Practitioner's Guide to EU Financial Services Directives", City Financial Publishing, 2003, pp. 221 e ss. no âmbito da transparência, Amy Veitch, "The Transparency Directive", in A Practitioner's Guide to EU Financial Services Directives, City Financial Publishing, 2003, pp. 347 e ss.. Cfr. sobre a Directiva dos Instrumentos Financeiros MICHEL PRADA, "Une nouvelle Organisation des Marchés: Les Enjeux de la Directive MIF, in Revue d'Economie Financière, n.º 82, 2006, pp. 41 e ss.. Cfr. Sobre o mercado único de serviços financeiros JACQUES DE LAROSIÈRE, "Vers un Marché Unique des Services Financiers?", in Revue d'Economie Financière, n.º 88, Avril 2007, pp.141 e ss..

[130] Cfr. Art. 3.º, n.º 1, alínea a), ii).

[131] Cfr. neste sentido JOÃO CALVÃO DA SILVA, *Banca, Bolsa e Seguros*, cit., pp. 98.

[132] Inclusive, a própria natureza de algumas dessas figuras é incompatível com a comercialização à distância. É o caso dos contratos ao domicílio e outros equiparados, regulados no art. 13.º que implicam, necessariamente, a presença física e simultânea de consumidor e fornecedor, no domicílio do consumidor, ou em outros locais, no caso da equiparação do n.º 2 do mesmo artigo. Este regime, tal como a primeira parte do diploma que trata dos "Contratos celebrados a distância", também não se aplica, nos termos do art. 14.º alínea c), aos "seguros". É, também, o caso das vendas especiais esporádicas que o art. 24.º, n.º 1, do DL 143/2001, considera "(...) as realizadas de forma ocasional fora dos estabelecimentos comerciais, em instalações ou espaços privados especialmente contratados ou disponibilizados para esse efeito.". Aparentemente, com a presença física e simultânea de ambas as partes.

O DL 57/2008, veio dar alguma arrumação a esta matéria, estabelecendo no seu art. 27.º que "São revogados: b) Os artigos 26.º, 27.º, 28.º e 29.º do Decreto-Lei n.º 143/2001, de 26 de Abril."[133].

Não é, no entanto, revogado o art. 30.º do DL 143/2001[134], que proíbe as vendas ligadas[135].

A legalidade destes fenómenos tem sempre de ser aferida em face dos seus especiais contornos[136], verificando-se se estão preenchidos os requisitos cumulativos legalmente previstos para que se esteja perante uma venda ligada proibida[137].

É frequente estas situações existirem em contratos que, tradicionalmente, têm associado um contrato de seguro[138] e é muito frequente a sua

---

[133] Que regulavam, respectivamente, as "Vendas efectuadas por entidades cuja actividade seja distinta da comercial", "Vendas "em cadeia", "em pirâmide" ou de "bola de neve", "Vendas forçadas" e "Fornecimento de bens ou prestação de serviços não encomendados ou solicitados".

[134] Nos termos do art. 30.º, do DL 143/2001, "É proibido subordinar a venda de um bem ou a prestação de um serviço à aquisição pelo consumidor de um outro bem ou serviço junto do fornecedor ou de quem este designar.".

[135] Na área dos seguros, as vendas ligadas são especialmente proibidas no novo regime da mediação de seguros, no art. 31.º alínea g) do DL 144/2006, nos seguintes termos "Não impor a obrigatoriedade de celebração de um contrato de seguro com uma determinada empresa de seguros como condição de acesso do cliente a outro bem ou serviço fornecido". Coloca-se a questão de saber se estão genericamente proibidas para a comercialização de seguros, nos termos do art. 30.º do DL 143/2001. Parece que sim, visto que aqui não se excluem os seguros, ao contrário do que acontece para os contratos celebrados à distância (art. 3.º, n.º 1, alínea a) ii)) e para os contratos celebrados ao domicílio e outros equiparados (art. 14.º, alínea c)).

[136] A questão das vendas ligadas ganha progressivamente relevância com o desenvolvimento de novas tendências na comercialização de seguros, nomeadamente, o papel de grande relevo aí assumido pelas instituições financeiras. É cada vez mais frequente que as instituições financeiras comercializem seguros e que a concessão de crédito, de que se destaca pelo seu volume e importância na vida das pessoas, o crédito à habitação, fique condicionada à celebração de um ou mais contratos de seguro. A sua relevância levou, até, à regulamentação dos seguros com coberturas de morte, invalidez ou desemprego associados a contratos de mútuo, através da Norma Regulamentar n.º 6/2008-R, de 24 de Abril, do Instituto de Seguros de Portugal.

[137] Esses requisitos são: 1) que o fornecedor subordine a venda de bem ou a prestação de serviço à aquisição pelo consumidor de outro bem ou serviço, 2) que imponha que essa aquisição seja a esse fornecedor ou a alguém por este designado, 3) que não se tratem de bens ou serviços que estejam numa relação de complementaridade que justifique o seu fornecimento conjunto. No caso dos seguros, é relativamente fácil encontrar uma qualquer relação de complementaridade. Fica, assim, o crivo na imposição ou não do prestador do serviço financeiro que é o seguro.

[138] Como é o caso paradigmático da aquisição de viagens.

comercialização à distância, nomeadamente através de meios electrónicos, em lojas virtuais.

A contratação à distância de seguros é regulada pelo DL 95/2006, que analisaremos de seguida.

1.2. Definições

O art. 2.º do DL 95/2006 estabelece algumas definições "Para efeitos do presente decreto-lei".

Define contrato e meio de comunicação à distância, serviços financeiros[139], prestador e consumidor.

O interesse em definir que caracteriza o legislador comunitário e que se manifesta profusamente nas Directivas que aprova, tem como consequência a inundação do Direito nacional com definições[140]. Essas definições, muitas vezes, coexistem com outras dos mesmos termos, mas para efeitos de outros diplomas.

Esta profusão não parece alcançar o objectivo de clarificar as realidades que os diplomas visam regular, antes trazendo alguma incerteza e menor rigor[141].

---

[139] Enumerando, na alínea d) as entidades que são prestadoras de tais serviços.

[140] De referir que o novo regime do contrato de seguro, liberta do Direito Comunitário, reassume a tradição portuguesa de não definir. A clara posição de rejeição das definições é expressa pela Comissão na apresentação pública do Anteprojecto, "Diferentemente do que ocorre em alguma legislação influenciada por soluções estrangeiras, e seguindo, antes, a orientação tradicional das leis portuguesas, o regime do contrato de seguro não estabelece uma lista prévia de definições dos termos usados. Aliás, a principal objecção à inclusão destas definições é a de que, quando a lei as usa, se criem mais dificuldades do que as que se pretende evitar.".

[141] Chegando-se ao ponto de definir em termos aparentemente opostos a mesma expressão. É o que acontece com a definição de "convite a contratar". O art. 32.º do DL 7/2004, em sede de contratação electrónica, estabelece que "A oferta de produtos ou serviços em linha representa uma proposta contratual quando contiver todos os elementos necessários para que o contrato fique concluído com a simples aceitação do destinatário, representando, caso contrário, um convite a contratar." e a Directiva 2005/29/CE do Parlamento Europeu e do Conselho, de 11 de Maio de 2005 relativa às práticas comerciais desleais das empresas face aos consumidores no mercado interno estabelece, no seu art. 2.º, que "Para efeitos do disposto na presente directiva, entende-se por: i) "Convite a contratar": uma comunicação comercial que indica as características e o preço do produto de uma forma adequada aos meios utilizados pela comunicação comercial, permitindo assim que o consumidor efectue uma aquisição;". Esta definição manteve a mesma redacção na transposição para o ordenamento jurídico português pelo DL 57/2008.

1.2.1. Contrato à distância

O DL 95/2006 estabelece, no seu art. 2.º que "Para efeitos do presente decreto-lei, considera-se: "a) "Contrato à distância" qualquer contrato cuja formação e conclusão sejam efectuadas exclusivamente através de meios de comunicação à distância, que se integrem num sistema de venda ou prestação de serviços organizados, com esse objectivo, pelo prestador;" definindo, depois, como "b) "Meios de comunicação à distância" qualquer meio de comunicação que possa ser utilizado sem a presença física e simultânea do prestador e do consumidor;"[142].

Na legislação comunitária e nacional sobre contratos à distância uma das partes será um consumidor e a outra será um prestador que apresenta um sistema de venda ou prestação de serviços organizados com o objectivo de celebrar aqueles contratos[143].

E não estarão, na negociação e celebração do contrato, na presença física e simultânea um do outro[144].

Verifica-se, portanto, que o que há a aferir para determinar, em primeira linha, se estamos perante um contrato celebrado à distância é se

---

[142] Esta definição não reproduz exactamente a Directiva que o diploma transpõe e que estabelece que "Para efeitos da presente Directiva, entende-se por: a) "Contrato à distância": qualquer contrato relativo a serviços financeiros, celebrado entre um prestador e um consumidor, ao abrigo de um sistema de venda ou prestação de serviços à distância organizado pelo prestador que, para esse contrato, utilize exclusivamente um ou mais meios de comunicação à distância, até ao momento da celebração do contrato, inclusive;" definindo, depois, como e) "Meio de comunicação à distância" qualquer meio que possa ser utilizado, sem a presença física e simultânea do prestador e do consumidor, para a comercialização à distância de um serviço entre essas partes;". E também difere um pouco da definição do DL 143/2001 que estabelece, no seu art. 2.º que "Para efeitos do presente capítulo, entende-se por: a) "Contrato celebrado a distância" qualquer contrato relativo a bens ou serviços, celebrado entre um fornecedor e um consumidor, que se integre num sistema de venda ou prestação de serviços a distância organizado pelo fornecedor que, para esse contrato, utilize exclusivamente uma ou mais técnicas de comunicação a distância até à celebração do contrato, incluindo a própria celebração;" definindo, depois, como b) "Técnica de comunicação a distância: qualquer meio que, sem a presença física e simultânea do fornecedor e do consumidor, possa ser utilizado tendo em vista a celebração do contrato entre as referidas partes;". É certo que as diferenças não são grandes, mas são algumas.

[143] O que implica que um contrato entre ausentes, em que uma das partes não seja um comerciante, não será um contrato à distância, para efeitos deste diploma.

[144] Estes requisitos serão cumulativos e permitem incluir a comunicação telefónica tradicional, ou contacto por "telefonia vocal", nos termos do art. 18.º do DL 95/2006, nos meios de comunicação a distância. Na comunicação telefónica existe presença simultânea, mas não física.

os contratantes se encontravam pessoalmente reunidos[145]. Se negociavam em condições de se aperceber de todas as pequenas *nuances* do que diziam, de colocar todas as questões que entendessem, de responder a todas os pedidos de informação que recebessem. Em suma, se estavam em condições de poderem, pessoalmente junto do outro contratante, formar livre e conscientemente a sua vontade[146].

Essas negociação e celebração ocorrem através do recurso a meios de comunicação à distância.

São vários os meios de comunicação à distância existentes e, através do desenvolvimento tecnológico acelerado, mais se vão desenvolvendo.

A Directiva n.º 97/7/CE, no seu Anexo I enuncia quais as "Técnicas de comunicação referidas no ponto 4 do artigo 2.º'" e que são: impresso sem endereço, impresso com endereço, carta normalizada, publicidade impressa com nota de encomenda, catálogo, telefone com intervenção humana, telefone sem intervenção humana (aparelho de chamada automática, audiotexto), rádio, videofone (telefone com imagem), videotexto (micro computador, ecrã de televisão) com teclado ou ecrã táctil, correio electrónico, telefax (telecópia), televisão (telecompra, televenda).".

Esta enumeração é exemplificativa, devendo-se acrescentar, pelo menos, a vídeo-conferência[147] e a comunicação em linha, efectuada num sítio da *Internet*[148].

A comunicação em rede não tem as características do correio electrónico, com destinatários determinados que recebem mensagens que lhes são pessoalmente dirigidas. É a comunicação que ocorre, usualmente, no seio de uma loja virtual. Tem a componente das mensagens e informações presentes no próprio sítio, em que são muitas vezes apresentados

---

[145] Será um contrato "(...) entre ausentes, entre pessoas que não estão na presença física e simultânea uma da outra (...)", segundo JOÃO CALVÃO DA SILVA, *Banca, Bolsa e Seguros*, Tomo I, Parte Geral, Almedina, 2.ª Edição revista e aumentada, 2007, pp. 86.

[146] Não é certo que, necessariamente, a presença física e simultânea das partes na celebração do contrato seja garantia de uma vontade livre e esclarecida. Basta verificar os cuidados que o legislador tem para proteger de vícios a formação das vontades, mesmo estando em presença física. Vai ao ponto de prever a coacção física e as suas consequências, no art. 246.º do Código Civil.

[147] JOÃO CALVÃO DA SILVA, *Banca, Bolsa e Seguros*, cit., pp. 98.

[148] Tanto a informação que existe numa loja virtual, como a que lá é prestada pelo visitante, nomeadamente através do preenchimento de formulários existentes. A riqueza de comunicação no âmbito de uma loja virtual não se poderá reconduzir ao correio electrónico. O DL 7/2004 distingue, até, contratos celebrados através de correio electrónico ou outro meio de comunicação electrónica individualizado e contratos celebrados em rede, consagrando para os contratos em linha, no seu art. 29.º, um regime especial de formação.

convites a contratar ou verdadeiras propostas contratuais e a resposta do interessado que se processa através do preenchimento de dados e campos que lhe vão sendo apresentados, podendo esta comunicação culminar na celebração de um contrato nessa loja virtual.

Este é, inclusive, hoje em dia o modo mais corrente de realizar contratos através de meios de comunicação à distância.

Tendo em consideração o intransponível elenco da Directiva comunitária referida, temos contratos à distância por impresso, por carta, por nota de encomenda, por catálogo, por telefone, por rádio, por videofone e videotexto, por correio electrónico, por telefax e por televisão.

A listagem da Directiva é um ponto de partida, uma ajuda para concretizar a definição.

No entanto, julgamos que com dez anos, uma eternidade no mundo dos meios de comunicação à distância, este elenco se encontra um pouco antigo, dando relevância a meios que se tornaram praticamente obsoletos e, por outro lado, deixando de fora a comunicação que, para além do correio electrónico, se efectua através de computadores.

Não contempla, assim, a actual era digital em que quase tudo acontece na *Internet*[149], nas lojas virtuais, nos sítios em rede.

E não contempla os novos meios que vão surgindo. E as variações, fusões e híbridos que, cada vez mais, se vão impondo. O telefone móvel, por exemplo, já permite facilmente receber correio electrónico. Do computador, acede-se à televisão e rádio. Num futuro muito próximo haverá, provavelmente, algo que se assemelhe à fusão do computador, da televisão e do telemóvel.

É certo que, sendo a enumeração exemplificativa, sempre se poderá ir acrescentando todas as novidades que ao nível dos meios de comunicação à distância surjam.

---

[149] Cfr. sobre o crescimento, dimensão e importância da *Internet*, LUÍS MENEZES LEITÃO, "A Responsabilidade Civil na *Internet*", cit., pp. 148 e ss. que considera que "A difusão da *Internet* nos últimos anos correspondeu praticamente a uma revolução na história da humanidade, tal o seu crescimento meteórico e rápida difusão, quer através do incremento constante do número de utilizadores, que actualmente se estima em 200 milhões, quer através do aumento do número de sites, a que é fornecido acesso.". Veja-se, no mesmo sentido, ALEXANDRE DIAS PEREIRA, Comércio Electrónico na Sociedade da Informação: da Segurança Técnica à Confiança Jurídica, cit., pp. 13 e ss., CRISTINA MÁXIMO DOS SANTOS, "As Novas Tecnologias da Informação e o Sigilo das Comunicações" cit., pp. 89 e ss. que refere que "(...) a *Internet* conheceu nos últimos anos uma dimensão verdadeiramente global." e MÁRIO CASTRO MARQUES, "O Comércio Electrónico, Algumas Questões Jurídicas", cit., p. 36 e ss..

No que diz respeito à adaptação do elenco à comercialização de seguros, verifica-se que uma parte dos meios de comunicação constantes da lista será adequada para esse efeito.

E, como se viu, a própria Directiva 97/7/CE exclui a sua aplicação aos serviços financeiros, não tendo a Directiva 2002/65/CE, que trata dos serviços financeiros, semelhante enunciado. Esta mantém a definição de "Meio de comunicação à distância" e destaca, no art. 18.º a "Comunicação por telefonia vocal".

Sem elenco definido perde em concretização prática e ganha na possibilidade de abranger os novos meios que vão surgindo.

Parece inegável que, fundamentalmente, os meios de comunicação à distância se vão centrando, em volume e importância, nos meios de comunicação electrónicos.

Assim sendo, parece razoável admitir que os meios de comunicação à distância relevantes hoje em dia, são os electrónicos [150] e que, de entre estes, se destacam o computador, com acesso à *Internet* e o telefone.

1.2.2. Prestadores de serviços financeiros à distância

O legislador define, no art. 2.º, alínea c) como "«Serviços financeiros» qualquer serviço bancário, de crédito, de seguros, de investimento ou de pagamento e os relacionados com a adesão individual a fundos de pensões abertos;".

Esta definição deixa clara a aplicação do diploma aos seguros, que qualifica como serviços financeiros[151].

A expressão "qualquer" deixa clara a abrangência que o diploma pretende ter. Não há que questionar, em princípio, em relação a cada

---

[150] Cfr. a este propósito DIANA CERINI, «La commercializzazione a distanza di servizi financieri ai consumatori : lieto fine comunitario nella direttiva 2002/65/CE», in Diritto ed Economia dell'Assicurazione, IRSA, Giuffrè Editore, 2, 2003, pp.428 que considera que "Si tratta di definizione ampia, in base alla quale la locuzione "tecnica di comunicazione a distanza" viene a coincidere con qualqunque mezzo che prescinda dalla presenza fisica e simultanea del fornitore del servizio e del consumatore." Admitindo depois que o "(...) canale telematico, che pure ha rappresentato l'archetipo su cui costruire l'intera disciplina.".

[151] O que não deixa de causar alguma perplexidade, visto que a natureza de "serviço" e a noção de "financeiro" associada ao seguro em geral não parece a mais adequada. Considerar, por exemplo, nos seguros de responsabilidade civil, em que a obrigação do segurador é cumprir o dever de indemnizar, que tal é um serviço financeiro é algo que parece desadequado. No entanto, é essa a qualificação feita pelo legislador comunitário e adoptada pelo legislador nacional, pelo que há que aceitar.

seguro sobre se cabe ou não na noção de "serviço financeiro". Qualquer um caberá.

A seguir, o legislador enumera as categorias de entidades que qualifica como prestadores de serviços financeiros. O art. 2.º, alínea d) tem a seguinte redacção: "«Prestador de serviços financeiros» as instituições de crédito e sociedades financeiras, os intermediários financeiros em valores mobiliários, as empresas de seguros e resseguros, os mediadores de seguros e as sociedades gestoras de fundos de pensões;".

Parece, no entanto, que não bastará uma destas entidades celebrar um contrato através de um meio de comunicação à distância, para se considerar que se está perante um contrato que desencadeie a protecção conferida pelo DL 95/2006.

De acordo com a definição do art. 2.º, alínea a) é, ainda, necessário que os "(...)meios de comunicação à distância, que se integrem num sistema de venda ou prestação de serviços organizados, com esse objectivo, pelo prestador;".

Isto é, terá de haver um sistema organizado para celebrar contratos, de um modo sistemático, através de meios de comunicação à distância.

No âmbito dos seguros são exemplos destas situações os sistemas organizados para a comercialização através dos canais *Internet* e telefone, em que a entidade autorizada cria um sítio na *Internet* ou um "call center"[152], através dos quais promove a comercialização de seguros, de um modo sistemático, através da comunicação em rede ou por telefonia vocal.

1.2.3. Consumidor

Para que seja chamado à aplicação o DL 95/2006 é, ainda, necessário que uma das partes do contrato seja um consumidor[153].

Existe, no Direito português, na Lei n.º 24/96, uma noção geral de consumidor[154] que é entendida como sendo mais ampla que a noção comunitária[155].

---

[152] Ou normalmente ambos, visto que na realidade funcionam como complementares.
[153] Cfr. supra e infra I–A– 3., II-A-1.2.3. e IV-A3.1..
[154] O art. 2.º n.º 1 da Lei n.º 24/96 define "Considera-se consumidor todo aquele a quem sejam fornecidos bens, prestados serviços ou transmitidos quaisquer direitos, destinados a uso não profissional, por pessoa que exerça com carácter profissional uma actividade económica que vise a obtenção de benefícios.".
[155] A noção de consumidor não é unitária na legislação comunitária e nacional, existindo várias definições de consumidor, divergentes entre si. A doutrina também não

O legislador, no DL 95/2006, definiu consumidor como "qualquer pessoa singular que, nos contratos à distância, actue de acordo com objectivos que não se integrem no âmbito da sua actividade comercial ou profissional.".
Nestes termos, será consumidor a pessoa física que contrate no âmbito da sua esfera pessoal[156].

2. Deveres de informação

O DL 95/2006 estabelece um elenco muito desenvolvido de deveres de informação pré-contratual.

2.1. Informações obrigatórias a consumidores

Os deveres estabelecidos são agrupados em quatro categorias de informação a transmitir obrigatoriamente a consumidores, nomeadamente, informações sobre o prestador do serviço, o serviço financeiro, o contrato à distância e sobre mecanismos de protecção.
O legislador, no art. 13.º do DL 95/2006, preocupado com a distância física, vem obrigar o prestador, antes da celebração do contrato, apresente uma série de dados sobre a sua identidade[157], o local geográfico onde se encontra estabelecida a sua actividade,[158]o registo público da

---

tem sido unânime nesta matéria. Vejam-se, sobre a noção de consumidor, ALEXANDRE DIAS PEREIRA, Comércio Electrónico na Sociedade da Informação: da Segurança Técnica à Confiança Jurídica, cit., pp. 86 e ss., ELSA DIAS OLIVEIRA, A Protecção dos Consumidores nos Contratos Celebrados através da Internet, cit, pp. 49 e ss., LUÍS SILVEIRA RODRIGUES, "Os consumidores e a Sociedade da Informação", in Direito da Sociedade da Informação, Volume III, Associação Portuguesa do Direito Intelectual, Coimbra Editora, 2002, pp. 296 e ss., SANDRINA LAURENTINO, "Os Destinatários da Legislação do Consumidor", cit., pp. 415 e ss. e SARA LARCHER, "Contratos Celebrados através da Internet: Garantias dos Consumidores contra Vícios na Compra e Venda de Bens de Consumo", Separata da obra Estudos do Instituto de Direito do Consumo, Volume II, Almedina, 2005, pp. 244.

[156] Sendo uma pessoa colectiva, ou mesmo sendo uma pessoa singular, contratando no âmbito da sua esfera profissional ou comercial, o contrato celebrado à distância, relativo a serviços financeiros ou, mais concretamente, a seguros, não acciona a protecção do DL 95/2006.

[157] E a dos seus representantes ou outros profissionais através dos quais apresente os seus bens ou serviços.

[158] E se se encontra no país de origem do consumidor.

mesma e a identificação da autoridade de supervisão, no caso de a actividade ser sujeita a um regime de autorização[159].

Estas informações permitirão ao consumidor, interessado em celebrar o contrato, ter uma noção muito clara sobre quem é a sua contraparte. Essa é uma incógnita no contrato celebrado à distância. Se as partes estão na presença física uma da outra, se o consumidor vai a um estabelecimento comercial do prestador, sabe pelo menos quem ele é e onde o pode encontrar. Tal não acontece no contrato à distância e, com a *Internet*, a possibilidade de estar a negociar com alguém do lado contrário do mundo existe realmente. Por isso, a obrigação de identificação e de localização geográfica do prestador dão segurança ao consumidor e credibilidade ao convite a contratar.

Na área dos seguros, visto que a actividade está sujeita a um regime de autorização prévia e sujeita a supervisão, a segurança em relação aos prestadores é maior e mais facilmente verificável. O consumidor que não reconheça a identidade do seu interlocutor poderá, facilmente, verificá-la junto da autoridade de supervisão de seguros [160].

As completas informações exigidas sobre o prestador de serviços têm como objectivo e consequência que o consumidor poderá confirmar, se o desejar, a sua veracidade e reforçar a confiança que o prestador lhe possa merecer.

No que diz respeito ao serviço financeiro, nos termos do art. 14.º do DL 95/2006, o prestador interessado no contrato a celebrar à distância é obrigado a descrever as principais características do serviço, o seu preço total e as instruções relativas ao pagamento.

É, ainda, obrigatória informação específica sobre o risco, nomeadamente quando o serviço financeiro implicar riscos especiais ou depender de flutuações dos mercados financeiros fora do controlo do prestador.

O consumidor deve, também, ser expressamente informado de que os resultados passados não são indicativos dos resultados futuros.

O prestador de serviços tem, ainda, que indicar o período durante o qual são válidas as informações prestadas.

Directamente relacionadas com a natureza de contrato celebrado à distância, no art. 15.º a preocupação do legislador centra-se no direito de livre resolução e o modo como poderá ser exercido, na duração do

---

[159] É o que acontece no âmbito da actividade seguradora, sujeita a autorização, nos termos do DL 94-B/98.
[160] Em Portugal pode, até, realizar essa verificação no sítio do Instituto de Seguros de Portugal, em www.isp.pt .

contrato e eventuais penalizações por cessação antecipada e nas indicações sobre a lei aplicável[161] antes e depois da celebração do contrato e o Tribunal competente.

Deve, ainda, ser prestada ao consumidor informação relativa aos mecanismos de protecção, de acordo com art. 16.º do DL 95/2006[162], nomeadamente sobre a existência ou inexistência de meios extrajudiciais de resolução de litígios e respectivo modo de acesso e sobre sistemas de indemnização aos investidores e de garantia de depósitos.

Para além dos elementos previstos nos artigos 13.º a 16.º, há ainda que prestar todas as informações prévias exigidas na legislação reguladora dos serviços financeiros, conforme estabelece o art. 17.º do DL 95/2006.

Parece, pois, claro que o legislador entende que a informação a fornecer ao consumidor em sede de contrato à distância e que considera justificar-se, especificamente, pelo facto de os contratantes não se encontrarem na presença física simultânea um do outro, não substitui, nem dispensa outra informação específica sobre o serviço financeiro que esteja em causa e que a legislação que o regula preveja.

No art. 39.º do DL 95/2006, o legislador vem determinar a aplicação subsidiária do DL 7/2004 e do Código dos Valores Mobiliários[163] à informação pré-contratual e aos contratos de serviços financeiros prestados ou celebrados à distância.

Embora o DL 95/2006 não o refira, julgamos que se deverá, também, considerar aplicável a legislação geral sobre contratos e a legislação de defesa do consumidor.

O objectivo do legislador naquelas disposições parece ter sido o de deixar claro que havia mais deveres de informação para além daqueles que, expressamente, estava a consagrar.

Sendo o DL 95/2006 sobre a comercialização de serviços financeiros à distância, a acrescer à especial característica da celebração à distância, que originou as necessidades de informação aí previstas, o legislador

---

[161] O art. 40.º vem estabelecer que "A escolha pelas partes da lei de um Estado não comunitário como lei aplicável ao contrato não priva o consumidor da protecção que lhe garantem as disposições do presente decreto-lei.".

[162] Art. 16.º que estabelece que "Deve ser prestada ao consumidor informação relativa aos seguintes mecanismos de protecção: a) Sistemas de indemnização aos investidores e de garantia de depósitos; b) Existência ou inexistência de meios extrajudiciais de resolução de litígios e respectivo modo de acesso.".

[163] Referindo na sua alínea b) "aprovado pelo Decreto-Lei n.º 486/99, de 13 de Novembro, e respectivas alterações, para os serviços financeiros nele regulados.".

terá entendido salientar que a componente "serviço financeiro", também acarretava outros deveres. O mesmo acontecia com o comércio electrónico e com os valores mobiliários.

Se outras características do contrato originarem a aplicação de outro regime contendo deveres de informação pensados em função de outra especificidade, parece que esses poderão acrescer ao elenco.

2.2. Modo e tempo da prestação da informação

O legislador estabelece, não só, qual a informação a transmitir, como também a forma pela qual deve ser facultada e o momento em que têm de ser cumpridos os deveres de informação.

O n.º 1 do artigo 11.º consagra que "A informação constante do presente título e os termos do contrato devem ser comunicados em papel ou noutro suporte duradouro disponível e acessível ao consumidor, em tempo útil e antes de este ficar vinculado por uma proposta ou por um contrato à distância.".

2.2.1. Entrega de cláusulas contratuais

O art. 11.º, n.º 1 acrescenta um dever de informação à lista já enunciada. É necessária a entrega dos "termos do contrato". Por "termos do contrato", julgamos dever-se entender as condições contratuais[164]. Constam do elenco de deveres de informação apresentado vários aspectos naturalmente presentes nas condições do contrato, mas não as condições do contrato no seu todo.

Refira-se que, em regra, o contrato celebrado à distância terá por base cláusulas contratuais gerais, pelo que este dever, nestas circunstâncias, já se encontrava previsto no RCCG[165].

De salientar, também, que são diferentes as consequências da violação do dever de informação relativo à entrega das condições ou termos do contrato de um ou outro diploma.

O DL 95/2006 estabelece duas consequências para a violação desse dever.

---

[164] O que no caso do contrato de seguro corresponderá às condições gerais, especiais, se as houver, e particulares, que constituem a apólice de seguro.
[165] Art. 5.º do RCCG.

Por um lado, constitui contra-ordenação punível com coima, nos termos do art. 35.º.

Por outro lado, a não entrega das condições do contrato no momento da celebração implica que o prazo para exercício do correspondente direito de livre resolução, quando exista, se conte a partir dessa entrega, nos termos do art. 20.º, n.º 2, do mesmo diploma.

O RCCG estabelece, em relação a cláusulas contratuais gerais, no art. 8.º que as condições que não sejam devidamente comunicadas consideram-se excluídas dos contratos singulares.

2.2.2. Modo

Quanto ao suporte em que as informações podem ser transmitidas, da conjugação dos números 1 e 2 art. 11.º do DL 95/2006 resulta que a informação deve ser facultada em papel ou suporte duradouro, com as possibilidades de armazenamento de informação equivalente ao papel.

A cedência do legislador à possibilidade de ser usado suporte duradouro diferente do papel é temperada pelo art. 11.º n.º 4, que consagra que "O consumidor pode, a qualquer momento da relação contratual, exigir que lhe sejam fornecidos os termos do contrato em suporte de papel.".

O que significa que não fica na total disponibilidade do prestador a escolha do meio pelo qual vai prestar a informação, podendo ser-lhe imposto o uso do papel.

No art. 11.º, n.º 3 e no art. 18.º, n.º 4, o legislador veio estabelecer situações concretas em que admite que os deveres de informação pré-contratual sejam cumpridos em momento posterior, sem que tal implique a prática de um ilícito.

Fora dessas situações, no caso de os deveres de informação não terem sido cumpridos, no momento legalmente consagrado, devem ser cumpridos logo que possível, na sequência de solicitação do consumidor[166], ou de iniciativa do prestador.

O legislador vem, ainda, regular a necessidade de clareza da informação estabelecendo no art. 12.º que "A informação constante do presente título deve identificar, de modo inequívoco, os objectivos comerciais do prestador e ser prestada de modo claro e perceptível, de forma adaptada

---

[166] Que pode exigi-los em papel, de acordo com o art. 11.º, n.º 4.

ao meio de comunicação à distância utilizado e com observância dos princípios da boa fé.".

O não cumprimento deste dever de clareza, é qualificado como contra-ordenação, punível com coima[167].

2.2.3. Tempo

Parece resultar, ainda, a necessidade de que essa informação tenha sido pessoalmente dirigida ao consumidor numa fase pré-contratual.

Julgamos, no entanto, que estando em causa a informação genérica sobre o prestador de serviços, o serviço, as condições do contrato e os meios de defesa, não será razoável admitir que antes da celebração do contrato esta informação tenha de ser sempre pessoalmente dirigida ao consumidor.

Tal deverá acontecer quando a iniciativa de apresentação do serviço tenha sido do prestador que se dirigiu, directamente, a determinados consumidores. Por exemplo, enviou uma carta aos seus clientes, propondo-lhes a aquisição de um novo produto financeiro, ou enviou uma comunicação de correio electrónico a determinadas pessoas propondo a contratação de um determinado serviço financeiro. Em casos como estes, a informação pré-contratual deve ser apresentada, de modo a que o consumidor possa, desde logo, formar de um modo livre e consciente, a sua vontade de contratar.

Já assim não será se o prestador de serviços financeiros apresentar uma loja virtual à qual o consumidor, por sua iniciativa se dirige. Nessa situação, terão de ser facultadas, para consumidores indeterminados e de um modo indiferenciado, as informações exigidas e as cláusulas contratuais gerais que, caso venha a existir um contrato, o vão regular.

Numa fase pré-contratual, a decorrer num sítio da *Internet*, será esse o modo mais adequado de cumprir os deveres de informação. Os elementos necessários de identificação do prestador, dos serviços, do contrato, dos mecanismos de protecção e outros relevantes, devem estar disponíveis na loja virtual do prestador de serviços, acessíveis a qualquer interessado que lá se dirija.

Depois, caso o contrato se venha a efectivar, devem ser entregues ao consumidor, concretamente, em papel ou outro suporte duradouro, as condições do seu próprio contrato, daquele que escolheu celebrar, de

---

[167] Art. 35.º, alínea c) do DL 95/2006.

entre as possibilidades que lhe eram apresentadas, incluindo os seus próprios dados que, entretanto, facultou.

Isto é, o contrato deve ficar cristalizado, no momento em que se celebra e ficar determinada e clara a identidade das partes, o seu conteúdo, os direitos e obrigações que dele resultam e a data de início e de fim.

As informações em causa e as condições do contrato celebrado podem ser registadas em papel ou ser entregues ao consumidor em CD, enviadas por correio electrónico ou por outro meio que garanta as condições exigidas, na data da celebração. Não basta encontrarem-se disponíveis para copiar do sítio da *Internet*, visto que a informação e condições aí contidas podem mudar a todo o momento[168]. Após a celebração do contrato, o consumidor deve poder ficar com a prova do que contratou e com quem.

O n.º 3 vem estabelecer que "Se a iniciativa da celebração do contrato partir do consumidor e o meio de comunicação à distância escolhido por este não permitir a transmissão da informação e dos termos do contrato de acordo com o n.º 1, o prestador deve cumprir estas obrigações imediatamente após a celebração do mesmo.".

Se o consumidor se dirige ao prestador em condições de lhe fazer uma proposta contratual já terá um mínimo de informação sobre a identidade do prestador e as características do serviço que pretende. Assim sendo, a informação e condições poderão ser enviadas posteriormente à celebração do contrato.

Esta possibilidade/obrigação de entrega posterior da informação e termos do contrato encontra-se especialmente prevista para a contratação por telefonia vocal.

2.2.4. *Consequências*

Do diploma resulta, ainda, que não tendo sido cumprido atempadamente o dever de informação estabelecido, a informação ilegalmente omitida deve ser prestada a qualquer momento.

O legislador estabelece, no art. 32.º que, independentemente de haver a aplicação de uma sanção e o pagamento de uma coima na sequência da prática do ilícito de mera ordenação social previsto no diploma, se esse ilícito resultar da omissão de um dever o infractor deve, mesmo assim e se ainda for possível, cumprir esse dever.

---

[168] Cfr. neste sentido, José Carlos Moitinho de Almeida, "A Celebração à Distância do Contrato de Seguro", cit., pp. 18 e ss..

Ora, o não cumprimento dos deveres de informação nos termos que o legislador estabelece está qualificado como contra-ordenação no art. 35.º alíneas b) e c). O seu não cumprimento vai consubstanciar-se numa omissão o que, nos termos do art. 32.º, implica o cumprimento do dever omitido, independentemente da aplicação da sanção pelo seu não cumprimento.

Essa omissão é, ainda, qualificada como "enganosa" pelo DL 57//2008, que proíbe as práticas comerciais desleais[169].

O art. 14.º, n.º 1 estabelece que "Os contratos celebrados sob a influência de alguma prática comercial desleal são anuláveis a pedido do consumidor, nos termos do artigo 287.º do Código Civil.".

O art. 21.º prevê que tal omissão constitui contra-ordenação punível com coima[170].

2.3. Comunicações por telefonia vocal

O art. 18.º do DL 95/2006 vem regular as comunicações por telefonia vocal, estabelecendo que "(...) o prestador apenas está obrigado à transmissão (...)" da informação que enumera no seu n.º 2.

Posteriormente, nos termos do n.º 4, deve ser enviada "(...) ao consumidor toda a informação prevista no presente título, nos termos do artigo 11.º.".

3. Direito de livre resolução do contrato

O direito de livre resolução é estabelecido em termos gerais para a comercialização à distância de serviços financeiros no art. 19.º do

---

[169] Este diploma estabelece, no seu art. 9.º, n.º 1 que é omissão enganosa "(...) a prática comercial: a) Que omite uma informação com requisitos substanciais para uma decisão negocial esclarecida do consumidor;", prevendo no seu n.º 3 que "São considerados substanciais os requisitos de informação exigidos para as comunicações comerciais na legislação nacional decorrentes de regras comunitárias." E no seu n.º 4 que "Para efeitos do número anterior, consideram-se, nomeadamente, os seguintes diplomas: *l*) Decreto--Lei n.º 95/2006, de 29 de Maio, que aprova o regime jurídico da comercialização à distância dos serviços financeiros prestados ao consumidor;".

[170] O n.º 1 estabelece que "A violação do disposto nos artigos 4.º a 12.º constitui contra-ordenação punível com coima de € 250 a € 3740,98, se o infractor for pessoa singular, e de € 3000 a € 44 891,81, se o infractor for pessoa colectiva.", prevendo o n.º 2 a possibilidade de aplicação de sanções acessórias.

DL 95/2006, que estabelece que "O consumidor tem o direito de resolver livremente o contrato à distância, sem necessidade de indicação do motivo e sem que possa haver lugar a qualquer pedido de indemnização ou penalização do consumidor.".

O direito de livre resolução do contrato[171], começou por aparecer ligado à necessidade de ponderar, depois da celebração, as condições do mesmo, o conjunto de direitos e obrigações que, efectivamente, dele decorriam, a necessidade real do bem ou serviço adquirido.

Esta solução surgiu como resposta ao modo de contratar nas sociedades de consumo.

As modernas sociedades industrializadas sujeitam o consumidor a grande pressão, desde logo pelo leque de ofertas que colocam à sua disposição, depois pela publicidade que procura criar necessidades e condicionar as escolhas, por fim pelo apuro de técnicas de vendas, muitas vezes agressivas, que têm como objectivo que, num momento de grande tensão ou em que o consumidor é apanhado desprevenido, aceite celebrar um contrato.

Tal pode ter como consequência que o consumidor adquira bens ou serviços de que não necessita, ou em condições que não lhe convêm, ou assumindo obrigações de que não havia tomado consciência ou, ainda, constituindo direitos que não correspondam aos que julgava ter constituído.

Nestas circunstâncias e perante o factor que caracterizava estas situações e que se reconduzia, normalmente, ao exercício de um forte condicionamento do consumidor para decidir, de imediato, a aquisição do bem ou serviço, o legislador encontrou a solução, consagrando a possibilidade de desistência. O consumidor fora do alcance do vendedor e longe de pressões, deveria poder analisar as características do bem ou serviço em causa e as condições em que o mesmo lhe era vendido ou prestado. Após essa análise cuidada, essa ponderação a posteriori, deveria consolidar a formação da sua vontade, ou desistindo do contrato no prazo que a lei lhe atribuía para tal, ou deixando decorrer esse prazo sem exercer esse direito.

Ora, já não é o que acontece hoje em dia.

---

[171] Este direito tem assumido diversas denominações em diferente legislação. Saliente-se o "direito de retratação" que a Lei 24/96, de 31 de Julho, consagra, em termos genéricos da defesa do consumidor, no seu art. 8.º, n.º 4. Na área dos seguros, a denominação actualmente usada é "direito de renúncia" no DL 179/95 e no DL 94-B/98.

O direito de livre resolução do contrato passou a ser uma solução consagrada em vários diplomas[172], independentemente, da pressão que tenha ou não sido exercida no consumidor[173], do facto de ele ter formado a sua vontade de um modo ponderado e consciente, ou de um modo precipitado e pouco esclarecido[174].

Esta figura, que veio criar uma solução para a falta de ponderação *a priori* na celebração dos contratos, veio criar, também, alguns problemas *a posteriori*, na vida dos contratos.

Nomeadamente, no que diz respeito à sua qualificação jurídica e à situação do contrato celebrado, pendente do exercício ou não do direito de livre resolução.

O regime geral dos vícios da vontade trazia como consequência que o contrato celebrado com base numa vontade mal formada ou mal formulada vivia ferido de uma invalidade, mais ou menos grave, que originaria a sua nulidade ou anulabilidade[175]. A regra é a da anulabilidade, limitada no tempo e sanável mediante confirmação.

É certo que, em princípio, qualquer problema na formação ou formulação da vontade do consumidor poderia ali encontrar a sua solução[176].

Tendo sido entendido que era necessário um regime mais livre de destruição do contrato no âmbito dos contratos de consumo, e tendo sido consagrado um direito de livre desistência, há que determinar o seu âmbito, prazo, modo de exercício e suas consequências.

---

[172] É uma figura presente, por exemplo, no âmbito do contrato de seguro e com um prazo especialmente alargado nos seguros do ramo Vida. É o que prevê o art. 118.º do LCS.

[173] Cfr., neste sentido, JOÃO CALVÃO DA SILVA, *Banca, Bolsa e Seguros*, cit. p. 96, que afirma "Logo, deparamo-nos com uma moderna unificação no fundamento do direito de repensar e desistir na contratação fora do estabelecimento comercial e na contratação à distância: consentimento do consumidor dado fora do habitual estabelecimento comercial do fornecedor e do mercado tradicional, com aquele a estar supostamente em situação de offside de um jogo contratual por si não solicitado – logo, actor passivo ("pushman") – e de poder assimétrico, em que é a parte débil e seduzida, carecida de protecção frente às novas e agressivas técnicas de promoção e distribuição comercial fora dos muros habituais de recepção da clientela activa (pullman) – veja-se, no mesmo sentido, o art. 322.º do Código dos Valores Mobiliários.".

[174] Este direito passou a assumir a configuração de uma simples desistência.

[175] Artigos 240.º e seguintes do Código Civil.

[176] Parece-nos que o regime previsto no Código Civil poderá ser subsidiariamente aplicável a contratos que tenham regime específico, naquilo que não se encontre especialmente previsto.

3.1. Âmbito

O âmbito do direito de livre resolução do contrato relativo a serviços financeiros celebrado à distância delimita-se positivamente, no art. 19.º e negativamente no art. 22.º do DL 95/2006.

O art. 19.º vem estabelecer que estando em causa um contrato à distância o consumidor pode fazê-lo cessar livremente, sem ter de alegar qualquer motivo. Vem, também, consagrar que essa livre desistência do contrato não pode originar qualquer penalização para o consumidor, nem determinar qualquer pedido de indemnização.

O art. 22.º vem estabelecer as excepções ao carácter geral com que aquele direito foi consagrado.

Assim, para determinar se existe o direito de livre resolução, há que verificar se o contrato em questão se encontra ou não numa das excepções estabelecidas.

É ao prestador que cabe, em primeira linha, essa verificação, de modo a poder cumprir o dever de informação que está consagrado no art. 15.º, alíneas a) e b) do DL 95/2006[177].

3.2. Prazo

O prazo para exercer o direito de livre resolução vem estabelecido no art. 21.º do DL 95/2006.

É consagrado um prazo geral de catorze dias e um prazo excepcional de trinta dias para contratos de seguro de vida e relativos à adesão individual a fundos de pensões abertos.

O n.º 2 do mesmo artigo vem regular o modo como deve ser contado o prazo estabelecendo que se deve iniciar no momento da celebração do contrato, sempre que nessa data é fornecida ao consumidor a informação que o próprio diploma determina.

Caso essa informação, que inclui as condições do contrato, seja entregue num momento posterior, o prazo conta-se a partir do momento dessa entrega.

O legislador não o diz de um modo tão linear, fazendo-o por remissão para o art. 11.º n.º 3[178], o que parece limitar às situações em que a

---

[177] O prestador tem de incluir na informação pré-contratual que está obrigado a prestar se o contrato em causa tem ou não direito de livre resolução.

[178] O art. 11.º n.º 3 estabelece que "Se a iniciativa da celebração do contrato partir do consumidor e o meio de comunicação à distância escolhido por este não permitir a

iniciativa de celebração do contrato pertence ao consumidor e o meio de comunicação à distância não permite fornecer as informações obrigatórias.

Não parece, no entanto, que essa limitação deva existir.

Se a iniciativa do contrato partiu do prestador de serviços e o meio de comunicação à distância permitia transmitir a informação obrigatória e esta não foi, mesmo assim, transmitida, não é razoável que essa violação do dever de informação seja premiada. Seria esse o resultado, visto que o prazo para o exercício do direito de livre resolução do contrato contaria a partir do momento da sua celebração e não a partir do momento em que a informação e termos do contrato fossem fornecidos ao consumidor. O que não parece fazer sentido, nem ser a intenção do legislador.

E, tendo o legislador consagrado, no art. 32.º, a obrigação de cumprir o dever omitido, mesmo que essa omissão até já tenha sido sancionada, tal só poderá significar que pretende que os deveres de informação sejam efectivados, mesmo que fora do tempo legalmente previsto. Ora, não seria razoável que o cumprimento extemporâneo diminuísse os direitos do consumidor.

Não é de admitir que o consumidor que foi atempadamente informado tenha o direito de desistir do contrato, após a sua análise e aquele que nem sequer foi informado, não tenha esse direito.

Será, pois, a partir do momento em que o consumidor recebe a informação e as condições do contrato, a partir do momento em que poderá aferir da conformidade do conteúdo do contrato com a sua vontade, a sua necessidade e as suas expectativas, que poderá ser exercido, quando exista, o dever de livre resolução do contrato[179].

Esta situação encontra-se muito clara na área dos seguros.

O art. 118.º n.º 2 da LCS estabelece que o prazo para a livre resolução do contrato[180] se contra a partir da celebração do contrato desde que o tomador tenha, nessa altura, a informação relevante ou a partir recepção da apólice pelo tomador de seguro.

---

transmissão da informação e dos termos do contrato de acordo com o n.º 1, o prestador deve cumprir estas obrigações imediatamente após a celebração do mesmo.".

[179] Cfr., neste sentido, JOSÉ CARLOS MOITINHO DE ALMEIDA, "A Celebração à Distância do Contrato de Seguro", cit., p. 21, que referindo-se aos artigos 11.º, n.º 3 e 20.º, n.º 3 do DL 95/2006, considera que "Ambas estas disposições são ambíguas mas devem ser interpretadas em conformidade com o disposto no art. 6.º, n.º 1, segundo travessão da Directiva 2002/65/CE segundo o qual o prazo do direito de resolução se conta sempre desde o momento em que foram recebidas as informações, quando esse momento seja posterior ao da conclusão do contrato.".

[180] O art. 22.º, n.º 1 do DL 176/95 estabelecia que o prazo para exercício do "direito de renúncia" era de 30 dias "a contar da recepção da apólice", isto é, do documento

3.3. Modo

O modo como esse direito deve ser exercido é previsto nos termos do art. 21.º, n.º 1 do DL 95/2006 que estabelece que "A livre resolução deve ser notificada ao prestador por meio susceptível de prova e de acordo com as instruções prestadas nos termos da alínea b) do n.º 1 do artigo 15.º'".
O art. 21.º, n.º 2 vem especificar que esse meio susceptível de prova poderá ser o papel ou outro suporte duradouro, que fique disponível e seja acessível ao destinatário. Vem ainda estipular que é a data de envio que determina se a notificação foi efectuada dentro do prazo, considerando-se tempestivamente realizada se for enviada até ao último dia do prazo, inclusive.

A consagração do direito de livre resolução, se vem permitir o arrependimento do consumidor, sobrecarregado de propostas, solicitações e pressões de toda a ordem reequilibrando a relação, vem trazer à formação do contrato uma série de novos problemas, por vezes bastante espinhosos.

3.4. Pendência do exercício

Fundamentalmente, há que determinar o que acontece ao contrato durante o período em que pode ser exercido o direito de livre resolução. As dificuldades podem ser maiores ou menores consoante o contrato que esteja em causa. O modelo básico da compra e venda, em que se devolve o bem e o preço pago, está longe de responder à complexidade de um serviço financeiro.

Desde logo, porque iniciando-se a contagem do prazo para exercer o direito de livre resolução a partir do momento em que o consumidor se encontra em condições de avaliar o conteúdo do contrato, o que acontece após a entrega da informação e das condições, tal significa que os catorze dias[181] se podem começar a contar alguns meses, ou mesmo anos, após a celebração do contrato.

E, se essa documentação nunca chegar a ser entregue, parece que se manterá pendente sobre o contrato a possibilidade de o direito de livre resolução poder vir a ser exercido.

---

contendo as condições do contrato e todas as informações que o legislador considerava relevantes. O mesmo acontecia com o art. 182.º do DL 94-B/98.

[181] Ou trinta no caso dos seguros de vida e relativos à adesão individual a fundos de pensões abertos.

Provavelmente esta situação terá de ser temperada por um dever de diligência do consumidor. Se o consumidor que celebrou o contrato não foi informado sobre os aspectos fundamentais do mesmo, nem recebeu as condições do contrato e não se preocupou com isso, poderá não ser legítimo que venha muito tempo depois accionar um direito que, a efectivar-se, o vai colocar em posição de vantagem[182].

Mesmo tendo sido cumpridos os deveres de informação atempadamente, é importante determinar como é que vive o contrato enquanto tem pendente sobre si a possibilidade do exercício do direito de livre resolução e depois desse direito ter sido exercido ou já ter caducado.

3.5. Caducidade e efeitos

O art. 23.º do DL 95/2006 estabelece que "O direito de livre resolução caduca quando o contrato tiver sido integralmente cumprido, a pedido expresso do consumidor, antes de esgotado o prazo para o respectivo exercício.".

O legislador não estabelece expressamente, mas decorre da lei, que o direito de livre resolução também caduca pelo decurso do prazo, sem que tenha sido exercido.

Quanto aos efeitos do seu exercício, o art. 24.º, n.º 1 vem consagrar os efeitos clássicos da resolução estabelecendo que "O exercício do direito de livre resolução extingue as obrigações e direitos decorrentes do contrato ou operação, com efeitos a partir da sua celebração.". O que implica a devolução do que tiver sido prestado, no prazo de 30 dias que, no caso do prestador se contam a partir da recepção da notificação e, no caso do consumidor, a partir do envio da notificação, nos termos dos n.ºˢ 2 e 3 daquele artigo[183].

---

[182] Esta situação é especialmente clara na área dos seguros em que, não tendo ocorrido qualquer sinistro, pode ser bastante apelativo alegar a falta de entrega das condições do contrato para o resolver, o que teria como consequência a devolução do prémio pago. Embora o segurador deva saber que, não cumprindo os deveres de informação, é mais um risco que corre.

[183] Refira-se que no âmbito do Dia Mundial dos Direitos dos Consumidores, o Conselho de Ministros aprovou em 12 de Março um diploma que visa reforçar os direitos dos consumidores quanto aos contratos de compra e venda celebrados à distância, alterando o DL 143/2001. A alteração efectuada, na sequência da verificação do incumprimento das normas impostas pelo diploma, tem por objectivo estabelecer a obrigação de o fornecedor do bem restituir em dobro a quantia paga pelo consumidor, quando este tiver exercido o direito de resolução atempadamente, e o fornecedor não tiver reembolsado, no prazo de trinta dias, os montantes que o consumidor pagou.

O n.º 4 vem estabelecer que "O disposto nos números anteriores e no artigo seguinte não prejudica o regime do direito de renúncia previsto para os contratos de seguros e de adesão individual a fundos de pensões abertos.".

Deste regime parece resultar que o contrato se celebra, inicia normalmente os seus efeitos e, algum tempo depois[184], sendo exercido o direito de livre resolução são destruídos os efeitos desde a celebração.

O art. 25.º já parece apontar num sentido diferente, ao estabelecer que "O consumidor não está obrigado ao pagamento correspondente ao serviço efectivamente prestado antes do termo do prazo de livre resolução." E exceptua "(...) os casos em que o consumidor tenha pedido o início da execução do contrato antes do termo do prazo de livre resolução, caso em que o consumidor está obrigado a pagar ao prestador, no mais curto prazo possível, o valor dos serviços efectivamente prestados em montante não superior ao valor proporcional dos mesmos no quadro das operações contratadas.".

Isto é, o consumidor não está obrigado a cumprir o contrato enquanto decorre o prazo para o exercício do direito de livre resolução e, ao que parece, o prestador não o pode executar, excepto se o consumidor solicitou o início da execução.

Ora, sendo assim, em regra os efeitos do contrato encontram-se, na realidade, suspensos até que decorra o prazo para exercício do direito de livre resolução.

O n.º 3 estabelece que "O pagamento referido no número anterior só pode ser exigido caso o prestador prove que informou o consumidor do montante a pagar, nos termos da alínea a) do n.º 1 do artigo 15.º.".

Esta disposição terá de ser entendida no sentido de que a informação aqui exigida diz respeito ao preço previsto para o serviço, visto que não parece possível determinar antecipadamente "o valor dos serviços efectivamente prestados".

Decorrido o prazo para o exercício do direito, sem que o mesmo se tenha efectivado, o contrato torna-se plenamente eficaz.

4. Fiscalização e regime sancionatório

A fiscalização do cumprimento das normas do DL 95/2006 é atribuída, respectivamente, às entidades de supervisão das diversas áreas dos

---

[184] Que, como se viu, pode ser muito tempo depois, se não tiverem sido cumpridos os deveres de informação.

serviços financeiros, nomeadamente, o Banco de Portugal, a Comissão do Mercado de Valores Mobiliários e o Instituto de Seguros de Portugal. Em matéria de publicidade é, também, competente o Instituto do Consumidor[185].

Para "(...) requerer a apreciação de conformidade da actuação de um prestador de serviços financeiros à distância com o presente decreto-lei, judicialmente ou perante a entidade competente (...)" têm legitimidade, o consumidor, o Ministério Público, as entidades públicas, as organizações de defesa do consumidor e as organizações profissionais que tenham um interesse legítimo em agir."[186].

O art. 28.º vem definir uma outra figura, que é a do prestador de meios de comunicação à distância, estabelecendo que "São prestadores de meios de comunicação à distância as pessoas singulares ou colectivas, privadas ou públicas, cuja actividade comercial ou profissional consista em pôr à disposição dos prestadores de serviços financeiros à distância um ou mais meios de comunicação à distância.".

E vem estabelecer que "Os prestadores de meios de comunicação à distância devem pôr termo às práticas declaradas desconformes com o presente decreto-lei pelos tribunais ou entidades competentes e que por estes lhes tenham sido notificadas."[187].

Não parece razoável admitir que as entidades de supervisão que verificassem uma situação de incumprimento da lei por parte das suas supervisionadas ou os tribunais que verificassem um incumprimento de um dever legal por um prestador de um serviço financeiro, em vez de se dirigirem ao infractor determinando que cessasse a prática desconforme, devessem notificar o prestador do meio de comunicação para que este fizesse cessar essas práticas. As medidas em relação a estes prestadores de meios de comunicação parecem ser complementares das proibições dirigidas directamente aos infractores e terão em vista garantir, de facto, o seu cumprimento.

---

[185] Actualmente Direcção-Geral do Consumidor.
[186] Art. 27.º do Dl 95/2006.
[187] Este "prestador de meios de comunicação" tem algo de semelhante com o prestador intermediário de serviços da sociedade da informação, previsto no DL 7/2004, que armazena no seu servidor os conteúdos que podem ser considerados ilegais e, até, consubstanciar a prática de crimes e que tem a possibilidade real e "física" de fazer cessar de imediato a divulgação desses conteúdos ilegais, "depositados" no servidor que se encontra na sua disponibilidade.

O art. 29.º n.º 1 vem estabelecer que "Os litígios emergentes da prestação à distância de serviços financeiros a consumidores podem ser submetidos aos meios extrajudiciais de resolução de litígios que, para o efeito, venham a ser criados.".

O legislador não terá pretendido, com esta previsão, impedir que os litígios emergentes destes contratos sejam resolvidos através dos meios extrajudiciais já existentes.

Esses meios extrajudiciais de resolução de conflitos são, essencialmente, a mediação e a arbitragem voluntária, desde há muito legalmente regulada[188].

Existem, actualmente, vários centros arbitragem institucionalizada[189], que usualmente também prestam serviços de mediação e conciliação, podendo abranger, alguns deles, os serviços financeiros[190].

E no âmbito dos Julgados de Paz, encontra-se disponível um serviço de mediação, que pode resolver, em alternativa, os conflitos que aí se apresentam.

Parece que o legislador terá pretendido determinar para o futuro a existência de meios extrajudiciais de resolução de conflitos com competência específica nesta área[191], sem prejuízo do recurso aos meios já existentes, sempre que o contrato em causa permitir o recurso às instituições que disponibilizam esses serviços, sempre que o litígio em causa caiba no âmbito da sua competência.

No que diz respeito ao regime sancionatório, o art. 35.º estabelece um elenco de contra-ordenações puníveis com coima e o art. 36.º um elenco de sanções acessórias, aplicáveis pela entidade de supervisão do respectivo sector financeiro[192]. A tentativa e a negligência são puníveis[193], podendo ser responsabilizadas pessoas singulares ou colectivas.

---

[188] Lei n.º 31/86, de 29 de Agosto.

[189] Refira-se, a título de exemplo na área dos seguros o Centro de Informação, Mediação e Arbitragem do Seguro Automóvel (CIMASA). Sobre o seu âmbito e competências, cfr. sítio da *Internet*, em www.cimasa.pt, consultado em 10/04/2008.

[190] Cfr. MÁRIO FROTA, "Contratos à Distância – O Contrato de Seguro", in Revista Portuguesa de Direito do Consumo, n.º 35, Setembro de 2003, pp. 13 e ss..

[191] O art. 35.º, n.º 2 vem estabelecer que "A entidade responsável pela resolução extrajudicial dos litígios referidos no número anterior deve, sempre que o litígio tenha carácter transfronteiriço, cooperar com as entidades dos outros Estados membros da União Europeia que desempenhem funções análogas.".

[192] Art. 37.º do DL 95/2006.

[193] Art. 31.º do DL 95/2006.

B – CONTRATAÇÃO ELECTRÓNICA

A novidade e riqueza do tema, a controvérsia que gera[194] e a necessidade de transposição da Directiva 2000/31/CE, suscitaram um grande interesse pela contratação electrónica.
Verifica-se alguma divergência ao nível dos conceitos, sendo a mesma expressão usada com sentidos diferentes, na lei e na doutrina.
É, pois, necessário delimitar a realidade em questão.

1. Noções de contratação electrónica

A contratação electrónica pode ser entendida em sentido muito amplo[195], englobando as negociações e os contratos celebrados através da utilização de qualquer meio electrónico[196]ou em sentidos mais restritos.
Desde logo, pode ser entendida como contratação automatizada[197], ou referindo-se a contratos informáticos[198].

---

[194] Desde logo ao nível da discussão sobre a sua necessidade. Cfr. ANTÓNIO MENEZES CORDEIRO, *Tratado de Direito Civil Português*, cit., pp. 591 e ss. que defende que "Muitas das soluções introduzidas pelo Decreto-Lei n.º 7/2004 já eram proporcionadas pelo Decreto-Lei n.º 143/2001. Além disso, é patente a natureza civil desta matéria, em consonância com as regras básicas do Código Civil. Tudo isto ficaria mais claro se obtivesse uma codificação condigna, na lei civil geral.". E "Boa parte das regras proporcionadas pelo Decreto-Lei n.º 143/2001 já seriam obtidas na base dos princípios gerais. Como linhas de força – e tal como sucede em diversos contratos de consumo – ficam o dever de informação reforçada e o direito ao arrependimento." (p.587). Cfr., em sentido contrário, LUÍS SILVEIRA RODRIGUES, "Os consumidores e a Sociedade da Informação", cit., pp. 304 e ss., sobre a insuficiência do quadro legal do comércio electrónico.

[195] Cfr. PAULA COSTA E SILVA, "A Contratação Automatizada", in Direito da Sociedade da Informação, Volume IV, Associação Portuguesa do Direito Intelectual, Coimbra Editora, 2003, pp. 289 e ss. que, após dar conta de que "A propósito de contratação electrónica falava-se de realidades muito diversas." Refere que "Depois desta primeira reacção, parece ter-se chegado, pelo menos na doutrina alemã, a um certo consenso quanto àquilo que deva entender-se por este tipo de contratação. Afirma-se que há contratação electrónica sempre que as declarações de vontade necessárias à celebração de qualquer negócio jurídico são transmitidas por meios electrónicos, v.g. por fax.".

[196] De referir, que existindo vários meios electrónicos de comunicação, ainda será um contrato electrónico aquele que for celebrado através da utilização de mais do que um tipo de meio electrónico. Outra via de contacto será uma via de comunicação que não um meio electrónico de comunicação.

[197] Sob a mesma denominação são, no entanto, abrangidas realidades diferentes. Cfr. DÁRIO MOURA VICENTE, *Problemática Internacional da Sociedade da Informação*,

Contratação electrónica[199], que surge muito ligada à noção de prestação de serviços da sociedade da informação[200], pode ser entendida como contratação em rede, no âmbito de uma loja virtual, ou contratação em linha, sem negociação entre as partes.

Ou pode também ser entendida como contratação por meio de comunicação individual, através de meios electrónicos.

A diversidade de noções e conceitos surgem devido a abordagens do tema em contextos diferentes e, por vezes, com o intuito pedagógico de explicar realidades de difícil compreensão e sem a intenção de apresentar uma definição.

É, no entanto, necessário, procurar na lei elementos que permitam algumas classificações.

Almedina, 2005, p. 227, que considera que contratação automatizada será aquela que "(...) se denomina "contratação sem intervenção humana" (contemporânea da conclusão do contrato, bem entendido), na qual o computador participa na produção da própria declaração negocial.". Em sentido diferente, cfr. PAULA COSTA E SILVA, "A Contratação Automatizada", cit., p. 290 que considera que será aquela em que "(...) as declarações de vontade são produzidas e transmitidas através de meios informáticos.", acrescentando que há uma "(...) contratação electrónica em sentido amplo que inclui a contratação automatizada.".

[198] Cfr. HUBERT BITAN, *Contrats Informatiques*, Litec, 2002. Como refere DÁRIO MOURA VICENTE, *Problemática Internacional da Sociedade da Informação*, cit.. p. 246, estes contratos podem ser "(...) os que têm por objecto os bens corpóreos ou incorpóreos que possibilitam o tratamento automático de informação, a sua colocação em rede e a prestação de serviços relacionados com esse tratamento e colocação.". Sobre contratos informáticos cfr. também p. 227 e p. 247. Veja-se, no mesmo sentido, SEBASTIÃO NÓBREGA PIZARRO, *Comércio Electrónico, Contratos Electrónicos e Informáticos*, Almedina, 2005, pp. 83 e ss.. Veja-se, em sentido diferente PAULA COSTA E SILVA, "A Contratação Automatizada", cit. p. 290, que considera que são de entre os electrónicos, os efectuados por meios informáticos, o que coincide com a contratação automatizada.

[199] Cfr. SUSANA LARISMA, "Contratação Electrónica", in Comércio Electrónico em Portugal_O Quadro Legal e o Negócio, ANACOM, 2004, pp. 157 e ss..

[200] O DL 7/2004 regula os serviços da sociedade da informação que o art. 3.º n.º 1 define "serviço da sociedade da informação", como "qualquer serviço prestado a distância por via electrónica, mediante remuneração ou pelo menos no âmbito de uma actividade económica na sequência de um pedido individual do destinatário.". Esta definição assenta em quatro elementos: existir uma prestação de qualquer serviço a distância, essa prestação ser efectuada por via electrónica, ocorrer no âmbito de uma actividade económica e existir um pedido individual do destinatário. Este pedido individual pode ser entendido em sentido muito amplo, considerando-se que quem visita um sítio na *Internet* já está a solicitar informação ao prestador de serviços que o apresenta. Cfr. neste sentido, AAVV, *Lei do Comércio Electrónico Anotada* e textos de conferência, cit., p. 25 em que se defende que "O pedido ocorre, por exemplo, quando o destinatário acede ao sítio do

1.1. Contratação electrónica em sentido legal

Efectuada a transposição da Directiva 2000/31/CE e existindo um diploma nacional, o DL n.º 7/2004, que trata especificamente da "contratação electrónica" será esse diploma o ponto de partida para a enunciação dos conceitos nesta área[201].

Aí, o legislador distingue os contratos celebrados por via electrónica e os celebrados por via informática, os contratos executados imediatamente em linha, os contratos "sem intervenção humana", os contratos celebrados por meio de comunicação individual e os contratos celebrados em rede, ou em linha, sem negociação.

Desde logo, o art. 24.º do DL 7/2004, vem distinguir os contratos celebrados por via electrónica e os contratos celebrados por via informática[202].

---

prestador de serviços e começa a receber a informação por este transmitida através desse meio.". Veja-se, considerando três elementos, CLÁUDIA TRABUCO, "Responsabilidade e Desresponsabilização dos Prestadores de Serviços em rede", in O Comércio Electrónico em Portugal_O Quadro Legal e o Negócio, ANACOM, 2004, p. 143 que, no art. 2.º alínea b) do Decreto-lei n.º 58/2000, de 18 de Abril identifica "(...) três critérios essenciais: a prestação da actividade à distância, o recurso à via electrónica e a existência de um pedido individual do destinatário.", considerando que o DL 7/2004 "(...) acrescenta apenas um esclarecimento quanto à prestação do serviço "mediante remuneração ou pelo menos no âmbito de uma actividade económica".".

[201] O legislador português não define contrato electrónico, ao contrário do que acontece com o legislador espanhol que na Ley española 34/2002, de 11 de julio, de comercio electrónico estabelece que contrato electrónico é "todo contrato en el que la oferta y la aceptación se transmiten por médios de equipos electrónicos de tratamiento de datos, conectados a una red de telecomunicaciones.". Veja-se sobre a contratação electrónica em Espanha ANDRÉS DOMÍNGUEZ LUELMO, "Contratação na Internet. Novas Questões, Novos Princípios Jurídicos?", in Temas de Direito da Informática e da Internet, 2004, pp.137 e ss.. Veja-se, ainda, sobre a contratação electrónica de seguros em Espanha, RAFAEL ILLESCAS ORTIZ, "Contratação Electrónica de Seguros", Comunicação no Congresso Luso-Hispano de Direito dos Seguros, Lisboa, Novembro 2005, SANDRA CAMACHO CLAVIJO, «Contratação Electrónica de Seguros», Comunicação livre no Congresso Luso-Hispano de Direito dos Seguros, Lisboa, Novembro 2005 e idem, "Tráfico Jurídico Electrónico y Contrato de Seguro", in Revista Española de Seguros, n.º 127, Julio/Septiembre 2006, pp. 433 e ss..

[202] Julgamos que o legislador, ao referir "via electrónica ou informática" terá pretendido assumir uma distinção. Não haveria necessidade de apresentar termos diferentes, mas sinónimos para designar a mesma realidade. Julgamos que, estando a ideia de meios electrónicos muito ligada aos computadores, o legislador terá querido frisar que existem mais meios electrónicos que os meios informáticos.

Estará em causa a especificidade do meio usado. Via informática parece apontar para a contratação efectuada através de computadores, via electrónica parece apontar para a contratação efectuada através de quaisquer meios electrónicos.

O art. 29.º n.º 2 do DL 7/2004 vem distinguir outra categoria de contratos electrónicos, quando se refere a "imediata prestação em linha"[203].

Estão aqui em causa contratos celebrados e executados imediatamente em linha. Na sequência de uma ordem, que nos termos do n.º 1, será "uma ordem de encomenda por via exclusivamente electrónica", a encomenda é imediatamente entregue, através do meio electrónico usado[204].

O art. 33.º regula a "contratação sem intervenção humana"[205]

Na realidade não existe contratação sem intervenção humana. A contratação pressupõe a emissão de declarações de vontade e só a pessoa humana é possuidora de vontade juridicamente relevante. O que acontece neste tipo de contrato é que, no momento da celebração, em que são transmitidas as declarações de vontade, não estão presentes os seres humanos a quem são atribuíveis, mas sim computadores que comunicam directamente entre si.

O legislador regula algumas especificidades nesta contratação, nomeadamente no que diz respeito ao erro[206].

Os contratos celebrados entre computadores, em princípio, são pouco adequados para a contratação de seguros, embora seja possível perspectivar a possibilidade de ser contratado desse modo um seguro associado

---

[203] Os contratos de seguro não poderão ser executados directamente em linha. A sua execução passa, necessariamente, pela realidade, não diz respeito a bens ou serviços digitais.

[204] Refira-se, a título de exemplo, a aquisição de um programa, "descarregado" directamente da rede para o computador do utilizador.

[205] Sobre os contratos celebrados directamente entre computadores, veja-se José de Oliveira Ascensão, "Introdução à Perspectiva Jurídica", cit, pp. 113 e ss., Paula Costa e Silva, "A Contratação Automatizada", cit, pp. 289 e ss., que considera (p. 305) que é uma "(...) contratação sui generis porque os fundamentos da juridicidade dos actos praticados pela máquina são o benefício e o risco. (...)" e não na autonomia da vontade. "A autonomia pode ser encontrada no momento em que o homem escolhe a máquina. A partir de aqui, ele deve assumir os riscos próprios do seu funcionamento." e Vítor Castro Rosa, "Contratação Electrónica", in Lei do Comércio Electrónico Anotada e textos de conferência, Ministério da Justiça, Coimbra Editora, 2005, pp. 207 e ss.".

[206] Clarificando, no entanto, que se aplica o regime comum, entendendo-se "regime comum" no duplo sentido de regime geral aplicável aos contratos e à celebração através de meios electrónicos, como inclusive resulta do art. 24.º do DL 7/2004.

a um outro contrato[207] que se celebrasse entre computadores em execução, por exemplo, de um contrato-quadro[208].

Do art. 30.º resulta, ainda, a distinção entre contratos celebrados por correio electrónico ou outro meio de comunicação individual e os contratos relativos à prestação de serviços em rede, celebrados em linha.

1.2. Contratos celebrados por meio de comunicação individual

O legislador enuncia no art. 30.º do DL 7/2004, os contratos celebrados por meio de comunicação individual.

Estes serão os "(...) contratos celebrados exclusivamente por correio electrónico ou outro meio de comunicação individual equivalente.".

Esta autonomização é feita para excluir estes contratos do regime dos artigos 27.º a 29.º que regulam, por contraposição, os "contratos em linha"[209].

Julgamos que a distinção que o legislador visa fazer com o art. 30.º do DL 7/2004 é, fundamentalmente, entre contratos individualmente negociados, através de meios electrónicos e contratos celebrados no âmbito de uma loja virtual, em que essa negociação directa e pessoal entre as partes não existe nesses termos.

---

[207] Se, por exemplo, no âmbito de um contrato-quadro que regulasse o fornecimento de determinados bens de uma empresa a outra, em que as ordens de encomenda fossem directamente dadas de computador a computador, se esse fornecimento for coberto por um contrato de seguro standard de transporte de mercadorias, concretizado em cada ordem de encomenda, podia-se estar perante um contrato de seguro "sem intervenção humana".

[208] Cfr. sobre o contrato-quadro, MARIA RAQUEL ALEIXO ANTUNES REI – *Do Contrato-Quadro*, Tese de Mestrado de Direito Civil, Faculdade de Direito do Lisboa, 1997.

[209] Expressão usada no art. 28.º n.º 1 do DL 7/2004. Nos artigos 27.º a 29.º o legislador usa outras expressões para se referir à realidade que aí visa regular, mas julgamos que a expressão "em linha" é aquela que melhor traduz o contrato que ocorre numa loja ou ponto de venda virtual, a que o cliente adere, sem negociação. Cfr. assumindo a expressão contrato em linha, embora como sinónimo de contrato electrónico, SANTIAGO CAVANILLAS MÚGICA, «Les Contrats en Ligne das la Théorie Génerale du Contrat: le Regard d'un Juriste de Droit Civil, in Commerce Électronique, Le Temps des Certitudes, Cahiers du Centre de Recherches, Informatique et Droit, n.º 17, Bruylant, Bruxelles, 2000, pp. 99 e ss. e VINCENT GAUTRAIS, "Les Contrats en ligne dans la Théorie Générale du Contrat: le Contexte Nord-Américan, Commerce Électronique, Le Temps des Certitudes, Cahiers du Centre de Recherches, Informatique et Droit, n.º 17, Bruylant, Bruxelles, 2000, pp. 107 e ss.. Veja-se, também, THIERRY PIETTE-COUDOL et ANDRÉ BERTRAND, Internet et la Loi, Dalloz, 1997, pp 189 e ss. que usa a expressão «l'achat en ligne».

Isto é, o art. 30.º referir-se-á aos contratos negociados e celebrados por duas pessoas que directa, intencionalmente e com essa finalidade se dirigem uma à outra, exclusivamente através de meios electrónicos e não através de meios que não sejam electrónicos.

Mas já não se referiria a contratos mistos, isto é, a contratos que começam por uma oferta em linha e passam, a certa altura, a ser negociados individualmente. Estes contratos não são exclusivamente celebrados através de um meio de comunicação electrónico individual, visto que se iniciaram por uma oferta em linha[210].

No entanto, visto que o que predomina é a especial negociação, não parece de admitir que o legislador os tenha querido integrar no regime de especial funcionamento e protecção que estabelece, especialmente no que diz respeito à formação do contrato prevista no 29.º.

A partir do momento em que as partes começam a negociar, deixando de aderir, pura e simplesmente, a algo que lhes é apresentado em rede, deixa de ser possível aplicar, com lógica, o regime do artigo 29.º do DL 7/2004.

Nessa situação não há, na realidade, uma ordem de encomenda, não faz por isso sentido o envio de um aviso de recepção, muito menos a confirmação da ordem de encomenda que, na realidade não existiu enquanto tal. Tudo passou a ser especificamente negociado e o contrato será o que resultado dessas negociações, quando terminarem. Nesse momento é celebrado o negócio, com o conteúdo acordado e será irrelevante que tenha sido iniciado com uma oferta em rede[211].

O regime especial de funcionamento e protecção dos artigos 27.º a 29.º do DL 7/2004 visa, claramente, as situações de aquisição de bens ou serviços oferecidos em rede, numa loja virtual, celebrados em linha através de adesão com um simples "clic"[212].

---

[210] Cfr. em sentido diferente, a anotação do art. 30.º, in Lei do Comércio Electrónico Anotada e textos de conferência, Ministério da Justiça, Coimbra Editora, 2005, pp. 30 e ss..

[211] Situação paralela acontece com um contrato que se inicia com a apresentação de um formulário contendo cláusulas contratuais gerais e que, depois, é pontualmente negociado. Nesse caso, não lhe é aplicável o regime das cláusulas contratuais gerais, visto que, embora partindo do formulário, o contrato foi depois especificamente negociado. Ou com um contrato que se inicia a distância, mas que depois as partes se encontram e negoceiam. As dificuldades trazidas pela distância são eliminadas pela proximidade posterior, em que o contrato é efectivamente negociado e celebrado.

[212] Ou dois, tendo em consideração o art. 29.º n.º 5.

O que não significa que não existam comunicações dirigidas por uma a outra parte.

Podem-se distinguir comunicações individualizadas e comunicações com sujeitos determinados.

As comunicações individualizadas são especialmente criadas para a pessoa a quem se dirigem. Têm um conteúdo exclusivo, único, especialmente concebido para a pessoa concreta a quem se dirigem. São pessoais. Enquanto que as comunicações com sujeitos determinados, são comunicações que se dirigem a alguém identificado, mas não são comunicações pessoais. São fórmulas standartizadas, normalmente automáticas, que desconsideram a pessoa enquanto tal, a sua individualidade. São comunicações-tipo, idênticas para todos os que estiverem naquela circunstância.

São comunicações com sujeitos determinados que ocorrem no âmbito do regime específico do contrato em linha, nomeadamente com o art. 29.º do DL 7/2004.

Na sequência de uma oferta em rede, dirigida a sujeitos indeterminados é efectuada uma ordem de encomenda dirigida a um sujeito identificado, a que se seguem o aviso de recepção e a confirmação da encomenda, dirigidas também a sujeitos determinados[213]. Nenhuma destas comunicações é uma comunicação individualizada.

No entanto, se em determinado momento uma das partes do contrato dirigir a outra uma comunicação propondo ou contra-propondo condições contratuais diferentes e se iniciar a negociação concreta do contrato, as comunicações que as partes dirijam especifica e pessoalmente uma à outra já são comunicações individualizadas.

2. Regime da contratação electrónica

A contratação electrónica é regulada pelos artigos 24.º a 32.º do DL 7/2004.

O art. 24.º vem declarar as disposições referidas aplicáveis a todo o tipo de contratos celebrados por via electrónica ou informática, sejam ou não comerciais.

O art. 25.º vem expressar a liberdade de celebrar contratos electrónicos.

---

[213] Por contraposição à oferta em rede que se dirige a sujeitos indeterminados.

Esta liberdade já parece resultar do Código Civil. O art. 217.º do Código Civil consagra que a declaração expressa é feita por palavras, escrito ou qualquer outro meio directo de manifestação da vontade. Conjugado com princípio da liberdade contratual do art. 405.º e da liberdade de forma consagrado no art. 219.º, parece admitir a liberdade de celebrar contratos por meios electrónicos.

O art. 25.º, n.º 3 vem também estabelecer esta liberdade no sentido de que ninguém pode ser obrigado a contratar por um meio electrónico, sem previa e validamente se ter vinculado nesse sentido. O seu n.º 4 proíbe as cláusulas contratuais gerais que imponham a celebração por via electrónica de contratos.

No seu n.º 2 enumera alguns negócios jurídicos excluídos do "princípio da admissibilidade", consagrando algumas limitações a essa liberdade.

Ligada à concretização desta liberdade, vem o art. 26.º tratar da questão da exigência legal de forma escrita para algumas declarações e de assinatura para alguns documentos.

O prestador de serviços em rede[214] é obrigado, nos termos do art. 27.º, a disponibilizar meios técnicos eficazes que permitam identificar e corrigir os erros das ordens dadas para a celebração de contratos no âmbito de uma loja ou ponto de venda virtual, normalmente situado na *Internet* e o art. 28.º consagra a necessidade de serem prestadas informações prévias à celebração do contrato[215].

O art. 29.º do DL 7/2004 vem estabelecer um regime específico para a formação dos contratos em linha.

No artigo 30.º o legislador estabelece que "Os artigos 27.º a 29.º não são aplicáveis aos contratos exclusivamente celebrados por correio electrónico ou outro meio de comunicação individual equivalente.". Distingue,

---

[214] Cfr. JOSÉ DE OLIVEIRA ASCENSÃO, "Contratação Electrónica, in Direito da Sociedade da Informação, Volume IV, Associação Portuguesa do Direito Intelectual, Coimbra Editora, 2003, pp. 49 e ss. e *idem* "Introdução à Perspectiva Jurídica", cit., p. 106, que refere que existem duas categorias diferenciadas de prestadores de serviços. "Dos que oferecem serviços finais distinguem-se serviços instrumentais para a actuação em rede. Recebem o nome de prestadores intermediários de serviços.". O DL 7/2004 define esta figura no art. 4.º n.º 5. E, *idem*, p.105, sobre a dificuldade de aferir o conteúdo e significado de "prestadores de serviços da sociedade da informação", que afirma que "Tudo é metafórico nestas noções. Prestador ou provedor de serviços da sociedade da informação não diz nada." e que "o decreto-lei de transposição (referindo-se ao DL 7/2004) rejeitou o jogo de remissões sucessivas da directriz e deu directamente a definição.".

[215] Art. 28.º do DL 7/2004.

essencialmente, entre contratos individualmente negociados, através de meios electrónicos e contratos em que essa negociação não existe[216].

Os artigos 27.º e 28.º do DL 7/2004 parecem estar especialmente vocacionados para se aplicarem a contratos celebrados em lojas virtuais, em que é necessário que, no próprio sítio em que ocorre a negociação e a adesão, exista a informação mínima sobre o processo de celebração do contrato e as suas condições e existam mecanismos que permitam a identificação e correcção de erros no preenchimento dos formulários que vão surgindo.

Estes mecanismos de identificação e correcção de erros devem ser estabelecidos na própria construção da loja virtual e a informação pré-contratual exigida pelo art. 28.º, deverá encontrar-se acessível no sítio em causa, visto que é imprescindível à formação da vontade de contratar e à possibilidade da sua concretização.

Assim, aplicam-se a qualquer contrato que se inicie com uma oferta em rede, o que ocorrerá, por excelência, numa loja virtual.

Já o processo de formação do art. 29.º do DL 7/2004, parece que só fará sentido no caso de não existir negociação específica entre as partes. Havendo essa negociação o contrato será celebrado e concluído nos seus termos, deixando de ocorrer a simplicidade de automáticas ordens de encomenda de produtos ou serviços claros e pré-definidos, a que se seguem avisos de recepção e confirmação.

Julgamos, portanto, que no âmbito de uma loja virtual em que se apresentam ofertas em rede, o art. 27.º e 28.º deverão ser respeitados, visto que são pressupostos desse modo de contratar.

Se o contrato é especifica e pontualmente negociado, independentemente de se ter iniciado por uma oferta em rede não se poderá aplicar o regime do art. 29.º, excluído pelo artigo 30.º.

Essa questão assume particular importância no contrato de seguro que é, por natureza, complexo e constituído por um elenco mais ou menos vasto de cláusulas, contendo coberturas e exclusões, cujo conhecimento é pressuposto de uma contratação esclarecida. Há que garantir que o interessado no contrato que se dirige a uma loja virtual tem, pelo menos, a possibilidade de se inteirar, com detalhe, do que lhe é apresentado e que, se decide aderir, o faz com a convicção de que o que está a contratar corresponde às suas necessidades.

O elenco finaliza-se com art. 31.º, n.º 1 que estabelece a obrigatoriedade de que as condições dos contratos sejam comunicadas de modo

---

[216] Cfr. supra II-B-2..

a poderem ser armazenadas e reproduzidas pelo destinatário. O art. 31.º, n.º 2 e o art. 32.º que são mais descritivos que normativos.

O regime consagrado para a contratação electrónica é especialmente vocacionado para regular a contratação realizada através de computadores e, especificamente, os contratos celebrados em rede, em lojas virtuais, usualmente complementados com comunicações individualizadas, através de meios electrónicos, usualmente, o correio electrónico.

Não existindo comunicação pessoal e individualizada entre as partes, o legislador entendeu estabelecer, no art. 29.º do DL 7/2004, um sistema relativamente complexo, idêntico ao francês, mas não exigido pelo Direito Comunitário, que ficou conhecido como "sistema de duplo clic"[217] e que implica a confirmação da ordem de encomenda.

O regime da contratação electrónica será concretizado mais adiante, quando tratarmos do contrato de seguro electrónico e do contrato de seguro em linha.

---

[217] Cfr. AAVV, Lei do Comércio Electrónico Anotada e textos de conferência, cit., anotação ao art. 29.º, pp. 118 e ss. e Paula Costa e Silva, "Contratação Electrónica", in Lei do Comércio Electrónico Anotada e textos de conferência, Ministério da Justiça, Coimbra Editora, 2005, pp. 187 e ss..

III

CONTRATO DE SEGURO

1. Definição de seguro

Saber o que é um seguro[218] é algo que, só por si, já suscita muita controvérsia e origina definições[219] diferenciadas[220], discutíveis[221] e muito discutidas[222].

---

[218] Sobre a origem e definição de seguros, cfr. PEDRO ROMANO MARTINEZ, *Direito dos Seguros*, cit., pp. 27 e ss. e pp. 57 e ss., que defende que "Poder-se-á definir o seguro como o contrato aleatório por via do qual uma das partes (seguradora) se obriga, mediante o recebimento de um prémio, a suportar um risco, liquidando o sinistro que venha a ocorrer.". Cfr. também, PEDRO MARTINEZ, *Teoria e Prática dos Seguros*, Lisboa, 1953, p. 1 que considera que seguro é o "Contrato aleatório em que uma das partes se obriga, mediante um certo pagamento, a indemnizar outra de um perigo ou eventual prejuízo. Se substituirmos "pagamento" por "prémio" e "perigo" por "risco" teremos a definição requerida, que deve ser clara e breve.". Cfr. ainda o *Tractatus de Assecurationibus et Sponsionibus* de PEDRO DE SANTARÉM, Centenário da Supervisão de Seguros, 1907/2007 e Prefácio de PEDRO ROMANO MARTINEZ, "O Tratado de Seguros de Pedro de Santarém", em que refere que no século XVI "(...) o autor, citando vários doutores, explica "que é uma convenção lícita", tratando-se da simples aceitação dum risco", mediante um prémio, como contrapartida.".

[219] Veja-se, também na doutrina portuguesa, ANTÓNIO MENEZES CORDEIRO, *Manual de Direito Comercial*, cit., pp. 445 "No contrato de seguro uma pessoa transfere para outra o risco da verificação de um dano, na esfera própria ou alheia, mediante o pagamento de determinada remuneração.", JOSÉ CARLOS MOITINHO DE ALMEIDA, *O Contrato de Seguro no Direito Português e Comparado*, Livraria Sá da Costa, Lisboa, 1971, "(...) contrato de seguro como aquele em que uma das partes, o segurador, compensando segundo as leis da estatística um conjunto de riscos por ele assumidos, se obriga, mediante o pagamento de uma soma determinada, a, no caso de realização de um risco, indemnizar o segurado pelos prejuízos sofridos, ou, tratando-se de evento relativo à pessoa humana, entregar um capital ou renda, ao segurado ou a terceiro, dentro dos limites convencionalmente estabelecidos, ou a dispensar o pagamento dos prémios tratando-se de prestação a realizar em

data determinada." e JOSÉ VASQUES, *Contrato de Seguro*, Coimbra Editora, 1999, p. 94 que considera que "Seguro é o contrato pelo qual o segurador, mediante retribuição pelo tomador de seguro, se obriga, a favor do segurado ou de terceiro, à indemnização de prejuízos resultantes, ou ao pagamento de valor pré-definido, no caso de se realizar um determinado evento futuro e incerto.". Refira-se que, apesar de existirem algumas definições de contrato de seguro, a doutrina nacional não tem revelado um grande interesse pela área do Direito dos Seguros. Veja-se, sobre a pouca relevância que ao Direito dos Seguros tem sido dada pela doutrina nacional, JOSÉ MIGUEL DE FARIA ALVES DE BRITO, *Contrato de Seguro por Conta de Outrem, O Seguro por Conta de Outrem nos Seguros de Danos*, Dissertação em Ciências Jurídicas sob orientação do Professor Doutor Januário da Costa Gomes, Universidade de Lisboa, Faculdade de Direito, disponível na biblioteca da Faculdade de Direito da Universidade de Lisboa, com a cota T-4336(1I), 2005, p.6, que observa, referindo-se ao seguro por conta de outrem, que "Como verificado com as demais matérias respeitantes ao direito dos seguros, a figura não tem merecido da doutrina tradicional qualquer tratamento aprofundado." E que "(...) o contrato de seguro não tem despertado um labor comparativo à sua importância económica e prática (...)".

[220] Veja-se, a título de exemplo, outras definições, EUGÉNIA ALVES, *Guia do Consumidor de Seguros*, Instituto do Consumidor e Instituto de Seguros de Portugal, 2.ª edição revista, 2002, pág. 7 "O contrato de seguro é o acordo escrito entre uma entidade (seguradora) que se obriga a, mediante o recebimento de determinada quantia (prémio ou prestação), indemnizar outra entidade (segurado ou terceiro) pelos prejuízos sofridos, no caso de ocorrência de um risco, ou tratando-se de um acontecimento respeitante à pessoa humana, entregar um montante ou renda (ao segurado ou beneficiário).", JAVIER VERGÉS ROGER, DIEGO GÁLVEZ OCHOA e JUAN FERNANDÉS PALACIOS, *Manual de Gestion del Seguro de Vida*, Centro de Estudos del Seguro, Madrid, 1992, p.10 "(-...) puede defenirse la operacion de seguro como: aquélla, en virtude de la cual, el asegurador se obliga, mediante el cobro de una prima y para el caso de que se produzca el evento cuyo riesgo es objecto de cobertura, a indemnizar el daño producido al asegurado.", ROBERT H. JERRY, II, *Understanding Insurance Law*, Legal Texts Series, Matthew Bender, USA, 1996, p. 17, "(...) a contract of insurance is an agreement in which one party (the insurer), in exchange for a consideration provided by the other party (the insured), assumes the other party's risk and distributes it across a group of similarly situated persons, each of whose risk has been assumed in a similar transaction.";

[221] Especialmente discutível é a definição apresentada por MÓNICA DIAS, *À Descoberta dos Seguros*, cit., p. 16 "Um seguro é um contrato entre o cliente e uma companhia de seguros, através do qual é possível garantir que, em determinadas circunstâncias, o segurado terá um suporte financeiro suplementar". Esta definição parece incluir, exclusivamente, as operações relacionadas com a poupança, deixando de fora todos os seguros que assentam na indemnização de um dano, verificado um risco, e que são os predominantes. Esta definição inclui a excepção e exclui a regra.

[222] Veja-se, sobre a análise de definições de contrato de seguro, JOSÉ CARLOS MOITINHO DE ALMEIDA, *O Contrato de Seguro no Direito Português e Comparado*, cit., pp.5 e ss., JOSÉ VASQUES, *Contrato de Seguro*, cit., pp. 87 e ss..

As definições de seguro assentam, invariavelmente, na ideia de risco[223].

E toda a construção dogmática assenta nesse carácter aleatório e sinalagmático, em que há uma parte que assume um risco, uma incerteza e outra parte paga, por isso, um prémio, um preço[224].

Mesmo o aparecimento de novos riscos[225], alguns de dimensões dissuasoras[226], como os riscos catastróficos[227], não colocam substancialmente em causa esta estrutura.

Tal já não acontece com a apropriação do seguro pelo Estado, quer através da criação de fundos para absorver riscos não cobertos no mercado[228], quer para o desenvolvimento de planos de saúde ou previdência, assumindo uma função social que, à partida, não lhe caberia[229].

---

[223] Cfr. PEDRO ROMANO MARTINEZ, *Direito dos Seguros*, cit., pp. 57 e ss., que considera que "(...) o risco é o elemento determinante do objecto do contrato de seguro." e Robert H. Jerry, II, *Understanding Insurance Law*, cit., p. 10, que salienta a importância do risco no seguro, considerando que a sua transferência é a sua razão principal de existir. "When people are averse to the risk of a loss, they usually willing to pay someone else to assume the risk.". E "All contracts either expressly or implicitly allocate risk in one way or another. This discussion focuses on the use of a voluntarily created contract as a means of transferring risk." (p.16).

[224] Cfr. sobre a problemática geral dos seguros PEDRO ROMANO MARTINEZ, *Direito dos Seguros*, cit.. Veja-se, também, menos recente, JOSÉ CARLOS MOITINHO DE ALMEIDA, *O Contrato de Seguro no Direito Português e Comparado*, cit. e JOSÉ VASQUES, *Contrato de Seguro*, cit. e idem, *Direito dos Seguros*, Coimbra Editora, 2005, numa perspectiva institucional.

[225] Cfr. estudo sobre novos riscos MARIA EDUARDA GONÇALVES, "Os Portugueses e os Novos Riscos: Resultados de um Inquérito", in Análise Social, Revista do Instituto de Ciências Sociais da Universidade de Lisboa, 184, Vol. XLII de 2007, 687 e ss..

[226] Veja-se MIGUEL GUIMARÃES, "Soluções Seguradoras para Desafios Sociais", in O Economista, Anuário da Economia Portuguesa, 2005, pp. 212 e ss. que também refere riscos catastróficos e novos riscos emergentes «(...) tenham eles origem em fenómenos da natureza (sismos, tempestades, inundações) ou em actos humanos (terrorismo, poluição, epidemias), mas também riscos emergentes relacionados com a saúde (cancro, tabaco, asbestos) ou com avanços na ciência e na tecnologia (exposição a químicos, modificações genéticas).".

[227] Cfr. GIOVANNI CUCINOTTA, *Il Rischio, la Responsabilità Sociale e la Comunicazione Assicurativa*, in Assicurazioni Rivista di Diritto, Economia e Finanza delle Assicurazioni Private, Anno LXXII, n.º 3, Luglio-Settembre 2005, pp. 379 e ss. que defende que o surgimento de novos riscos catastróficos, implica que o Estado passe a desempenhar um papel nessa área. "La nuova dimensione che i rischi moderni vanno assumendo chiama in causa il ruolo delle assicurazioni collective, la loro sostenibilità da parte dello Stato(...)".

[228] Existem, actualmente, o Fundo de Garantia Automóvel e o Fundo de Acidentes de Trabalho e está em fase final de criação o fundo para catástrofes.

[229] Sobre a função social do seguro, veja-se AAVV, "Assurance des groupes ou fonds de pension", in Le Monde de l'Assurance, 2006, pp. 25 e ss., B.C.A.C.,

Os contratos de seguro têm sido, muitas vezes, entendidos como um complemento das prestações do Estado[230].

Para esta função a figura do seguro de grupo[231] é muito adequada, tendo vindo a ser usada desde que surgiram os primeiros sistemas de benefícios sociais[232], no final do séc. XIX[233].

O seguro de grupo, para os autores[234] que o apresentam relacionado com a Previdência, aparece muito ligado à relação laboral[235] e como

---

Guide de l'Assurance de Groupe, Paris, 1981, pp. 1 e ss. GUILHERME DA PALMA CARLOS, "Valor e Função Social do Contrato de Seguro", in II Congresso Nacional de Direito dos Seguros, Almedina, 2001, pp. 117 e ss., MANUEL DA COSTA MARTINS, "Considerações sobre o Valor e Função Social do Contrato de Seguro", in II Congresso Nacional de Direito dos Seguros, Almedina, 2001, pp. 141 e ss., MIREILLE WEINBERG, "Assurance Collectives, Un Marché sans Pitié", in La Tribune de l'Assurance, n.º 22, Mars 1999, pp. 24 e ss. e PEDRO ROMANO MARTINEZ, *Direito dos Seguros*, cit., pp. 23 e ss..

[230] P. CASBAS, *Technique, Pratique de l'Assurance Groupe*, Largus, Paris, 1976, p. 7 afirma «L'Assurance de Groupe s'applique à une collectivité de personnes réunies entre elles par un lien commum qui leur permet de bénéficier des conditions particulières réservées à cette branche. Elle se subdivise en deux grandes parties, la Prévoyance et la Retraite.» e p.8, «Dès lors, l'Assurance de Groupe perd son caractère facultatif pour devenir régime complémentaire à la Sécurité Sociale.».

[231] Cfr., sobre a figura do seguro de grupo, PAULA RIBEIRO ALVES, *Estudos de Direito dos Seguros: Intermediação de Seguros e Seguro de Grupo*, Almedina, 2007, pp. 241 e ss..

[232] Cfr. sobre a história do seguro de grupo RICHARD S. BILISOLY, "Introduction to Group Insurance", in Group Insurance, cit., p. 5 e ROBERT H. JERRY, II, *Understanding Insurance Law*, cit., pp. 827 e ss..

[233] Um forte ímpeto ao movimento relativo ao incremento dos benefícios sociais de grupo foi dado, em 1883, sob o Governo de Bismark, através da criação, na Alemanha, de um Plano nacional de saúde obrigatório. Em 1870, também nos Estados Unidos da América foi criado o primeiro plano de saúde de grupo e, em 1890, foi contratado um seguro para os Bombeiros de Baltimore, que é apontado como um dos primeiros seguro de grupo de saúde. Mas a história do moderno seguro de grupo começa mais tarde, com os esforços da empresa Montgomery Ward and Company, para contratar um seguro de vida de grupo para os seus empregados. Este terá sido o primeiro seguro de grupo vida. O plano negociado por esta empresa serviu de modelo a muitos outros. Os seguros de grupo têm vindo a ganhar terreno, principalmente na área da vida e da saúde, assumindo até, actualmente, a preponderância nestas áreas.

[234] Sobre seguros de grupo, veja-se ANTÓNIO PORRAS RODRIGUEZ, *El Seguro de Grupo, Aspectos Normativos, Técnicos y Actuariales*, Centro de Estudios del Seguro, S.A., Madrid, 1991, B.C.A.C., Guide de l'Assurance de Groupe, Paris, 1981, DAVID F. OGDEN, "The Players in the Group Insurance Marketplace", in Group Insurance, editado por William F. Bluhm, Actex Publications Winsted, Connecticut, 1992, pp. 15 e ss., FRANCIS GRETZ et CLAUDE PICHOT, "Connaître et Comprendre la Loi sur le Contrat d'Assurance Terrestre", La Tribune de l'Assurance, 1997, Paris, FRANÇOIS BERDOT, «L'Assurance de Groupe après les réformes législatives du 31 décembre 1989», in RGAT,

modo de complementar os benefícios sociais dos trabalhadores e surge restringido a certos ramos ou tipos[236], de que se destacam o seguro de vida[237] e o seguro de saúde.

O seguro na sua vertente social ou de previdência começa a perder a natureza pura risco/prémio individual, negociado entre segurador e tomador de seguro, livre para ambas as partes, para começar a aparecer mitigado, quer pela criação de seguros obrigatórios[238], quer pela impo-

---

n.º 4, 1990, pp. 775 e ss., GARY K. SWAGER, "Overview of sales and marketing, in Group Insurance", editado por William F. Bluhm, Actex Publications Winsted, Connecticut, 1992, pp. 30 e ss., GEOFF BAARS e NICK SENNETT, "The fundamentals of group insurance", Swiss Re Zurich, 1994, JAVIER VERGÉS ROGER, DIEGO GÁLVEZ OCHOA e JUAN FERNANDÉS PALACIOS, Manual de Gestion del Seguro de Vida, cit., JEAN-MARC BINON et MARIE-ANNE CRIJNS, L'Assurance Groupe en Belgique, Collection Droit des Assurances, n.º 9, Academia Bruylant, Bruxelles,1996, MIREILLE WEINBERG, «Assurance Collectives, Um Marché sans Pitié», cit., NATHALIE GAUCLIN-EYMARD et JEAN-ANTOINE CHABANNES, Le Manuel de l'Assurance-Vie, tome 2, L'Argus, Paris, 1993, PAULA RIBEIRO ALVES, Estudos de Direito dos Seguros: Intermediação de Seguros e Seguro de Grupo, cit., pp. 241 e ss., RENÉ CARTON DE TOURNAI e CHARLES DELEERS, Les Assurances de Groupes, Eléments Techniques, Juridiques, Sociaux et Fiscaux, Bruxelles, 1965, RICHARD S. BILISOLY – «Introduction to Group Insurance», in Group Insurance, editado por William F. Bluhm, Actex Publications Winsted, Connecticut, 1992, pp. 4 e ss., ROBERT H. JERRY I, Understanding Insurance Law, cit., pp. 827 e ss., RUBÉN S. STIGLITZ, – "El Seguro Colectivo o de grupo en Argentina", in Revista Española de Seguros, n.º 116, Outubro/Dezembro 2003, William F. Bluhm, Group Insurance, Actex Publications Winsted, Connecticut, 1992 e YVONNE LAMBERT-FAIVRE – Droit des Assurances, Dalloz, 11.ª Edição, 2001.

[235] Cfr. CLAIRE LABBÉ, «Sida et Assurances», in Les Dossiers du Journal des Tribunaux, n.º 3, Bruxelles, 1994, p. 55, que define seguros de grupo por referência à relação laboral: «Les assurances de groupe, c'est-à-dire les assurances conclues auprès d'une entreprise par un ou plusieurs employeurs au profit de tout ou partie de leur personnel ou des dirigeants.». O mesmo acontece com JEAN-MARC BINON et MARIE-ANNE CRIJNS – L'Assurance Groupe en Belgique, cit., p. 13, «L'assurance groupe est une assurance collective souscrite par un employeur au profit de tout ou partie des membres de son personnel.».

[236] Cfr. RUBÉN S. STIGLITZ, "El Seguro Colectivo o de grupo en Argentina", cit., p. 440 que refere que a lei argentina restringe a contratação a riscos de vida, acidentes pessoais e saúde.

[237] Cfr. RENÉ CARTON DE TOURNAI e CHARLES DELEERS, Les Assurances de Groupes, Eléments Techniques, Juridiques, Sociaux et Fiscaux, Bruxelles, 1965, pp. 36 e ss., que apresenta as definições de vários autores e afirma "(...) on entend par assurance de groupe une assurance souscrite par un preneur d'assurance sur la vie d'un groupe de personnes, au moyen d'un contrat unique.» e destaca a originalidade das concepções anglo-saxónicas.

[238] Actualmente 164 de acordo com a informação constante do sítio do Instituto de Seguros de Portugal, consultado em 05/03/2008, em www.isp.pt.

sição de riscos recusados no mercado[239], quer pela dispersão de riscos que o seguro de grupo vem trazer ao contrato[240].

A grande dissociação ocorre, no entanto, com o desenvolvimento nos últimos anos, de um modo muito intenso e vasto, do ramo Vida, que além dos clássicos seguros assentes no risco, contém as operações de capitalização que se afastam dessa estrutura.

No entanto, ao nível das definições mantém-se o binómio risco/ /prémio como base.

O que se compreende, uma vez que abdicando-se desse binómio, procurando integrar no conceito de seguro todos os produtos financeiros que são actualmente qualificados como tal, deixa de se encontrar, materialmente, um fio condutor que os unifique numa mesma essência.

E só se consegue tornear este obstáculo materialmente intransponível, através da integração formal numa mesma categoria ou, assumindo-se que são realidades diferentes, estendendo-lhes a aplicação do regime dos seguros.

1.1. Regime anterior a 2009

A definição de seguro[241] com base na ideia de risco/prémio é adequada ao seguro clássico e até poderá cobrir todos os ramos não vida e uma parte substancial do ramo vida.

---

[239] Como acontece com o seguro obrigatório de responsabilidade civil automóvel, nos termos do art. 18.º do Decreto-Lei n.º 291/2007, de 21 de Agosto. Sendo o seguro recusado por três seguradoras o Instituto de Seguros de Portugal determina as condições especiais de aceitação, obrigatórias para a empresa de seguros designada.

[240] Os grupos diminuem a selecção adversa, cfr. JEAN-MARC BINON et MARIE-ANNE CRIJNS – *L'Assurance Groupe en Belgique*, cit, p.38 e ANTÓNIO PORRAS RODRIGUEZ, *El Seguro de Grupo, Aspectos Normativos, Técnicos y Actuariales*, cit., p. 16, RENÉ CARTON DE TOURNAI e CHARLES DELEERS, *Les Assurances de Groupes, Eléments Techniques, Juridiques, Sociaux et Fiscaux,* cit., p. 38. E, em grupos de grande dimensão, eliminam-na, cfr. CLAIRE LABBÉ, *Sida et Assurances*, cit., p. 56, refere que «Les assurances collectives couvrent toutes un groupe déterminé de personnes, ce qui diminue l'antisélection des risques. L'antisélection disparaîtrait totalement si le groupe assuré était représentatif de la popolation nationale, ce qui implique que le groupe atteigne approximativement le nombre de 300 à 500 personnes.».

[241] O legislador português, no Decreto-Lei n.º 176/95, de 26 de Julho, dedicado à transparência nos seguros, decidiu definir uma série de conceitos e termos usados nesta área. O art. 1.º apresenta um elenco de definições "Para os efeitos do presente diploma, (...)" de a) a z). Esta preocupação resultou, certamente, do facto de existir uma terminologia própria,

No entanto, não cabem nessa noção, as operações de capitalização e as operações de gestão de fundos colectivos de reforma.

Verifica-se que o legislador reconhece isso mesmo ao estabelecer os ramos de seguros, no DL 94-B/98.

Todo o ramo "Não Vida" é definido por referência a seguros, o mesmo acontecendo com uma parte substancial do ramo "Vida". Porém, nem todo. O art. 124.º do DL 94-B/98 consagra que "O ramo "Vida" inclui os seguintes seguros e operações (...)", distinguindo, com toda a clareza seguros[242] e operações[243].

O n.ºs 4, 5 e 6 do art. 124.º tratam de realidades diferentes daquelas que são enumeradas nos números anteriores desse artigo e no art. 123.º. Estruturalmente o que está aí em causa são operações e não seguros e de seguros só terão o facto de terem como parte um segurador enquanto tal.

Esta ideia sai muito reforçada com o Decreto-Lei n.º 144/2006, de 31 de Julho, o novo regime geral da mediação de seguros, que estabelece "Para efeitos do presente diploma entende-se por: i) "Contrato de seguro" não só o contrato de seguro mas também operações de capitalização, todos celebrados, nos termos legais e regulamentares em vigor, por empresas de seguros autorizadas a operar no território português;"[244].

Verifica-se que é um contrato de seguro aquele que for celebrado por um segurador, nessa qualidade.

E a nova noção de "Tomador de seguro" também aprofunda esta distinção entre contrato de seguro propriamente dito e operações de capitalização[245].

---

característica dos seguros, que não encontra paralelo noutras latitudes. Cfr. neste sentido ANTÓNIO MENEZES CORDEIRO, *Manual de Direito Comercial*, cit., pp. 445. Curiosamente, não definiu, realmente, seguro. Limitou-se, no art. 1.º alínea f) do Decreto-Lei n.º 176/95, de 26 de Julho e por contraposição ao seguro de grupo, a identificar "Seguro Individual" como o "Seguro efectuado relativamente a uma pessoa, podendo o contrato incluir no âmbito de cobertura o agregado familiar ou um conjunto de pessoas que vivam em economia comum"; e como "Seguro efectuado conjuntamente sobre duas ou mais cabeças".

[242] Seguro de vida, seguro de nupcialidade e seguros ligados a fundos de investimento.

[243] Operações de capitalização e operações de gestão de fundos colectivos de reforma.

[244] Parece-nos que a redacção desta definição é muito criticável. Afirmar que se entende por "contrato de seguro, não só o contrato de seguro" não é aceitável num legislador maduro, que efectuou a transposição da Directiva 2002/92/CE com um ano e meio de atraso. Esta ideia de abrangência das operações de capitalização já vinha do Decreto-Lei n.º 388/91, de 10 de Outubro que, apesar de tudo, tinha uma redacção menos incorrecta.

[245] O art. 5.º alínea j) define como "Tomador de seguro" a entidade que celebra o contrato de seguro, sendo responsável pelo pagamento do prémio, incluindo o subscritor, entidade que contrata uma operação de capitalização com uma empresa de seguros, sendo responsável pelo pagamento da prestação;".

Estas operações surgem no âmbito da "banca-seguros"[246], correspondente ao do desenvolvimento duma vasta zona de convergência e interdependência[247] entre os diversos sectores da actividade financeira.

Estão aqui em causa produtos financeiros, de estrutura idêntica, que só diferem na qualificação como produtos bancários ou seguros, em razão da qualidade de banco ou segurador da entidade que os apresenta e que neles é parte[248].

Por outro lado, os produtos financeiros, nomeadamente as operações de capitalização, como os Planos de Poupança Reforma (PPR ou PPR/E) e os Fundos de Pensões têm legislação específica[249] e, dada a sua estrutural diferença em relação aos seguros, algumas disposições aplicáveis aos seguros não se lhes aplicam.

E, numa perspectiva orgânica ou formal serão, efectivamente, um seguro: são um contrato em que é parte um segurador enquanto tal[250].

---

[246] Que assume diversas denominações, entre as quais se destacam "bancasurfinance", "assurfinance", "bancassurance", "assurbanque". Cfr. SYLVESTRE GOSSOU, «Bancassurance Questions de Vocabulaire», in La Tribune de l'Assurance, n.º 97, Janvier 2006, pp. 25, que explica que «(...) le terme de «bancassurance» sert à désigner la distribution de produits d'assurance par les banques (...). A l'inverse, l'assurbanque est la distribution de produits bancaires par les assureurs». A institucionalização dessa interdependência surge com os conglomerados financeiros, associados a expressões como "allfinance" e "allfinanz", objecto de regulamentação específica pelo Decreto-Lei n.º 8-A/2002, de 11 de Janiro, que veio alterar o decreto-lei n.º 94-B/98, de 17 de Abril. Cfr. JOÃO CALVÃO DA SILVA, Banca, Bolsa e Seguros, cit., pp. 27 e ss..

[247] Sobre a interdependência entre banca e seguradoras e entre seguros e produtos financeiros, veja-se AMPARO RIBERA, "Fidelización en Bancaseguros", in Actualidad Aseguradora, n.º 3/2006, 30 enero, año 115, p. 13, CARLOS MEIRA, "Bancassurance" in Bolsa dos Seguros, Revista de Seguros e Pensões, Ano 9, n.º 23, Maio 2006, pp.22 e ss., FRANÇOIS GLANSDORFF e ROLAND HARDY – "La Protection à l'Égard des Clauses Abusives", cit., pp. 491 e ss.; LUÍS PORTUGAL, "Banca e Seguros de mãos dadas", Dossier in Bolsa dos Seguros, Revista de Seguros e Pensões, Ano 9, n.º 23, Maio 2006, pp.28 e ss., MICHÈLE GRÉGROIRE e VANESSA DE FRANCQUEN, "Bancassurfinance Devoir d'Information", in Bancassurfinance, Collection de la Faculté de Droit de L'Université Libre de Bruxelles, Bruylant, Bruxelles, 2005, pp. 339 e ss.; PEDRO ROMANO MARTINEZ, Direito dos Seguros, cit., p. 23 e SYLVESTRE GOSSOU, "Bancassurance Questions de Vocabulaire", cit., pp. 25 e ss..

[248] A confusão pode ser grande. Por exemplo, um banco pode, como tomador, celebrar com um segurador um contrato de seguro de grupo de um Plano Poupança Reforma (PPR), do qual serão aderentes os clientes do banco.

[249] Os PPR e PPR/E são regulados pelo Decreto-Lei n.º 158/2002, de 2 de Julho e os fundos de pensões são regulados pelo Decreto-Lei n.º 12/2006, de 21 de Janeiro.

[250] Nem todos os contratos em que é parte um segurador são contratos de seguro. O segurador celebra contratos de trabalho, de arrendamento, de compra e venda, todos os contratos que qualquer outra empresa celebra. Só são contratos de seguro aqueles em que a empresa assume o papel de segurador, gerindo riscos ou poupanças.

E os contratos celebrados por seguradores nessa qualidade, são contratos de seguro.

Não serão, na realidade, contratos de seguro numa perspectiva material.

A discussão sobre a essência do seguro e a vontade de apresentar uma noção unificadora[251] esbarra cada vez mais com a ausência de risco e de prémio das operações de capitalização e de gestão de fundos colectivos de reforma[252].

1.2. Novo regime

A LCS não define.

No seu Preâmbulo, o legislador explica que "O novo regime agora estabelecido tem em vista a sua aplicação primordial ao típico contrato de seguro, evitando intencionalmente uma definição de contrato de seguro."[253].

É de assinalar tal procedimento, visto que a inundação de definições induzidas pela legislação comunitária gera mais confusão do que se fosse deixado normalmente à jurisprudência e à doutrina o afinamento dos conceitos.

Por outro lado, salienta-se também a sistematização escorreita que a LCS apresenta, longe dos conteúdos da legislação comunitária que, de tão negociada, considerada, explicada e definida, muitas vezes mais não permite do que um conjunto de disposições pouco claras, muito remissivas e em que as excepções podem suplantar as regras.

---

[251] É certo que se poderá ficcionar a existência de um risco nos produtos financeiros. A evolução da sua rentabilidade poderá não ser tão favorável como se previa. O segurador correria o risco duma desfavorável evolução do mercado financeiro. E poder-se-á, também, ficcionar a existência de um prémio. A quantia que o cliente pretende poupar e entrega à seguradora seria o prémio. Continuará, no entanto, por explicar porque é que existiria esse risco e esse prémio num produto comercializado por um segurador e já não existiria num produto idêntico em que é parte um banco. Esse produto, por natureza, não pode ser um seguro. Julgamos que, actualmente, com o desenvolvimento das operações de capitalização e a aproximação da banca e dos seguros, o único factor unificador do conceito de seguro será o facto de ter como parte um segurador enquanto tal.

[252] Parece que só haverá duas possibilidades. Ou essas operações não são seguro, embora seja parte do contrato um segurador enquanto tal, e nesse caso temos de admitir que as seguradoras comercializam produtos que não são seguros. Ou essas operações são seguros e, nesse caso, o único aspecto que lhes dá identidade como seguro é o facto de terem como parte um segurador.

[253] Preâmbulo V. § 1.

A LCS embora não defina vem, no entanto, estabelecer o "Conteúdo típico" do contrato de seguro.

O legislador consagra, no art. 1.º que "Por efeito do contrato de seguro, o segurador cobre um risco determinado do tomador do seguro ou de outrem, obrigando-se a realizar a prestação convencionada em caso de ocorrência do evento aleatório previsto no contrato, e o tomador do seguro obriga-se a pagar o prémio correspondente.".

Não se tendo uma definição propriamente dita, tem-se claramente o binómio risco/prémio. O segurador cobre um risco, o tomador paga um prémio.

No Preâmbulo, justifica-se que "Optou-se por identificar os deveres típicos do contrato de seguro, assumindo que os casos de qualificação duvidosa devem ser decididos pelos tribunais (...). Atendendo, sobretudo, à crescente natureza financeira de alguns subtipos de «seguros» consagrados pela prática seguradora, é esta a solução adequada. No que respeita ao âmbito, pretende-se estender a aplicação de algumas regras do contrato de seguro a outros contratos, relacionados com operações de capitalização." [254].

Subsiste, no entanto, o problema das operações de capitalização e, de um modo geral, dos produtos financeiros que são qualificados como seguros tendo, até, o legislador usado aspas ao referir-se a "alguns subtipos de «seguros»".

Na LCS abandonou-se a divisão tradicional de ramos não Vida e ramo Vida[255] e adoptou-se uma divisão que separa "Seguro de danos" e "Seguro de pessoas", após no Titulo I tratar do Regime comum.

Depois de estabelecer, no art. 175.º, n.º 1, que "O contrato de seguro de pessoas compreende a cobertura de riscos relativos à vida, à saúde e à integridade física de uma pessoa ou de um grupo de pessoas nele identificadas.", vem no capítulo destinado ao "Seguro de vida" encaixar, no art. 206.º, os Instrumentos de Captação de Aforro Estruturados[256].

Os ICAE são seguros ligados a fundos de investimento, são instrumentos financeiros, como a lei refere no art. 206.º. Não parece que compreendam qualquer risco relativo "à vida, à saúde e à integridade física de uma pessoa". Não parecem poder ser, portanto, seguros de pessoas.

Mais adiante, embora numa secção autónoma, a LCS vem dedicar-se às operações de capitalização. Aqui não diz o que são. E parece

---

[254] Preâmbulo V. § 1.
[255] Embora não tivesse revogado os artigos 124.º e 125.º do DL 94-B/98.
[256] Adiante designados ICAE.

assumir, com clareza, que não são seguros propriamente ditos ao estabelecer, no art. 207.º que "O regime comum do contrato de seguro e o regime especial do seguro de vida são aplicáveis subsidiariamente às operações de capitalização, desde que compatíveis com a respectiva natureza.".

Ora, se fossem seguros de vida não seria necessário vir dizer que aqueles regimes se lhes aplicavam.

Parece que a LCS, tal como o regime anterior, demonstra que existem seguros em sentido material e seguros em sentido formal.

Esta distinção fica muito clara no preâmbulo da LCS em que se destaca que "Em matéria de sistematização, importa ainda realçar que, de acordo com a função codificadora pretendida, o novo regime contém regras gerais comuns a todos os contratos de seguro – inclusive aplicáveis a contratos semelhantes ao seguro *stricto sensu*, celebrados por seguradores –, (…)"[257].

Existem, pois, seguros propriamente ditos, que assentam no binómio risco/prémio, podendo o risco dizer respeito a coisas ou a pessoas e existem operações financeiras que, por terem como parte um segurador, são qualificadas como seguros.

Embora a LCS já dê passos importantes no reconhecimento desta realidade, ainda não a assume por completo.

Os contratos de seguro, materialmente seguros, por assentarem no binómio risco/prémio, ou formalmente seguros por terem como parte um segurador, podem ser celebrados à distância.

2. Forma

2.1. Regime anterior a 2009

O regime do contrato de seguro anterior ao aprovado pelo DL 72/2008 remonta, na questão da forma, a 1888.

A questão da forma é uma questão essencial.

No contrato de seguro, como em qualquer outro contrato, a imposição de uma forma, sem a qual a validade do negócio fica comprometida é algo limitador da liberdade contratual. É, em detrimento da vontade das

---

[257] Preâmbulo III. § 3.

partes, que se organiza um modo de registar num documento, normalmente numa data diferente da do acordo, o próprio acordo[258].

A regra nos contratos é a liberdade de forma, consagrada em termos gerais no art. 219.º do Código Civil que estabelece que "A validade da declaração negocial não depende da observância de forma especial, salvo quando a lei a exigir.". E comina uma consequência mesmo muito grave para a inobservância de forma legal, no art. 220.º que determina que "A declaração negocial que careça da forma legalmente prescrita é nula, quando outra não seja a sanção legalmente prevista na lei.".

Sendo que "A nulidade é invocável a todo o tempo por qualquer interessado e pode ser declarada oficialmente pelo tribunal."[259] e a sua declaração "(...) tem efeito retroactivo, devendo ser restituído tudo o que tiver sido prestado ou, se a restituição em espécie não for possível, o valor correspondente.".

Fácil é verificar que esta previsão e este regime, pensado no modelo da compra e venda, só com muita dificuldade se podia aplicar ao seguro.

No entanto, não se levantavam dúvidas sobre a natureza formal do contrato de seguro[260]. Era pacífico que a sua validade dependia da existência de uma apólice escrita e assinada.

O art. 426.º do Código Comercial estabelecia que "O contrato de seguro deve ser reduzido a escrito num instrumento, que constituirá a apólice de seguro. § único. A apólice de seguro deve ser datada, assinada pelo segurador, e enunciar (...).". E segue-se o primeiro elenco de deveres de informação consagrados para o contrato de seguro[261].

---

[258] É, de facto, algo de redutor. Desde logo, porque reduz a riqueza do acordo à pobreza do escrito. Depois, porque o recurso a minutas e fórmulas mais ou menos difundidas acaba por tornar igual na forma o que é, de facto, diferente no conteúdo. Por fim, porque as exigências de solenidade e prova se poderiam perfeitamente garantir impondo a redução a escrito, sem fazer disso depender a validade do contrato. Na realidade, ficciona-se que o contrato se realizou no dia da assinatura, com o conteúdo da minuta usada. Alegam-se necessidades de ponderação, de solenidade, de prova. Todas atendíveis e importantes. No entanto, em confronto com as consequências da falta de forma, pode--se questionar se a solução da nulidade não será pior que uma eventual falta de ponderação e dificuldade de prova do negócio.

[259] Art. 286.º do Código Civil.

[260] Cfr. sobre a natureza formal do contrato de seguro, ANTÓNIO MENEZES CORDEIRO, *Manual de Direito Comercial*, cit., pp. 585 e ss. e em JOSÉ CARLOS MOITINHO DE ALMEIDA, "A Celebração à Distância do Contrato de Seguro", cit, pp. 25. e PEDRO ROMANO MARTINEZ, *Direito dos Seguros*, cit., pp. 81 ss..

[261] 1.º O nome ou firma, residência ou domicílio do segurador; 2.º O nome ou firma, qualidade, residência ou domicílio do que faz segurar; 3.º O objecto do seguro e a sua

No DL 176/95, o legislador definiu apólice, no art. 1.º, alínea j): "«Apólice» – documento que titula o contrato celebrado entre o tomador do seguro e o segurador, de onde constam as respectivas condições gerais, especiais, se as houver, e particulares acordadas;".

Deste conjunto de disposições legais, relevantes para a avaliação da questão da forma do contrato de seguro, resultava que o contrato de seguro era um negócio jurídico formal. A lei impunha a sua redução a escrito numa apólice e assinatura. Sem o que a declaração era nula, por inobservância da forma legal.

Parece, no entanto, discutível o alcance da forma anteriormente exigida, o modo como se poderia concretizar e as consequências efectivas da sua inobservância.

É o que se procurará clarificar a seguir.

2.1.1. Amplitude da forma legal para o contrato de seguro

É generalizada a convicção de que o contrato de seguro só seria válido se fosse reduzido a escrito e assinado por ambas as partes, segurador e tomador/segurado.

Julgamos que tal não seria a exigência legal de forma[262].

O Código Comercial exigia a redução a escrito num instrumento, que constituiria a apólice de seguro, que devia ser datada e assinada pelo segurador. Pelo segurador. Não pelo tomador/segurado. O que se compreende, visto que estando em causa um contrato aleatório em que é acordado o pagamento de um prémio para a transferência de um risco, no

---

natureza e valor; 4.º Os riscos contra que se faz o seguro; 5.º O tempo em que começam e acabam os riscos; 6.º A quantia segurada; 7.º O prémio do seguro; 8.º E, em geral, todas as circunstâncias cujo conhecimento possa interessar o segurador, bem como todas as condições estipuladas pelas partes.".

[262] Com excepção do art. 11.º do DL 176/95, que exigia o consentimento escrito da pessoa segura, quando esta não era a mesma pessoa que o tomador de seguro, e o acordo escrito da pessoa segura, para a transmissão da posição de beneficiário. Esta disposição parece visar especificamente os seguros de grupo e estabelecia: "1 – Se a pessoa segura e o tomador do seguro forem pessoas distintas, deve constar do contrato o consentimento escrito daquela para a efectivação do seguro, salvo se o contrato for celebrado para garantia de uma responsabilidade do tomador do seguro relativamente à pessoa segura em caso de ocorrência dos riscos cobertos pelo contrato de seguro. 2 – Para a transmissão da posição de beneficiário, seja a que título for, é necessário o acordo escrito da pessoa segura.".

caso de ocorrer um sinistro com prejuízos normalmente muito superiores ao valor do prémio, poderia existir a tentação do segurador negar o contrato. Ora, a sua assinatura aposta na apólice, devidamente datada, deixa muito clara a sua obrigação resultante daquele contrato e o momento a partir do qual essa obrigação nasce. Aqui é que reside a necessidade de forma.

É o segurador que tem de ponderar, com muito cuidado, se está ou não disposto a correr o risco que lhe é proposto. É o segurador que tem de, solenemente, assumir que recebendo um pequeno prémio se compromete a pagar, caso se concretize o risco seguro, o valor que estiver em causa, até aos limites definidos no contrato. É o tomador/segurado que vai precisar de provar que tal contrato existe e naqueles termos.

Se pensarmos que tudo isto foi estabelecido em finais do século XIX, mais se reforça a convicção de que era a obrigação do segurador e os termos em que a mesma poderia ser exigida, que determinaram o legislador ao estabelecer os requisitos do art. 426.º do Código Comercial. Deveriam ficar escritos, para serem demonstrados, os termos das obrigações assumidas num contrato ainda relativamente raro e importante como o de seguro.

Atente-se, também, ao facto de o legislador do Código Comercial não estabelecer qualquer sanção para a falta de forma que exigiu.

E fê-lo noutros casos, nomeadamente no art. 429.º, em que veio estabelecer a "Nulidade do seguro por inexactidões ou omissões" [263]. Neste caso, o legislador considerou que o segurador deveria ter a possibilidade de determinar a sua vontade de assumir ou não o risco e em que condições, estando de posse de todas as informações úteis e necessárias sobre esse mesmo risco. Caso essas informações, conhecidas do segurado, não lhe fossem transmitidas de um modo completo e exacto, a consequência seria a invalidade do contrato. A protecção aqui é, claramente, dada ao segurador que, no que diz respeito à avaliação do risco, é sempre a parte mais fraca. Não conhecendo a realidade, só pode avaliá-la e formar a sua vontade com base nos elementos que lhe são levados ao

---

[263] A doutrina e a jurisprudência têm vindo a entender que se trata de uma situação de anulabilidade e não de nulidade, com base em vários argumentos de que se destacam o histórico (à data do Código Comercial não se usava o termo anulabilidade, mas sim nulidade relativa) e o que defende que tratando-se de uma situação de erro/dolo, deverá seguir o regime desse vício, sendo a sanção prevista no Código Civil a anulabilidade. Cfr., em sentido diferente, JOSÉ ALBERTO VIEIRA, "O dever de Informação do Tomador de Seguro em Contrato de Seguro Automóvel", cit., pp. 999 e ss., que defende a nulidade.

conhecimento pelo tomador/segurado. E é obrigação deste fornecê-las diligentemente.

O pendor da protecção, na questão da forma, está claramente do lado do segurado. Este é que é, nesta situação, a parte mais fraca e que precisa de provar a obrigação assumida pelo segurador e o conteúdo da mesma.

Ao consagrar a obrigação de reduzir[264] o contrato a escrito, de o datar e de lhe ser aposta a assinatura do segurador, o legislador pretende que fique muito clara e registada num documento a obrigação assumida pelo segurador, facilitando a exigência do cumprimento da obrigação de pagar o acordado havendo sinistro.

Seria, fundamentalmente, a ponderação e solenidade na assunção do risco e a necessidade de prova que o legislador pretendia acautelar.

E, provavelmente, não terá cominado a falta de forma com a nulidade, como fez com as declarações reticentes ou inexactas, porque tal invalidade teria como consequência, precisamente, o que se queria evitar. A nulidade, inquinando o contrato, eliminava a obrigação do segurador. Precisamente a obrigação cuja existência se pretendia não fosse posta em causa, principalmente em caso de sinistro.

As consequências que se atribuíam à falta de forma têm a sua origem no Código Civil que entrou em vigor em 1967.

É certo que a redução a escrito e a assinatura das partes tem como função genérica a vinculação de ambos ao contrato. E essa vinculação assim demonstrada é importante também para o segurador que pretende cobrar um preço pelo risco que entendeu assumir. E pode acontecer que o segurado que não sofreu qualquer sinistro se possa mostrar reticente em pagar o prémio. Esta questão, no entanto, perdeu importância desde que a regra no regime de pagamento de prémios de seguro é a de que só se inicia a cobertura depois do pagamento.

É, pois, de toda a conveniência para efeitos de prova, que o contrato de seguro, por natureza complexo, tenha as suas cláusulas escritas num documento, datado e assinado por ambas as partes. Mas tal será uma questão de conveniência e de prova e não necessariamente um requisito de validade.

A regra geral[265] sobre a forma do contrato de seguro implicava, pois, que este fosse reduzido a escrito numa apólice, datado e assinado pelo segurador.

---

[264] É interessante verificar que a própria expressão legal e geralmente consagrada "reduzir a escrito" assume o carácter redutor que tal acto comporta, face à realidade e à riqueza do acordo.

[265] Com a excepção das situações consagradas no art. 11.º do DL 176/95.

2.1.2. Modos de cumprimento dos requisitos de forma

Questão diferente é a de saber, concretamente e ao longo do tempo, como poderiam ser cumpridos os requisitos de forma.

A redução a escrito, incluindo a data, em 1888, seria certamente em papel e a assinatura seria autógrafa, aposta pelo funcionário do segurador ou por outra pessoa que o representasse. O volume de contratos, a importância que teriam e os meios da época assim o exigiriam.

A massificação da vida nas sociedades industrializadas levou à massificação dos contratos. Este desenvolvimento afectou também a indústria seguradora.

Esta nova realidade levou o legislador do Código Civil, já nos anos sessenta do século XX, a prever alternativas à assinatura autógrafa, pessoal e unitariamente aposta.

O art. 373.º do Código Civil que trata, precisamente, da assinatura, vem prever no n.º 1 que "Os documentos particulares devem ser assinados pelo seu autor, ou por outrem a seu rogo, se o rogante não souber ou não puder assinar.". E o n.º 2 vem consagrar que "Nos títulos emitidos em grande número ou nos demais casos em que o uso o admita, pode a assinatura ser substituída por simples reprodução mecânica.".

Ora, parece de admitir que este uso exista nos seguros.

Aceite o contrato é emitida a apólice que poderia ter uma assinatura do segurador substituída por simples reprodução mecânica.

É o que acontece, por exemplo, no seguro automóvel. O documento comprovativo do seguro que é a denominada "Carta Verde" tem a assinatura do segurador reproduzida mecanicamente.

No que diz respeito à redução a escrito, embora a expressão usada seja esta, não levantará grandes dúvidas que o que está em causa é o suporte de papel que permitia, à data, guardar a informação. O que deixa pensar que outros suportes que vão surgindo ao longo do tempo e que permitam esse armazenamento de informação poderão ir sendo equiparados ao papel e, contendo a informação contratual exigida, considerados cumpridores do requisito de forma "redução a escrito".

No entanto, o legislador comunitário não deixou este assunto entregue a uma interpretação actualista e legislou e definiu proficuamente, de modo a que, hoje em dia, já existem vários diplomas, comunitários e nacionais, com várias definições de suporte duradouro[266] e as correspondentes equiparações ao escrito antigo em papel.

---

[266] Refira-se, a título de exemplo, o art. 11.º, n.º 2 do DL 95/2006 e o art. 5.º alínea r) do DL 144/2006, que aprova o regime da mediação de seguros.

2.1.3. Consequências efectivas da inobservância da forma legal

Sendo no regime anterior o contrato de seguro um negócio jurídico formal e sendo a consequência legalmente estabelecida para a falta de forma a nulidade julgamos, no entanto, que as consequências efectivas da inobservância da forma legal não serão relevantes.

Senão, vejamos.

A necessidade de redução a escrito do contrato, com aposição da data e da assinatura do segurador, é consagrada pelo legislador para protecção do segurado.

Só o segurador poderá realizar essa redução a escrito e assinar.

É ele próprio que apresenta, em regra, as condições nas quais poderá vir a aceitar contratar, normalmente sob a forma de cláusulas contratuais gerais.

Só ele próprio poderá emitir a apólice após aceitação da proposta que lhe é feita pelo interessado no seguro, que apresenta o risco.

E só ele próprio, naturalmente, poderá apor a sua própria assinatura na apólice.

Assim sendo, como parece ser, caso o contrato devidamente celebrado, através do acordo livre e consciente das partes não seja reduzido a escrito, datado e assinado pelo segurador, só ao segurador pode ser assacada a responsabilidade por esse facto.

O que significa que é o segurador que dá origem à falta de forma.

E, nessa situação, não poderia alegar a seu favor essa invalidade, sob pena de abuso de direito[267].

Estaríamos, portanto, perante uma situação em que o exercício do direito de requerer a declaração de nulidade do contrato a que ele próprio dera origem, consubstanciaria um abuso inadmissível desse mesmo direito[268].

Assim sendo, embora nulo por falta de forma, não podendo o segurador fazer-se valer dessa invalidade, deveria cumprir o contrato. O que é especialmente relevante no caso de ter ocorrido algum sinistro.

2.2. Novo regime

A LCS vem simplificar toda esta questão.

---

[267] O art. 334.º do Código Civil prevê que "É ilegítimo o exercício de um direito, quando o titular exceda manifestamente os limites impostos pela boa fé, pelos bons costumes ou pelo fim social ou económico desse direito".

[268] Cfr. adiante, a propósito do contrato de seguro electrónico, IV-B-a)1.

O art. 32.º n.º 1 estabelece que "A validade do contrato de seguro não depende da observância de forma especial.".

É interessante verificar que mantém, íntegra, a redacção do Código Comercial, quando estabelece, no seu art. 32.º n.ºs 2 e 3, respectivamente, que "2. O segurador é obrigado a formalizar o contrato num instrumento escrito, que se designa por apólice de seguro, e a entregá--lo ao tomador." e "3. A apólice deve ser datada e assinada pelo segurador.".

Da leitura das disposições dos n.ºs 2 e 3 seríamos levados a concluir que nada mudou.

Felizmente a redacção do art. 32.º n.º 1 não deixa margem para dúvidas.

O contrato de seguro assume, claramente, a natureza de contrato consensual, em que o encontro de vontades das partes, livres e esclarecidas, é suficiente para a validade da celebração do contrato.

O contrato de seguro passa a integrar-se na regra geral da consensualidade[269] para a formação dos negócios jurídicos.

Deixa, no entanto, algumas dúvidas quanto ao passado.

Sendo exactamente os mesmos os requisitos materiais de forma consagrados pelo legislador da LCS e do Código Comercial, parece que o número 1 do art. 32.º da LCS surge como um esclarecimento de que aqueles requisitos necessários não relevam para a validade do contrato[270].

É, no entanto, um esclarecimento muito útil e necessário face ao regime do Código Civil relativo à forma e à sua inobservância.

Assim sendo, com a LCS, o contrato de seguro deixa de ser um contrato formal e passa a ser um contrato consensual. Isto é, passa a existir validamente no momento em que se dá o encontro final de duas vontades livres e esclarecidas.

Depois, não dispensa a sua redução a escrito e, "Quando convencionado, pode o segurador entregar a apólice ao tomador em suporte electrónico duradouro."[271].

---

[269] Estabelecida no art. 219.º do Código Civil.

[270] E poder-se-ia questionar se não relevam agora, porque é que relevariam antes? Embora a resposta apareça sempre limitada pelo regime do Código Civil, que assim obriga à consagração expressa desta disposição.

[271] Art. 34.º n.º 2 do LCS.

3. Pagamento de prémios

O regime de pagamento de prémios no contrato de seguro deve ser, de um ponto de vista sistemático, abordado em ligação com o momento da celebração do contrato e da sua normal produção de efeitos.

3.1. Regime anterior a 2009

O regime do pagamento de prémios encontrava-se previsto no DL 142/2000.

É que o contrato de seguro, admitindo que foi validamente celebrado e reduzido a escrito, não iniciava, mesmo assim, os seus efeitos, ficando, em regra[272], dependente do pagamento do prémio[273] que é devido na data da celebração[274].

É, portanto, uma situação em que o cumprimento de uma das partes é condição de eficácia do contrato. Isto é, o contrato validamente celebrado vê os seus efeitos para uma das partes suspensos até que o mesmo seja executado pela outra parte. A cobertura dos riscos[275], obrigação do segurador, só se inicia depois de cumprida a obrigação do tomador de seguro, através do pagamento do prémio[276].

Seria, por isso, necessário verificar se o prémio foi pago, para se aferir se o contrato se encontra ou não a produzir os seus efeitos.

---

[272] Esta regra comportava algumas excepções constantes do mesmo diploma. E este regime não se aplica, conforme estipula o art. 1.º, "(...) aos seguros dos ramos colheitas, ao ramo "Vida", bem como aos seguros temporários celebrados por períodos inferiores a 90 dias.".

[273] Art. 6.º, n.º 1 do DL 142/2000.

[274] Art. 4.º, n.º 1 do DL 142/2000.

[275] Cfr. Sobre o regime de pagamento de prémios, ALBERT CONTANT, *Guide des Assurances*, Pierre Roger Cia, Éditeurs, Paris, 1911, pp. 29 e ss., que já em 1911, afirma que "La police signée, l'assuré n'est pás encore couvert pás l'assurance. C'est que, pour que l'assurance produise son effet et que la Compagnie soit ténue, il faut (...) que la première prime (...) soit payée (...)" "(...) le payment de la prime est nécessaire pour que l'assurance produise son effect (...)". Veja-se, também, MANUEL DA COSTA MARTINS, *Regime Jurídico do Pagamento de Prémios de Seguro*, in III Congresso Nacional de Direito dos Seguros, Almedina, 2003, pp. 293 e ss..

[276] O mercado já se veio adaptando a esta regra. De início, a questão operacional que se colocava era a de que o segurador ou o mediador não estavam, por vezes, em condições de realizar a cobrança no momento da celebração do contrato.

3.2. Novo Regime

O regime dos prémios não sofre, a este nível, grandes alterações na LCS.

O art. 53.º n.º 1 prevê que "Salvo convenção em contrário, o prémio inicial, ou a primeira fracção deste, é devido na data da celebração do contrato." e o art. 59.º estabelece que "A cobertura dos riscos depende do prévio pagamento do prémio.".

Este regime aplica-se à generalidade dos seguros de massas[277].

O legislador entendeu manter suspensa a eficácia do contrato de seguro até que o pagamento do prémio se efectue, o que deverá ocorrer no momento da celebração do contrato.

4. Deveres de informação do segurador

O regime jurídico do contrato de seguro consagra amplos deveres de informação a cargo do segurador[278].

Vamos apresentá-los de um modo que procuraremos seja completo, embora não exaustivo.

Tendo em consideração que os deveres em causa são muito vastos[279], haverá que referir as disposições que os prevêem, enunciando-os, sistematizando-os e apresentando alguma observação que se afigure necessária.

Tendo em consideração que o art. 3.º do DL 72/2008 estabelece que nos contratos de seguro com renovação periódica, a LCS se aplica a partir da primeira renovação posterior a 1 de Janeiro de 2009, com excepção das regras respeitantes à formação do contrato, parece relevante ainda abordar esta problemática no âmbito do regime anterior a 2009.

---

[277] O art. 58.º exclui a aplicação dos artigos 59.º a 61.º "(...) aos seguros e operações regulados no capítulo respeitante ao seguro de vida, aos seguros de colheitas e pecuário, aos seguros mútuos em que o prémio seja pago com o produto de receitas e aos seguros de cobertura de grandes riscos, salvo na medida em que essa aplicação decorra de estipulação das partes e não se oponha à natureza do vínculo.".

[278] Cfr. ANTÓNIO MENEZES CORDEIRO, *Manual de Direito Comercial*, cit., p. 580, que afirma que "O elenco é impressionante (...).".

[279] Acrescem, ainda, no caso do contrato ser celebrado com a intervenção de mediador os deveres consagrados no DL 144/2006, especialmente o elenco do art. 32.º que prevê "Deveres de informação em especial" a cumprir antes da celebração do contrato.

Os deveres de informação encontram-se intrinsecamente ligados à formação do contrato e os contratos de seguro são, em regra, anualmente renováveis e efectivamente renovados.

O que implica que na prática durante algum tempo ainda sejam chamados a aplicação os diplomas que regulavam sobre esta matéria, antes da entrada em vigor da LCS.

Assim, será ainda abordada esta questão, procurando-se simplesmente apresentar os aspectos essenciais e gerais que devem ser objecto de informação do segurador ao tomador de seguro.

A LCS vem condensar e sistematizar esses deveres, introduzindo algumas novidades.

4.1. Regime anterior a 2009

À data da entrada em vigor do DL 176/95[280], existia o Decreto-Lei n.º 102/94, de 20 de Abril[281], que já consagrava vários deveres de informação que foram, depois, retomados pelo DL 94-B/98.

O DL 176/95 pretendia trazer mais transparência ao mercado, fazendo explicitar quais os direitos e deveres das partes no âmbito do contrato e quais as informações imprescindíveis para que a relação jurídica se iniciasse e decorresse com o máximo de liberdade e consciência.

O DL 176/95 impunha directamente nas suas disposições alguns deveres de informação e assumia outros, por remissão para o DL 102/94.

O DL 102/94 foi expressamente revogado[282] e o art. 246.º do DL 94-B/98 estabelece que "As remissões constantes do Decreto-Lei n.º 176/95, de 26 de Julho, e de outros actos de conteúdo normativo ou regulamentar, para o Decreto-Lei n.º 102/94, de 20 de Abril, consideram-se feitas para as correspondentes disposições do presente diploma.".

Assim, as remissões do DL 176/95, em sede de consagração de deveres de informação e direito de renúncia, consideram-se realizadas para as disposições correspondentes do DL 94-B/98.

Em relação aos deveres de informação, os artigos 171.º, 172.º e 173.º do DL 102/94 correspondiam respectivamente aos artigos 179.º, 180.º e 181.º do DL 94-B/98.

---

[280] Que passou a ser conhecido como o diploma que consagrou o regime da transparência e as regras gerais relativas ao contrato de seguro.
[281] Adiante designado DL 102/94.
[282] Pelo art. 247.º alínea d) do DL 94-B/98.

No que diz respeito ao direito de renúncia, aos artigos 174.º, 175.º e 176.º do DL 102/94, correspondiam respectivamente os artigos 182.º, 183.º e 184.º do DL 94-B/98.

4.1.1. Deveres de informação pré-contratuais e na vigência do contrato

O DL 176/95 dedicou uma parte, especificamente, aos deveres de informação pré-contratuais[283], estabeleceu os elementos que deveriam constar na apólice[284] e os deveres de informação a prestar na vigência do contrato.

Veio, também, regular alguns aspectos estruturantes e gerais, relativos à formação e execução do contrato de seguro[285], consagrar um direito de renúncia, para os seguros de acidentes pessoais ou doença a longo prazo[286] e regular alguns aspectos do seguro de caução e do seguro obrigatório de responsabilidade civil automóvel[287].

O DL 176/95 organiza os deveres de informação que considera obrigatórios separando o ramo Vida, dos ramos Não Vida.

Em relação ao ramo "Vida", o art. 2.º, n.º 1 do DL 176/95 consagrou um elenco de deveres de informação pré-contratuais, que acresciam aos previstos no art. 179.º do DL 94-B/98[288].

A preocupação do legislador foi a de garantir que, para além do vasto elenco de deveres previstos no regime geral da actividade seguradora o tomador de seguro tinha informação acrescida sobre os encargos cobrados nos contratos, a penalização em caso de resgate e o rendimento mínimo garantido.

Estas situações tinham-se revelado especialmente problemáticas e mereceram atenção especial.

Em 2004, com o DL 60/2004, de 22 de Março, que alterou o DL 176/95, foi aditado o art. 5.º-A, que trata dos Instrumentos de Captação de Aforro Estruturado (ICAE), prevendo que a regulamentação dos seus deveres de informação se fizesse por Norma do Instituto de Seguros de

---

[283] Do art. 2.º ao 7.º do DL 176/95.
[284] Artigos 10.º a 16.º do DL 176/95.
[285] Artigos 17.º a 19.º do DL 176/95.
[286] Art. 22.º do DL 176/95.
[287] Artigos 23.º e 24.º do DL 176/95.
[288] Norma correspondente ao art. 171.º do DL 102/94.

Portugal[289]. Foi especialmente prevista a necessidade de ser entregue um prospecto informativo sobre o contrato.

O Decreto-Lei n.º 357-A/2007, de 31 de Outubro veio introduzir novas alterações nesta matéria[290].

Fundamentalmente, veio atribuir a supervisão e regulamentação dos contratos de seguros ligados a fundos de investimento ou contratos de adesão individual a fundos de pensões abertos à Comissão de Mercado de Valores Mobiliários (CMVM), que aprovou, sobre esta matéria, o Regulamento da CMVM n.º 8/2007[291].

O elenco do art. 179.º do DL 94-B/98, para que remetia o art. 2.º, n.º 1 do DL 176/95, é muito vasto e previa, fundamentalmente, a necessidade de identificação do segurador e do seu Estado de origem, a definição das garantias do contrato e das vicissitudes que o mesmo pode sofrer, a necessidade de informação detalhada sobre o prémio, a forma de cálculo na participação nos resultados, os valores de referência e todos os dados que possam influir no valor investido, incluindo indicações gerais relativas ao regime fiscal aplicável ao contrato.

Em relação aos ramos «Não vida», o art. 3.º do DL 176/95 tratava dos contratos de acidentes pessoais ou doença a longo prazo[292].

---

[289] Essa regulamentação foi realizada pela Norma Regulamentar n.º 05/2004-R, de 14 de Setembro, que veio estabelecer um vasto elenco de deveres de informação para os ICAE e as informações que deveriam constar no prospecto informativo.

[290] Foram alterados, no que diz respeito aos diplomas em análise, os artigos 2.º e 5.º-A do DL 176/95 e os artigos 6.º, 20.º, 131.º-A, 131-B, 156.º, 243.º do DL 94-B/98. Foi, também, alterado o Código de Valores Mobiliários, passando o seu art. 353.º a atribuir à Comissão de Mercado de Valores Mobiliários (CMVM) "A supervisão e regulação dos deveres de conduta das entidades que se proponham celebrar ou mediar contratos de seguros ligados a fundos de investimento ou a comercializar contratos de adesão individual a fundos de pensões abertos.".

[291] Foi emitida a Circular n.º 1/2008, de 14 de Fevereiro do Instituto de Seguros de Portugal, informando que a Norma Regulamentar n.º 5/2004-R, de 10 de Setembro se deve considerar revogada desde 21 de Dezembro de 2007. Esta Circular foi acompanhada por uma informação conjunta do ISP e da CMVM. Estes documentos podem ser consultados na biblioteca *on-line* no sítio do ISP, em www.isp.pt .

[292] O art. 3.º do DL 176/95 estabelece que "A empresa de seguros, antes da celebração de um contrato de acidentes pessoais ou doença a longo prazo, deve fornecer ao tomador do seguro, por escrito e em língua portuguesa, de forma clara, as informações previstas nas alíneas a) a j) e o) a q) do n.º 1 do artigo 171.º do Decreto-Lei n.º 102/94, de 20 de Abril, e nas alíneas a) e b) do n.º 1 do artigo anterior." A referência ao art. 171.º do DL 102/94, deve considerar-se feita ao art. 179.º do DL 94-B/98.

O DL 176/95, ainda em sede de deveres de informação, tratava dos seguros de grupo[293], dos seguros com exame médico[294], da divulgação das condições tarifárias[295] e da publicidade[296].

O DL 94-B/98 acrescentava deveres de informação pré-contratual em relação a empresas de seguros de outros Estados-membros da União Europeia, que deviam transmitir ao tomador de seguro informações sobre o seu país de origem e o seu endereço[297].

Era, ainda, necessária a informação sobre a existência de liberdade de escolha da lei aplicável ao contrato e indicação sobre qual a lei que a empresa propunha que fosse escolhida, bem como sobre a apresentação e tratamento das reclamações [298].

A violação de deveres de informação era considerado ilícito, constituindo contra-ordenação, punível com coima[299], nos termos dos artigos 204.º e seguintes do DL 94-B/98[300].

A informação a fornecer na vigência do contrato do seguros do ramos vida era prevista pelo art. 2.º do DL 176/95 e para os ramos não vida pelo art. 3.º, n.º 5.

O art. 180.º, n.ᵒˢ 1 e 2 do DL 94-B/98 também consagrava deveres de informação durante a vigência do contrato ou operação.

Era essencialmente a informação sobre a evolução do contrato e sobre os valores que lhe estão inerentes, que devia ser fornecida ao tomador de seguro enquanto vigorava o contrato.

O art. 181.º, n.º 1 do DL 94-B/98 estabelecia, ainda, que "Para além das informações referidas nos artigos 179.º e 180.º, as empresas de seguros referidas na presente secção devem prestar ao tomador todas as informações suplementares necessárias para a efectiva compreensão do contrato ou operação.".

Este dever de prestar informações suplementares necessárias à efectiva compreensão do contrato concretizava para os seguros o dever de esclarecimento previsto no RCCG e é, já, um embrião do dever especial de esclarecimento da LCS[301].

---

[293] Art. 4.º do DL 176/95.
[294] Art. 5.º do DL 176/95.
[295] Art. 6.º do DL 176/95.
[296] Art. 7.º do DL 176/95.
[297] Art. 176.º do DL 94-B/98 e art. 178.º regula as menções especiais.
[298] Art. 177.º do DL 94-B/98.
[299] E, se for caso disso, com as sanções acessórias previstas no art. 216.º do DL 94--B/98.
[300] Mais concretamente, o art. 212.º, alínea a) e o art. 213.º i).
[301] Cfr. art. 22.º do LCS.

4.1.2. Menções obrigatórias da apólice

Para além dos deveres de informação pré-contratual, o legislador de seguros previa as menções obrigatórias da apólice.

O art. 1.º, n.º 1, alínea j) do DL 176/95 definia "«Apólice» – documento que titula o contrato celebrado entre o tomador do seguro e o segurador, de onde constam as respectivas condições gerais, especiais, se as houver, e particulares acordadas;".

A apólice devia conter, necessariamente, as condições gerais e especiais do contrato[302] e as condições particulares, que concretizam o contrato de seguro para a situação específica do tomador e do risco apresentado.

O documento que constituía a apólice podia, ainda, conter informações ou declarações que legalmente previstas para o contrato ou que lhe fossem necessárias.

As menções necessárias da apólice apareciam, desde logo, previstas no art. 426.º do Código Comercial, que determinava que a apólice devia enunciar:

"1.º O nome ou firma, residência ou domicílio do segurador;
2.º O nome ou firma, qualidade, residência ou domicílio do que faz segurar;
3.º O objecto do seguro e a sua natureza e valor;
4.º Os riscos contra que se faz o seguro;
5.º O tempo em que começam e acabam os riscos;
6.º A quantia segurada;
7.º O prémio do seguro;
8.º E, em geral, todas as circunstâncias cujo conhecimento possa interessar o segurador, bem como todas as condições estipuladas pelas partes.".

O que, justiça seja feita ao Código Comercial, resumia muito bem todas as menções que são fundamentais no contrato de seguro.

Ao longo do tempo o legislador nacional entendeu, normalmente na senda do legislador comunitário, estabelecer novos elencos de deveres de

---

[302] Que, usualmente, são cláusulas contratuais gerais. As condições especiais podem não existir no contrato. Referem-se, normalmente, a coberturas adicionais que se podem contratar ou não. Por exemplo, num seguro automóvel de danos próprios o tomador de seguro escolhe as cobertura que pretende contratar e, a cada cobertura, corresponde um conjunto de condições.

informação, na fase pré-contratual, na vigência do contrato e como menções a constar obrigatoriamente na apólice.

Assim, art. 2.º, n.º 2 do DL 176/95 consagrou que " A proposta deve conter uma menção comprovativa de que o tomador tomou conhecimento das informações referidas no número anterior, presumindo-se, na sua falta, que o mesmo não tomou conhecimento delas (...)"[303].

Este diploma, no Capítulo que regulava o "Contrato", inseria mais um elenco vasto de informações que deviam ser transmitidas aos interessados em contratar, integradas na condições do próprio contrato[304].

De novo adoptou a diferenciação entre seguros do ramo "Vida" e seguros dos ramos "Não Vida".

No que diz respeito ao ramo "Vida", distinguiam-se as disposições comuns e as operações de capitalização.

Destaca-se a preocupação do legislador em que das condições do contrato constem os elementos mínimos necessários a que o tomador de seguro pudesse avaliar convenientemente ao seus direitos e deveres. E pudesse perspectivar, com alguma segurança, a evolução do contrato.

Tanto mais que é no ramo vida que se desenvolvem produtos financeiros, cada vez mais complexos.

O art. 10.º estabeleceu nas disposições comuns, os elementos a constar, "Das condições gerais e ou especiais dos contratos de seguro do ramo "Vida".

Os produtos financeiros permitem canalizar a poupança e, em algumas circunstâncias, obter alguns benefícios fiscais.

Apresentam-se, cada vez mais, como alternativas aos clássicos modos de poupança, que passavam por depósitos a prazo em bancos ou aquisição de certificados de aforro, operações simples e previsíveis.

O art. 12.º autonomizou as operações de capitalização, definindo quais os elementos que devem constar das suas condições gerais e especiais.

Os contratos de seguro subjacentes às aplicações financeiras actuais, mesmo que as cláusulas contratuais gerais que os prevêem contenham muita informação imprescindível, podem ser de difícil compreensão para um tomador de seguro médio.

Os ICAE, que são objecto de preocupações acrescidas, implicavam a entrega de um prospecto informativo. E da proposta de seguro deveria constar a menção de que tal prospecto foi entregue presumindo-se, quando tal não constasse, que não teria sido recebido.

---

[303] Tendo, nesse caso, o direito de renunciar aos efeitos do contrato de seguro no prazo referido no artigo 182.º e de ser reembolsado da totalidade das importâncias pagas.".
[304] Artigos 10.º a 16.º do DL 176/95.

4.1.3. Modo de informar

A transparência propriamente dita, assim denominada pelo legislador, estava consagrada nos artigos 8.º e 9.º do DL 176/95.
O art. 8.º estabelecia que "As condições gerais e especiais devem ser redigidas de modo claro e perfeitamente inteligível.".
E, sendo cláusulas contratuais gerais, devem ser comunicadas cumprindo os requisitos previstos no art. 5.º do RCCG.
As duas disposições conjugam-se, no sentido de permitir ao tomador de seguro diligente ter acesso, antes do contrato, ao conteúdo que o mesmo virá a ter e, depois do contrato, poder guardar um documento que seja perceptível e lhe permita compreender quais são os seus direitos e deveres e o que deve fazer para os exercer junto do segurador.
O legislador, no art. 9.º do DL 176/95, pretendia acautelar que uma cobertura prevista nas condições gerais não pudesse ser desvirtuada pelas condições especiais ou particulares.
O DL 94-B/98 também tratava da "Transparência"[305] dedicando-lhe uma Secção.
No art. 179.º, n.º 1 previa para contratos de seguro ou operações do ramo «Vida» que o segurador deve "(...) antes da respectiva celebração, fornecer ao tomador, de forma clara, por escrito e redigidas em língua portuguesa (...)" as informações constantes da lista que apresenta.

4.2. Novo regime

A LCS revoga o regime anterior [306].

4.2.1. Deveres de informação

Em termos sistemáticos, ao regular esta matéria o legislador dedica-lhe a Secção II "Informações", do Capítulo II "Formação do Contrato", do Título I "Regime comum".

---

[305] A Secção I, do Capítulo II "Ramo "Vida"", do Título IV "Disposições aplicáveis ao contrato de seguro".
[306] Nomeadamente, os artigos 425.º a 462.º do Código Comercial, os artigos 132.º a 142.º e 176.º a 193.º do Decreto-Lei n.º 94-B/98 e os artigos 3.º a 5.º e 8.º a 25.º do Decreto-Lei n.º 176/95.

A Subsecção I sobre "Deveres de informação do segurador" inicia-se com o art. 18.º que estabelece que "Sem prejuízo das menções obrigatórias a incluir na apólice, cabe ao segurador prestar todos os esclarecimentos exigíveis e informar o tomador do seguro das condições do contrato (...) estabelecendo depois um elenco exemplificativo[307] das informações que devem ser prestadas.

O legislador deixa muito claro que, além dessas informações enumeradas, o segurador tem, ainda, dois deveres genéricos de informação. Um é o de prestar todos os esclarecimentos exigíveis. O outro é o de incluir na apólice todas as menções obrigatórias que prevê no art. 37.º.

E, de certa forma como o reverso da medalha das obrigações alargadas de comunicação, informação e esclarecimento do segurador, o legislador estabelece, no art. 35.º da LCS, a consolidação do contrato, prevendo que "Decorridos 30 dias sobre a data da entrega da apólice sem que o tomador do seguro haja invocado qualquer desconformidade entre o acordado e o conteúdo da apólice, só são invocáveis divergências que resultem de documento escrito ou de outro suporte duradouro."[308].

---

[307] O segurador deve informar, "(...) nomeadamente: a) Da sua denominação e do seu estatuto legal; b) Do âmbito do risco que se propõe cobrir; c) Das exclusões e limitações de cobertura; d) Do valor total do prémio, ou, não sendo possível, do seu método de cálculo, assim como das modalidades de pagamento do prémio e das consequências da falta de pagamento; e) Dos agravamentos ou bónus que podem ser aplicados no contrato, enunciando o respectivo regime de cálculo; f) Do montante mínimo do capital nos seguros obrigatórios; g) Do montante máximo a que o segurador se obriga em cada período de vigência do contrato; h) Da duração do contrato e do respectivo regime de renovação, de denúncia e de livre resolução; i) Do regime de transmissão do contrato; j) Do modo de efectuar reclamações, dos correspondentes mecanismos de protecção jurídica e da autoridade de supervisão; l) Do regime relativo à lei aplicável, nos termos estabelecidos nos artigos 4.º e seguintes, com indicação da lei que o segurador propõe que seja escolhida".

[308] Questiona-se se esta disposição não será um pouco excessiva, tendo em consideração que o tomador de seguro, mesmo que use da diligência que lhe é exigível e leia a apólice e, até, peça ao segurador informações sobre questões que lhe suscitem dúvidas, dificilmente conseguirá exaurir todas as questões. E, a probabilidade de existirem documentos escritos sobre a divergência não é grande. Embora com o correio electrónico seja mais frequente que o conteúdo da negociação do contrato fique registada. No entanto, parece que se deveriam admitir outros meios de prova das divergências.

4.2.2. Dever especial de esclarecimento

No que diz respeito à prestação de esclarecimentos, o legislador vai ainda mais longe e prevê, no art. 22.º um dever especial de esclarecimento[309].

Este dever tratando-se de seguros assentes em cláusulas contratuais gerais, como os seguros de massa normalmente são, já resultava em termos gerais do art. 6.º do RCCG[310].

Esta é, no entanto, uma novidade no Direito dos Seguros.

É estabelecido para os contratos de massas, não se aplicando aos contratos relativos a grandes riscos e nos contratos que tenham a intervenção de mediador na negociação ou celebração[311] e é um passo dado no sentido da responsabilização do segurador pela adequação do produto às necessidades do cliente.

Este dever especial de esclarecimento tem duas vertentes.

A de o segurador "responder a pedidos de esclarecimento" que lhe são dirigidos pelo tomador e a de, por sua iniciativa, "chamar a atenção" para o âmbito da cobertura proposta, nomeadamente para o seu âmbito negativo, destacando exclusões, períodos de carência e outros aspectos

---

[309] Consagra, aí que "1. Na medida em que a complexidade da cobertura e o montante do prémio a pagar ou do capital seguro o justifiquem e, bem assim, o meio de contratação o permita, o segurador, antes da celebração do contrato, deve esclarecer o tomador acerca de que modalidades de seguro, entre as que ofereça, são convenientes para a concreta cobertura pretendida.". E concretiza, no n.º 2 que "No cumprimento do dever prescrito no número anterior cabe ao segurador não só responder a todos os pedidos de esclarecimento efectuados pelo tomador, como chamar a atenção deste para o âmbito da cobertura proposta, nomeadamente exclusões, períodos de carência, e regime da cessação do contrato por vontade do segurador, e ainda, nos casos de sucessão ou modificação de contratos, para os riscos de ruptura de garantia", acrescentando no n.º 3 "No seguro em que haja proposta de cobertura de diferentes tipos de risco, o segurador deve prestar esclarecimentos pormenorizados sobre a relação entre as diferentes coberturas.".

[310] O legislador acentua aqui a distinção que já era muito clara no RCCG, entre dever de comunicar e dever de informar. Cfr. sobre esta distinção, PAULA RIBEIRO ALVES "Comunicação e Informação de Cláusulas Contratuais Gerais", cit, pp. 31 e ss.. O dever de informar, no que diz respeito às cláusulas contratuais gerais implica, mais do que transmitir dados, explicar conteúdos.

[311] O art. 32.º, n.º 4 estabelece que "O dever especial de esclarecimento previsto no presente artigo não é aplicável aos contratos relativos a grandes riscos ou em cuja negociação ou celebração intervenha mediador de seguros, sem prejuízo dos deveres específicos que sobre este impendem nos termos do regime jurídico de acesso e de exercício da actividade de mediação de seguros.".

que possam ser prejudiciais e, também, explicando a relação entre coberturas de diferentes tipos de riscos, se as houver.

Parece que o cumprimento deste dever pode ocorrer pessoalmente ou por escrito.

A chamada de atenção deve ocorrer desde logo, por escrito, nas condições do contrato, colocando em evidência, através do uso de um tipo de letra diferente, de maior tamanho, de outra cor, sublinhado ou salientado de alguma outra forma, os aspectos referidos no art. 22.º, n.º 2[312]. É o que se deduz do art. 37.º n.º 3, quando regula o modo como a informação deve constar da apólice.

Depois, se o contrato for celebrado na presença simultânea das duas partes, a chamada de atenção pode ser reforçada verbalmente e, sendo celebrado por telefone, a chamada de atenção, parece dever existir sempre no contacto telefónico em que se irá concretizar a celebração do contrato, tanto mais que a apólice, com as condições e o reforço do esclarecimento, só será enviada posteriormente.

A ser assim, parece que qualquer meio de contratação poderá permitir o cumprimento do dever de esclarecimento[313].

Além do requisito "que o meio de contratação o permita", este dever de esclarecimento vai nascer verificando-se, cumulativamente, que existe uma ou mais coberturas complexas e que é elevado o montante do prémio a pagar ou do capital seguro.

A concretização do que será uma cobertura complexa e um montante ou capital que justifiquem a explicação mais desenvolvida é algo que se irá delineando a propósito dos concretos contratos.

O legislador, ao consagrar este dever de esclarecimento, assume já que o segurador tem a obrigação de conselho sobre a solução adequada para a situação que o tomador de seguro apresenta. E estabelece a necessidade de o segurador alertar especialmente para as exclusões e outros aspectos que podem limitar a cobertura escolhida e, no caso de várias coberturas, para a sua relação e consequências da sua contratação conjunta.

---

[312] Se o contrato for celebrado através de correio electrónico ou em rede, essas chamadas de atenção podem constar das próprias condições que são disponibilizadas no sítio da *Internet* ou enviadas por correio electrónico.

[313] Pelo menos evidenciando o essencial de cada cobertura, de modo a que seja facilmente perceptível a sua abrangência. Entendido este dever, como um verdadeiro dever de conselho, só a comunicação directa entre as partes permitirá esse esclarecimento. No entanto, essa comunicação poderá ocorrer pessoalmente, por telefone, por correio electrónico ou por qualquer outro meio de comunicação.

Tal vai permitir ao tomador de seguro perceber a abrangência de cada cobertura, delimitada pelas suas exclusões[314]. Vai permitir-lhe aperceber-se das zonas de sobreposição, com outras coberturas, se as houver, e até que ponto necessita de as incluir simultaneamente no contrato. Vai permitir-lhe antecipar o real período de vigência do contrato e a possibilidade de o mesmo cessar por vontade do segurador.

O art. 23.º da LCS vem determinar que o incumprimento dos deveres de informação e de esclarecimento prescritos para além de originar responsabilidade civil do segurador, nos termos gerais confere ainda ao tomador do seguro o direito de resolução do contrato[315] com efeitos retroactivos, a exercer no prazo de trinta dias a contar da recepção da apólice.

A estes deveres acrescem outros, nos termos do art. 19.º, que estabelece que "Sendo o contrato de seguro celebrado à distância, às informações referidas no artigo anterior acrescem as previstas em regime especial." e que "Sendo o tomador do seguro consumidor nos termos legalmente previstos às informações indicadas no artigo anterior acrescem as previstas noutros diplomas, nomeadamente no regime de defesa do consumidor.".

Acrescem, também, quando houver mediação na celebração do contrato de seguro, nos termos do art. 29.º que estabelece que " Quando o contrato de seguro seja celebrado com intervenção de um mediador de seguros, aos deveres de informação constantes da Secção II do presente capítulo acrescem os deveres de informação específicos estabelecidos no regime jurídico de acesso e de exercício da actividade de mediação de seguros.".

Acrescem, ainda, os deveres consagrados no regime das cláusulas contratuais gerais.

O legislador no art. 3.º da LCS[316], efectua uma remissão genérica para a legislação sobre cláusulas contratuais gerais, defesa do consumidor e contratos celebrados à distância.

Julgamos que não seria imprescindível efectuar estas remissões, uma vez que os regimes em causa seriam chamados, naturalmente, à

---

[314] Cfr. PEDRO ROMANO MARTINEZ, *Conteúdo do Contrato de Seguro e Interpretação das Respectivas Cláusulas*, cit., pp. 59 e ss..

[315] "(...) salvo quando a falta do segurador não tenha razoavelmente afectado a decisão de contratar da contraparte ou haja sido accionada a cobertura por terceiro.", de acordo com o art. 23.º n.º 2.

[316] O art. 3.º efectua uma remissão genérica "(...) para diplomas de aplicação geral", esclarecendo que "O disposto no presente regime não prejudica a aplicação ao contrato de seguro do disposto na legislação sobre cláusulas contratuais gerais, sobre defesa do

regulamentação das situações específicas que regulam. No entanto, com esta expressa menção de aplicação, cessa à partida qualquer dúvida que pudesse surgir.

Esta opção do legislador tem, como reverso da medalha, a falta de remissão expressa para diplomas que, claramente, não podem deixar de se aplicar ao contrato de seguro, como o DL 7/2004, que trata da contratação electrónica e o Decreto-Lei n.º 290-D/99, de 2 de Agosto[317] que trata da assinatura digital[318].

4.2.3. Menções obrigatórias na apólice

No que diz respeito às menções obrigatórias na apólice, são principalmente previstas no art. 37.º da LCS.

A apólice tem de incluir, nos termos do n.º 1, as condições gerais, especiais e particulares e todo o conteúdo do acordado pelas partes e, nos termos do n.º 2, um conteúdo mínimo[319].

---

consumidor e sobre contratos celebrados à distância, nos termos do disposto nos referidos diplomas.". A remissão específica do art. 19.º em relação aos deveres de informação será um reforço desta remissão genérica. Ambas esclarecem e deixam claro, para evitar dúvidas, algo que já resultaria do próprio ordenamento jurídico. Os diplomas referidos regulam aspectos específicos, dos negócios jurídicos de diversos tipos legais, que podem ocorrer em simultâneo, suscitando em cada um desses aspectos a aplicação do respectivo diploma. A dificuldade poderá ser a de harmonizar os diferentes regimes.

[317] Adiante designado DL 290-D/99.

[318] E, pela própria natureza das coisas, não pode incluir menção a legislação posterior, como é o caso do DL 57/2008 sobre práticas comerciais agressivas e desleais, que transpõe para o ordenamento jurídico interno a Directiva 2005/29/CE, do Parlamento e do Conselho, de 11 de Maio de 2005 e se aplica também ao contrato de seguro. Este diploma, tendo tido aprovação posterior, não poderia ter sido mencionado. No entanto, não foi também referido o DL 143/2001, parcialmente revogado pela nova lei, que é o diploma actual que regula esta matéria e que terá uma parte aplicável ao contrato de seguro.

[319] O art. 37.º, n.º 2 estabelece que "Da apólice devem constar, no mínimo, os seguintes elementos: a) A designação de "apólice" e a identificação completa dos documentos que a compõem; b) A identificação, incluindo o número de identificação fiscal, e o domicílio das partes, bem como, justificando-se, os dados do segurado, do beneficiário e do representante do segurador para efeito de sinistros; c) A natureza do seguro; d) Os riscos cobertos; e) O âmbito territorial e temporal do contrato; f) Os direitos e obrigações das partes, assim como do segurado e do beneficiário; g) O capital seguro ou o modo da sua determinação; h) O prémio ou a fórmula do respectivo cálculo; i) O início de vigência do contrato, com indicação de dia e hora, e a sua duração; j) O conteúdo da prestação do segurador em caso de sinistro ou o modo de o determinar; l) A lei aplicável ao contrato e as condições de arbitragem.".

No art. 37.º, n.º 3 o legislador apresenta uma novidade, estabelecendo a obrigação de serem destacadas no documento que constitui a apólice, num tamanho de letra maior e diferente, alguns aspectos que podem ser especialmente gravosos para o tomador de seguro[320].

Esta obrigatoriedade de destacar os elementos previstos no art. 37.º, n.º 3 será já um modo objectivo de dar cumprimento ao especial dever de esclarecimento consagrado no art. 22.º da LCS.

Ao destacar estas cláusulas o segurador está a chamar a atenção do tomador de seguro para os aspectos do contrato referidos no art. 22.º, n.º 2, de que se destacam aqueles que lhe permitem perceber o que não está incluído na cobertura do contrato e como é que este pode cessar.

O incumprimento dos deveres estipulados no art. 37.º constitui o tomador de seguro no direito de, a qualquer momento, exigir a correcção da apólice e de resolver o contrato de seguro.

4.2.4. Modo de informar

O art. 21.º da LCS vem determinar o tempo e o modo de prestar informações.

Estabelece[321] que as informações referidas nos artigos anteriores devem ser transmitidas antes da celebração do contrato e têm de ser prestadas por escrito, em língua portuguesa e de forma clara.

Especificamente para a apólice, o art. 36.º[322] estabelece que devem ser usadas palavras e expressões de uso corrente, sempre que não seja

---

[320] O art. 37.º, n.º 3 estabelece que "A apólice deve incluir, ainda, escritas em caracteres destacados e de maior dimensão do que os restantes: a) As cláusulas que estabeleçam causas de invalidade, de prorrogação, de suspensão ou de cessação do contrato por iniciativa de qualquer das partes; b) As cláusulas que estabeleçam o âmbito das coberturas, designadamente a sua exclusão ou limitação; c) As cláusulas que imponham ao tomador do seguro ou ao beneficiário deveres de aviso dependentes de prazo."

[321] Art. 22.º, n.º 1. Nos termos do n.º 3 "Nas situações previstas no n.º 2 do artigo 36.º, as informações a que se refere o n.º 1 podem ser prestadas noutro idioma.".

[322] O art. 36.º estabelece que "1 – A apólice de seguro é redigida de modo compreensível, conciso e rigoroso, e em caracteres bem legíveis, usando palavras e expressões da linguagem corrente sempre que não seja imprescindível o uso de termos legais ou técnicos. 2 – A apólice de seguro é redigida em língua portuguesa, salvo no caso de o tomador do seguro solicitar que seja redigida noutro idioma, na sequência de acordo das partes anterior à emissão da apólice. 3 – No caso de seguro obrigatório é entregue a versão da apólice em português, que prevalece sobre a versão redigida noutro idioma.".

imprescindível o uso de termos técnicos e deve ser redigida de modo fácil de compreender, bem legível, simples e rigoroso.

Quanto ao suporte em que a informação deve ser transmitida, o art. 21.º, n.º 2 estabelece que "As autoridades de supervisão competentes podem fixar, por regulamento, regras quanto ao suporte das informações a prestar ao tomador do seguro." e o art. 34.º, n.º 2 que havendo acordo a apólice pode ser entregue em suporte duradouro.

O art. 21.º, n.º 3 vem efectuar nova remissão estabelecendo que "No contrato de seguro à distância, o modo de prestação de informações rege--se pela legislação sobre comercialização de contratos financeiros celebrados à distância.".

O legislador vem, ainda, consagrar[323] a necessidade de constar da proposta de seguro uma menção comprovativa de que o segurador prestou atempadamente as informações pré-contratuais necessárias[324].

Essa menção não deveria ser apresentada como formulário, devendo implicar uma clara tomada de consciência por parte do tomador de seguro de que estava a declarar que havia tomado conhecimento de informações que lhe seriam necessárias. E essa declaração só poderia ocorrer depois das informações, efectivamente, lhe terem sido disponibilizadas.

Uma menção com esse conteúdo, impressa num formulário, que o tomador de seguro assina pode não significar que as informações foram efectivamente prestadas.

5. Direito de resolução do contrato

O direito de livre resolução, como já se viu[325], é uma solução que acarreta algumas dificuldades, que se agravam no contrato de seguro.

---

[323] O art. 21.º, n.º 5 estabelece que "A proposta de seguro deve conter uma menção comprovativa de que as informações que o segurador tem de prestar foram dadas a conhecer ao tomador do seguro antes de este se vincular.".

[324] Esta obrigação já existe no regime actual e a realidade tem demonstrado que, usualmente, o segurador lhe dá cumprimento inserindo no formulário da proposta mais umas linhas com um texto que contém uma declaração com o conteúdo exigido. Esta declaração pode vir acompanhada de uma série de outras a que diversa legislação obriga. Refira-se, a título de exemplo, as declarações necessárias relativas aos dados pessoais. Tal vai ter como consequência prática que o tomador de seguro ao assinar a proposta adere a mais um formulário, muitas vezes sem se inteirar do seu conteúdo.

[325] Cfr. supra II-A-3. e III-5..

Foi encontrada no âmbito da legislação de defesa do consumidor e a Lei n.º 24/96, de 31 de Julho, consagra-o, em termos genéricos, no seu art. 8.º, n.º 4[326].

Aqui o legislador denomina-o "direito de retratação", mas vai-lhe chamando outros nomes, noutros diplomas. É, por exemplo, "direito de renúncia" no DL 179/95 e no DL 94-B/98.

Mais recentemente, quer no DL 95/2006, quer na LCS a expressão usada é "direito de livre resolução"[327].

Os prazos vão sendo diferentes e o momento a partir do qual se contam também apresenta as suas variações. O que vai trazendo dificuldades, que vão acrescendo a cada acréscimo e variação.

Esta situação é particularmente sensível no âmbito dos seguros.

Um contrato de seguro clássico não tem qualquer semelhança com uma vulgar aquisição de um bem ou prestação de um serviço[328].

É um contrato complexo que, embora oneroso e sinalagmático, uma vez que dele resultam obrigações para ambas as partes[329] é, também, aleatório.

O que tem como consequência que o contrato de seguro seja, por natureza, desequilibrado. Ou não se verifica qualquer sinistro e o segurador recebe o prémio, sem ter tido qualquer despesa[330], ou se verifica o sinistro e o valor a pagar pelo segurador será, normalmente, muito superior ao valor que recebeu do prémio.

---

[326] O art. 8.º, n.º 4 da Lei 24/96 estabelece que "Quando se verifique falta de informação, informação insuficiente, ilegível ou ambígua que comprometa a utilização adequada do bem ou do serviço, o consumidor goza do direito de retratação do contrato relativo à sua aquisição ou prestação, no prazo de sete dias úteis a contar da data da recepção do bem ou da data de celebração do contrato de prestação de serviços.".

[327] Vamos passar a usar, em regra, esta designação.

[328] Embora os seguros não sejam um bem ou uma prestação de serviços em sentido estrito, a tendência universal de aplicação das normas de defesa dos consumidores determina a sua aplicação. E visto que o Direito Comunitário qualificou o contrato de seguro como um serviço financeiro, fica pacífica a denominação. Embora não seja fácil vislumbrar que serviço é prestado e qual a natureza financeira de um seguro automóvel, por exemplo. Ou de qualquer outro que determine o cumprimento de uma obrigação de indemnizar. Parece excessivo considerar a restauração natural como uma prestação de um serviço.

[329] Cfr. sobre contratos bilaterais e sinalagmáticos MÁRIO JÚLIO DE ALMEIDA COSTA, *Direito das Obrigações*, cit. pp. 325 e ss.. Cfr. sobre onerosos e gratuitos, *idem*, pp. 332 e ss. e LUÍS DE MENEZES LEITÃO, *Direito das Obrigações*, Volume I, Almedina, 2003, pp. 181 e ss..

[330] Excepcionando as administrativas, decorrentes da emissão e manutenção do contrato.

Assim sendo, a ocorrência do sinistro transforma radicalmente a composição de interesses no âmbito do contrato, retirando qualquer neutralidade a consequências como a nulidade ou a resolução. Simplesmente porque não é possível voltar à situação que existiria. A situação que existiria seria um contrato de seguro válido e eficaz que cobrisse os danos resultantes do sinistro. A destruição do contrato existente e a correspondente devolução do prémio não o permitem.

Sempre se poderá dizer que a decisão sobre o exercício deste direito se encontra na disponibilidade do tomador de seguro que, naturalmente, caso tenha ocorrido um sinistro entretanto, não o irá exercer. É verdade. Pode, no entanto, acontecer que a falta de informação não tenha permitido perceber que a situação ocorrida se encontra excluída das coberturas. Neste caso a falta de informação impediu o tomador de seguro de celebrar o contrato que, realmente, lhe convinha. E não é a resolução do contrato, nem o não exercício do direito à livre resolução, que lhe vai resolver o problema. Já será, certamente, uma questão geral de responsabilidade civil. E, se tal decorre da aplicação das regras gerais de Direito, avisado foi o legislador da LCS ao deixar muito clara esta situação no art. 23.º n.º 1 que determina "O incumprimento dos deveres de informação e de esclarecimento prescritos neste diploma faz incorrer o segurador em responsabilidade civil, nos termos gerais.".

Acresce que é frequente que, se os deveres de informação não são cumpridos no momento da celebração do contrato e não é entregue a apólice com as condições do contrato, só muito tempo depois e a propósito de um qualquer problema, essa entrega ocorre. Tal significa que, a partir desse momento, que pode ser dias, meses, ou anos após a celebração do contrato, começa a contar um prazo para o exercício do direito de livre resolução.

Como se viu anteriormente[331], a legislação sobre a contratação de serviços financeiros à distância consagra, também, o direito de livre resolução do contrato celebrado desse modo.

5.1. Regime anterior a 2009

O direito de livre resolução encontrava-se previsto para o contrato de seguro no DL 176/95 e no DL 94-B/98.

---

[331] Cfr. supra II-A-3.

5.1.1. *Direito de renúncia no regime da transparência*

No art. 22.º do DL 176/95, o legislador estabelecia que "O tomador de um contrato de seguro de acidentes pessoais ou doença a longo prazo dispõe do prazo de 30 dias a contar da recepção da apólice para expedir carta em que renuncie aos efeitos do contrato.". Essa carta devia ser registada e enviada para a morada do segurador[332].

Este direito não era consagrado genericamente para os contratos de seguro, mas só para contratos de seguro de acidentes pessoais ou doença a longo prazo.

Em relação ao prazo para o seu exercício, não só era mais longo do que o estabelecido no DL 95/2006, relativo à contratação à distância de serviços financeiros, como se contava a partir da entrega da apólice ao tomador de seguro. Era irrelevante, para este efeito, o momento da celebração do contrato[333]. O que interessava era o momento em que foi entregue a apólice, de que constavam as condições do contrato. Era nessa altura que, plenamente, o tomador de seguro podia tomar conhecimento do contrato.

Embora sendo o contrato de seguro, em regra, celebrado com base em cláusulas contratuais gerais e, por isso, sujeito ao RCCG que obriga a que as condições sejam previamente comunicadas[334], só com a apólice, contendo as condições particulares é possível apreender o contrato na sua plenitude.

As condições particulares vão concretizar o contrato para aquela situação, especificando quais as coberturas e capitais contratados, as escolhas realizadas e os dados específicos que foram acordados. Sem essa informação não é possível conhecer, realmente, o conteúdo do seguro contratado.

A questão que se coloca é a de saber em que situação fica o contrato enquanto não é entregue a apólice.

O legislador limitava-se a estabelecer, no n.º 3 do mesmo artigo que "O exercício do direito de renúncia determina a resolução do contrato, extinguindo todas as obrigações dele decorrentes, com efeitos a partir da celebração do mesmo, havendo lugar à devolução de prémio que tenha sido já pago e cessando qualquer direito à percepção de comissões pelos

---

[332] Art. 22.º, n.º 2 "Sob pena de ineficácia, a comunicação da renúncia referida no número anterior deve ser notificada por carta registada, enviada para o endereço da sede social ou sucursal da empresa de seguros que celebrou o contrato.".

[333] No DL 95/2006 o direito de livre resolução conta-se, em regra, a partir da celebração do contrato. Poderá, também, contar-se a partir do cumprimento dos deveres de informação quando ocorra num momento posterior.

[334] Art. 5.º do RCCG.

respectivos mediadores, sem prejuízo do disposto nos números seguintes." e no n.º 4 que "A seguradora tem direito ao prémio calculado *pro rata temporis*, ao custo da apólice e às despesas razoáveis que comprovadamente tiver efectuado com exames médicos, salvo se o exercício do direito de renúncia tiver por base a desconformidade das condições do contrato com o disposto no n.º 1 do artigo 3.º."[335].

O legislador também não estabelecia o que é que acontecia se, entretanto, ocorresse um sinistro. O bom senso aconselharia o tomador de seguro, nesse caso, a não exercer o direito à resolução do contrato, visto que o seu exercício iria destruir retroactivamente o contrato e, consequentemente, retirar a cobertura ao sinistro.

Para além do direito de renúncia, o tomador de seguro podia resolver o contrato, desde que o comunicasse ao segurador com uma antecedência mínima de trinta dias em relação à data da resolução[336].

O DL 176/95 estabelecia, ainda, um direito de resolução com fundamento na falta de menção comprovativa de entrega dum prospecto informativo, nos ICAE[337].

5.1.2. Direito de renúncia no regime geral da actividade seguradora

O DL 94-B/98 consagrou um direito de renúncia para os seguros e operações do ramo "Vida".

O art. 182.º, n.º 1 estabeleceu que "O tomador de um contrato de seguro ou de quaisquer operações do ramo "Vida" previstas no art. 124.º dispõe de um prazo de 30 dias, a contar da recepção da apólice, para expedir a carta renunciando aos efeitos do contrato ou operação.".

Isto é, sem necessidade de alegar qualquer razão que o justifique o tomador de seguro podia, simplesmente desistir do contrato[338]. Tinha trinta

---

[335] Que consagra deveres de informação do segurador.

[336] Este direito de resolução também era livre, na medida em que não é necessário alegar qualquer causa ou incumprimento, bastando a vontade do tomador de seguro de fazer cessar o contrato.

[337] O regime dos ICAE resultou do Decreto-Lei n.º 60/2004, de 22 de Março que aditou ao DL 176/95 um art. 5.º-A relativo aos Instrumentos de Captação de Aforro Estruturados (ICAE). Esta matéria voltou a ser alterada pelo Decreto-Lei n.º 357-A/2007, de 31 de Outubro.

[338] Esta ideia de renunciar aos efeitos do contrato é pouco clara, por apontar no sentido de que o contrato se manteria, mas sem efeitos, o que não é razoável. A renúncia aos efeitos do contrato destrói o próprio contrato.

dias para o fazer, por carta que envia ao segurador[339]. Esse prazo começava a contar a partir do momento da recepção da apólice.

O art. 183.º estabeleceu os efeitos do exercício do direito de renúncia diferenciados consoante os seguros ou operações que estivessem em causa.

O art. 184.º excluiu o direito de renúncia para as situações em que o tomador de seguro é uma pessoa colectiva, para contratos de duração igual ou inferior a seis meses e para os seguros de grupo[340].

5.2. Novo regime

A LCS vem sistematizar esta matéria. Por um lado, prevê o direito de livre resolução do contrato e, por outro, estabelece algumas causas legais de resolução.

5.2.1. *Direito de livre resolução*

Assim, dedica o longo art. 118.º à questão da livre resolução.

Prevê, no n.º 1, que "O tomador do seguro, sendo pessoa singular, pode resolver o contrato sem invocar um motivo nas seguintes situações:

a) Nos contratos de seguro de vida, de acidentes pessoais e de saúde com uma duração igual ou superior a seis meses, nos 30 dias imediatos à data da recepção da apólice;
b) Nos seguros qualificados como instrumentos de captação de aforro estruturados, nos 30 dias imediatos à data da recepção da apólice;
c) Nos contratos de seguro celebrados à distância, não previstos nas alíneas anteriores, nos 14 dias imediatos à data da recepção da apólice.".

---

[339] O n.º 3 estabelece os requisitos da comunicação, em disposição idêntica ao art. 22.º, n.º 2 do Dl 176/95.

[340] A limitação do exercício do direito de renúncia no caso dos aderentes a seguros de grupo não parece justificar-se, diminuindo os direitos dos aderentes a seguros de grupo, em relação aos contratantes de seguros individuais. Embora no caso de haver desconformidade entre a informação facultada na fase anterior à adesão e a constante nas condições do contrato e no certificado de adesão a responsabilidade seja do tomador de seguro, que tem o dever de informar e não do segurador.

Restringe, portanto, o direito de livre resolução às pessoas singulares, visto que só estas podem resolver o contrato sem alegar um motivo[341].

Não restringe, no entanto, a consumidores. Independentemente da qualificação ou não como consumidor o que, neste caso estando sempre em causa uma pessoa singular, vai depender do seguro dizer respeito à sua esfera pessoal ou profissional, o tomador de seguro terá este direito.

Reproduz as situações já previstas no regime actual, embora de um modo mais claro, enumerando os seguros de vida, de acidentes pessoais e de saúde, com uma duração igual ou superior a seis meses, bem como os seguro qualificados como ICAE. Estes têm um prazo de trinta dias para serem exercidos.

Reproduz a previsão[342] relativa aos contratos celebrados à distância, que não sejam os já enunciados sendo, neste caso, de catorze dias o prazo para exercer esse direito[343].

Estende a previsão a tomadores de seguro que, sendo pessoas singulares, não sejam consumidores, abrangendo assim um conjunto mais vasto de sujeitos.

Em qualquer destas situações esse prazo conta-se a partir da data da celebração do contrato, desde que o tomador do seguro, nessa data, disponha, em papel ou noutro suporte duradouro, de todas as informações relevantes sobre o seguro que tenham de constar da apólice. Caso não disponha, e em conjugação com o n.º 1 deste artigo, devem contar-se a partir da recepção da apólice.

A listagem dessas informações encontra-se no art. 37.º e inclui alguns dados que, usualmente, constam das condições particulares, nomeadamente, os riscos cobertos, o capital seguro, o prémio e a data de início do contrato.

"A resolução do contrato deve ser comunicada ao segurador por escrito, em suporte de papel ou outro meio duradouro disponível e acessível ao segurador.", conforme estabelece o n.º 5.

---

[341] E restringe, no caso dos seguros de grupo, às situações das alíneas b) e c), dado que o n.º 3 prevê "A livre resolução disposta na alínea a) do n.º 1 não se aplica aos segurados nos seguros de grupo.".

[342] Do DL 95/2006.

[343] E, no n.º 4 exclui "A livre resolução de contrato de seguro celebrado à distância não se aplica a seguros com prazo de duração inferior a um mês, nem aos seguros de viagem e de bagagem.", excluídos pelo art. 22.º alíneas b) e c).

Nos termos do n.º 6, "A resolução tem efeito retroactivo, podendo o segurador ter direito às seguintes prestações:

a) Ao valor do prémio calculado *pro rata temporis*, na medida em que tenha suportado o risco até à resolução do contrato;
b) Ao montante das despesas razoáveis que tenha efectuado com exames médicos sempre que esse valor seja imputado contratualmente ao tomador do seguro;
c) Aos custos de desinvestimento que comprovadamente tenha suportado.".

Saliente-se, em primeiro lugar, a simplicidade e rigor com que o legislador prevê que se trata de uma situação de resolução e, consequentemente, em coerência com o regime da resolução, estabelece o efeito retroactivo, abstendo-se das ambiguidades que caracterizam o direito de renúncia dos DL 176/95 e DL 94-B/98.

Depois, vem assumir plenamente o carácter livre do seu exercício, consagrando que o segurador poderá ter direito ao prémio proporcional ao tempo decorrido, no caso de ter corrido o risco. Isto é, podem existir situações em que o direito de livre resolução não tem efeito retroactivo, mas sim para o futuro. Assim sendo, e ao contrário do que acontece com o regime anterior, o direito a uma parte do prémio que foi pago ao segurador não consubstancia uma sanção pelo exercício do direito de livre resolução.

Por fim, nas alíneas b) e c) vem consagrar a possibilidade de o segurador ter direito à devolução das despesas com exames médicos e aos custos de desinvestimento que tenha sofrido, o que introduz algum equilíbrio na relação unilateralmente destruída. Se é interessante para o tomador de seguro poder desistir do contrato, é razoável que o exercício desse direito não seja excessivamente penalizador para o segurador.

O n.º 7 vem excluir o direito à parte proporcional do prémio, às despesas de saúde e às despesas de investimento "(...) em caso de livre resolução de contrato de seguro celebrado à distância (...)".

Esses direitos mantêm-se, no entanto, "(...) no caso de início de cobertura do seguro antes do termo do prazo de livre resolução do contrato a pedido do tomador do seguro.".

Parece que tal acontecerá quando o tomador de seguro efectuar o pagamento do prémio.

Estando, em regra, o início da cobertura dependente do pagamento do prémio, será usual que o tomador realize esse pagamento logo após a celebração do contrato.

Parece de aceitar que caso esse pagamento seja realizado, se deduz que o tomador de seguro pretende que se inicie a cobertura, com as consequências que tal terá ao nível do exercício do direito de livre resolução do contrato.

5.2.2. Resolução por incumprimento de deveres de informação

O legislador prevê, ainda, a resolução do contrato com fundamento no incumprimento de deveres de informação.

É, assim, estabelecida para todos os contratos de seguro, a possibilidade de resolução, nos termos do art. 23.º, n.º 2 que estabelece que "O incumprimento dos deveres de informação previstos na presente subsecção confere ainda ao tomador do seguro o direito de resolução do contrato, salvo quando a falta do segurador não tenha razoavelmente afectado a decisão de contratar da contraparte ou haja sido accionada a cobertura por terceiro." e no n.º 3 que "O direito de resolução estabelecido no número anterior deve ser exercido no prazo de 30 dias a contar da recepção da apólice, tendo a cessação efeito retroactivo e o tomador direito à devolução da totalidade do prémio pago.".

Isto é, o tomador de seguro tem o direito de resolver o contrato se o segurador:

1) não prestar todos os esclarecimentos exigíveis,
2) não informar o tomador de seguro das condições do contrato, sendo estabelecido um elenco daquelas que, sem dúvida, têm de ser transmitidas,
3) não prestar as informações previstas no DL 95/2006, quando o contrato de seguro for celebrado à distância,
4) não prestar as informações exigidas pela legislação de defesa do consumidor, sendo o tomador de seguro consumidor,
5) não informar sobre o local e o nome do Estado em que se situa a sede social e o respectivo endereço, bem como, se for caso disso, da sucursal através da qual o contrato é celebrado e do respectivo endereço,
6) não prestar as informações de forma clara, em língua portuguesa, ou noutro idioma nos casos em que o tomador o solicite,
7) não prestar as informações por escrito, excepto no contrato de seguro à distância, quando as negociações o justifiquem, situação em que podem ser transmitidas oralmente,

8) não inserir na proposta a menção comprovativa de que as informações que o segurador deve prestar foram dadas a conhecer ao tomador,
9) não cumprir o dever especial de esclarecimento previsto no art. 21.º.

Estes deveres devem ser cumpridos antes da celebração do contrato e são autónomos e independentes, bastando o não cumprimento de um deles para que se constitua, após a celebração do contrato, o direito de resolução do tomador de seguro.

Sendo incumprido qualquer dos deveres descritos, o tomador de seguro pode resolver o contrato no prazo de trinta dias a contar da recepção da apólice.

Havendo incumprimento, ao direito de resolução, acresce a responsabilidade civil do segurador, nos termos gerais[344].

Mesmo havendo incumprimento dos deveres de informação, não haverá direito à resolução quando a falta do segurador não tiver razoavelmente afectado a decisão de contratar da contraparte ou tiver sido accionada a cobertura por terceiro[345].

O direito de resolução do contrato com fundamento na violação de deveres de informação alarga o âmbito do conjunto de pessoas que o podem alegar, em relação ao direito de livre resolução previsto no art. 118.º da LCS. Aqui, qualquer tomador de seguro poderá resolver o contrato com este fundamento. No direito de livre resolução é necessário que seja uma pessoa singular.

Alarga, também, o prazo, pelo menos no que diz respeito aos contratos celebrados à distância, em que passa de 14 para 30 dias, a contar da data da recepção da apólice.

E alarga o efeito retroactivo da resolução que, no direito de livre resolução pode não implicar a devolução total do prémio[346].

A resolução com fundamento em violação dos deveres de informação tem efeito retroactivo e devendo ser devolvida a totalidade do prémio pago[347].

---

[344] Art. 23.º, n.º 1 do LCS.
[345] Art. 23.º, n.º 2 do LCS.
[346] Art. 118.º, n.º 6 do LCS.
[347] Art. 23.º, n.º 3 do LCS.

O direito de resolução relacionado com o cumprimento de deveres de informação também existe quando as condições da apólice não estejam em conformidade com as informações prestadas antes do contrato, conforme prevê o art. 23.º, n.º 4[348].

5.2.3. Resolução por não entrega da apólice

O legislador prevê, ainda, a resolução do contrato com fundamento na não entrega da apólice.

O art. 34.º, n.º 6, que estabelece que "Decorrido o prazo referido no n.º 1 e enquanto a apólice não for entregue, o tomador pode resolver o contrato, tendo a cessação efeito retroactivo e o tomador direito à devolução da totalidade do prémio pago."[349].

O art. 34.º, n.º 1 prevê que "A apólice deve ser entregue ao tomador do seguro aquando da celebração do contrato ou ser-lhe enviada no prazo de 14 dias nos seguros de riscos de massa, salvo se houver motivo justificado, ou no prazo que seja acordado nos seguros de grandes riscos."

Quando tal não aconteça, o tomador poderá promover a destruição retroactiva dos efeitos do contrato e receber a devolução do prémio.

Também para todos os contratos de seguro, o direito de resolução é previsto no art. 37.º, n.º 4 que estabelece que "Sem prejuízo do disposto quanto ao dever de entregar a apólice e da responsabilidade a que haja lugar, a violação do disposto nos números anteriores dá ao tomador o direito de resolver o contrato nos termos prescritos nos n.os 2 e 3 do artigo 23.º e, a qualquer momento, de exigir a correcção da apólice.".

Isto é, nos termos do art. 37.º, a não inserção na apólice das condições gerais, especiais e particulares referidas no n.º 1, das infor-

---

[348] Que estabelece que "O disposto nos números anteriores é aplicável quando as condições da apólice não estejam em conformidade com as informações prestadas antes da celebração do contrato.".

[349] O legislador estabelece no n.º 5 que "O tomador pode a qualquer momento exigir a entrega da apólice de seguro, mesmo após a cessação do contrato.". Esta previsão tão ampla coloca a questão de saber durante quanto tempo. Não parece razoável que o segurador tenha de guardar por tempo indeterminado uma apólice de um seguro relativo a um contrato que cessou. Sempre se poderá dizer que tem a opção de a enviar ao tomador, desobrigando-se desde dever de guardar o documento. No entanto, o tomador também terá o correspondente dever de a solicitar em tempo razoável. Provavelmente, esta situação poderá ser resolvida pela figura do abuso de direito.

mações mínimas previstas no n.º 2 e das cláusulas previstas no n.º 3 em letra maior e destacada, dá ao tomador de seguro o direito a resolver, com efeitos retroactivos, o contrato no prazo de trinta dias a contar da recepção da apólice, recebendo a devolução da totalidade do prémio pago.

Pode, também, exigir a correcção da apólice, situação em que se pressupõe que não tem a intenção de resolver o contrato, se este vier a ser corrigido[350].

Dada a remissão para o art. 23.º, n.º 2, será de concluir que o tomador de seguro não tem o direito a resolver o contrato no caso de a falta do segurador não ter razoavelmente afectado a decisão de contratar da contraparte ou ter sido accionada a cobertura por terceiro.

O facto de a remissão não incluir o n.º 1 parece indicar que não haveria, nestes casos, lugar a responsabilidade civil do segurador.

Julgamos que não terá sido essa a intenção do legislador. Até porque o legislador refere aí os deveres prescritos "neste diploma", referindo-se à totalidade da LCS e não só àquela parte. Os deveres previstos relativamente à entrega da apólice com as informações mínimas consideradas adequadas e com o destaque considerado necessário são, ainda, deveres de informação. Assim sendo, a previsão geral do art. 22.º, n.º 1[351] deve abrangê-los.

5.2.4. *Resolução por justa causa e após o sinistro*

O art. 116.º da LCS prevê, ainda, que "O contrato de seguro pode ser resolvido por qualquer das partes a todo o tempo, havendo justa causa, nos termos gerais.".

E o art. 117.º prevê a possibilidade de ser acordada a possibilidade de as partes resolverem o contrato após uma sucessão de sinistros, excepto nos seguros de vida, de saúde, de crédito e caução, nem nos seguros obrigatórios de responsabilidade civil, não tendo a resolução eficácia retroactiva[352].

---

[350] E, a partir da entrega da apólice corrigida, inicia-se a contagem de um novo prazo.

[351] Que mais não faz do que declarar algo que já resulta das própria previsão em termos gerais da responsabilidade civil no Código Civil.

[352] Art. 17.º, n.ᵒˢ 1 a 4 do LCS, estabelecendo o n.º 5 que "As limitações previstas no presente artigo não se aplicam aos seguros de grandes riscos.".

5.2.5. Consequências

A consagração do direito de resolução e, para mais, em termos tão amplos como o legislador da LCS o faz[353], traz algumas dificuldade no que diz respeito à vida do contrato quando se encontra com o risco do potencial exercício sobre si.

Saliente-se que o rigor, clareza e eficácia com que o legislador tratou o direito de resolução na LCS permite encontrar, com alguma facilidade, soluções para os problemas que se colocam, ao contrário do que acontece com o regime anterior a 2009.

A principal questão é a de saber o que acontece ao contrato desde o momento da celebração, até ao fim do prazo para o exercício do direito de resolução.

Esta questão tem uma versão mais simples, em que a apólice foi entregue no momento da celebração e, portanto, está em causa um período de catorze ou trinta dias a contar dessa data e uma versão mais complicada, uma vez que o principal problema real que se encontra no mercado é o da não entrega da apólice, com as condições do contrato, o que tem como consequência que se mantém pendente, por tempo indeterminado, a possibilidade de exercício do direito de resolução.

O legislador retira esse direito, nos termos do art. 23.º, n.º 2, no caso de a cobertura ter sido accionada por terceiro.

Esta restrição não se encontra prevista para o caso de a apólice não ter sido entregue, embora se se considerar que está em causa, ainda, um dever de informação, se possa admitir que a exclusão se lhe aplica.

E não se encontra prevista em relação ao direito de livre resolução, do art. 118.º da LCS, embora pareça que se admite que a resolução possa ter efeitos só para o futuro, na medida em que o segurador tenha corrido o risco devendo, nesse caso, receber o correspondente do prémio.

Acresce que, embora o legislador não preveja um dever de diligência do tomador de seguro no sentido de se informar, parece que o prolongamento por tempo indeterminado da incerteza sobre a possibilidade de vir a ser exercido o direito de resolução do contrato poderá ser temperado por essa necessária diligência.

Por outro lado, não correspondendo o contrato às expectativas do tomador e às informações prestadas previamente, o tomador de seguro,

---

[353] Termos esses que se ampliam ainda mais no caso dos contratos celebrados à distância e com consumidores.

no caso de haver sinistro, vê-se na contingência de manter um contrato nessas circunstâncias.

E, mais grave, se o contrato não cobre o sinistro que o tomador julgava coberto, mesmo a resolução não lhe resolve o problema. Mas já resolverá, em princípio, a responsabilidade civil.

O direito de resolução do contrato é, pois, um instrumento que deverá ser usado com as devidas cautelas, atendendo às circunstâncias do caso concreto e às consequências que tem na relação jurídica que se estabeleceu entre segurador e tomador de seguro.

IV

CONTRATO DE SEGURO À DISTÂNCIA

O contrato de seguro à distância é uma realidade cada vez mais presente no quotidiano do mercado de seguros, nomeadamente através dos canais de distribuição *Internet* [354] e telefone.

A loja virtual, em rede[355], tornou-se uma necessidade, quer das empresas que acreditam que têm de existir no ciberespaço, quer dos cibernautas que contam aí encontrá-las.

Propagam-se, também, os *call-centers* que, em exclusivo, ou complementando a contratação *on-line*, divulgam e comercializam seguros.

O contrato de seguro à distância ganha espaço no mercado dos serviços financeiros.

Até aqui, procedemos à análise do regime do contrato à distância, do regime geral da contratação electrónica e do regime do contrato de

---

[354] E, aí, a protecção revela-se bastante necessária. Cfr. José Carlos Moitinho de Almeida, "A Celebração à Distância do Contrato de Seguro, cit., p. 9 que defende "Essa protecção torna-se ainda mais necessária nos contratos celebrados na World Wide Web (bem como outras redes análogas) ou por correio electrónico.".Cfr., também, José de Oliveira Ascensão, "A liberdade de Referências em linha e os seus limites", in Revista da Faculdade de Direito da Universidade de Lisboa, Vol. XLII, N.º 1, Coimbra Editora, 2001, pp 1 e ss. que explica que "O WWW, ou World Wide Web, é um conjunto descentralizado de informações ou outros materiais, organizados por sítios (sites) e armazenados em servidores. Os interessados podem aceder directamente a esses sítios e inteirar-se do seu conteúdo; se o sítio é de acesso condicionado, deverão satisfazer previamente as condições de acesso. As referências mútuas que os sítios fazem entre si, representam uma das grandes valias do WEB, pois potenciam o valor do conjunto.".

[355] A noção de rede é mais informática que jurídica e não aparece autonomamente definida na legislação comunitária, nem nacional. No entanto, as referências que lhe são feitas pelo DL 7/2004 ajudam a compreender essa realidade. Há um ambiente comum, real e imaterial, em que se efectuam comunicações electrónicas entre pessoas, através de ferramentas que o permitem.

seguro, especialmente no que diz respeito à formação dos contratos, aos deveres de informação e ao direito de resolução do contrato, que são os aspectos dessa regulamentação mais relevantes para o contrato de seguro à distância. Na regulamentação do contrato de seguro, focou-se o regime anterior e o previsto pela LCS.

Procuraremos, agora, estabelecer a zona de convergência desses regimes no contrato de seguro à distância, de modo a que sejam delineados os seus contornos, os vastos deveres de informação que suscita, as vicissitudes da formação e da resolução do contrato. E isto, à luz do regime anterior e do novo regime do contrato de seguro.

Pareceu-nos que, dada a dificuldade de sistematização[356] de um tema como este, nesta conjuntura, seria adequado descrever os aspectos mais relevantes dos regimes pressupostos, como fizemos, na convicção de que tal vai permitir simplificar a exposição sobre a sua convergência na figura do contrato de seguro à distância.

Esta opção permite dar como assente as figuras e os regimes na sua origem, verificando o resultado da sua conjugação.

Parece-nos que será útil, nesta altura, apresentar alguns aspectos gerais, nomeadamente a evolução do mercado, os canais de distribuição e algumas questões prévias, designadamente, relativas à concretização da dicotomia consumidor/não consumidor, ao impacto da conjuntura de transição nas regras do contrato de seguro e à distinção das várias figuras de contrato de seguro à distância.

Será, ainda, necessário distinguir o contrato de seguro electrónico, celebrado em rede, negociado através de comunicações individualizadas, entre sujeitos determinados e o contrato de seguro em linha, celebrado numa loja virtual, sem negociação, por adesão a uma opção apresentada, que tem previsto um regime específico para a sua formação.

---

[356] Cfr. JOSÉ CARLOS MOITINHO DE ALMEIDA, "A Celebração à Distância do Contrato de Seguro, cit. p, 25. A visão do autor quanto ao sistema português é bastante crítica referindo nas suas conclusões que "(...) na transposição das directivas comunitárias o legislador português optou por recorrer a legislação avulsa com impactos amplos no direito das obrigações e no regime aplicável ao contrato de seguro. Por temor reverencial ou mera falta de consciência do caminho que se impunha percorrer, entendeu-se não mexer no Código Civil, do que resultam disposições ambíguas em domínios que exigem particular segurança jurídica, sem coerência, por vezes contraditórias, tecnicamente imperfeitas e uma total ausência de unidade. Isto quando o direito comparado europeu apontava o modelo a seguir.".

Consideraremos o regime anterior e o novo regime do contrato de seguro electrónico, na perspectiva dos vectores mais relevantes, nomeadamente a formação do contrato, os deveres de informação e o direito do tomador de seguro à livre resolução do contrato.

Procuraremos, seguidamente, apresentar as especificidades do contrato em linha.

Por fim, analisa-se o contrato de seguro celebrado por telefone, especificamente regulado como contrato à distância.

A – ASPECTOS GERAIS

Os canais de distribuição através de meios electrónicos, nomeadamente a *Internet* e o telefone, que se têm vindo a impor com alguma lentidão em Portugal, ganharam um enorme fôlego em finais de 2007 e no início de 2008.

O contrato de seguro electrónico e o contrato de seguro celebrado por telefone estão a desenvolver-se muito, sendo necessário que esse desenvolvimento, no mercado e no ordenamento jurídico, seja harmonioso, protegendo-se os consumidores em particular e os tomadores de seguros em geral.

1. Evolução do mercado

O mercado dos seguros tem vindo a registar fortes alterações a diversos níveis[357] sendo a mais recente a que se está a evidenciar em relação ao contrato de seguro electrónico e por telefone.

O mercado português contava, desde há cerca de uma década, com uma empresa de seguros que concentrava o seu negócio no telefone[358]. Embora outros seguradores avançassem na área dos meios electrónicos, nomeadamente apresentando a possibilidade de consulta dos seus produtos nos seus sítios da *Internet* e apresentando o seu endereço electrónico para contactos, esclarecimento de dúvidas e negociação, não havia mais exemplos de empresas que se assumissem como "tele-seguradoras" ou "seguradoras *on-line*".

Em Setembro de 2007, o panorama alterou-se com o lançamento de uma nova marca de seguros *on-line* e por telefone[359].

---

[357] Cfr. sobre a evolução do sector segurador, Miguel Silveira, *A Qualidade de Serviço dos Seguros, Do Modelo Tradicional ao Ambiente Digital*, Principia, 2008. Referindo o forte desenvolvimento do mercado dos seguros, este autor afirma, p. 75, que "O negócio segurador cresceu mais de sessenta e duas vezes entre 1980 e 2005." E que o peso do ramo vida era de 7,9% em 1980, atingindo uma quota superior a 65% em 2006, "(...) valendo mais que o ramo não-vida. Esta foi, sem dúvida uma das grandes mudanças no paradigma do sector segurador nestas duas décadas.". Esta alteração encontra explicação na "Mudança no canal de distribuição do ramo vida, passando os bancos a dominarem, completamente, essa área de negócio, com uma quota superior a 80% desde o início do novo milénio.".

[358] A Via Directa – Companhia de Seguros, S.A., com a marca "Ok Teleseguros". A sua loja virtual pode ser acedida em www.okteleseguro.pt (re-visitado em 30/04/2009).

[359] Foi iniciada uma campanha publicitária lançando a marca Sempre Seguros, associada à comercialização *on-line* e por telefone da Seguro Directo Gere, S.A.. A sua loja virtual pode ser acedida em www.sempreseguros.pt (visitado em 30/04/2009).

Em Janeiro de 2008, dois novos seguradores surgiram no mercado, com a intenção confessada de só contratar através da *Internet* e por telefone[360]. Paralelamente, foi lançada uma campanha de comercialização de seguros numa cadeia de hipermercados[361], em que os seus colaboradores prestam informação sobre o modo como os seguros que se podem contratar, *in loco*, em quiosques com acesso à *Internet* e ao telefone.

Com objectivos ambiciosos, estes projectos propõem-se conquistar o mercado do seguro automóvel[362] e, alguns deles, avançar para outras áreas[363].

A LCS, que elimina um importante obstáculo à contratação electrónica, deu ânimo a novas iniciativas.

A realidade, noutros países e agora em Portugal, tem vindo a demonstrar que o contrato em rede floresce nos seguros.

As características do contrato de seguro poderiam dificultar essa evolução.

A via informática parecia adequada a negociar contratos de seguro, essencialmente através do uso de correio electrónico para comunicar conteúdos individualizados, num processo relativamente dilatado no tempo. A celebração do contrato e a sua formalização poderiam ocorrer posteriormente, até por recurso a meios não electrónicos, ou mesmo na presença física e simultânea das partes.

A complexidade dos contratos de seguro, a multiplicidade de coberturas, a particularidade de cada risco e a prudência na sua ponderação, indicavam o caminho da comunicação individualizada. Celebrar contratos de seguro através de meios electrónicos, maxime, do computador, parecia algo pacífico e inevitável, que previsivelmente se poderia concretizar pelo diálogo e concreta negociação entre sujeitos determinados que, após maturação, avaliação e negociação, formalizavam e concluíam o contrato.

Mas não. O que se verifica é precisamente o inverso.

---

[360] A Seguros Logo, S.A. e a N Seguros, S.A., respectivamente, que o afirmaram nas suas campanhas publicitárias e informações à comunicação social. ". As suas lojas virtuais podem ser acedidas em www.logo.pt e www.nseguros.pt (re-visitados em 30/04/ /2009).

[361] O grupo Sonae constituiu uma nova mediadora e lançou uma campanha nos supermercados Modelo e Continente, de uma nova marca de seguros, a Seguros Continente. A sua loja virtual pode ser acedida em www.seguroscontinente.pt (re-visitado em 30/04/2009).

[362] As campanhas publicitárias que lançaram e as notícias que intensamente saíram nos jornais no primeiro trimestres de 2008 assim o demonstravam.

[363] Nomeadamente, saúde e multi-riscos.

O caminho seguido é no sentido da simplificação do contrato, reduzindo-o ao essencial, quer em termos de coberturas, quer em termos de comunicação. Há produtos simples e claros, básicos, a que depois pode ser possível acrescentar algo. O leque de opções é reduzido e standard. O risco descrito na proposta é rapidamente recusado, ou aceite pelo segurador, nas condições que este pré-estabeleceu. Tudo se faz na loja virtual. O contrato celebra-se com qualquer sujeito que preencha objectivamente os requisitos pré-definidos e apresente um risco que encaixe nos previamente fixados como aceitáveis pelo segurador.

Os contratos de seguro celebrados por meios electrónicos estão, assim, a prefigurar-se, de um modo substancial, como verdadeiros contratos em rede, usualmente celebrados numa loja virtual[364].

O segurador[365], no seu sítio de comercialização em rede, apresenta uma gama de produtos, implementa o modo de concretização do contrato *on-line*, através de vários passos, dá e recebe as informações necessárias sobre o contrato, sobre a identidade das partes e sobre o risco, cria as condições para que o pagamento possa ser efectuado e disponibiliza os documentos necessários. Em poucos minutos[366] finaliza-se o contrato de seguro.

Esta finalização ocorre efectivamente com a eliminação do requisito formal de validade na LCS. Até lá, havia que lidar com a questão da forma, como requisito de validade.

2. Canais de distribuição

A distribuição de seguros é a colocação de produtos da área seguradora no mercado[367].

---

[364] Podem ser consultados dados sobre a evolução do mercado, nomeadamente, nos sítios da *Internet* do Instituto de Seguros de Portugal, em www.isp.pt e da Associação Portuguesa de Seguradores, em www.aps.pt , consultados em várias datas, durante os anos de 2006 a 2009.

[365] Ou o mediador, que não estamos a considerar no âmbito da nossa análise.

[366] 3 minutos e 53 segundos é o tempo anunciado pela Logo Seguros para ser feito um novo contrato de seguro automóvel. Cfr. Comunicado de Imprensa de 14 de Janeiro, em www.logo.pt .

[367] Veja-se JEAN BIGOT, *Traité de Droit des Assurances*, tome 2 La distribuition de l'assurance, Paris, 1999, p. 3, que define «(...) la distribution est un «fonction économique consistant à assurer l'écoulement des produits du stade de la production à celui de la consommation.» e considera que «De prime abord il peut paraître étonnant

A colocação de seguros no mercado pode ser efectuada directamente pelos seguradores ou através do recurso a outra entidade[368] denominando-se, respectivamente, distribuição directa e distribuição indirecta.

Os canais de distribuição são os meios usados para proceder à colocação de produtos no mercado.

Os seguradores podem, através dos seus serviços comerciais, nas instalações da empresa, ou em prospecção no terreno, comercializar os seus seguros ou podem recorrer ao canal tradicional que é a mediação[369].

Podem, ainda, recorrer a outros canais[370], como a banca e os CTT[371] e, mais recentemente, a novas vias associadas ao desen-

---

d'utiliser cette expression pour la commercialisation des contrats d'assurance. En effet cette expression est surtout utilisée pour la commercialisation de biens tangibles. Cependant on l'utilise plus en plus pour la commercialisation des services.». Veja-se, também, JOSÉ VASQUES, *Direito dos Seguros*, Coimbra Editora, 2005, 311 e ss..

[368] PEDRO ROMANO MARTINEZ, *Direito dos Seguros*, cit., p. 71, quanto à "Distribuição do seguro no mercado", refere que "Para "vender" os seus produtos (seguros) aos potenciais interessados, o segurador recorre a diversos meios, desde a tradicional abertura de balcões ao recurso a intermediários e a empresas associadas, frequentemente bancos.".

[369] Cfr., sobre intermediação de seguros, PAULA RIBEIRO ALVES, *Estudos de Direito dos Seguros: Intermediação de Seguros e Seguro de Grupo*, cit..

[370] Um outro canal de distribuição tem-se vindo a impor, cada vez com mais intensidade, embora não seja habitualmente considerado nesta problemática. Referimo-nos aos tomadores de seguros de grupo. Embora os seguros de grupo não apareçam, normalmente, classificados como um canal de distribuição de seguros, há autores que os consideram nessa perspectiva. Veja-se, JEAN BIGOT, *Traité de Droit des Assurances*, cit, que refere que as seguradoras podem recorrer, a par dos mediadores, «soit d'autres supports que sont les associations souscriptrices d'assurance collectives, ouvertes à l'adhésion des adhérents ; les établissements de crédit (banque ou établissements de crédit). Veja-se, também, manifestando preocupação sobre o enquadramento na Directiva sobre Mediação, JOSÉ PEREIRA MORGADO, "A Mediação de Seguros", in Boletim Informativo APS, n.º 108, Março 2003, p. 6 e sobre a situação dos bancos como tomadores de seguros de grupo, em França, CATHERINE DUFRÊNE e ANNE VATHAIRE, com GÉRARD DEFRANCE, «Directive sur L'Intermédiation, Le décret qui menace le courtiers», L'Argus de L'Assurance, n.º 6968, 10 mars 2006, p. 9 . Veja-se, sobre as questões de representação na mediação, JOSÉ CARLOS MOITINHO DE ALMEIDA, "O Mediador na Conclusão e Execução do Contrato de Seguro", in Scientia Iuridica, Tomo LV, n.º 305, Jan.-Mar. 2006, pp. 23 e ss..

[371] Veja-se, sobre os números disponíveis relativos à distribuição de seguros, em 2004, EDUARDO FARINHA PEREIRA, "Caracterização da actividade de mediação de seguros", in Fórum, n.º 22, Maio 2006, pp. 26 e ss., também publicado no Relatório do Sector Segurador e Fundos de Pensões, disponível no sitio do Instituto de Seguros de Portugal, em www.isp.pt . Veja-se, em relação a 2003, Instituto de Seguros de Portugal, "A Mediação, Prospecto Informativo sobre dados estatísticos de Mediação", referente a 2003, disponível gratuitamente na Biblioteca do Instituto de Seguros de Portugal.

volvimento das tecnologias de comunicação, como o telefone e a *Internet* [372].

Embora os canais tradicionais e os novos canais surjam equilibrados[373], em termos globais, uma análise segmentada demonstra uma grande disparidade.

Critério diferente de apresentar os canais de distribuição assenta na distinção entre canais de distribuição directa e indirecta.

A distribuição directa é aquela que é efectuada pelos seguradores. As empresas de seguros, através dos seus funcionários, apresentam os seus produtos, normalmente nos seus próprios serviços de atendimento aos clientes.

Paralelamente à distribuição directa efectuada pelo segurador, existe a colocação de seguros no mercado através de entidades distintas da empresa de seguros. Destaca-se, pela sua preponderância, tradição e regulamentação o canal de distribuição clássico, que é a mediação de seguros.

---

[372] Sobre a origem e significado de *Internet*, veja-se ALEXANDRE DIAS PEREIRA, "Instrumentos de Busca, Direitos Exclusivos e Concorrência Desleal, Direito da Sociedade da Informação, Volume III, Associação Portuguesa do Direito Intelectual, Coimbra Editora, 2002, p. 222 que refere que "A palavra internet é um neologismo proveniente, como tantos outros, do inglês. Poderíamos traduzi-la em português por "rede interactiva". A interactividade é uma dimensão essencial da Internet, que se deve, em boa medida, aos instrumentos de busca." e SEBASTIÃO NÓBREGA PIZARRO, Comércio Electrónico, Contratos Electrónicos e Informáticos, cit., pp. 40 e ss.. Cfr, sobre a importância da Internet, ALEXANDRE DIAS PEREIRA, "A Globalização, a OMC e o Comércio Electrónico", Separata da revista Temas da Integração, n.º 14-2002, Almedina-Coimbra, pp. 131 e ss. e QUN G. JIAO and LEWIS-GUODO, Internet Resources and Services for International Finance and Investment, Oryx Press, 2001, Preface, que consideram que "Over the last decade, the Internet has become the most powerful finance and investment tool for business, government, and individual investors.".

[373] Os canais novos com 54,5% e os tradicionais com 45,5%, segundo EDUARDO FARINHA PEREIRA, *Caracterização da actividade de mediação de seguros*, cit., p. 34. No entanto, verifica-se que, no ramo "Vida", 83,1% da distribuição da produção cabe aos novos canais e que nos ramos "Não Vida" os canais tradicionais são responsáveis por cerca de 87,7% da produção (*Idem* pp. 34 e ss..). O fortíssimo peso dos novos canais no ramo "Vida" tem como responsáveis os bancos que assumiram um papel fundamental na comercialização de seguros com uma forte componente financeira. Portugal aparece numa posição largamente maioritária no que diz respeito à comercialização de produtos do ramo "Vida" pelos bancos e CTT, quando comparado com os outros países comunitários. Nos ramos "Não vida", os agentes têm um papel de destaque, embora o peso da banca/CTT em Portugal, também aí, seja muito significativo, nomeadamente, em comparação com outros países da União Europeia.

No entanto, outros canais se impõem, tendo vindo a ganhar relevância a comercialização através da *Internet*[374] e por telefone.

Estes novos canais de distribuição poderão ser enquadrados, quer na distribuição directa, quer na distribuição indirecta. Em relação a eles, há que cruzar o meio usado, com o modo de comercialização. O telefone tanto pode ser usado pelo segurador, como pelo mediador, o mesmo acontecendo com a *Internet*[375].

Existe, assim, um feixe de relações cruzadas entre o canal de distribuição que indica o meio como a comercialização é efectuada e o modo directo ou indirecto dessa distribuição.

O desenvolvimento tecnológico permite perspectivar que num futuro muito próximo a televisão interactiva e os telefones móveis, com as suas funcionalidades sempre em crescimento vão trazer mundos cada vez mais novos à área seguradora que, como todas, irá navegar e conduzir-se rumo a novas formas de comercialização.

No entanto, assente está que os canais de distribuição relevantes para a comercialização à distância de seguros são, actualmente, a *Internet* e o telefone.

É sobre estes que incidirá a nossa análise.

3. Questões prévias

Na linha da busca da simplificação da exposição, há duas questões transversais à análise do contrato de seguro à distância que devem ser antecipadamente arrumadas.

São, por um lado, a diferença de regimes, consoante o cliente do seguro seja qualificado como consumidor ou como não consumidor e,

---

[374] Cfr. sobre o canal *Internet*, AAVV – "Situación de los Canales de Distribución", in Actualidade Aseguradora, Documento, n.º 7, 26 Febrero 2007, AAVV – "Sobre todo ventajas", Cuestionario en portada in Actualidad Aseguradora, n.º 6, 19 Febrero 2007, pp. 8 e ss., CRISTINA ÁLVAR MARTÍ-AGUIL, "Web de la Mediación 2006", in Actualidad Aseguradora, Documento, n.º 29, ano 115, septiembre 2006, JEAN MARK COLANESI, "Vender Seguros en Internet es posible?", in Actualidad Aseguradora, n.º 25, ano 116, 2 julio 2007, pp. 60 e ss. e MANUEL CHICOTE, «Internet: por Debajo de las Expectativas», in Actualidad Aseguradora, n.º 10, ano 116, marzo 2007, Documento.

[375] Cfr. MIGUEL SILVEIRA, *A Qualidade de Serviço dos Seguros, Do Modelo Tradicional ao Ambiente Digital*, Principia, 2008, p. 79 em que o telefone e a *Internet* surgem diferenciados e fora da categoria "Outros" em que usualmente são considerados.

por outro lado, a diferença de regimes, no que diz respeito ao contrato de seguro que se encontra num período de transição.

Assim, estaríamos perante quatro regimes diferentes e cruzados, para além dos vários diplomas que se aplicam a esta matéria.

Há, portanto, que procurar simplificar sistematizando.

3.1. Protecção de consumidores e de não consumidores

É importante, perante um contrato de seguro celebrado à distância, determinar a qualidade do cliente de seguros, no que diz respeito à sua inserção na categoria de consumidor ou de não consumidor.

Como ficou descrito[376], a protecção prevista por vários diplomas não é idêntica para todos os clientes de seguros, distinguindo consumidores e não consumidores.

Tal pode ocorrer de um modo mais radical, como acontece com o DL 95/2006, que restringe totalmente o seu âmbito de aplicação a consumidores, figura que define.

Ou pode acontecer de um modo moderado, estabelecendo-se regimes de protecção objectiva que estipulam protecção mais rigorosa para os que apresentam a qualidade de consumidores, como acontece com o DL 7/2004 e com o RCCG.

No âmbito do Direito dos Seguros, a regra é a da protecção do tomador de seguro, não sendo a expressão consumidor praticamente usada. O legislador, em regra, estabelece uma protecção genérica e objectiva do cliente de seguros de massas, através da criação de condições objectivas de transparência e clareza do mercado de seguros.

Assim sendo, não temos, à partida, protecção diferenciada para consumidores e não consumidores no Direito dos Seguros, mas existe essa diferenciação nos restantes diplomas que regulam o contrato de seguro à distância.

3.1.1. *Consumidores*

Consumidor, numa síntese livre das várias noções que pululam na legislação comunitária e já na nacional, será uma pessoa singular que, no âmbito da sua actividade pessoal, celebra o contrato com um profissional[377].

---

[376] Cfr. supra I – A – 3., II-A-1.2.3..
[377] Cfr. supra II – A – 1.2.3.

Caiem fora desta categoria as pessoas colectivas, as pessoas singulares que contratem no âmbito de uma actividade profissional e as pessoas singulares que, embora no âmbito da sua esfera pessoal, contratem com outras pessoas que também estejam a actuar no âmbito da sua esfera pessoal e não no exercício duma actividade profissional[378].

As pessoas, qualificadas como consumidores, que celebram um contrato electrónico, merecem a protecção do DL 95/2006 e DL 57/2008, bem como do DL 7/2004, imperativo para os consumidores e, ainda, da protecção acrescida dada a consumidores pelos artigos 20.º a 23.º do RCCG.

São, depois, no âmbito do contrato de seguro, actualmente, protegidos pela LCS.

3.1.2. Não consumidores

Os não consumidores terão a protecção objectiva que o legislador consagrou para as situações que entendeu que a mereciam.

Desde logo, a conferida aos tomadores de seguros pela legislação desta área, tanto no regime anterior, como na LCS, a conferida aos aderentes a cláusulas contratuais gerais, pelo RCCG, com excepção da parte que só se aplica a consumidores[379] e a conferida pelo DL 7/2004, aos que realizam contratos através de meios electrónicos[380].

Os não consumidores não terão a protecção da legislação que regula a contratação à distância, nomeadamente o DL 95/2006 para os seguros, considerados serviços financeiros, nem da legislação que proíbe as práticas comerciais desleais.

3.1.3. Atenuação prática da distinção

Embora assim seja, julgamos que no âmbito do contrato de seguro em rede, isto é, do contrato de seguro celebrado numa loja ou ponto de venda virtual encontra-se, na prática, atenuada a distinção da protecção a consumidor e não consumidor, pelo menos no que diz respeito aos deveres de informação pré-contratual.

---

[378] Se uma pessoa singular vende a outra um qualquer objecto pessoal, para uso pessoal do comprador, nenhum dos dois é consumidor.

[379] Os artigos 20.º a 23.º do RCCG.

[380] Esta protecção, em relação a algumas disposições, pode ser afastada por acordo das partes que não sejam consumidores.

Isto porque o segurador que se propõe celebrar contratos de seguro em rede e, para tal, constrói a sua loja virtual, não pode saber antecipadamente se aqueles que se lhe vão dirigir são ou não consumidores.

Nessa medida, a loja deverá ser construída de modo adequado a cumprir os deveres de informação exigidos para consumidores e sendo um não consumidor o interessado em contratar, beneficiará da estrutura já montada.

Assim sendo, na prática, os clientes de seguros em rede terão, ao nível da informação pré-contratual a mesma protecção, sendo ou não consumidores.

No que diz respeito ao direito de livre resolução do contrato, embora na perspectiva do contrato celebrado à distância este só exista para consumidores, estando em causa um contrato de seguro, o direito de livre resolução existe, embora em termos diferentes, para o tomador de seguro, independentemente de ser ou não consumidor, em sede de legislação sobre o contrato de seguro[381].

A outros níveis, haverá as diferenças que resultem do DL 95/2006 e de outra legislação de defesa do consumidor que seja aplicável ao contrato, de que se destaca o DL 57/2008.

3.2. Práticas comerciais desleais

A nova regulamentação sobre práticas comerciais desleais[382], constante do DL 57/2008, abrange o contrato de seguro electrónico e vem

---

[381] Cfr. supra e infra II-A-3. e III-5..

[382] Cfr. sobre práticas comerciais desleais, JULES STUYCK, EVELYNE TERRYN e TOM VAN DICK – "Confidence Through Fairness? The new Directive on Unfair Business-to-Consumer Commercial Practices in the Internal Market", in Common Market Law Review 43, 2006, pp. 107 e ss., J. PEGADO LIZ, "A "lealdade" no comércio ou as desventuras de uma iniciativa comunitária (análise crítica da Directiva 2005/29/CE)", in Revista Portuguesa de Direito do Consumo, n.º 44, Dezembro de 2005, pp.17 e ss., JOÃO ALMEIDA GARRETT, "O Conceito de "Influência Indevida" e a Liberdade de Contratar", in Revista Portuguesa de Direito do Consumo, n.º 51, Setembro de 2007, pp.9 e ss., LUÍS MENEZES LEITÃO, "A Protecção do Consumidor contra as Práticas Comerciais Desleais e Agressivas", in Estudos de Direito do Consumidor, Centro de Direito do Consumo, Faculdade de Direito da Universidade de Coimbra, n.º 5, Coimbra, 2003, pp. 163 e ss., OLAF MEYER, ""The regulation of Unfair Comercial Practices under EC Directive 2005/29: New Rules and New Techniques" – Results of the Conference which took place on 3 March 2006, at Oxford", in European Review of Private Law 1-2007, pp. 169 e ss., in www.kluwerlawonline, consultado em 02/04/2007 e OSCAR LÓPEZ SANTOS, "La Directiva sobre Prácticas Comerciales Desleales: Antecedentes, Descripción y Comentario Crítico", in Revista Portuguesa de Direito do Consumo, n.º 47, Setembro de 2006, pp. 15 e ss..

trazer mais uma zona de sobreposição de regulamentação no que diz respeito a esta matéria, com consequências adicionais em relação à validade e subsistência do contrato de seguro.

O art. 4.º do DL 57/2008 estabelece que "São proibidas as práticas comerciais desleais.".

O legislador vem depois concretizar algumas práticas desleais e, no art. 9.º, vem tratar das "Omissões enganosas".

O n.º 1 daquele artigo estabelece que é enganosa "(...) a prática comercial: a) que omite uma informação com requisitos substanciais para uma decisão negocial esclarecida do consumidor:".

O n.º 3 vem enunciar que "São considerados substanciais os requisitos de informação exigidos para as comunicações comerciais na legislação nacional decorrentes de regras comunitárias.", estabelecendo o n.º 4 que "Para efeitos do número anterior, consideram-se, nomeadamente, os seguintes diplomas: (...) d) Decreto-Lei n.º 94-B/95[383], de 17 de Abril, que aprova o regime jurídico das condições de acesso e de exercício da actividade seguradora e resseguradora no território da Comunidade Europeia[384]; (...) i) Decreto-Lei 7/2004, de 7 de Janeiro, que aprova o regime jurídico do comércio electrónico; (...) l) Decreto-Lei n.º 95/2006, de 29 de Maio, que aprova o regime jurídico da comercialização à distância dos serviços financeiros prestados ao consumidor;".

Isto é, o DL 57/2008 considera prática comercial enganosa a omissão dos deveres de informação contidos nesses diplomas, com as consequências nele previstas.

3.3. Regime anterior a 2009 e novo regime do contrato de seguro

No que diz respeito ao período de transição em que estamos relativamente à legislação sobre o contrato de seguro, a questão estrutural de diferenciação em relação ao contrato de seguro à distância diz respeito à exigência de forma como requisito de validade do contrato no regime anterior, que deixa de existir no novo.

Como se viu[385], também ao nível dos deveres de informação e da resolução do contrato há diferenças relevantes.

---

[383] Lapso no ano.

[384] Há que considerar a questão sobre se a remissão efectuada para o DL 94-B/98 se pode considerar realizada actualmente para o LCS.

[385] Cfr. supra III – 4.1 e 4.2 e III – 5.1 e 5.2..

Mantêm-se aplicáveis a legislação sobre a comercialização à distância e o RCCG, bem como o Código Comercial e o Código Civil. Essa questão não levantaria grandes dúvidas, mas o legislador da LCS deixou-a, definitivamente, clara[386].

O regime da contratação electrónica, declara-se aplicável a todo o tipo de contratos celebrados por via electrónica ou informática[387], sendo portanto aplicável aos contratos de seguro[388].

Há que procurar, da melhor forma, apresentar a conjugação destes diplomas no contrato de seguro à distância.

4. Figuras relevantes

O contrato de seguro à distância pressupõe a existência de um sistema organizado pelo segurador com vista à comercialização à distância de seguros e pressupõe que a negociação e conclusão do contrato sejam realizadas sem a presença física e simultânea das duas partes.

Os meios de comunicação à distância mais usuais actualmente são os computadores e os telefones[389].

A democratização do acesso aos computadores tornou-os interessantes como pontos de venda. As empresas têm consciência que os seus clientes procuram informação através dos motores de busca[390] da *Internet* e esperam encontrá-las.

---

[386] Art. 3.º e art. 4.º do LCS. Acrescenta, ainda, a legislação de defesa do consumidor. Nesta área do contrato de seguro à distância os diplomas mais relevantes são o DL 95/2006 e o novo DL 57/2008.

[387] Art. 24.º do DL 7/2004.

[388] Embora o legislador do LCS não se tenha referido à matéria, ao contrário do que aconteceu com outros diplomas, será pacífica a sua aplicação, visto que o próprio DL 7/2004 se declara aplicável a todo o tipo de contratos celebrados por via electrónica e informática e os seguros electrónicos incluem-se nessas categorias.

[389] A evolução tecnológica permite, até, que se reunam num mesmo aparelho já sendo possível falar através do computador e navegar na *Internet* e enviar mensagens de correio electrónico através de um telefone móvel. Está cada vez mais vulgarizado o "Skipe", sistema de chamadas telefónicas através do computador. De acordo com a informação constante do seu sítio na *Internet*, em www.skipe.com , consultado em 29/03/2008, este sistema pode ser "descarregado" directamente, é gratuito entre os utilizadores Skipe e permite efectuar "chamadas baratas para telefones fixos e telemóveis em todo o mundo". Por seu lado, os telefones móveis de última geração permitem o acesso à *Internet*, o envio de correio electrónico, capturar imagens, ver filmes e ouvir música e uma série de outras funcionalidades que vão desenvolvendo e aperfeiçoando.

[390] Os motores de busca originam uma série de questões, nomeadamente, relacionadas com a protecção das marcas, concorrência desleal ou publicidade. Veja-se, sobre

O contrato de seguro à distância é, portanto, prioritariamente o contrato de seguro electrónico, realizado no âmbito de uma loja virtual, através de comunicação entre o segurador[391] e o interessado no seguro.

O contrato de seguro celebrado por telefone, deve ser autonomizado por ser um canal de distribuição de seguros diferenciado e por o contrato celebrado através de comunicação por telefonia vocal ser especificamente tratado na legislação da contratação à distância.

4.1. Contrato electrónico

Como se verificou[392], o legislador consagrou espécies diferenciadas de contratos electrónicos, com natureza ou amplitudes diferentes, no âmbito das suas previsões sobre "Contratação Electrónica", nos artigos 24.º e seguintes do DL 7/2004.

Do seu art. 30.º resulta a identificação de contratos negociados e celebrados através de comunicações electrónicas individualizadas[393], que estariam excluídos da aplicação do regime estabelecido nos artigos 27.º a 29.º daquele diploma.

Os contratos electrónicos[394] celebrados numa loja virtual, que venham a implicar comunicações individualizadas para a concretização da situação

---

questões relacionadas com os motores de busca, ADELAIDE MENEZES LEITÃO, "Metatags e Correio Electrónico entre os Novos Problemas do Direito da *Internet*", in Direito da Sociedade da Informação, Volume IV, Associação Portuguesa do Direito Intelectual, Coimbra Editora, 2003, pp. 405 e ss., ALEXANDRE DIAS PEREIRA, "Instrumentos de busca, direitos exclusivos e concorrência desleal", cit., pp. 221 e ss. e JOSÉ DE OLIVEIRA ASCENSÃO, "A liberdade de Referências em linha e os seus limites", *idem* "Hyperlinks, frames, metatags – A segunda geração de referências na Internet", in Direito da Sociedade da Informação, Volume III, Associação Portuguesa do Direito Intelectual, Coimbra Editora, 2002, pp. 9 e ss..

[391] Ou o mediador. Reafirma-se, no entanto, e dado que a celebração de contratos por mediador levanta toda outra problemática que não cabe aqui analisar, que trataremos do contrato apresentado e celebrado pelo segurador.

[392] Cfr. supra II – B – 1..

[393] Ainda realizada através de um meio electrónico. Cfr., neste sentido, JOSÉ DE OLIVEIRA ASCENSÃO, "Introdução à Perspectiva Jurídica", cit., pp. 104 e ss. que defende que "Contrato electrónico é aquele que é celebrado exclusivamente por via electrónica, inclusive na sua conclusão. Portanto, quando há no iter da celebração algum elemento em que outra via de contacto tenha sido trilhada, já não estamos perante um contrato electrónico.".

[394] Cfr. sobre a formação do contrato electrónico, ÁNGEL FERNÁNDEZ-ALBOR BALTAR, "Aspectos Fundamentales de la Contratación Electrónica", in Comercio Electrónico en Internet, dirigido por José António Gómez Segade – Marcial Pons, 2001, pp. 287 e ss.,

específica apresentada pelo destinatário dos serviços, partilham do regime comum da contratação electrónica, suscitam a aplicação dos artigos 27.º e 28.º do DL 7/2004, mas já não parecem comportar a aplicação do seu art. 29.º, embora se tenham iniciado por uma oferta em rede[395].

A contratação numa loja virtual pode implicar a concretização, para a situação concreta do destinatário que se apresenta, de algumas condições ou valores. É o que acontece, em regra, no contrato de seguro[396], por natureza complexo[397].

O contrato electrónico[398], ocorre por excelência uma loja virtual[399] que deverá estar preparada para responder às exigência legais mais rigorosas.

ANDREW D. MURRAY, "Entering Into Contracts Electronically : The Real W.W.W., in Law and the Internet", A Framework for Electronic Commerce, Edited by Lilian Edwards and Charlotte Waelde, Second Edition, Hart Publishing, Oxford – Portlad Oregon, 2000, pp. 21 e ss., CARLOS ROGEL VIDE, "En Torno al Momento y Lugar de Perfeccion de los Contratos Concluidos Via Internet", in Direito da Sociedade da Informação, Volume II, Associação Portuguesa do Direito Intelectual, Coimbra Editora, 2001, pp. 57 e ss., EMÍLIO TOSI, "La Conclusione di contratti "online"", in I Problemi Giuridici di Internet, Dall'E-Commerce all'E-Business, a cura di Emilio Tosi, Diritto dell'informatica, Collana diretta da Guido Alpa, 15, Seconda edizione, Giuffrè editore, 2001, pp. 11 e ss., FABRÍCIA DE ALMEIDA HENRIQUES, "O Momento da Conclusão do Contrato Celebrado através da Internet", Relatório de Mestrado disponível na biblioteca da Faculdade de Direito da Universidade de Lisboa, com a cota T-3398, 2002, FABIO BRAVO, «La Conclusione del Contrato per Via Telematica», in Le Assicurazioni Private, a cura di Guido Alpa, Tomo I, UTET Guiridica, 2006, pp. 902 e ss. e ROSA JÚLIA-BARCELÓ, Etienne Montero e Anne Salaun, «La Proposition de Directive Européene sur le Commerce Électronique: Questions Choisiers», in Commerce Électronique, Le Temps des Certitudes, Cahiers du Centre de Recherches, Informatique et Droit, n.º 17, Bruylant, Bruxelles, 2000, pp. 2 e ss..

[395] Cfr. supra II – B – 2..

[396] Poderá, também, acontecer em contratos que impliquem um orçamento e, de um modo geral, em casos que impliquem a avaliação das circunstâncias apresentadas pelo destinatário dos serviços, para a determinação do valor e do âmbito do contrato.

[397] Num contrato de seguro cujo o risco concreto necessita de descrição do tomador de seguro, avaliação e determinação do preço pelo segurador, análise de condições contratuais normalmente extensas e densas, à apresentação da oferta em rede numa loja virtual segue-se, em regra, uma série de troca de informações e dados de identificação, que vão individualizar aquele contrato. Tal não exclui a possibilidade de, em seguros simples e muito normalizados, ser possível concretizar contratos de seguro em linha, sem que exista troca de comunicações individualizadas.

[398] Esta denominação poderia abranger, também, os contratos celebrados através meios electrónicos em que exista exclusivamente comunicação por correio electrónico ou outro meio electrónico de comunicação individual, embora para que estejamos perante um contrato à distância seja necessário, nos termos do art. 2.º, alínea a) que exista "um sistema de venda ou prestação de serviços organizados, com esse objectivo, pelo prestador.". O que exclui, por exemplo, um contrato em que o tomador de seguro dirige uma mensagem

4.2. Contrato em linha

O contrato em linha é um contrato electrónico e, como tal, pressupõe o mesmo nível de exigência daquele, como ponto de partida.

Os contratos em linha, celebrados de acordo o regime específico do artigo 29.º do DL 7/2004, são contratos celebrados numa loja virtual, por adesão às condições apresentadas, simplesmente escolhendo de entre as possibilidades apresentadas. São estruturalmente normalizados, concluindo--se com simples "clics" que vão identificando as opções tomadas. Não implicam, sequer, identificação detalhada do destinatário do serviço, excepto o seu endereço de correio electrónico, para onde deve ser enviado o aviso de recepção[400]. Nestes contratos o pagamento é, usualmente, realizado em linha, através do recurso a cartões de crédito, ou através de pagamentos de serviços no Multibanco ou por transferência bancária que, depois, se comprovam na loja virtual.

Este processo de formação implica a realização de comunicações com sujeitos determinados, nomeadamente a ordem de encomenda, a sua confirmação e o aviso de recepção[401].

A dinâmica da celebração destes contratos adequa-se à comercialização de bens e serviços cujos contornos e preço se encontram clara e previamente determinados, de modo a que o cibernauta interessado possa simplesmente aderir. E, dado que essa possibilidade é tão simples como carregar num botão ou numa tecla do computador, o legislador preocupou--se em garantir que quaisquer erros poderiam ser detectados e corrigidos antes da vinculação, estaria disponível a informação essencial ao contrato, o aderente saberia que a sua encomenda havia chegado ao destinatário e, mais uma vez, a poderia conferir reafirmando a sua vontade.

Esta preocupação do legislador, justificada no âmbito estrito da regulamentação da contratação electrónica, encontra também solução, visto

---

de correio electrónico para o endereço do segurador e negoceiam, por essa via ou acessoriamente por telefone, o contrato e celebram-no através de comunicações electrónicas, sendo enviada a apólice devidamente assinada ao tomador. Este contrato é um contrato electrónico, mas não cabe na noção de contrato à distância do art. 2.º, alínea a) do DL 95/2006.

[399] Poderá ser exclusivamente dedicada à celebração de contratos *on-line*, ou ser um sítio na *Internet* que, a par de disponibilizar informação que a empresa pretende divulgar, proporciona essa possibilidade.

[400] E a morada do destinatário, caso seja necessário efectuar alguma entrega.

[401] Cfr. supra, sobre a diferença entre comunicações individualizadas e comunicações com sujeitos determinados, II – B – 1.2..

que se tratam de contratos celebrados à distância, no direito de o aderente dele desistir, no prazo de catorze dias[402].

O mercado de seguros está a apostar na simplicidade, na sistematização e na rapidez, oferecendo uma alternativa real, ainda que digital, à contratação de seguros personalizada, estando em franca expansão o recurso ao contrato de seguro electrónico e, até, ao contrato de seguro em linha. Pode acontecer que o segurador se predisponha a aceitar riscos previamente determinados, com um preço definido[403]. Nestes casos, dirige-se à sua contraparte, de um modo objectivo. Não é relevante quem seja. Tudo se passa de um modo normalizado, objectivo, quantitativo, sem atender à pessoa em concreto, sem haver qualquer negociação, sem haver comunicação específica, concreta, pessoal e diferenciada entre as partes.

Estes serão os contratos de seguro em linha.

4.3. Contrato por telefone

O telefone apresenta-se como um meio alternativo, quando a iniciativa da contratação ocorre por essa via e o contrato se celebra, na íntegra, verbalmente, através desse meio de comunicação electrónica.

O telefone, ou na terminologia do DL 95/2006, a comunicação por telefonia vocal, efectivando-se através da voz, não permite, por natureza, escrever ou mostrar documentos escritos contendo as informações pré-contratuais exigidas. Mesmo que seja um aparelho dos mais evoluídos, a possibilidade de tal ocorrer já não tem a ver com a telefonia vocal, mas sim com o facto de o telefone poder permitir o acesso à *Internet* e enviar e receber correio electrónico. Nessa situação já se estará, de novo, no âmbito do contrato de seguro electrónico, embora o acesso à *Internet* possa ser feito através de um aparelho de telefone móvel.

Assim sendo, um contrato celebrado exclusivamente através de comunicações por telefonia vocal, usando a voz, tem a limitação inerente ao facto de, por essa via, não ser possível cumprir integralmente os deveres de informação. Por isso, é objecto de regulamentação específica no DL 95/2006.

---

[402] De acordo com o art. 19.º e seguintes do DL 95/2006.

[403] Esta situação ocorre com frequência em contratos de seguro associados a outros contratos. Por exemplo, um contrato de seguro associado à compra de um bem que vai ser entregue, que cubra os riscos do transporte, ou um seguro associado à aquisição de uma viagem, que cubra os riscos de cancelamento da viagem e perda de bagagem.

5. Terminologia adoptada

É necessário assentar na denominação e na delimitação das figuras especialmente relevantes para o contrato de seguro à distância.

Vamos, pois, adoptar a denominação "contrato de seguro electrónico" para os contratos de seguro celebrados através da utilização de computadores, em rede, num sítio da *Internet*, no âmbito de uma loja virtual, em que existe comunicação individual entre as partes, nomeadamente através do preenchimento de formulários de identificação do tomador de seguro e do risco que apresenta e de avaliação dessa concreta situação pelo segurador. Celebrado o contrato a apólice assinada pelo segurador é enviada, usualmente por correio electrónico para o tomador. A negociação e celebração do contrato de seguro electrónico pode ser complementada por telefone ou por outro meio de comunicação electrónica.

A denominação "contrato de seguro em linha" ficará reservada para os contratos celebrados simplesmente por adesão, no âmbito de uma loja virtual, sem negociação, nem comunicações individualizadas, submetidos ao regime específico do art. 29.º do DL 7/2004.

A denominação "contrato de seguro por telefone" ficará reservada para os contratos que se celebram exclusivamente através de comunicação por telefonia vocal, encontrando-se sujeitos ao regime do art. 18.º do DL 95/2006.

Vamos, pois, tratar do contrato de seguro electrónico e, a seu propósito concretizar a conjugação dos regimes em causa.

Trataremos depois das especificidades do contrato de seguro em linha e do contrato de seguro por telefone.

B – CONTRATO DE SEGURO ELECTRÓNICO

O contrato de seguro electrónico[404] é, como se viu, um contrato de seguro celebrado à distância, através de comunicações electrónicas, no âmbito de um sistema de prestação de serviços organizado para esse efeito. O prestador de serviços exerce a actividade seguradora, para o que necessita da correspondente autorização e de se encontrar registado junto da entidade de supervisão respectiva.

Uma loja virtual, um sítio na *Internet* será o modo mais corrente de organizar, actualmente, um sistema de comercialização de seguros à distância[405].

Iniciando-se numa loja virtual haverá, no decurso da negociação, ou na celebração do contrato, comunicação electrónica directa e pessoal entre as partes que definem, especificamente, alguns aspectos do negócio.

Será um contrato celebrado entre segurador e tomador de seguro, que o negociam e concluem sem a presença física e simultânea de ambos.

Caso o contrato se realize através de correio electrónico ou outro meio de comunicação individual, a negociação passa-se de um modo

---

[404] Sobre a contratação electrónica de seguros, veja-se CATARINA FIGUEIREDO CARDOSO, "A actividade seguradora na Internet, Alguns Aspectos", in Fórum, Ano VI, n.º 15, Agosto 2003, pp. 19 e ss., *idem* "A obrigação de prestação de informações pré-contratuais no âmbito da actividade seguradora e dos fundos de pensões, O comércio electrónico em especial", in Fórum, Ano VIII, n.º 19, Agosto 2004, pp. 19 e ss. e *idem* "O contrato de Seguro na *Internet*, Alguns Aspectos", in Fórum, Ano VII, n.º 16, Janeiro 2003, pp. 45 e ss., CRISTINA GARCIA, "Información en y para Internet", in Actualidad aseguradora, n.º 13, año 112, 14-IV-3003, p. 37, ELENA MENDOZA, "Internet, evolución de los modelos de negocio", in Actualidad aseguradora, n.º 13, año 112, 14-IV-3003, p. 38, FRANCISCO CAEIRO DA SILVEIRA, *Seguros em Ambiente Digital – Cadeia de Fornecimento e Qualidade de Serviço*, Universidade de Aveiro, 2005, JOSÉ CARAMELO GOMES, "Contrato de Seguro e Tecnologias de Informação", in III Congresso Nacional de Direito dos Seguros, Almedina, 2003, pág. 65 a 80/122, JOSÉ DIOGO MADEIRA, "E-seguros: Oportunidades e Ameaças", Fórum, Ano IV, n.º 12, Dezembro 2000, pp. 47 e ss., ÓSCAR GONZÁLEZ, "Los Sistemas de Negociación Online (e-markets)", in Actualidad aseguradora, n.º 13, año 112, 14-IV-3003, pp. 39 e ss., PEDRO ROMANO MARTINEZ, "Contrato de Seguro e Informática", in III Congresso Nacional de Direito dos Seguros, Almedina, 2003, pp. 27 e ss., *idem Direito dos Seguros*, Principia, 1.ª Edição, 2006, pp. 72 e ss., PIERRE BICHOT, «Commerce Électronique, La distribution de contrats d'assurance en ligne, in La Tribune de l'Assurances», n.º 97, Février 2006, pp. 23 e ss., RAFAEL ILLESCAS ORTIZ, "Contratação Electrónica de Seguros", cit. e SANDRA CAMACHO CLAVIJO, "Contratação Electrónica de Seguros", cit..

[405] Normalmente complementado pelo telefone.

semelhante a qualquer contrato em que dois interlocutores comunicam entre si, propõem e contra-propõem, enviam formulários digitalizados ou através de outro meio electrónico como, por exemplo, o fax, até que chegam a um consenso, o seguro é aceite e é emitida e enviada a apólice.

Na essência um contrato assim não difere muito de um negociado e celebrado através da troca de cartas. No meio de comunicação é que está a diferença e esse meio de comunicação electrónico permite uma maior eficácia e rapidez.

Neste caso, como em qualquer outro, o contrato à distância pressupõe que as partes não estejam na presença física e simultânea uma da outra e que o segurador tenha organizado um sistema que integre meios de comunicação à distância, com o objectivo de, através deles, celebrar contratos.

Uma comunicação esporádica entre um segurador e um cliente, através de meios electrónicos que culmine na celebração do contrato não vai consubstanciar um contrato à distância, nos termos do DL 95//2006 e não vai consubstanciar um contrato electrónico, no sentido que adoptámos.

Os três vectores fundamentais para este tema, nomeadamente, a formação do contrato, os deveres de informação e o direito de livre resolução vão ser analisados enquanto componentes da realidade mais vasta e complexa que é o processo de formação do contrato de seguro electrónico.

A ideia de processo para a formação dos contratos, nomeadamente dos mais complexos como é o caso do contrato de seguro, ajuda a compreender a dinâmica que culmina na celebração de um contrato válido e eficaz[406]. Se, numa visão mais estrita a formação se reduz ao encontro de vontades, na forma adequada e, no caso do seguro, no pagamento do prémio, não há dúvida que o cumprimento ou não dos deveres de informação e o exercício ou não do direito de livre resolução do contrato vão também ser determinantes para a conclusão plena do contrato.

Procuraremos, após a análise parcelar, sintetizar o processo de formação do contrato de seguro electrónico.

---

[406] Cfr. sobre a formação do negócio jurídico, v.g., ANTÓNIO MENEZES CORDEIRO, *Tratado de Direito Civil Português*, cit. pp. 581 e ss. que refere que "A doutrina civil recuperou, com êxito, a ideia de processo, para explicar a formação do negócio jurídico.".

1. Formação do contrato

No âmbito da formação do contrato de seguro[407] electrónico será tratada especialmente a questão da forma, a obrigação de o prestador de serviços em rede manter um sistema eficaz de detecção e correcção de erros e a questão do pagamento do prémio de seguro que é, em regra, pressuposto de início das coberturas.

1.1. Forma e assinatura electrónicas

A forma do contrato electrónico é tratada no art. 26.º do DL 7/2004 e é abordada numa dupla perspectiva.

Por um lado, estabelecendo os requisitos que uma declaração[408] electrónica deverá ter para "satisfazer a exigência legal de forma escrita", por outro lado, estabelecendo os requisitos que uma declaração electrónica deverá ter para valer como documento assinado.

A forma aparece sempre ligada à ideia de documento e, embora o legislador no DL 7/2004 não tenha definido o que considera documento electrónico[409], fê-lo no DL 290-D/99, estabelecendo no art. 2.º alínea a) que é "o documento elaborado mediante processamento electrónico

---

[407] Refira-se sobre a formação do contrato de seguro, ANTÓNIO MENEZES CORDEIRO, *Manual de Direito Comercial,* cit, p. 579, que constata que "A formação do contrato de seguro está hoje rodeada de regras dispersas e de certa complexidade: precisamente o contrário do que seria de esperar, visto que, no fundamental, elas visam auxiliar o consumidor aderente.". Se acrescentarmos a complexidade que lhe advém por ser um contrato de seguro electrónico, celebrado à distância, verifica-se que a dificuldade de quem o pretende celebrar validamente, procurando protecção para áreas fundamentais e muito valiosas da sua vida e património, não é, realmente, pequena. E que as consequências de não se ter convenientemente formado um contrato de seguro, deixando desprotegido o seu putativo tomador podem ser de extrema gravidade.

[408] O legislador substitui o termo comunicação, normalmente usado, pelo termo declaração. Julgamos que é uma boa opção já que no âmbito da negociação e celebração dum contrato o que está em causa são, efectivamente, declarações negociais e não meras comunicações.

[409] Cfr. sobre documentos electrónicos, ANA COSTA DE ALMEIDA, *Direito e Internet,* MinervaCoimbra, 2002, pp. 25 e ss. e MIGUEL TEIXEIRA DE SOUSA, "O valor probatório dos documentos electrónicos", in Direito da Sociedade da Informação, Volume II, Associação Portuguesa do Direito Intelectual, Coimbra Editora, 2001, pp. 171 e ss., ISABEL ALEXANDRE, "Processo Civil Electrónico", in Revista do Ministério Público, Ano 28, Jul-Set. 2007, n.º 111, pp. 111 e ss..

de dados"[410]. Esses dados serão nos contratos, normalmente, textos escritos.

O art. 26.º do DL 7/2004 estabelece que "As declarações emitidas por via electrónica satisfazem a exigência legal de forma escrita quando contidas em suporte que ofereça as mesmas garantias de fidedignidade, inteligibilidade e conservação.".

É, pois, necessário para que as declarações electrónicas sejam suficientes para preencher os requisitos da forma escrita legalmente exigível, que reunam três qualidades[411]: a fidedignidade, a inteligibilidade e a conservação[412].

Antes duma breve análise sobre essas características, será importante aferir quais as qualidades de um documento escrito propriamente dito, de um documento escrito tradicional, daquele que o legislador conhecia quando consagrou a exigência de forma escrita.[413] Só assim será possível realizar uma comparação, senão rigorosa, pelo menos justa.

---

[410] Cfr. sobre a transferência electrónica de dados, vejam-se: MIGUEL PUPO CORREIA, «Problemas Jurídicos da Transferência Electrónica de Dados (EDI), Revista Electrónica Derecho Informático», n.º 13 (Agosto de 1999) in http://premium.vlex.com/doctrina/ REDI Revista Electronica Derecho Informatico, MÁRIO CASTRO MARQUES, "O Comércio Electrónico, Algumas Questões Jurídicas", cit., pp. 35 e ss., DÁRIO MOURA VICENTE, "Problemática Internacional da Sociedade da Informação", cit., pp. 201 e ss. e PAULA COSTA E SILVA, "Transferência electrónica de dados: a formação dos contratos, (O novo regime jurídico dos contratos electrónicos)", in Direito da Sociedade da Informação, Volume I, Associação Portuguesa do Direito Intelectual, Coimbra Editora, 1999, pp. 201 e ss.. Especificamente sobre a transferência electrónica de fundos, veja-se MARIA RAQUEL GUIMARÃES, "Comércio Electrónico e Transferências Electrónicas de Fundos", in O Comércio Electrónico, Estudos Jurídico-Económicos, Almedina, 2002, pp. 57 e ss..

[411] Os requisitos estabelecidos pelo art. 26.º do DL 7/2004 são cumulativos. Só preenchidos em simultâneo permitem a equiparação a documento escrito.

[412] O legislador espanhol foi menos exigente, considerando que a equiparação à forma escrita é possível desde que o contrato ou a informação fiquem contidas em suporte electrónico (art. 23.º da Ley 34/2002, de 11 de julio).

[413] O facto de ser escrito não é, realmente, o que melhor caracteriza o documento. Se fosse, não haveria dúvida em relação à maior parte dos documentos electrónicos que são, normalmente, escritos. A questão é que o "escrito" tradicional, supõe que tal ocorra num material físico em que se escreve, maxime, em papel. O legislador do Código Civil, que trata dos documentos a propósito da prova documental, nos artigos 362.º e seguintes, neste ponto, não ajuda, provavelmente por dar como adquirido o que é um documento escrito. Na legislação sobre assinatura electrónica, nomeadamente no Decreto-lei n.º 290- -D/99, de 2 de Agosto, o art. 3.º n.º 1 vem estabelecer que "(…) o documento electrónico satisfaz o requisito legal de forma escrita quando o seu conteúdo seja susceptível de representação como declaração escrita." o que, sendo redundante, também não acrescenta muito.

E ressaltam três: é em papel, é redigido em palavras legíveis num determinado idioma, é assinado pelo declarante[414].

São estas características que o legislador vem exigir para que o documento electrónico possa equiparar-se ao documento escrito: que possa ser conservado, que se perceba e que seja verdadeiro, quer em termos de conteúdo, quer em termos de autoria e a identificação do autor da declaração.

Assim, uma declaração electrónica deve ser susceptível de ser conservada. O que seja "conservada"[415] e quais os suportes que permitem esta conservação são questões discutidas[416].

Vem-se impondo a ideia de "suporte duradouro"[417], já adoptada pelo legislador comunitário e nacional[418].

O art. 11.º n.º 2 do DL 95/2006 define suporte duradouro como "(…) aquele que permite armazenar a informação dirigida pessoalmente ao consumidor, possibilitando no futuro, durante o período de tempo adequado aos fins a que a informação se destina, um acesso fácil à mesma e a sua reprodução inalterada.".

---

[414] Esta é a regra, embora se possa admitir a existência de documentos escritos em materiais diferentes do papel, em linguagem diferente de um idioma, por exemplo, em banda desenhada, e que não seja assinado pelo declarante.

[415] Salientando-se a questão de saber por quanto tempo se exige essa conservação já que o próprio papel tem a sua duração limitada. Cfr. AAVV, *Lei do Comércio Electrónico Anotada e textos de conferência*, cit., p. 105.

[416] Cfr. AAVV, *Lei do Comércio Electrónico Anotada e textos de conferência*, cit., pp. 102 e ss., Ana Costa de Almeida, *Direito e Internet*, cit., pp. 21 e ss. e Paula Costa e Silva, "A Contratação Automatizada", cit., pp. 291 e ss..

[417] São exemplos de suportes duradouros o disco rígido, a disquete, o CD, a "pen" e a impressão.

[418] A Directiva n.º 2002/65/CE define suporte duradouro como "qualquer instrumento que permita ao consumidor armazenar informações que lhe sejam pessoalmente dirigidas, de um modo que, no futuro, lhe permita um acesso fácil às mesmas durante um período adequado aos fins a que as informações se destinam e que permita a reprodução inalterada das informações armazenadas.". Outra definição recente de suporte duradouro surge na nova lei da mediação de seguros, aprovada pelo no DL 144/2006, que no art. 5.º alínea r) define suporte duradouro como "qualquer instrumento que permita ao cliente armazenar informações que lhe sejam dirigidas pessoalmente, de tal forma que possam ser consultadas posteriormente durante um período adequado aos fins dessas informações, e que permita a reprodução exacta das informações armazenadas.". O legislador do LCS vem também admitir a equiparação do "suporte duradouro" ao papel, ao estipular no art. 34.º, que trata da forma, no seu n.º 2 que "Quando convencionado, pode o segurador entregar a apólice ao tomador em suporte electrónico duradouro.".

Cumprirá, portanto, o requisito de ser susceptível de conservação a declaração electrónica guardada num suporte duradouro.

A inteligibilidade pode entender-se como a susceptilidade de ser lida e compreendida. O que implica que esteja redigida em linguagem comum e não de computadores e que seja graficamente legível.

A fidedignidade está relacionada com a segurança e pressupõe a integralidade do conteúdo e da autoria. É fidedigno o documento electrónico cujo conteúdo não foi alterado e cujo autor é quem se afirma como tal. A denominada assinatura digital avançada garante a fidedignidade.

Há que ter em consideração que estas qualidades não são absolutas, nem no documento escrito tradicional, nem no documento electrónico. Num e noutro podem existir situações anómalas. O documento escrito tradicional em papel também é susceptível de ser falsificado, quer alterando o conteúdo, quer forjando a assinatura. E é facilmente deteriorado. Basta molhar-se ou arder. E pode ser ilegível.

Daí que haja que resistir à tentação de obter a perfeição para o documento electrónico, quando o documento escrito tradicional está longe de ser perfeito[419].

É, portanto, necessário para que, nos termos do art. 26.º, n.º 1 do DL 7/2004, uma declaração electrónica seja equiparada a uma declaração escrita, que possa ser guardada num suporte duradouro, que seja legível e que o seu conteúdo e autoria originais correspondam ao que consta no documento[420].

---

[419] Por vezes há algum excesso ao tentar regular a evolução da realidade quando ela já naturalmente se enquadra no ordenamento jurídico vigente. A título de exemplo, refira--se a insistência em assimilar documento escrito a documento electrónico, o que parece resultar da própria natureza das coisas. O que se escreve e visualiza no computador é, naturalmente escrito e será equivalente ao papel o suporte que apresente equivalentes potencialidades de reter a escrita. Refira-se, também, a insistência para que sejam dadas informações sobre o conteúdo do contrato, quando o regime das cláusulas contratuais gerais em poucos artigos resolve com superior eficácia esse problema há mais de vinte anos. Para já não mencionar a figura da culpa in contrahendo, que desde há ainda muito mais tempo dá uma boa ajuda para resolver problemas que ocorrem na fase pré--contratual. Refira-se, ainda, a necessidade de cristalizar conceitos há muito pacíficos, como o convite a contratar e a proposta contratual, que o legislador vem simplesmente declarar, como se fosse uma novidade, sem daí retirar qualquer consequência.

[420] Cfr., neste sentido, JOSÉ CARLOS MOITINHO DE ALMEIDA, "A Celebração à Distância do Contrato de Seguro", cit., pp. 13 que considera que das duas interpretações possíveis do art. 26.º do DL 7/2004, se impõe a que considera que "(...) a validade do negócio jurídico para que é exigida forma ad solemnitatem, concluído por forma electrónica é apreciado caso a caso, dependendo da verificação dos requisitos de fidedignidade, inteligibilidade e conservação.".

O art. 26.º, n.º 2 do DL 7/2004, vem tratar da assinatura e estabelece que "O documento electrónico vale como documento assinado quando satisfizer os requisitos da legislação sobre assinatura electrónica e certificação.".

Este artigo remete a equiparação de documento electrónico a documento assinado para os requisitos estabelecidos na legislação sobre assinatura electrónica e certificação.

A assinatura electrónica[421] é tratada em legislação específica, nomeadamente DL 290-D/99[422].

O art. 2.º do DL 290-D/99 define a assinatura electrónica avançada, a assinatura digital e a assinatura qualificada e o seu art. 3.º n.º 2 equipara

---

[421] Sobre a assinatura electrónica, veja-se AAVV, *As Leis do Comércio Electrónico*, Regime jurídico da assinatura digital e da factura electrónica anotado e comentado, Edições Centro Atlântico, Portugal, 2000, ANA COSTA DE ALMEIDA, *Direito e Internet*, cit., pp. 53 e ss., DÁRIO MOURA VICENTE, *Problemática Internacional da Sociedade da Informação*, cit., pp. 273 e ss., DEDIER GOBERT e ÉTIENNE MONTERO, "La signature dans les contrats et les Paiements Électroniques: L'approche Fonctionelle, in Commerce Électronique, Le Temps des Certitudes, Cahiers du Centre de Recherches, Informatique et Droit, n.º 17, Bruylant, Bruxelles, 2000, pp. 53 e ss., ELSA DIAS OLIVEIRA, *A Protecção dos Consumidores nos Contratos Celebrados através da Internet*, cit, pp. 159 e ss., GIOVANA ZANOLINI e PAOLO PICCOLI – "Il Documento Elettronico e la "Firma Digitale"", in I Problemi Giuridici di Internet, Dall'E-Commerce all'E-Business, a cura di Emilio Tosi, Diritto dell'informatica, Collana diretta da Guido Alpa, 15, Seconda edizione, Giuffrè editore, 2001, pp. 123 e ss, JORGE SINDE MONTEIRO, "Assinatura electrónica e certificação", in Direito da Sociedade da Informação, Volume III, Associação Portuguesa do Direito Intelectual, Coimbra Editora, 2002, pp. 109 e ss., MANUEL LOPES ROCHA, "A Assinatura Electrónica, Uma Via Portuguesa "Original"?", in Fórum, Ano VI, n.º 14, Janeiro 2002, MARTIN HOGG, "Secrecy and Signatures – Turning the Legal Spotlight on Encryption and Electronic Signatures", in Law and the Internet, A Framework for Electronic Commerce, Edited by Lilian Edwards and Charlotte Waelde, Second Edition, Hart Publishing, Oxford – Portlad Oregon, 2000, pp. 37 e ss., MIGUEL PUPO CORREIA, "Portugal : Documentos Electrónicos e Assinatura Digital : As Novas Leis Portuguesas", Revista Electrónica Derecho Informático, n.º 23 (Junio 2000) in http://premium.vlex.com/doctrina/REDI Revista Electronica Derecho Informatico, RAIMONDO ZAGAMI, *Firma Digitale e Sicurezza Guiridica, Diritto Scienza Tecnologia*, CEDAM, 2000, TOMMASO CUCINOTTA, «Firma digitale e assicurazione : aspetti tecnologici», , in L'Economia Digitale e il Settore Assicurativo, IRSA, Milano, 2003, pp. 221 e ss., e YORICK COOL, "Signature Électronique et Signature Manuscrite: Soeurs enemies ou soeurs Jummelles?", in Droit des Technologies de l'Information, Regards Prospectifs, sur la direction de Étienne Montero, Cahiers du Centre de Recherches Informatique et Droit, Bruylant, Bruxelles, 1999, pp. 65 e ss..

[422] Este diploma foi alterado pelo Decreto-lei n.º 62/2003, de 3 de Abril.

documento com assinatura electrónica qualificada por uma entidade certificadora credenciada a documento particular assinado com assinatura autógrafa.

Verifica-se, portanto, que é exigido um grau muito elevado de segurança para um documento electrónico ser equiparado a um documento assinado.

1.2. Forma do contrato de seguro electrónico

No contrato de seguro a questão da forma foi preponderante visto que, no regime anterior a 2009 a redução a escrito e assinatura do segurador foram considerados requisitos formais de validade, afastando o princípio da consensualidade[423].

A LCS estabelece que a validade do contrato não depende da observância de forma especial[424], pelo que a questão perde relevância.

No entanto, saliente-se que o DL 72/2008 prevê um regime específico de aplicação da lei no tempo determinando no seu art. 3.º que "Nos contratos de seguro com renovação periódica, o regime jurídico do contrato de seguro aplica-se a partir da primeira renovação posterior à data de entrada em vigor do presente decreto-lei, com excepção das regras respeitantes à formação do contrato, (...)".

Sendo usual que o contrato de seguro perdure, através de sucessivas renovações, tal significa provavelmente que, no que diz respeito à formação do contrato, as regras jurídicas do regime anterior a 2009, vão manter a sua aplicação por algum tempo.

Por outro lado, o legislador continua a prever, no art. 32.º n.º 2 que "O segurador é obrigado a formalizar o contrato num instrumento escrito, que se designa por apólice de seguro, e a entregá-lo ao tomador do seguro."[425].

Tal significa que o contrato de seguro tem forma escrita, embora esse não seja na LCS um requisito para a sua validade.

---

[423] Estabelecido pelo art. 219.º do Código Civil.
[424] Cfr. supra III – 2.2..
[425] Tais obrigações já vão entroncar na questão da prova e nas exigências relativas aos deveres de informação e entrega de condições dos contratos, regra comum ao contrato de seguro, ao RCCG, ao regime do contrato electrónico e em linha e do contrato à distância.

1.2.1. Regime anterior a 2009

No regime anterior a 2009, a exigência de forma para o contrato de seguro resultava do Código Comercial e as consequências da inobservância de forma legal resultam do Código Civil. É, também, o Direito Civil, conjugado com a legislação da contratação electrónica e da assinatura electrónica, que permitiam encontrar soluções para ultrapassar este obstáculo no contrato de seguro electrónico[426].

Do DL 7/2004 conjugado com o DL 290-D/99 resulta, portanto, que se o legislador exige para uma determinada declaração a forma escrita, esta se satisfaz, quando a declaração estiver contida num suporte que permita lê-la, seja conservável e se saiba que o seu conteúdo se encontra íntegro e de quem provém. Pode ser electrónico. Garantir a integridade do conteúdo e a certeza da proveniência, isto é, garantir a fidedignidade, só através da assinatura digital avançada. E esta é equivalente, no que diz respeito à exigência de assinatura num documento escrito, à assinatura autógrafa.

Significaria, portanto, que o contrato de seguro só poderia ser celebrado através de meios electrónicos se ao documento electrónico fosse aposta uma assinatura electrónica qualificada[427].

O DL 290-D/99 estabelece que "Quando lhe seja aposta uma assinatura electrónica qualificada certificada por uma entidade certificadora credenciada, o documento electrónico com o conteúdo referido no número anterior tem a força probatória de documento particular assinado, nos termos do artigo 376.º do Código Civil."[428].

Até aqui parecia difícil, mas exequível.

O segurador assinaria com a sua assinatura electrónica qualificada o documento electrónico, a apólice electrónica, que enviaria ao tomador de seguro, normalmente em correio electrónico, que a receberia na sua caixa de correio electrónico, onde ficaria devidamente armazenada em suporte duradouro e o contrato de seguro ficaria validamente celebrado, por meios electrónicos.

O problema era que ainda não existiam entidades certificadoras credenciadas. E como só essas entidades é que teriam o poder de emitir

---

[426] Cfr supra III – 2..

[427] O art. 2.º alínea g) define "Assinatura electrónica qualificada: assinatura digital ou outra modalidade de assinatura electrónica avançada que satisfaça exigências de segurança idênticas às da assinatura digital baseadas num certificado qualificado e criadas através de um dispositivo seguro de criação de assinatura;".

[428] Art. 3.º n.º 2.

os necessários certificados, não podia o público em geral, nem sequer os seguradores em especial, ter assinatura electrónica que satisfizesse os requisitos da assinatura autógrafa.

Esta questão está a ser ultrapassada pela implementação do Cartão do Cidadão.

A Lei n.º 7/2007, de 5 de Fevereiro, cria o cartão de cidadão e rege a sua emissão e utilização. Esta Lei estabelece, no seu art. 6.º, n.º 2, alínea c) que "O cartão de cidadão permite ao respectivo titular: c) Autenticar de forma unívoca através de uma assinatura electrónica qualificada a sua qualidade de autor de um documento". E, no art. 18.º, n.º 1 vem consagrar que "Com o cartão de cidadão é emitido um certificado para autenticação e um certificado qualificado para assinatura electrónica qualificada necessários à sua utilização electrónica." e no n.º 2 que "O certificado de autenticação é sempre activado no momento da entrega do cartão de cidadão."[429].

Este cartão pretende generalizar aos cidadãos[430] a possibilidade de utilização de assinatura electrónica qualificada.

De qualquer modo, e admitindo que o sistema até poderá vir a revelar-se eficaz[431], não o era até Janeiro de 2009.

Assim sendo, a realidade, que não o Direito, condenava à invalidade os contratos celebrados por meios electrónicos[432].

---

[429] O n.º 7 do mesmo artigo vem aplicar a estes certificados o DL 290-D/99, estabelecendo que "Ao certificado para autenticação e ao certificado qualificado para assinatura electrónica qualificada aplica-se o disposto no Decreto-Lei n.º 290-D/99, de 2 de Agosto, republicado pelo Decreto-Lei n.º 62/2003, de 3 de Abril, e alterado pelos Decreto-Lei n.º 165/2004, de 6 de Julho, e Decreto-Lei n.º 116-A/2006, de 16 de Junho, estando aqueles certificados sujeitos às regras legais e regulamentares relativas ao Sistema de Certificação Electrónica do Estado.".

[430] Os cidadãos são pessoas singulares. No comércio jurídico os actores são, também, pessoas colectivas. Nomeadamente as seguradoras. Embora estas sejam vinculadas pelos seus órgãos de que são titulares pessoas singulares, têm uma identidade própria de pessoa colectiva. A questão da assinatura electrónica das pessoas colectivas terá, também, de ser equacionada.

[431] Cfr. em sentido diferente, JOSÉ CARLOS MOITINHO DE ALMEIDA, "A Celebração à Distância do Contrato de Seguro", cit., pp. 14, que considera que "(...) tal medida em pouco contribui para tornar mais simples este tipo de assinatura.".

[432] Esta situação existente tinha como consequência que um contrato de seguro cujo consenso tivesse sido obtido através de meios electrónicos, teria a sua validade comprometida até ao momento em que, devidamente assinada, a apólice fosse entregue ao tomador de seguro. Aí seria válido o contrato e não no momento em que tendo o segurador assumido o compromisso, por exemplo, enviou uma mensagem de correio electrónico para a caixa de correio do tomador de seguro confirmando-o e remetendo a apólice.

Esta questão tem bastante importância visto que se existe um sinistro após o consenso e antes da formalização o contrato tornava-se totalmente desinteressante para o segurador que poderia não o reduzir a escrito, nem assinar[433].

Julgamos, no entanto, e como defendemos[434], que se poderiam salvar os contratos de seguro electrónicos no regime anterior a 2009, por três ordens de razões.

A primeira é a de que a lei permitia[435] que a assinatura autografa pudesse ser substituída por simples reprodução mecânica, quando o uso o admitisse. O que seria o caso do contrato de seguro em que já era frequente a assinatura do tomador ser assim aposta na apólice ou em documentos comprovativos do seguro, maxime, a carta verde para o seguro automóvel.

Assim sendo, nada obstava a que a apólice fosse emitida com uma assinatura que fosse uma simples reprodução mecânica e o documento electrónico que a contém fosse, depois, enviado por correio electrónico ao tomador de seguro[436].

Não parece defensável admitir que a mesma apólice, com a mesma assinatura reproduzida mecanicamente cumpra os requisitos de validade se for enviada em correio tradicional, em papel, dentro de um envelope, para o domicílio do tomador e já não os cumpra se for enviada por correio electrónico para o domicílio electrónico do tomador.

A segunda é a de que estando em causa um contrato celebrado numa loja virtual do segurador, o requisito da fidedignidade do documento electrónico parece ficar, na realidade, preenchido. A loja virtual é pública, pertence a um segurador cuja identidade é, normalmente, conhecida pelo público e pode ser comprovada junto da autoridade de supervisão que

---

[433] Embora na prática não fosse usual o segurador negar a existência e validade do contrato de seguro em que tivesse havido, efectivamente, consenso entre as partes no sentido da sua celebração, até porque esse contrato ficava registado no seu sistema informático e, verificando-se que a apólice não fora entregue a mesma era normalmente enviada, com a data correcta do início do contrato. Pelo contrário, era frequente o segurador alegar a invalidade do contrato, mas em situações em que considerava terem existido falsas declarações do tomador de seguro na descrição do risco o que deu, até origem a vasta jurisprudência sobre esta matéria.

[434] Cfr. supra III – 2.1..

[435] E permite. Art. 373.º n.º 2 do Código Civil.

[436] É o que está a acontecer, por exemplo, nos contratos de seguro celebrados sob a marca Seguros Continente, em www.seguroscontinente.pt , em que a documentação enviada ao tomador de seguro é assim assinada.

regista as entidades autorizadas a exercer a actividade seguradora. Por outro lado, o documento enviado é o correspondente ao contrato celebrado, sendo fácil ao tomador de seguro, quando o recebe, comprovar a sua integridade.

A terceira é a de que sendo o segurador a dar origem à falta de forma, não emitindo a apólice devidamente assinada como era sua obrigação na sequência do contrato, não seria admissível que pudesse vir alegar a seu favor a invalidade a que deu origem. Se o fizesse estaria a exercer, de modo abusivo, esse direito.

Embora não seja desejável que as regras que impõem uma forma especial ao negócio jurídico sejam afastadas ou contornadas, desde há muito se admite que o Direito não pode compactuar com as situações de injustiça e de abuso que a sua aplicação cega poderiam originar[437].

A inalegabilidade formal, paralisando o direito de alegar a invalidade àquele que lhe deu origem e que dela viria a beneficiar, não seria totalmente eficaz para ultrapassar o problema, visto que sendo a nulidade invocável por qualquer pessoa e de conhecimento oficioso não bastaria impedir o causador de dela beneficiar.

O caminho seguido assenta na boa fé[438] objectiva e, mais concretamente, na figura do abuso de direito, na modalidade de venire contra factum proprium[439].

---

[437] Cfr. ANTÓNIO MENEZES CORDEIRO, *Tratado de Direito Civil Português*, cit. pp. 570 e ss. que explica que "Desde o antigo Direito romano, se pode proclamar que o progresso jurídico implicou uma luta contínua contra o formalismo." E que o primeiro passo no sentido de assegurar a viabilidade de um negócio jurídico em que não tivessem sido cumpridas as regras de forma foi dado (...) pela jurisprudência alemã que, desde o princípio do século, considera inadmissível a atitude da pessoa que provoque ou dê azo a uma nulidade formal e, depois, quando melhor lhe convier, a venha alegar.".

[438] Cfr. ANTÓNIO MENEZES CORDEIRO, *Tratado de Direito Civil Português*, cit., p. 574, que Refere que "Quem dê azo a uma nulidade formal e a alegue, perpetra um facto ilícito: atenta contra a boa fé. Verificados os competentes requisitos, deve indemnizar – art. 483.º n.º 1 – sendo certo que a indemnzação será, em princípio, natural ou específica – artigo 566.º/1. A título indemnizatório, o alegante de nulidades formais poderá ser condenado a suprir o vício, validando o negócio;".

[439] Cfr. concretamente sobre este assunto, MAGDA MENDONÇA FERNANDES, *O Venire contra factum proprium, Obrigação de contratar e de aceitar o contrato nulo*, Relatório de Mestrado disponível na biblioteca da Faculdade de Direito da Universidade de Lisboa, com a cota T-4541(I), 2005, que defende que (p. 45) "O venire surge como limitação à própria consequência de nulidade ou invalidade do negócio." e que (p. 56) "Ao confiante é reconhecido o direito de, através do instituto do venire, exigir à contraparte que o coloque numa situação igual à do cumprimento da vinculação em que confiou.".

No âmbito concreto do contrato de seguro, a jurisprudência[440] tem dado acolhimento à figura do abuso de direito para impedir que o segurador beneficie com a alegação de uma nulidade por falta de forma a que deu origem. E, concretamente, à figura do *venire contra factum proprium* que parece adequar-se, de um modo muito consistente, às situações no âmbito do contrato de seguro, no regime anterior a 2009.

A forma especial, no contrato de seguro, consubstanciava-se na redução a escrito num instrumento que constituiria a apólice de seguro, que devia ser datada e assinada pelo segurador. Só o segurador o poderia fazer. Por mais que o tomador de seguro quisesse contribuir para o cumprimento da forma exigida, em nada dependia dele a sua concretização[441].

Se não forem cumpridos os requisitos legais de forma é a uma omissão do segurador que tal se deve. Não poderá, pois, o segurador fazer valer, a seu favor, as consequências da situação que criou.

E tal ocorre, independentemente do meio utilizado para a celebração do contrato.

Tanto no seguro electrónico, em que o segurador recebe a proposta preenchida nos formulários do seu sítio na *Internet*, como no contrato em que existe a presença física e simultânea das duas partes em que o segurador recebe pessoalmente a proposta de seguro. Se o segurador informa o tomador que aceita o contrato, recebe o prémio e não emite, nem assina, nem entrega a apólice ao tomador, estaria a originar uma invalidade por falta de forma e não poderia, depois, alegá-la a seu favor.

Mesmo que se admitisse, sendo mais exigente com o contrato electrónico que com o contrato "tradicional" que não seria suficiente a aposição de uma assinatura por simples reprodução mecânica na apólice de seguro que seria enviada por correio electrónico ao tomador de seguro, na sequência do consenso para a celebração do contrato no âmbito de uma loja virtual, a falta de formalização do contrato seria sempre originada pelo segurador que, por isso, não poderia alegar a nulidade a seu favor[442].

---

[440] Citada em ANTÓNIO MENEZES CORDEIRO, *Manual de Direito Comercial*, cit., pp. 585 e ss. e em JOSÉ CARLOS MOITINHO DE ALMEIDA, "A Celebração à Distância do Contrato de Seguro", cit, pp. 25 e ss..

[441] Com excepção da situação consagrada no art. 11.º do DL 176/95, que pressupõe a assinatura da pessoa segura que seja diferente do tomador de seguro.

[442] Cfr. neste sentido e no âmbito específico do contrato de seguro celebrado à distância, JOSÉ CARLOS MOITINHO DE ALMEIDA, "A Celebração à Distância do Contrato de Seguro", cit, pp. 25 e ss., que defende que "É certo que a nulidade do contrato resultante de não ter sido feito uso de assinatura qualificada não tem consequências práticas uma vez que, em regra, não pode ser invocada pelas seguradoras em aplicação do princípio do abuso de direito, e ao tomador de seguro essa nulidade não interessa.".

Assim, no contrato de seguro electrónico celebrado antes de 1 de Janeiros de 2009, mesmo que nulo por falta de forma, essa nulidade não pode ser alegada pelo segurador que deve, normalmente, cumprir o contrato como se fosse válido.

1.2.2. *Novo regime do contrato de seguro electrónico*

Mantendo-se a aplicação dos vários diplomas analisados, só os relativos ao contrato de seguro propriamente ditos estarão em causa.

A LCS ultrapassa a questão da forma como requisito de validade, estabelecendo no art. 32.º, n.º 1 que a validade do contrato de seguro não depende da observância de uma forma especial.

É, no entanto, necessário, nos termos dos n.ᵒˢ 2 e 3 do mesmo artigo, a redução da apólice a escrito, a assinatura do segurador e a sua entrega ao tomador de seguro.

E o legislador, no art. 34.º, n.º 2 da LCS estabelece que "Quando convencionado, pode o segurador entregar a apólice ao tomador em suporte electrónico duradouro.".

Como se viu, o art. 31.º n.º1 do DL 7/2004 estabelece que os termos contratuais e cláusulas gerais devem ser comunicados dum modo que permita ao destinatário armazená-los e reproduzi-los.

E o art. 11.º do DL 95/2006, estabelece que a informação e os termos do contrato devem ser comunicadas em papel ou outro suporte duradouro.

Estando em causa cláusulas contratuais gerais, o art. 5.º do RCCG estabelece que devem ser comunicadas de modo adequado.

Parece de admitir que quando o contrato de seguro é celebrado por meios electrónicos, haverá um acordo no sentido de também a apólice poder ser entregue em suporte electrónico duradouro. Embora seja possível ao tomador de seguro exigi-la em papel.

Parece, também, que essa entrega se poderá realizar através de correio electrónico, ficando a mensagem guardada na caixa do correio do tomador de seguro. Este é um suporte duradouro, preenchendo os requisitos enunciados na definição do art. 11.º, n.º 2 do DL 95/2006.

O tomador de seguro, recebida a mensagem na sua caixa de correio electrónico poderá arrumá-la no disco rígido do seu computador, guardá-la num CD, numa "pen", ou, se assim o entender, imprimi-la.

O segurador deve enviar a apólice cristalizada no momento da celebração do contrato, devidamente assinada e datada, com as condições gerais, especiais e particulares acordadas, para a caixa de correio electrónico do tomador, onde ficam armazenadas e susceptíveis de serem gravadas em outros suportes duradouros.

O momento da celebração do contrato electrónico será, pois, o do consenso, demonstrável através dos meios de prova admissíveis, sem prejuízo da obrigação de o segurador emitir, assinar e entregar a apólice, com os requisitos legalmente estabelecidos, ao tomador de seguro.

A partir do consenso o contrato celebrado é válido e, tendo sido pago o prémio, é também eficaz[443].

Há que verificar sobre o cumprimento dos deveres de informação, consagrados nos artigos 18.º e seguintes e sobre a entrega da apólice exigida pelo art. 34.º, com as menções obrigatórias do art. 37.º. O incumprimento desses deveres é fundamento para resolução do contrato, com devolução do prémio e poderá originar responsabilidade do segurador, nos termos gerais.

O tomador de seguro tem, também, o direito de livre resolução do contrato celebrado, nos termos legalmente estabelecidos.

1.3. Dispositivos de identificação e correcção de erros

Na loja virtual em que, em regra, o contrato de seguro electrónico se realiza o interessado no seguro procura informação sobre o contrato que pretende, realiza e assinala as suas escolha, de entre as opções que lhe são apresentadas pelo segurador, preenche os formulários necessários à sua própria identificação e à identificação do risco. Tem que navegar, registar dados e declarações que vão culminar no contrato.

É, pois, necessário que à medida que vai progredindo, possa ir verificando se tomou as decisões adequadas e se preencheu devidamente os dados solicitados. E, caso assim o entenda, possa modificar as suas escolhas e emendar os erros que detectar.

Tendo em conta estas necessidades, o legislador veio prever[444] que "O prestador de serviços em rede que celebre contratos por via electrónica deve disponibilizar aos destinatários dos serviços, salvo acordo em contrário das partes que não sejam consumidores, meios técnicos eficazes que lhes permitam identificar e corrigir erros de introdução, antes de formular uma ordem de encomenda.".

---

[443] Sobre o pagamento do prémio, cfr. supra. III – 3.
[444] Art. 27.º do DL 7/2004.

O art. 27.º dirige-se ao prestador de serviços que pretenda celebrar[445] contratos em rede.

Se o prestador de serviços da sociedade da informação[446], no caso um segurador, organiza um sistema de comercialização à distância, se cria um sítio na *Internet* onde vai apresentar os seus produtos e os contratos que tem interesse em celebrar, se é no âmbito dessa loja virtual que se vai processar o itinerário do contrato, com o preenchimento dos necessários formulários e a escolha das opções pretendidas, essa loja tem de estar equipada com um sistema capaz de detecção e correcção de erros, naturais e frequentes, nessas circunstâncias.

Os erros que devem poder ser identificados e corrigidos são os que acontecem no preenchimento dos campos necessários à concretização do contrato, nomeadamente ao nível da introdução de dados de identificação do tomador de seguro e do risco, mas também os erros na escolha do que se pretende adquirir.

Se o tomador de seguro assinalou uma cobertura adicional ao seguro base, tem de poder confirmar que escolha realizou e, verificando que se enganou, tem de poder anular aquela opção e realizar outra.

Esta identificação e correcção deve ser possível antes da ordem de encomenda, que é o momento em que o cliente, define o teor concreto do contrato, escolhendo o seu conteúdo, o modo de pagamento e facultando os seus dados pessoais relevantes.

---

[445] O legislador refere-se ao prestador de serviços "que celebre contratos". Julgamos que esta formulação não será a mais adequada, visto que os dispositivos aqui previstos são prévios ao contrato. O prestador de serviços que apresente uma oferta em rede, com vista à celebração de contratos já terá, mesmo antes de celebrar qualquer contrato concreto, de cumprir a obrigação de juntamente com essa oferta apresentar um dispositivo de detecção e correcção de erros.

[446] Sobre a sociedade da informação, veja-se José de Oliveira Ascensão, "A Sociedade da Informação, Comércio Electrónico e Responsabilidade Empresarial", in Direito da Sociedade da Informação, Separata do Volume I, Associação Portuguesa do Direito Intelectual, Coimbra Editora, 1999, *idem Estudos sobre Direito da Internet e da Sociedade da Informação*, cit., pp. 83 e ss. e Maria Eduarda Gonçalves, "Direito da Informação: Novos Direitos e Formas de Regulação na Sociedade da Informação", Almedina, 2003, pp. 7 e ss.. Cfr. noção de "serviço da sociedade da informação" em AAVV, Lei do Comércio Electrónico Anotada e textos de conferência, Ministério da Justiça, Coimbra Editora, 2005, p. 25 e Alexandre Dias Pereira, "Serviços da Sociedade da Informação: Alguns Problemas Jurídicos do Comércio Electrónico na Internet", Working Paper 2/01 da Faculdade de Direito da Universidade Nova de Lisboa, n.º 2, 2001, pp. 7 e ss..

Aos erros que subsistam na declaração aplicar-se-á o regime geral[447] dos erros nas declarações[448].

Os dispositivos previstos pelo legislador deverão permitir a visualização de todas as escolhas e do resultado do preenchimento dos campos, antes de ser enviada a declaração de adesão ao contrato. Só assim o cliente poderá verificar se há erros. Esses dispositivos deverão permitir uma nova escolha e o acesso ao preenchimento dos dados. Só assim poderão ser corrigidos.

O não cumprimento da obrigação de disponibilizar um sistema de detecção e correcção de erros, consubstancia contra-ordenação, nos termos do art. 37.º n.º 2 alínea c) do DL 7/2004.

1.4. Estrutura da loja virtual

Questão próxima, mas diferenciada da obrigação de consagração de dispositivos de identificação e correcção de erros, é a que diz respeito ao modo como se encontra estruturada a loja virtual.

Por maioria de razão, se o legislador obriga a que existam tais dispositivos, mais necessário será ainda que o sítio da *Internet*, onde toda a acção relativa à concretização do contrato decorre, se encontre apto a receber as declarações do interessado no contrato de seguro e a transmitir as do segurador.

A loja virtual deve estar construída de modo a que ambas as partes possam cumprir devidamente os seus deveres de informação. O tomador de seguro deve ter condições para declarar convenientemente o risco e o segurador para facultar toda a informação a que se encontra obrigado.

Uma loja virtual que apresente formulários que não permitam uma declaração completa e correcta do risco por parte do tomador de seguro estará a criar um problema estrutural nos contratos que vierem a ser celebrados por essa via.

Se o tomador de seguro não declara o risco adequadamente, essa falha pode ter fortes repercussões ao nível da validade e da transparência do contrato.

---

[447] Bem como em relação a outras invalidades de que o contrato electrónico padeça. Refira-se, a título de exemplo, como outras causas de invalidade, o dolo, a coação moral, a menoridade e a incapacidade acidental.

[448] Cfr. ANTÓNIO MENEZES CORDEIRO, *Tratado de Direito Civil Português*, cit., p. 584 que refere que em relação à "contratação por meios electrónicos ou através da *Internet* (...) naturalmente, terão aplicação as regras referentes ao erro e ao dolo, nas declarações.".

A LCS estabelece, no seu art. 24.º n.º 1 que "O tomador do seguro ou o segurado está obrigado, antes da celebração do contrato, a declarar com exactidão todas as circunstâncias que conheça e razoavelmente deva ter por significativas para a apreciação do risco pelo segurador.".

Ora, se o formulário se encontra construído, de modo a que o interessado escolha as opções que aí são apresentadas e que preencha os espaços que aí são disponibilizados para esse efeito, parece que só será obrigado a declarar o que o formulário permitir.

Refira-se, a título de exemplo, um formulário numa loja virtual em que seja necessário responder se o risco em causa já esteve seguro noutro segurador e por quantos anos. Se só existir espaço para declarar uma empresa, é natural que o interessado no contrato que teve o risco seguro em várias empresas registe só aquela que lhe parece mais relevante que coincidirá, provavelmente, com a última. Tal tem como consequência que a informação que fornece sobre o número de anos em que o risco esteve seguro, não vai coincidir com o número de anos em que esteve seguro no segurador que indicou.

Não estará, pois, a declarar com exactidão todas as circunstâncias que conhece e que são significativas para a apreciação do risco [449], nomeadamente os restantes seguradores em que o risco esteve seguro.

Admitindo que não existe dolo do tomador de seguro[450], parece que o segurador não se poderá prevalecer desse facto, nos termos do art. 24.º, n.º 3 da LCS. A situação concreta que estiver em causa será, possivelmente, susceptível de se subsumir na previsão de uma das alíneas dessa disposição legal.

Desde logo, nas situações previstas nas alíneas a) a c) que tratam das respostas a questionários[451].

O preenchimento de formulários em linha, numa loja virtual do segurador[452] será equiparável ao preenchimento de um clássico questionário para declaração do risco por este apresentado no momento da for-

---

[449] Embora seja defensável que o tomador de seguro possa pensar que, se o segurador não consagrou espaço para uma declaração mais longa, será porque não considerará outras informações significativas para a apreciação do risco. E, nesse caso, teria cumprido a sua obrigação, declarando o possível.

[450] Essa situação que está fora desta problemática e é resolvida pelo art. 25.º do LCS que determina que o contrato de seguro assim celebrado é anulável.

[451] Cfr. JÚLIO GOMES, "O Dever de Informar do Tomador de Seguro na Fase Pré-contratual", in II Congresso Nacional de Direito dos Seguros, Almedina, 2001, pp. 75 e ss.

[452] Ou do mediador de seguros.

mação do contrato, seja através de preenchimento de papel ou de formulário electrónico, seja sem a presença física e simultânea das partes ou com essa presença física e simultânea.

Há, ainda, que equacionar a articulação da previsão do art. 24.º da LCS, com a do seu art. 26.º.

Aí estabelece-se a possibilidade de, não sendo declarado o risco nos termos legalmente estabelecidos, o segurador propor uma alteração do contrato ou a sua cessação[453].

Parece, no entanto, que o regime do art. 26.º só será aplicável se não estiver em causa uma das situações previstas no art. 24.º, n.º 3. Caso esteja, o segurador deverá cumprir o contrato nos termos em que o aceitou podendo depois, se assim o entender, denunciá-lo nos termos legais[454].

É, pois, fundamental, que a estrutura da loja virtual seja a mais adequada à saudável celebração do contrato de seguro, sendo os formulários aí apresentados susceptíveis de permitir uma completa e rigorosa declaração do risco e a dinâmica da formação do contrato a adequada a que o segurador cumpra todos os seus deveres, de que se destacam os vastos deveres de informação a que se encontra obrigado.

A arquitectura do sítio da *Internet* e a engenharia da sua construção têm de garantir que o regime legalmente estabelecido se efectiva nas melhores condições.

1.5. Pagamento do prémio

O regime do pagamento do prémio no contrato de seguro não sofreu alterações muito substanciais, com a LCS.

---

[453] Esta situação pode acarretar ao tomador de seguro algum prejuízo. Refira-se, a título de exemplo, uma situação em que o tomador de seguro tivesse decidido mudar de segurador por o preço apresentado na loja virtual ser mais barato, tendo declarado o risco do modo mais completo que lhe foi possível. Caso o segurador verificasse posteriormente a existência de alguma circunstância que teria originado o agravamento do risco e propusesse ao tomador de seguro o pagamento de um adicional ao prémio, tal poderia implicar que o seguro novo ficasse mais caro que o anterior. E, não aceitando o tomador de seguro a proposta, poderia já não ser possível obter junto de outro segurador condições equivalentes àquelas de que tinha prescindido para mudar. Nestas circunstâncias, não tendo a deficiente estrutura da loja virtual permitido declarar convenientemente o risco, parece que o art. 24.º, n.º 3 do LCS apresenta uma solução adequada, mantendo-se o contrato nos termos acordados até ao final da anuidade, altura em que poderá, com a devida antecedência, ser denunciado pelo segurador.

[454] Artigos 112.º e seguintes do LCS.

Embora o DL 72/2008 tivesse declarado revogado o DL 142/2000[455], em termos gerais a LCS deu continuidade à regulamentação que existia.

O pagamento do prémio no contrato de seguro é, em regra, pressuposto do início da cobertura e deve ocorrer com a celebração do contrato[456]. Esta antecipação do cumprimento por uma das partes assenta em razões de ordem histórica e prática[457]. A falta de pagamento determina a cessação automática do contrato[458].

No contrato electrónico é usual que o pagamento do bem ou serviço adquirido seja realizado imediatamente em rede, nomeadamente, com recuso a cartão de crédito. O contrato de seguro electrónico não é excepção.

O segurador terá, pois, a sua loja virtual preparada para que, alcançado o consenso seja facultada ao tomador de seguro a possibilidade de realizar o pagamento de modo a poder desencadear a eficácia do contrato.

É, também, usual em sede de contratos electrónicos que o pagamento seja realizado através de outros meios electrónicos, nomeadamente, cartão de débito ou de transferência bancária no multibanco[459], ou através dos sistemas de "homebanking", no sítio do banco na *Internet*. O comprovativo desse pagamento poderá ser enviado através de correio electrónico para o segurador.

Tendo, entretanto, sido enviada a apólice devidamente assinada ao tomador de seguro, usualmente em correio electrónico, que a armazena no disco rígido do seu computador, suporte duradouro reconhecido[460], o contrato fica com uma parte da sua formação realizada.

---

[455] Art. 6.º, n.º 1 do DL 72/2008.

[456] Respectivamente art. 59.º e 53.º do LCS e art. 6.º, n.º 1 e 4.º do DL 142/2000.

[457] Cfr. sobre o assunto ANTÓNIO MENEZES CORDEIRO, *Manual de Direito Comercial*, cit., 589 e ss..

[458] Art. 61.º do LCS e art. 8.º do DL 142/2000.

[459] O legislador prevê os modos de pagamento admissíveis no art. 54.º, n.º 1 do LCS e, anteriormente, encontravam-se previstos em Portaria do Ministro das Finanças Como refere ANTÓNIO MENEZES CORDEIRO, *Manual de Direito Comercial*, cit., 590, "Num sistema adulto, não se entende a necessidade de uma portaria do Ministro das Finanças para que um segurador possa aceitar pagamentos em numerário, cheque bancário, cartão de crédito ou débito, transferência bancária ou vale postal. Melhor seria que a Lei enunciasse o princípio do pagamento em dinheiro, ficando o modo de pagamento (incluindo a dação ou a *datio pro solvendo*) na disponibilidade das partes.".

[460] Este reconhecimento surge claramente no art. 33.º, n.º 2 do DL 144/2006, que aprovou o novo regime geral da mediação de seguros que estabelece que "Os suportes duradouros incluem, nomeadamente, as disquetes informáticas, os CD-ROM, os DVD e o disco rígido do computador do cliente no qual esteja armazenado o correio electrónico (...).".

Há, ainda, que ter cumprido os necessários deveres de informação e há que esperar pelo decurso do prazo para o exercício do direito de livre resolução, nos casos em que exista.

2. Deveres de informação e apólice

Estando em causa um contrato de seguro electrónico, o segurador terá de prestar toda a informação que lhe é exigida pelos diversos diplomas chamados a regular este contrato.

Essa informação deve ser prestada em três momentos distintos.

É necessário que o segurador preste informação pré-contratual e durante a vigência do contrato e que preste informação na apólice que deverá conter uma série de menções obrigatórias, para além das próprias condições do contrato.

Para além dos deveres de informação que se impõem por se tratar de um contrato electrónico, celebrado no âmbito de um sistema de comercialização à distância, o segurador terá os que resultam da LCS e do RCCG.

A apólice contém as informações legalmente obrigatórias e as cláusulas do contrato que, também por aplicação do DL 7/2004 e do RCCG, devem ser entregues de modo adequado, em suporte duradouro, ao tomador de seguro.

Vamos, seguidamente, procurar sistematizar estes deveres de informação e menções na apólice.

2.1. Deveres de informação pré-contratual e na vigência do contrato

O elenco de deveres de informação pré-contratuais não é idêntico para consumidores e não consumidores.

No entanto, como se viu, tratando-se de um contrato de seguro electrónico, apresentado em rede, o segurador deve ter o seu sítio na *Internet* preparado para consumidores. Não sabendo por quem vai ser visitado[461], deve preparar a sua loja virtual com a máxima informação exigida.

---

[461] Ressalvam-se situações excepcionais de seguros que só poderiam ser contratados por profissionais. Por exemplo, se um segurador cria uma loja virtual para comercializar seguros de responsabilidade civil profissional sabe, de antemão, que os seus clientes tomadores de seguro não vão ser consumidores.

Tanto mais que o DL 57/2008, vem considerar como prática comercial desleal a falta de informações com requisitos substanciais para uma decisão negocial esclarecida do consumidor.

É mais um argumento no sentido de incentivar o segurador a precaver-se para não correr o risco de não ter no seu ponto de venda virtual disponíveis todas as informações legalmente exigidas e, como tal, relevantes para a formação da vontade esclarecida do consumidor, sendo essa a qualidade do cliente que se lhe dirige.

2.1.1. *Do contrato à distância*

Estando em causa um contrato de seguro à distância[462], o segurador tem de prestar toda a informação exigida pelo DL 95/2006.

Este diploma, como se viu[463], obriga ao cumprimento dos deveres de informação pré-contratual constantes do elenco resultante dos seus artigos 13.º e seguintes.

Assim, deve o segurador prestar ao tomador de seguro a seguinte informação:

1) "(...) relativa ao prestador do serviço[464]:

   a) Identidade e actividade principal do prestador, sede ou domicílio profissional onde se encontra estabelecido e qualquer outro endereço geográfico relevante para as relações com o consumidor;
   b) Identidade do eventual representante do prestador no Estado membro da União Europeia de residência do consumidor e endereço geográfico relevante para as relações do consumidor com o representante;
   c) Identidade do profissional diferente do prestador com quem o consumidor tenha relações comerciais, se existir, a qualidade em que este se relaciona com o consumidor e o endereço geográfico relevante para as relações do consumidor com esse profissional;
   d) Número de matrícula na conservatória do registo comercial ou outro registo público equivalente no qual o prestador se

---

[462] E sendo o tomador de seguro um consumidor.
[463] Cfr. supra II – A – 2..
[464] Art. 13.º do DL 95/2006.

encontre inscrito com indicação do respectivo número de registo ou forma de identificação equivalente nesse registo;

e) Indicação da sujeição da actividade do prestador a um regime de autorização necessária e identificação da respectiva autoridade de supervisão.".

O interessado no contrato de seguro deve ficar ciente sobre a entidade com quem está a contratar, podendo identificá-la através de registos públicos.

Estando em causa um contrato de seguro, celebrado no âmbito do exercício de uma actividade sujeita a autorização e registo, poderá também realizar essa identificação através da autoridade de supervisão obrigatoriamente referida nas informações facultadas e que a nível nacional é o Instituto de Seguros de Portugal[465].

2) sobre o serviço financeiro[466], nomeadamente:

"*a)* Descrição das principais características do serviço financeiro;

b) Preço total devido pelo consumidor ao prestador pelo serviço financeiro, incluindo o conjunto das comissões, encargos e despesas inerentes e todos os impostos pagos através do prestador ou, não podendo ser indicado um preço exacto, a base de cálculo do preço que permita a sua verificação pelo consumidor;

c) Indicação da eventual existência de outros impostos ou custos que não sejam pagos através do prestador ou por ele facturados;

d) Custos adicionais decorrentes, para o consumidor, da utilização de meios de comunicação à distância, quando estes custos adicionais sejam facturados;

e) Período de validade das informações prestadas;

f) Instruções relativas ao pagamento;

g) Indicação de que o serviço financeiro está associado a instrumentos que impliquem riscos especiais relacionados com as suas características ou com as operações a executar;

h) Indicação de que o preço depende de flutuações dos mercados financeiros fora do controlo do prestador e que os resultados passados não são indicativos dos resultados futuros.

---

[465] Autoridade de Supervisão de Seguros e Fundos de Pensões.
[466] Art. 14.º do DL 95/2006.

Neste elenco de informações, o legislador tem uma especial preocupação em evitar surpresas desagradáveis em relação ao preço do serviço e às expectativas de evolução do serviço financeiro.

É importante que o cliente, para além das principais características do produto, fique ciente do que, realmente e afinal, tem de pagar e dos piores riscos que está a correr. Se mesmo assim quiser contratar, sabe o que o espera nesses dois aspectos fundamentais do contrato.

3) sobre o contrato à distância[467] e, concretamente sobre a possibilidade de dele desistir, nomeadamente, sobre:

   a) A existência ou inexistência do direito de livre resolução previsto no artigo 19.º, com indicação da respectiva duração, das condições de exercício, do montante que pode ser exigido ao consumidor nos termos dos artigos 24.º e 25.º e das consequências do não exercício de tal direito;

   b) As instruções sobre o exercício do direito de livre resolução, designadamente quanto ao endereço, geográfico ou electrónico, para onde deve ser enviada a notificação deste;

   c) A indicação do Estado membro da União Europeia ao abrigo de cuja lei o prestador estabelece relações com o consumidor antes da celebração do contrato à distância;

   d) A duração mínima do contrato à distância, tratando-se de contratos de execução permanente ou periódica;

   e) Os direitos das partes em matéria de resolução antecipada ou unilateral do contrato à distância, incluindo as eventuais penalizações daí decorrentes;

   f) A lei aplicável ao contrato à distância e o tribunal competente previstos nas cláusulas contratuais.".

4) sobre a lei aplicável nos termos do art. 15.º, n.º 2, que estabelece que "A informação sobre obrigações contratuais a comunicar ao consumidor na fase pré-contratual deve ser conforme à lei presumivelmente aplicável ao contrato à distância.".

5) Deve, ainda, ser prestada ao consumidor informação relativa aos mecanismos de protecção, nomeadamente sobre a existência ou

---

[467] Art. 15.º, n.º 1 do DL 95/2006.

inexistência de meios extrajudiciais de resolução de litígios e respectivo modo de acesso e sobre sistemas de indemnização aos investidores e de garantia de depósitos[468].

São, ainda, exigidas pelo art. 17.º do DL 95/2006 informações adicionais previstas na legislação reguladora dos serviços financeiros.

Esta referência, no caso, dirá respeito aos deveres de informação previstos especificamente para os serviços financeiros em questão, ou seja, para os seguros.

Parece, pois, que o legislador do DL 95/2006 assumiu a existência de deveres de informação concretos para os serviços financeiros que, especificamente, estivessem em causa, como teve ainda o cuidado de estipular que deveriam ser prestados cumprindo os requisitos do seu art. 11.º, n.º 1.

2.1.2. Da contratação electrónica

Estando em causa um contrato electrónico, o segurador tem de prestar a informação exigida pelo DL 7/2004 devendo cumprir os deveres de informação prévios à celebração do contrato, previstos pelo art. 28.º.

Esta disposição é imperativa para os consumidores e pode, nos termos do n.º 2 "(...) ser derrogável por acordo em contrário das partes que não sejam consumidores.".

Estando o segurador sempre no exercício duma actividade comercial ou industrial[469], seria necessário aferir a qualidade de consumidor ou não do tomador de seguro e a sua vontade de prescindir da informação.

---

[468] Art. 16.º do DL 95/2006 estabelece que "Deve ser prestada ao consumidor informação relativa aos seguintes mecanismos de protecção: a) Sistemas de indemnização aos investidores e de garantia de depósitos; b) Existência ou inexistência de meios extrajudiciais de resolução de litígios e respectivo modo de acesso.".

[469] Cfr. sobre a qualificação da actividade seguradora como uma indústria de seguros, ANTÓNIO MENEZES CORDEIRO, *Manual de Direito Comercial*, cit., pp. 546 que explica que "A industrialização e a multiplicação exponencial dos lucros e dos riscos a ela associados vieram dar uma feição diferente aos seguros e aos seus contratos. Os seguros passaram a ser celebrados em grande número, isto é: em moldes autenticamente industriais." e, mais adiante, p. 550 que "O seguro tem uma característica da maior importância: ele é celebrado em termos industriais por empresas especialmente apetrechadas para o efeito: as seguradoras. Esse fenómeno corresponde a um tratamento global de riscos. A conclusão isolada de um "contrato de seguro" entre dois interessados daria lugar a um contrato aleatório (...) provavelmente um contrato de jogo ou de aposta, vitimado pelo artigo 1245.º

O legislador estabelece, no art. 28.º n.º 1, que deve ser facultada informação mínima[470] inequívoca[471].
É, nos termos do art. 28.º, n.º 1 alínea a), obrigatório informar sobre o processo de celebração do contrato.
Tal não significará uma descrição exaustiva do processo, podendo ser transmitida à medida que o destinatário do serviço vai progredindo na loja, até ao momento em que dá a ordem de encomenda[472].
A alínea b) do mesmo artigo vem determinar que seja dada informação sobre "O arquivamento ou não do contrato pelo prestador de serviço e a acessibilidade àquele pelo destinatário." e a alínea c) obriga a que seja dada informação sobre a língua ou línguas em que o contrato pode ser celebrado.
A alínea d) consagra a obrigatoriedade de disponibilizar informação sobre os dispositivos de identificação e correcção de erros[473] e a alínea e) sobre os termos contratuais e as cláusulas gerais do contrato a celebrar[474].
Deve, ainda, nos termos da alínea f), ser facultada informação sobre os códigos de conduta a que o prestador se tenha vinculado e a forma de os consultar electronicamente[475].

---

do Código Civil ou um pacto leonino, proibido (...)" e BERNARD DE GRYSE, *Monde Changeant des Assurances*, Cahiers Financiers, 2007, p. 20 que refere «Qui dit activité industrielle entend nécessairement production de masse, c'est-à-dire fabrication de dizaines de milliers de contrats coulés dans un même format.». Cfr. também, referindo serviços financeiros, MICAEL RAFFAN, *A Practitioner's Guide to EU Financial Services Directives*, City Financial Publishing, 2003, Preface, pp. vii. que considera que "The European financial services industry is undergoing a period of unprecedented change.".

[470] A informação será máxima sobre os assuntos listados. O legislador terá pretendido, não que seja dada informação mínima sobre cada um dos itens, mas sim que o conjunto formado pela informação completa e clara sobre todos os itens é o mínimo de informação pré-contratual que deve ser prestadas.

[471] A informação será inequívoca, quando for clara e completa, permitindo ao destinatário médio perceber o seu conteúdo.

[472] Embora o legislador não o tenha previsto especificamente, julgamos que também deverá ser transmitida, nesse momento, informação sobre o modo como o contrato irá ser cumprido ou executado.

[473] Cfr. supra IV – B – 1..
[474] Cfr. supra IV – A – 2..
[475] O que poderá ser feito através de "links" ou simplesmente fornecendo o endereço electrónico em que os mesmos podem ser encontrados.

2.1.3. Do contrato de seguro

A LCS vem, como se viu[476], sistematizar os deveres de informação e os elementos que devem constar da apólice.

Vem, também, clarificar que se aplicam ao contrato de seguro os deveres de informação previstos noutra legislação e que, portanto, se acumulam[477].

A LCS vem, ainda, sistematizar as consequências do não cumprimento dos deveres de informação e da entrega da apólice cumprindo os requisitos legais que estabelece, consagrando esse incumprimento como fundamento para a resolução do contrato, clarificando que poderá originar responsabilidade civil, constituindo o tomador no direito de exigir a correcção da apólice quando esta esteja desconforme com a informação pré-contratual e estabelecendo que o prazo para o exercício do direito de livre resolução do contrato se começa a contar da data da entrega da apólice[478].

Os deveres de informação genéricos do contrato electrónico na LCS serão, os estabelecidos nos artigos 18.º e seguintes, incluindo os relativos à apólice.

Destacam-se os deveres enunciados no art. 18.º que estabelece que "(...) cabe ao segurador prestar todos os esclarecimentos exigíveis e informar o tomador do seguro das condições do contrato, nomeadamente:

a) Da sua denominação e do seu estatuto legal;
b) Do âmbito do risco que se propõe cobrir;
c) Das exclusões e limitações de cobertura;
d) Do valor total do prémio, ou, não sendo possível, do seu método de cálculo, assim como das modalidades de pagamento do prémio e das consequências da falta de pagamento;
e) Dos agravamentos ou bónus que possam ser aplicados no contrato, enunciando o respectivo regime de cálculo;
f) Do montante mínimo do capital nos seguros obrigatórios;
g) Do montante máximo a que o segurador se obriga em cada período de vigência do contrato;
h) Da duração do contrato e do respectivo regime de renovação, de denúncia e de livre resolução;
i) Do regime de transmissão do contrato;

---

[476] Cfr. supra III – 4.2..
[477] Art. 19.º e art. 3.º do LCS.
[478] Cfr. supra III – 4..

j) Do modo de efectuar reclamações, dos correspondentes mecanismos de protecção jurídica e da autoridade de supervisão;
l) Do regime relativo à lei aplicável, nos termos estabelecidos nos artigos 5.º a 10.º, com indicação da lei que o segurador propõe que seja escolhida.".

No regime anterior o segurador tinha de prestar toda a informação exigida pelo Código Comercial, pelo DL 176/95 e pelo DL 94-B/98[479].
Como se viu[480], são vastos elencos, especialmente no que diz respeito aos seguros de vida.
Há que distinguir, por um lado, deveres pré-contratuais, deveres na vigência do contrato e informações a constar na apólice, obrigatoriamente entregue ao tomador de seguro e, por outro lado, seguros do ramo vida e seguros dos ramos não vida.
Num seguro do ramo vida era necessário o segurador prestar informação pré-contratual[481] e informação durante a vigência do contrato [482].

---

[479] O art. 3.º do DL 72/2008 estabelece que nos contratos de seguro com renovação periódica, o LCS se aplica a partir da primeira renovação posterior a 1 de Janeiro de 2009, com excepção das regras respeitantes à formação do contrato. Sendo os contratos de seguro, em regra, anualmente renováveis e efectivamente renovados, tal vai implicar que em matéria de deveres de informação, intrinsecamente ligados à formação do contrato, sejam ainda durante algum tempo chamados a aplicação os diplomas que regulavam sobre esta matéria, antes da entrada em vigor do LCS.

[480] Cfr. supra III-4..

[481] Devia, nomeadamente, informar sobre: 1) Quantificação dos encargos, sua forma de incidência e momento em que são cobrados; 2) Penalização em caso de resgate, redução ou transferência do contrato; 3) Rendimento mínimo garantido, incluindo informação relativa a taxa de juro mínima garantida e duração desta garantia (art. 2.º do DL 176/95); 4) Nome do Estado membro onde se situa a sede social e, se for caso disso, a sucursal com a qual o contrato será celebrado (art. 176.º e art. 179.º, n.º 1, alínea b) do DL 94-B/98); 5) Informação sobre a liberdade de escolha da lei aplicável e sobre a apresentação e exame de reclamações, incluindo a referência à possibilidade de reclamar no Instituto de Seguros de Portugal (art. 177.º do DL 94-B/98); 6) Denominação ou firma e estatuto legal da empresa de seguros; 7) Endereço da sede social e, se for caso disso, da sucursal com a qual o contrato será celebrado; 8) Definição de cada garantia e opção; 9) Duração do contrato; 10) Modalidades de resolução do contrato; 11) Modalidades e período de pagamento dos prémios; 12) Forma de cálculo e atribuição da participação nos resultados; 13) Indicação dos valores de resgate e de redução e natureza das respectivas garantias; 14) Prémios relativos a cada garantia, principal ou complementar, sempre que tal informação se revele adequada; 15) Enumeração dos valores de referência utilizados (unidades de participação) nos contratos de capital variável; 16) Indicação da natureza dos activos representativos dos contratos de capital variável; 17) Modalidades de exercício do

Em relação aos ramos não vida, a preocupação do legislador centrava-se nos seguros de acidentes pessoais e doença a longo prazo[483] e na informação pré-contratual[484].

2.2. Menções obrigatórias na apólice

No que diz respeito às menções obrigatórias na apólice, o art. 37.º da LCS estabelece no seu n.º 2 o elenco dos elementos mínimos que

---

direito de renúncia; 18) Indicações gerais relativas ao regime fiscal aplicável ao tipo de contrato; 19) Disposições respeitantes ao exame das reclamações relativas ao contrato por parte dos respectivos tomadores, segurados ou beneficiários, incluindo a referência à possibilidade de intervenção do Instituto de Seguros de Portugal, sem prejuízo do recurso aos tribunais; 20) Liberdade das partes, sem prejuízo do disposto no artigo 193.º, para escolher a lei aplicável ao contrato, com a indicação de qual a que a empresa propõe que seja escolhida (art. 179.º do DL 94-B/98).

[482] Devia, nomeadamente, informar sobre: 1) o montante atribuído e o aumento das garantias resultantes desta participação deve constar da informação anualmente comunicada ao tomador do seguro, relativa à atribuição da participação nos resultados, 2) nos contratos com participação nos resultados, nos contratos a prémios únicos sucessivos e nos contratos em que a cobertura principal seja integrada ou complementada por uma operação financeira, a empresa de seguros, havendo alteração da informação inicialmente prestada, deve informar o tomador do seguro dos valores de resgate e de redução, bem como da data a que os mesmos se referem, 3) nos seguros de vida PPR, a empresa de seguros deve informar anualmente o tomador do seguro, quando se trate de um seguro celebrado por pessoa singular, ou a pessoa segura, quando se trate de um seguro celebrado por uma pessoa colectiva, dos valores a que tem direito (Art. 2.º do DL 176/95).

[483] Art. 3.º do DL 176/95.

[484] O segurador devia, nomeadamente, informar sobre: 1) denominação ou firma e estatuto legal da empresa de seguros; 2) Endereço da sede social e, se for caso disso, da sucursal com a qual o contrato será celebrado; 3) Definição de cada garantia e opção; 4) Duração do contrato; 5) Modalidades de resolução do contrato; 6) Modalidades e período de pagamento dos prémios; 7) Forma de cálculo e atribuição da participação nos resultados; 8) Prémios relativos a cada garantia, principal ou complementar, sempre que tal informação se revele adequada; 9) Indicações gerais relativas ao regime fiscal aplicável ao tipo de contrato; 10) Disposições respeitantes ao exame das reclamações relativas ao contrato por parte dos respectivos tomadores, segurados ou beneficiários, incluindo a referência à possibilidade de intervenção do Instituto de Seguros de Portugal, sem prejuízo do recurso aos tribunais; 11) Liberdade das partes, sem prejuízo do disposto no artigo 193.º, para escolher a lei aplicável ao contrato, com a indicação de qual a que a empresa propõe que seja escolhida (remissão do art. 3.º, n.º 1 do DL 176/95 para o artigo 171, n.º 1, alíneas a) a j) e o) a q), correspondente ao 179.º do DL 94-B/98); 12) Quantificação dos encargos, sua forma de incidência e momento em que são cobrados; 13) Penalização em caso redução ou transferência do contrato (remissão do art. art. 3.º, n.º 1 do DL 176/95 para o artigo 2.º do mesmo diploma); 14) Condições de renúncia ao contrato (art. 3.º, n.º3 do DL 176/95).

devem constar e consagra no seu n.º 3 que cláusulas devem ser "(...) escritas em caracteres destacados e de maior dimensão do que os restantes (...)".

O seu n.º 1 prevê que "A apólice inclui todo o conteúdo do acordado pelas partes, nomeadamente as condições gerais, especiais e particulares aplicáveis." especificando o n.º 2 que "Da apólice devem constar, no mínimo, os seguintes elementos:

- *a)* A designação de «apólice» e a identificação completa dos documentos que a compõem;
- *b)* A identificação, incluindo o número de identificação fiscal, e o domicílio das partes, bem como, justificando-se, os dados do segurado, do beneficiário e do representante do segurador para efeito de sinistros;
- *c)* A natureza do seguro;
- *d)* Os riscos cobertos;
- *e)* O âmbito territorial e temporal do contrato;
- *f)* Os direitos e obrigações das partes, assim como do segurado e do beneficiário;
- *g)* O capital seguro ou o modo da sua determinação;
- *h)* O prémio ou a fórmula do respectivo cálculo;
- *i)* O início de vigência do contrato, com indicação de dia e hora, e a sua duração;
- *j)* O conteúdo da prestação do segurador em caso de sinistro ou o modo de o determinar;
- *l)* A lei aplicável ao contrato e as condições de arbitragem."

O regime anterior do contrato de seguro em relação aos elementos a constar da apólice encontrava-se previsto no Código Comercial [485] e no DL 176/95.

O DL 176/95 separava os seguros do ramo vida[486], dos seguros dos ramos não vida.

---

[485] O art. 426.º do Código Comercial determinava, para qualquer contrato de seguro, que a apólice devia enunciar: "1.º O nome ou firma, residência ou domicílio do segurador; 2.º O nome ou firma, qualidade, residência ou domicílio do que faz segurar; 3.º O objecto do seguro e a sua natureza e valor; 4.º Os riscos contra que se faz o seguro; 5.º O tempo em que começam e acabam os riscos; 6.º A quantia segurada; 7.º O prémio do seguro; 8.º E, em geral, todas as circunstâncias cujo conhecimento possa interessar o segurador, bem como todas as condições estipuladas pelas partes.".

[486] Para os contratos de seguro do ramo vida, da apólice deviam constar, se aplicáveis, os seguintes elementos, previstos no art. 10.º do DL 176/95: 1) Definição dos

Para os seguros do ramo não vida, o art. 13.º consagrava os elementos que deviam constar das condições gerais e ou especiais[487].

Seguidamente, o artigo 14.º estabelecia as menções necessárias nos contratos de seguros de acidentes pessoais e doença e o art. 15.º nos contratos de seguro de protecção jurídica.

2.3. Acumulação de informação

Este intenso concurso de normas determina, muitas vezes, um excesso de informação[488].

---

conceitos necessários ao conveniente esclarecimento das condições contratuais; 2) Âmbito do contrato; 3) Obrigações e direitos do tomador do seguro, do segurado, do beneficiário e da empresa de seguros; 4) Início da produção de efeitos e período de duração do contrato; 5) Condições de prorrogação, renovação, suspensão, caducidade, resolução e nulidade do contrato; 6) Condições, prazo e periodicidade do pagamento dos prémios; 7) Obrigações e direitos das partes em caso de sinistro; 8) Definição das opções; 9) Cláusula de incontestabilidade; 10) Direitos e obrigações do tomador do seguro em caso de agravamento do risco; 11) Condições em que o beneficiário adquire o direito a ocupar o lugar do tomador do seguro; 12) Condições de revalidação, resgate, redução, adiantamento e transformação da apólice; 13) Condições de liquidação das importâncias seguras; 14) Cláusula que indique se o contrato dá ou não lugar a participação nos resultados e, no primeiro caso, qual a forma de cálculo e de distribuição desses resultados; 15) Cláusula que indique se o tipo de seguro em que se insere o contrato dá ou não lugar a investimento autónomo dos activos representativos das provisões matemáticas e, no primeiro caso, indicação da natureza e regras para a formação da carteira de investimento desses activos; 16) Cláusula relativa ao direito de renúncia; 17) Lei aplicável ao contrato, eventuais condições de arbitragem e foro competente; 18) Anexar tabela de valores de resgate e de redução, calculados nas datas aniversarias da apólice, sempre que existam valores mínimos garantidos; 19) Caso a tabela seja anexada à apólice, referi-lo expressamente no clausulado (art. 10.º, n.º1 a 3 do DL 176/95).

[487] Deviam constar, nomeadamente: a) Definição dos conceitos necessários ao conveniente esclarecimento das condições contratuais; b) Âmbito do contrato; c) Obrigações e direitos do tomador do seguro, do segurado, do beneficiário e da empresa de seguros; d) Validade territorial da cobertura; e) Direitos e obrigações do tomador do seguro em caso de agravamento do risco; f) Início da produção de efeitos e período de duração do contrato; g) Condições de prorrogação, renovação, suspensão, caducidade, resolução e nulidade do contrato; h) Condições, prazo e periodicidade do pagamento dos prémios; i) Forma de determinação do valor do seguro ou o seu modo de cálculo; j) Obrigações e direitos das partes em caso de sinistro; l) Lei aplicável ao contrato, eventuais condições de arbitragem e foro competente.

[488] Cfr. supra I – A – 3..

E a sua acumulação acarreta dificuldades, não só para quem informa mas, principalmente, para quem é informado[489].

Refira-se, ainda, que o contrato de seguro electrónico, sendo usualmente um seguro de massas, é celebrado através do recurso a cláusulas contratuais gerais, pelo que deve respeitar o estabelecido no RCCG, nomeadamente, devendo as condições do contrato ser comunicadas de modo adequado.

É, ainda, de salientar que o DL 57/2008 veio classificar como prática comercial desleal, a omissão dos deveres de informação legalmente obrigatórios, pelos diplomas em causa[490].

Da conjugação dos diplomas aplicáveis resulta, por vezes, alguma sobreposição.

Há que verificar, em cada caso, o conteúdo da informação apresentada e os elementos contidos na apólice para se avaliar se não há repetições, nem lacunas, se os deveres impostos pelas vertentes do contrato que estiverem presentes estão, efectivamente, cumpridos.

E, se não será fácil ao segurador cumprir o vasto elenco de deveres de informação consagrados, não será fácil ao tomador de seguro assimilar a quantidade e a qualidade de informação em causa[491].

É certo que são os produtos financeiros os que exigem um grau mais elevado de informação e esses, eventualmente, não serão os mais adequados a serem comercializados directamente em lojas virtuais de seguros. Não pretendendo o segurador comercializar produtos do ramo vida[492],

---

[489] Cfr. neste sentido, ANTÓNIO MENEZES CORDEIRO, *Manual de Direito Comercial*, cit., p. 580, que afirma que "O elenco é impressionante, dando a entender uma complexidade irreal. Embora seja possível e desejável simplificar a matéria, pondo cobro, designadamente, à triangulação RGES de 94, RGES de 98 e Decreto-Lei n.º 176/95, parece-nos justificada a ampla obrigação de informar. Todos estes deveres, a cargo do segurador, operam cumulativamente com os que derivam das regras sobre cláusulas contratuais gerais e, ainda, com as regras *in contrahendo*. O sistema é possível porque os seguradores têm condições para, através de juristas habilitados, analisarem e aplicarem toda esta profusão legislativa.". Acrescente-se que no contrato de seguro electrónico acresce a regulamentação da contratação à distância e a da contratação electrónica, tornando o elenco ainda mais impressionante. E saliente-se que o cliente de seguros, ao contrário do segurador, não tem normalmente ao seu dispor juristas habilitados a verificar se, no contrato de seguro que vai celebrar ou já celebrou, a profusão de legislação aplicável foi correctamente concretizada na sua apólice.

[490] Art. 9.º do DL 57/2008.

[491] O caminho próximo vai no sentido da simplificação da informação e, no âmbito dos seguros, da responsabilização do segurador na adequação do contrato às necessidades do tomador de seguro.

[492] Ou não o podendo fazer por não estar para tal autorizado.

restringe a informação necessária, na perspectiva do contrato de seguro, à informação obrigatória para o tipo de contratos que se propõe realizar.

No que diz respeito ao contrato de seguro electrónico, apresentado numa loja virtual, os deveres de informação do prestador de serviços financeiros, neste caso, do segurador, não sabendo antecipadamente se o seu cliente será ou não consumidor, serão os máximos, para o tipo de seguro que apresenta para comercializar em rede.

Se, porventura, o tomador de seguro não tiver essa qualidade, o excesso não será ilegal.

Em contrapartida, caso o segurador não facultasse no seu sítio da *Internet* toda a informação prevista para consumidores e a contraparte que se lhe apresentasse tivesse essa qualidade, aí não estaria em condições de cumprir os seus deveres legalmente previstos.

É certo que manifestado o interesse em contratar pelo cliente seria sempre possível enviar, ainda antes da celebração do contrato, os elementos em falta através de correio electrónico ou outro meio de comunicação electrónica individualizada. Admitimos, porém, que não é um modo eficaz de proceder.

A apólice entregue deve conter os elementos legalmente exigíveis e corresponder às informações pré-contratuais transmitidas e ao acordado entre as partes.

É indiscutível que o consumidor deve ser informado e deve ter acessíveis todos os dados que lhe permitam saber quem é o seu interlocutor, quais as principais características do contrato, o conteúdo dos direitos e obrigações que assume e o modo como pode fazer valer os seus direitos e como deve cumprir os seus deveres.

É, também, indubitável que ao consumidor deve ser exigido o cumprimento de um dever de diligência, evitando-se excessos de paternalismo e atestados de menoridade[493].

Verifica-se, no entanto, que perante contratos com a dimensão e a complexidade que os de seguros muitas vezes têm é difícil incentivar o consumidor à leitura da documentação que lhe é fornecida e, principalmente, em produtos financeiros extremamente intrincados, não é provável que duma leitura atenta resulte a sua plena compreensão.

---

[493] O consumidor que se recusa a deixar-se informar, não pode merecer a protecção que a falta de informação poderia acarretar. Poder-se-ia mesmo, no limite, estar numa situação de abuso de direito se um consumidor que recusou a informação que lhe foi disponibilizada viesse alegar a falta de informação a seu favor.

São necessários, muitas vezes, conhecimentos técnicos muito especializados para compreender o conteúdo de alguns contratos[494] e fazer valer um elenco tão vasto de direitos de informação, muitas vezes desconhecidos.

No contrato de seguro electrónico as questões que se colocam, para além da patente vastidão da informação que há a transmitir, dizem respeito ao modo pelo qual essa informação deve ser colocada no sítio da *Internet*, como deve ser destacada, como deve ser construída a dinâmica da progressão no processo de celebração do contrato, de modo a permitir que o interessado passe por ela e a veja.

A contratação electrónica implica algum cuidado de sistematização por parte do segurador, de modo a tornar praticável a celebração do contrato na *Internet*. E, embora à partida, qualquer contrato de seguro possa ser celebrado por essa via, há uma clara opção por seguros simplificáveis. Desde logo, porque tem de haver muita uniformidade e previsibilidade nos riscos que o segurador se pode arriscar a aceitar desse modo. E riscos mais complexos implicam outro tipo de avaliação que não se compadece com uma aceitação tão imediata.

O exemplo paradigmático de contrato de seguro electrónico é o seguro automóvel. O seguro de responsabilidade civil automóvel é obrigatório e sujeito a apólice uniforme, o que lhe dá uma base estável, clara e pública[495]. O segurador pode construir, depois, algumas opções standard que o tomador de seguro pode compor[496]. Deve organizar as informações a prestar que, sendo um seguro do ramo não vida, são menos vastas.

Há, pois, que organizar a loja virtual de modo a que o tomador de seguro possa formar convenientemente a sua vontade, fazendo-o passar por toda a informação que é necessário levar ao seu conhecimento.

---

[494] E mesmo para os explicar. Muitas vezes quem está a facultar a informação, também não compreendeu totalmente o alcance do contrato.

[495] A apólice uniforme é aprovada sob a forma de Regulamento no Diário da República. Na sequência do Decreto-Lei n.º 291/2006, de 21 de Agosto há uma nova apólice uniforme do seguro obrigatório de responsabilidade civil automóvel, aprovada pela Norma Regulamentar do Instituto de Seguros de Portugal n.º 14/2008-R, publicada em 12de Dezembro de 2008.

[496] Cfr. no sentido de se estar a voltar ao seguro por medida, BERNARD DE GRYSE, *Monde Changeant des Assurances,* Cahiers Financiers, 2007, pp. 13 e ss. que refere "Son accomplissement est à portée de mains dans le contexte d'Internet. Pour cela il faut faire travailler le client. (…) laisser l'internaute construire "sa" police (…)". "polices sur mesure" e, mais adiante, refere mesmo a possibilidade de "revenir à du taylor-made". Embora pareça que o seguro à medida se encontre mais ligado aos seguros de grandes riscos. A simples escolha de opções pré-definidas no seguro de massas permite, apesar de tudo, alguma composição do seu conteúdo.

2.4. Modo de informar

O legislador não se limitou a estabelecer os vastos elencos de informação atrás enunciados. Debruçou-se, ainda, sobre o modo pelo qual essa informação deve ser facultada.

Assim, o art. 12.º do DL 95/2006 estabelece que a mesma tem de ser clara e perceptível, deve respeitar os princípios da boa fé[497] e identificar de modo inequívoco os objectivos comerciais do segurador.

E, sendo cláusulas contratuais gerais, o art. 5.º do RCCG obriga a que a comunicação seja efectuada de modo adequado e atempado a proporcionar um conhecimento completo e efectivo a quem use de comum diligência.

A LCS, no seu art. 21.º, vem determinar o tempo e o modo de prestar informações, estabelecendo que as informações obrigatórias devem ser transmitidas antes da celebração do contrato e têm de ser prestadas por escrito, em língua portuguesa e de forma clara, estabelecendo especificamente para a apólice, no seu art. 36.º, que devem ser usadas palavras e expressões de uso corrente, sempre que não seja imprescindível o uso de termos técnicos e deve ser redigida de modo fácil de compreender, bem legível, simples e rigoroso.

Assim, há que transmitir a informação e as condições do contrato antes do consumidor se vincular e em tempo útil, o que parece significar, com a antecedência necessária a que o interessado no contrato se possa inteirar do seu conteúdo e dos direitos e obrigações que se constituirão na sua esfera jurídica, caso entenda que o que lhe é apresentado e comunicado lhe interessa.

Essa comunicação, nos termos do art. 11.º do DL 95/2006, deve ser realizada em papel ou noutro suporte duradouro disponível e acessível ao consumidor[498] que pode, a qualquer momento, exigir que lhe sejam fornecidos os termos do contrato em suporte de papel.

---

[497] Cfr. sobre a boa fé no Direito Civil, ANTÓNIO MENEZES CORDEIRO, *Da boa fé no Direito Civil*, Colecção Teses, Almedina, 2001. Sobre a boa fé no contrato de seguro, PATRICK FOSS, PETER MACDONALD EGGERS e SIMON PICKEN, *Good Faith and Insurance Contracts*, Second Edition, LLP, London Singapore, 2004. Sobre a boa fé como princípio do comércio electrónico, SALVATORE SICA, "E-business, modelli economici e regole: i temi giuridici in uma prospettiva di comparazione", in AAVV, *L'Economia Digitale e il Settore Assicurativo*, IRSA, Milano, 2003, pp. 157 ss. que refere que (...) quel principio del good faith, che, anche nella net economy, costituisce il parâmetro generale al quale devono attenersi le condotte dei contraenti.".

[498] Poderá ser, por exemplo, em CD. Embora o mais usual seja que a informação esteja disponível no sítio da *Internet*, susceptível de ser descarregada para o computador

No que diz respeito às condições do contrato é preocupação fundamental do legislador do DL 7/2004[499] que os termos contratuais, as cláusulas gerais e o aviso de recepção, sejam comunicados de modo a que o tomador de seguro possa armazená-los e reproduzi-los.

Esta imposição, em relação às cláusulas contratuais gerais, já resultaria do RCCG que, no seu art. 5.º n.º 2 estabelece que devem ser comunicadas de modo adequado. A possibilidade de armazenar e reproduzir informação transmitida por um meio electrónico parece estar contida na ideia de comunicação adequada.

Neste aspecto, o art. 31.º n.º 1 vem concretizar, para a contratação electrónica o requisito de adequação do modo de comunicação das cláusulas contratuais gerais[500].

Embora o legislador não o tenha previsto expressamente, parece não bastar que a informação obrigatória esteja simplesmente alojada no sítio da *Internet*. Será necessário que se imponha ao interessado na celebração do contrato.

Este caminho já começa a ser traçado, para os seguros em geral, no novo regime do contrato de seguro, que impõe a necessidade de destacar, no texto da apólice uma série de dados.

Para o contrato de seguro electrónico será necessário que a doutrina e a jurisprudência vão concretizando como é que a informação deve ser transmitida de um modo adequado, adaptado ao meio usado. O DL 95//2006, no seu art. 12.º vem apontar o caminho da boa fé, resumindo que a informação deve ser prestada com observância dos seus princípios.

Parece, desde já claro, que a boa fé impõe ao segurador que construa a sua loja virtual de modo a que a informação pré-contratual possa, naturalmente, ser apreendida pelo tomador de seguro ao navegar com vista à celebração do contrato. Este não deverá ter de realizar um grande esforço de pesquisa por todo o sítio da *Internet* até a conseguir encontrar.

No seu estabelecimento comercial o segurador deve entregar, em mão, ao tomador de seguro toda a informação pré-contratual legalmente exigida e as cláusulas contratuais gerais a que o contrato se subordinará.

---

do interessado no contrato. Celebrando-se o contrato, terá de haver uma comunicação directa, normalmente por correio electrónico, para ficar armazenada e disponível na caixa do correio do tomador de seguro.

[499] Art. 31.º do DL 7/2004.

[500] Cfr. sobre o concurso de normas sobre a contratação electrónica e as cláusulas contratuais gerais em Espanha, ANDRÉS DOMÍNGUEZ LUELMO, "Contratação na Internet. Novas Questões, Novos Princípios Jurídicos?", cit., pp.144 e ss..

Não seria suficiente ter essas informações e as condições do contrato fechadas numa gaveta, para que o tomador de seguro as fosse procurar pela loja.

O paralelo deve ser estabelecido em relação à loja virtual. O segurador deve colocar no visor do computador do tomador de seguro toda a informação necessária[501]. Directamente, ou através de ligações claras e bem visíveis a outros sítios em que as mesmas se encontrem, "clicando" na ligação. E deve ir solicitando a aprovação do tomador de seguro e a declaração de que tomou conhecimento e aceita o conteúdo da informação que lhe está a ser transmitida.

Só tornando efectiva a possibilidade de o tomador de seguro tomar conhecimento, é que o segurador cumpre os seus deveres de informação.

2.5. Consequências do não cumprimento

As consequências do incumprimento dos deveres de informação, da não entrega da apólice e da desconformidade entre a apólice e o acordado nas negociações são diversas, de acordo com os diplomas que as prevêem.

Se são muitos os deveres de informação, são muitas e graves as consequências do seu não cumprimento.

2.5.1. Contra-ordenações e invalidade

O DL 95/2006 centra-se na informação pré-contratual e prevê no art. 35.º alíneas b) e c) que o não cumprimento dos deveres que estabelece constitui contra-ordenação punível com coima.

O DL 7/2004, que tem no art. 28.º, n.º 1 um elenco de deveres pré-contratuais, que incluem as condições e termos do contrato prevê no seu art. 37.º n.º 1 alínea a) que o não cumprimento dessa obrigação constitui contra-ordenação, punível com coima.

O DL 94-B/98 descreve em abstracto as infracções que são puníveis com coima. No seu art. 212.º alínea a) prevê que "São puníveis com coima (...) as infracções a seguir referidas: a) O incumprimento dos deveres de informação para com os tomadores, segurados ou beneficiários, de

---

[501] Poderá criar ligações, obrigar ao preenchimento de campos de aceitação, antes de avançar para o passo seguinte, ou usar quaisquer outros meios que eficazes para revelar a informação.

apólices de seguros, para com os associados, participantes ou beneficiários de planos de pensões ou para com o público em geral.".

Parece que de tal disposição resulta que qualquer incumprimento de deveres de informação legalmente exigidos para com os tomadores de seguros caberá nessa previsão.

O DL 57/2008, que proíbe as práticas comerciais desleais, em que se inclui a omissão de deveres de informação, vem estabelecer no seu art. 21.º, n.º 1 que o não cumprimento dessa proibição "(...) constitui contra-ordenação punível com coima (...)" e no seu art. 14.º, n.º 1 que "Os contratos celebrados sob a influência de alguma prática comercial desleal são anuláveis a pedido do consumidor, nos termos do artigo 287.º do Código Civil.".

2.5.2. Sanções acessórias

Para além da qualificação do incumprimento dos deveres de informação como ilícitos contra-ordenacionais, puníveis com coima, os diplomas em causa ainda prevêem a possibilidade de serem aplicadas sanções acessórias.

O art. 36.º do DL 95/2006 prevê, nomeadamente, para além da possibilidade de apreensão de bens, a possibilidade de interdição do exercício da profissão ou da actividade a que a contra-ordenação respeita, bem como a inibição de exercício de cargos sociais e de funções de administração, em pessoas colectivas que sejam prestadoras de serviços financeiros, por um período até três anos, a publicação da punição definitiva, a expensas do infractor, num jornal de larga difusão na localidade da sede ou do estabelecimento permanente do infractor ou, se este for uma pessoa singular, na da sua residência.

O art. 38.º DL 7/2004 também prevê idênticas sanções acessórias.

O art. 216.º do DL 94-B/98 prevê sanções relativas à apreensão de bens ou do benefício económico obtido e relativas à limitação da possibilidade de exercer a actividade, a que acrescenta a publicação da punição definitiva.

O DL 57/2008, no seu art. 21.º, n.º 2, estabelece um elenco de sanções acessórias na mesma linha[502].

---

[502] Estabelece que "São, ainda, aplicáveis em função da gravidade da infracção e da culpa do agente, as seguintes sanções acessórias: a) Perda de objectos pertencentes ao agente; b) Interdição do exercício de profissões ou actividades cujo exercício dependa de

O legislador estabelece, portanto, mais um vasto elenco, desta feita de possíveis consequências pelo não cumprimento de deveres de informação ou de falta de menções obrigatórias na apólice de seguro[503].

Mesmo cumprindo todos os deveres de informação e entregando a apólice nos termos legalmente exigidos, o tomador de seguro tem direito à livre resolução do contrato.

A não entrega da apólice tem também como consequência a dilação do início da contagem do prazo do direito de livre resolução do contrato do tomador de seguro, seja ou não consumidor.

2.5.3. Regime das cláusulas contratuais gerais

Estando em causa um contrato de adesão, o segurador que apresenta as cláusulas contratuais gerais tem, em relação a elas, o dever de comunicação e o dever de informação, nos termos do RCCG[504]. Não sendo cumpridos esses deveres, têm-se por excluídas dos contratos singulares as cláusulas não comunicadas, subsistindo, na medida do possível, o contrato[505]. E esta solução aplica-se a consumidores e não consumidores.

3. Direito de livre resolução do contrato de seguro electrónico

É possível desistir do contrato de seguro electrónico. Permite a legislação de seguros a livre resolução para certos seguros, permite a legislação sobre comercialização à distância a livre resolução para todos os celebrados com consumidores.

---

título público ou de autorização ou homologação de autoridade publica; c) Encerramento de estabelecimento cujo funcionamento esteja sujeito a autorização ou licença de autoridade administrativa; d) Publicidade da aplicação das coimas e das sanções acessórias, a expensas do infractor.".

[503] Parafraseando ANTÓNIO MENEZES CORDEIRO, *Manual de Direito Comercial*, cit., p. 593, "A produção legislativa nacional mantém-se imbatível.".

[504] Cfr. art. 5.º e ss..

[505] Cfr. em sentido diferente, JOSÉ DE OLIVEIRA ASCENSÃO, "Contratação Electrónica", cit., pp. 43 e ss., que considera que a falta de informação poderá originar a aplicação do prazo de desistência mais alargado do DL 143/2001, de 26 de Abril.

3.1. Regime anterior a 2009

No anterior regime do contrato de seguro, esse direito surgia nos DL 176/95 e DL 94-B/98.

Como se viu[506], o DL 176/95 consagrava um direito de desistência do contrato, que denominava de direito de renúncia.

Esta possibilidade de destruir o contrato não foi criada em termos gerais, para qualquer tipo de contrato, mas de um modo restrito, em relação a algumas figuras.

O prazo para o exercício destes direitos era de trinta dias a contar da recepção da apólice.

As consequências do seu exercício, no caso de existir desconformidade entre as informações pré-contratuais e a apólice eram a destruição retroactiva dos efeitos do contrato, sendo devolvida a totalidade do prémio pago[507].

Não havendo essa desconformidade, o segurador tinha direito ao prémio correspondente ao tempo decorrido, ao custo da apólice, às despesas com exames médicos e aos custos de desinvestimento. O que parece corresponder a uma sanção pelo exercício daquele direito, conforme se afigura resultar do art. 183.º do DL 94-B/98, que clarifica que o segurador não tem direito a outras indemnizações além daquelas.

O DL 95/2006, para consumidores, estabelece o direito de desistir do contrato de seguro celebrado à distância[508].

Conjugando o regime do contrato de seguro, com o regime do DL 95/2006, no caso de o tomador de seguro ser um consumidor, temos que

---

[506] Cfr. supra III – 5.1.1..

[507] Parece de admitir que seriam, também, estas as consequências, no caso de não terem sido cumpridos os deveres de informação pré-contratuais e, consequentemente, não poder o consumidor demonstrar essa desconformidade. Se o tomador de seguro a alega e o segurador que tinha o dever de fornecer a informação por escrito não o fez, deverá ser ela própria a demonstrar a conformidade e não o contrário. Caso não o demonstre, considera-se a desconformidade e haverá o direito à devolução da totalidade do prémio pago.

[508] Existindo, no âmbito do Direito dos Consumidores, esta regra específica para os contratos celebrados à distância relativos a serviços financeiros, em que se incluem os seguros, parece que não ser de aplicar outras disposições mais genéricas. Caso contrário, seria ponderável a aplicação do art. 8.º, n.º 4 da Lei de Defesa do Consumidor, Lei n.º 24/96, de 31 de Julho que prevê que "Quando se verifique falta de informação, informação insuficiente, ilegível ou ambígua que comprometa a utilização adequada do bem ou do serviço, o consumidor goza do direito de retratação do contrato relativo à sua aquisição ou prestação, no prazo de sete dias úteis a contar da data de recepção do bem ou da data de celebração do contrato de prestação de serviços.".

não havia nada a acrescentar em relação aos seguros de acidentes pessoais e doença a longo prazo e aos seguros do ramo vida.

O DL 176/95 e o DL 94-B/98 estabeleciam um prazo mais longo para o exercício do direito de livre resolução[509], contado a partir da recepção da apólice, sem necessidade de ponderar a data da celebração do contrato, caso não fossem coincidentes.

No que diz respeito aos efeitos, era salvaguardado, no art. 24.º do DL 95/2006 o regime do direito de renúncia previsto para aqueles contratos de seguro, pelo que não se colocava a questão da sua compatibilização[510].

Haveria já a acrescentar, no que diz respeito aos restantes contratos de seguro que fossem celebrados por consumidores, através de meios de comunicação à distância e, neste caso, através da *Internet*, por correio electrónico ou em lojas virtuais.

Esses, que não tinham consagrado um direito de livre resolução por serem contratos de seguros, passaram a tê-lo por serem celebrados à distância.

Assim sendo, nos termos do art. 19.º do DL 95/2006 "O consumidor tem o direito de resolver livremente o contrato à distância, sem necessidade de indicação do motivo e sem que possa haver lugar a qualquer pedido de indemnização ou penalização do consumidor.".

Tinha catorze dias para o fazer, a contar da data da celebração do contrato, ou da recepção da apólice, documento que no âmbito do seguro corporiza as condições do contrato. No caso de a apólice não conter todas as informações exigidas pelo DL 95/2006, poderia mesmo não ser suficiente a sua entrega.

Estando cumpridos os deveres de informação na data da celebração do contrato seria a partir dessa data que contava o prazo para o exercício do direito de livre resolução. Não estando cumpridos esses deveres, será a partir da data da recepção pelo consumidor das informações obrigatórias e das condições do contrato que a contagem do prazo se inicia.

O art. 22.º DL 95/2006 determina a não aplicação do direito de livre resolução em relação a algumas situações, nomeadamente no que diz

---

[509] 30 dias, em vez dos 14 para os contratos à distância. O próprio diploma sobre os contratos relativos a serviços financeiros celebrados à distância, vem salvaguardar o prazo mais longo nos seguros do ramo vida, no art. 20.º.

[510] Cfr. JOSÉ CARLOS MOITINHO DE ALMEIDA, "A Celebração à Distância do Contrato de Seguro", cit. P 21, que a propósito da remissão do art. 24.º, n.º 4 do DL 95/2006 considera que "Por detrás da ambiguidade assim criada esconde-se mais uma violação da Directiva n.º 2002/65/CE.".

respeito aos seguros. Estabelece que "O direito de livre resolução previsto neste decreto-lei não é aplicável às seguintes situações (...)[511]:

b) Seguros de viagem e de bagagem;
c) Seguros de curto prazo, de duração inferior a um mês; (...).

As consequências do exercício do direito de livre resolução são as consagradas no art. 24.º do DL 95/2006. Isto é, a resolução tem efeitos retroactivos, destruindo os direitos e obrigações desde o início do contrato.

E o art. 25.º vem regular a situação de existir um pedido do consumidor para a execução antecipada do contrato[512].

Da conjugação do regime do contrato de seguro com o da contratação à distância de serviços financeiros resulta que o direito de livre resolução do contrato, denominado direito de renúncia, existe com prazo mais amplo, nos seguros do ramo vida, de acidentes pessoais e de saúde a longo prazo, e que existe, com prazo mais reduzido, para os restantes seguros celebrados na *Internet* com consumidores.

3.2. Novo regime do contrato de seguro electrónico

A LCS vem sistematizar também o direito de resolução do contrato[513].

Desde logo, regulando o direito à livre resolução do contrato, revelando, até, a preocupação de que fosse consentâneo com o regime da contratação à distância[514].

No art. 118.º é consagrado o direito de livre resolução dos contratos de seguro aí previstos.

Exercido o direito de livre resolução, o segurador pode ter direito ao prémio correspondente ao tempo decorrido, se correu entretanto o risco, às despesas com exames médicos e a custos de desinvestimento.

Tal não ocorreria nos contratos celebrados à distância, excepto no caso de a cobertura do seguro se iniciar antes do termo do prazo de livre resolução do contrato a pedido do tomador do seguro.

---

[511] Embora o legislador não o refira expressamente, parece que a alínea a) também abrangerá os seguros. O art. 22.º, alínea a) prevê a "Prestação de serviços financeiros que incidam sobre instrumentos cujo preço dependa de flutuações do mercado, insusceptíveis de controlo pelo prestador e que possam ocorrer no período de livre resolução;".

[512] O que, em seguros, acontece na maioria dos casos. A eficácia do contrato de seguro, o início das suas coberturas, depende do pagamento do prémio. E o consumidor que vai celebrar um contrato de seguro pretende, em regra, que o mesmo produza os seus efeitos tão brevemente quanto possível.

[513] Cfr. supra III – 5.2..

[514] Art. n.º 118, n.os 4 e 7 do LCS.

Parece que, em regra, os contratos de seguro cabem nesta excepção. No contrato de seguro o início da cobertura do seguro dá-se com o pagamento do prémio que ocorre, normalmente, no momento da celebração. Se o tomador de seguro celebra o contrato e realiza o pagamento, poder-se-á deduzir a solicitação de que pretende o início imediato da cobertura.

Se analisarmos o exemplo paradigmático do seguro automóvel, constatamos que o proprietário do veículo, sendo obrigado à celebração do contrato para poder circular, ao adquirir o automóvel vai ter, normalmente, a preocupação de celebrar atempadamente o necessário contrato de responsabilidade civil obrigatório. E vai pretender que as coberturas se iniciem de imediato, para estar com a sua responsabilidade garantida pelo seguro obrigatório quando for conduzir o seu novo automóvel. Para tal é necessário que o prémio seja pago.

Nos contratos electrónicos é corrente haver *on-line*, no próprio sítio em que o contrato é celebrado, a possibilidade de realizar de imediato o pagamento.

Nos contratos de seguro electrónicos, que o segurador se propõe celebrar numa loja virtual este estará, em regra, em condições de dar imediatamente uma resposta sobre a avaliação do risco que lhe é proposto e do preço que pretende receber por se dispor a corrê-lo. Nessa situação, aceite o risco e definido o valor do prémio, nada obsta a que seja efectuado logo o pagamento, para que se iniciem as coberturas[515].

Parece de admitir que se o tomador de seguro pagou o prémio, será porque pretende que o contrato inicie os seus efeitos, nomeadamente, inicie a cobertura dos riscos que foram acordados.

Assim sendo, do pagamento do prémio parece poder deduzir-se esse pedido de execução imediata do contrato.

Caso tenha ocorrido um sinistro, parece que o tomador de seguro não terá interesse em resolver o contrato[516].

---

[515] Sendo, como se viu, sempre necessário o cumprimento dos deveres de informação, a redução a escrito da apólice, a sua assinatura pelo segurador e o seu envio ao tomador de seguro.

[516] Questão mais complicada é a de o tomador de seguro a quem não foi dada a obrigatória informação pré-contratual, nem entregue a apólice, verificar aquando do sinistro que afinal o seguro não tem a cobertura que julgava ter contratado. A resolução do contrato pode devolver-lhe o prémio, mas não lhe resolve a situação de ter, por exemplo, de responder directamente por um dano cuja responsabilidade julgava ter transferido para um segurador. Esta situação poderá ser resolvida por aplicação das regras gerais de responsabilidade civil.

Quando o tomador de seguro for uma pessoa singular pode, no prazo de 30 dias após a recepção da apólice, resolver livremente o contrato que tenha celebrado se for um seguro de vida, de acidentes pessoais e de saúde com uma duração igual ou superior a seis meses.

Este prazo reduz-se para 14 dias, noutros contratos de seguro que sejam celebrados à distância. Tal significa um passo em frente em relação ao DL 95/2006 que só atribui esse direito a consumidores. A LCS satisfaz-se com o facto de o tomador de seguro ser uma pessoa singular, mesmo que não seja um consumidor.

Os prazos contam-se a partir da data da celebração do contrato, desde que o tomador do seguro, nessa data, disponha, em papel ou noutro suporte duradouro, de todas as informações relevantes sobre o seguro que tenham de constar da apólice. Caso não tenha, e em conjugação com o art. 118.º, n.º 1, contam-se a partir da recepção da apólice.

A resolução do contrato tem de ser comunicada ao segurador por escrito e tem, em princípio, efeito retroactivo.

O seu exercício não origina qualquer penalização, embora o segurador possa ter direito à devolução das despesas com exames médicos e aos custos de desinvestimento que tenha sofrido, o que introduz algum equilíbrio na relação unilateralmente destruída.

O segurador poderá ainda ter direito ao prémio proporcional ao tempo decorrido, no caso de ter corrido o risco. Neste caso, o direito de livre resolução não tem efeito retroactivo, mas sim para o futuro.

O legislador da LCS, sem prejuízo da responsabilidade civil do segurador, nos termos gerais, prevê ainda como fundamento legal para resolução do contrato o incumprimento dos deveres de informação e a falta de entrega da apólice de seguro[517].

4. Processo de formação do contrato de seguro electrónico

A figura do processo será a mais adequada para descrever a realidade correspondente à formação do contrato de seguro[518].

---

[517] É, ainda, prevista a possibilidade de resolução do contrato com fundamento em justa causa, nos termos legais e a resolução após sinistro, nos termos do art. 117.º do LCS.

[518] Sobre a aplicação da ideia de processo à formação do negócio jurídico, cfr. v.g., ANTÓNIO MENEZES CORDEIRO, *Tratado de Direito Civil Português*, cit. pp. 581 e ss. que refere que "A doutrina civil recuperou, com êxito, a ideia de processo, para explicar a formação do negócio jurídico.". E, especificamente sobre o contrato electrónico, cfr. JOSÉ CARLOS MOITINHO DE ALMEIDA, "A Celebração à Distância do Contrato de Seguro", cit.,

Este é um contrato complexo em que há necessidade de realizar várias etapas até que se encontre apto a ser efectivamente celebrado, sendo transmitidas as informações obrigatórias, de parte a parte, existindo uma série de diligências e operações a realizar e em que normalmente não se poderá identificar, propriamente, uma proposta e uma aceitação.

É imprescindível que a apólice cristalize o contrato, contendo as condições gerais, especiais e particulares do seguro, espelhando o acordo que existiu naquele momento[519].

O processo de formação do contrato de seguro electrónico, mesmo que surja como simples e rápido ao cliente virtual, tem subjacente um itinerário relativamente longo e complexo, que é necessário percorrer.

Inicia-se, usualmente, num sítio da *Internet* em que o interessado se informa sobre os aspectos relevantes para a formação da sua vontade de contratar, que devem encontrar-se disponíveis na loja virtual. É usual que seja disponibilizada a possibilidade de realizar uma simulação[520], de modo a verificar qual o valor do prémio para a situação com as características apresentadas.

---

p. 9, em que se refere ao "(...) processo contratual (...)". Também o art. 9.º n.º 1 da Directiva 2000/31/CE, sobre comércio electrónico, se refere à ideia de processo contratual determinando que "Os Estados-Membros assegurarão, nomeadamente, que o regime jurídico aplicável ao processo contratual não crie obstáculos à utilização de contratos celebrados por meios electrónicos (...).

[519] É muito claro neste sentido o art. 33.º, n.º 2 do Decreto-Lei n.º 144/2006, de 31 de Julho, que estabelece em relação às informações a fornecer aos mediadores que "Os suportes duradouros incluem, nomeadamente, as disquetes informáticas, os CD-ROM, os DVD e o disco rígido do computador do cliente no qual esteja armazenado o correio electrónico, mas não incluem os sítios na *Internet*, excepto se estes permitirem ao cliente armazenar informações que lhe sejam dirigidas pessoalmente, de tal forma que possam ser consultadas posteriormente durante um período adequado aos fins dessas informações e que permita uma reprodução exacta das informações armazenadas.".

[520] Expressão usual em seguros e na linguagem corrente, que significa a realização de uma experiência, de um teste, para verificar quais seriam os resultados, caso a situação fosse real. No entanto, em Direito Civil a expressão simulação surge associada à celebração de um negócio fictício e tem como consequência a nulidade. Esta figura encontra-se regulada nos artigos 240.º e seguintes do Código Civil. É muito usual existirem simuladores de seguro automóvel nos sítios da *Internet*, de modo a que o potencial comprador de um automóvel possa verificar antecipadamente quanto lhe custará o seguro, consoante o carro que escolher. Ou, já tendo o veículo determinado, poderá realizar simulações em diversos sítios da *Internet* de diferentes seguradores, podendo comparar as condições e os preços que lhe são oferecidos. Esta é até uma funcionalidade que mesmo os seguradores que não pretendem celebrar contratos *on-line*, disponibilizam nos seus sítios da *Internet*, como um serviço ao seu potencial cliente.

IV – Contrato de Seguro à Distância

Se lhe interessar o resultado do teste, o tomador de seguro irá prosseguir, através da preenchimento de uma série de formulários electrónicos, que corresponderão à proposta de seguro. São pedidos os seus elementos de identificação pessoal e de identificação do risco. Poderá ter de escolher de entre algumas opções que lhe sejam apresentadas, compondo o seu seguro à medida das suas necessidades.

Inicialmente haverá a identificação do segurador e dos produtos que tem disponíveis. Caso o cliente manifeste algum interesse num determinado produto, deve poder obter logo as informações necessárias sobre as suas qualidades e poder aceder às respectivas cláusulas contratuais gerais.

E à medida que o contrato avança as informações obrigatórias devem-se impor, surgindo no visor ao interessado em contratar, indicando como poderão ser consultadas, remetendo para o local do *site* onde se encontram guardadas, condicionando a progressão à declaração de aceitação ou conhecimento das informações apresentadas, ou de outro modo que seja eficaz e que garanta que o tomador de seguro pode tomar conhecimento real das informações que lhe devem ser transmitidas.

Em relação às mais importantes, poderá ser condicionada a progressão à manifestação do seu conhecimento, implicando a necessidade de declaração de que o tomador de seguro tomou conhecimento ou que as aceita[521].

Finalizadas estas operações, o tomador de seguro deve poder visualizar os dados que introduziu e as escolhas que realizou, de modo a identificar e corrigir algum erro que tenha cometido, após o que envia a sua "proposta" ao segurador[522].

O segurador pode recusar, não se celebrando o contrato.

Caso o segurador aceite, deverá reduzir o contrato a escrito, emitindo a apólice[523] e assinando-a e deverá enviá-la, bem como quaisquer outros

---

[521] Embora se reconheça que instruções no sentido de que não se poderá prosseguir sem colocar um sinal de aceitação das condições num campo existente para o efeito poderá não ser mais do que um pró-forma, não significando essa aceitação que houve uma consciencialização do conteúdo do contrato.

[522] No âmbito de um contrato complexo, como o de seguro, em que existe um processo de formação relativamente não se poderá identificar, propriamente, uma proposta e uma aceitação.

[523] Não é suficiente que as informações disponibilizadas e as condições gerais e especiais se encontrem aptas a serem "descarregadas" do sítio da *Internet* para o computador do tomador de seguro ou para serem impressas O tomador de seguro pode não realizar essa operação naquele momento e nada garante que quando o pretenda fazer a informação e os clausulados contidos no sítio em rede não tenham sofrido alterações.

documentos que sejam necessários, para o endereço de correio electrónico que o tomador de seguro indicou.

É usual que, entretanto, o prémio seja pago por meios electrónicos, desencadeando o início da cobertura.

O tomador de seguro poderá, depois, exercer o seu direito à livre resolução do contrato, no prazo legalmente previsto, enviando para tal comunicação ao segurador, ou não o exercer, finalizando-se o processo de formação do contrato de seguro electrónico.

C – CONTRATO DE SEGURO EM LINHA

O contrato de seguro em linha é um contrato de seguro electrónico.
Assim sendo, valem para o contrato de seguro em linha as considerações tecidas no ponto anterior, sobre o contrato de seguro electrónico.
O que, essencialmente, caracteriza o contrato de seguro em linha é o facto de ter um processo de formação diferenciado e de entre as partes existirem comunicações com sujeitos determinados e não comunicações individualizadas.

1. Regime específico do contrato em linha

O contrato de seguro em linha é um negócio jurídico bilateral, de adesão, à distância, efectuado através da emissão em linha, numa loja virtual, de ordem de encomenda confirmada, de bens ou serviços, oferecidos na rede e respectiva aceitação, através de meios electrónicos, pelo prestador de serviços que os disponibiliza.

O contrato em linha inicia-se com uma comunicação de um prestador de serviços, por um meio electromagnético que dê acesso a uma rede de comunicação, apresentando numa loja virtual, os seus bens ou serviços, num sistema organizado de comercialização à distância. Havendo, de entre os destinatários indeterminados dessa comunicação, um interessado, consumidor ou não, inicia-se a comunicação em linha, entre duas partes determinadas. De acordo com o processo legalmente estabelecido, celebra-se o contrato em linha, através de comunicação sem a presença física e simultânea de ambos.

Um contrato em linha, que é sempre um contrato de adesão, pressupõe uma oferta em rede, dirigida a destinatários indeterminados. Surgindo um interessado, adere ao contrato desencadeando o processo específico de formação, previsto no artigo 29.º do DL 7/2004.

Ao nível da formação do contrato em linha é importante determinar se a oferta que o prestador de serviços em rede disponibiliza, consubstancia um convite a contratar ou uma proposta contratual[524].

---

[524] Cfr. AAVV, *Lei do Comércio Electrónico Anotada e textos de conferência*, cit., pp. 116 e ss., JOSÉ DE OLIVEIRA ASCENSÃO, "Contratação Electrónica", pp. 58 e ss. e Paula Costa e Silva, "A Contratação Automatizada", cit., pp. 295 e ss..

A opção por um ou por outra[525] condiciona o momento da formação do contrato.

O legislador, sensível a esta questão, vem informar no art. 32.º do DL 7/2004 que "A oferta de produtos ou serviços em linha representa uma proposta contratual quando contiver todos os elementos necessários para que o contrato fique concluído com a simples aceitação do destinatário, representando, caso contrário, um convite a contratar."[526].

O legislador, decidiu, portanto apresentar um critério de qualificação. Esse critério é meramente descritivo do que é usualmente aceite como sendo a base da distinção entre proposta contratual e convite a contratar[527], deixando claro que a oferta de produtos ou serviços em linha tanto pode ser um convite a contratar, como uma proposta contratual.

Será uma proposta contratual se for completa, revelar uma inequívoca vontade de contratar e cumprir os requisitos de forma[528]. Será um convite a contratar se faltar algum desses elementos.

E, a utilização da expressão "ordem de encomenda" no art. 29.º n.º 1, permite que o regime seja adequado em qualquer das circunstâncias[529].

O art. 29.º n.º 1 estabelece que "Logo que receba uma ordem de encomenda por via exclusivamente electrónica, o prestador de serviços deve acusar a recepção igualmente por meios electrónicos, salvo acordo em contrário com a parte que não seja consumidora."[530].

---

[525] Em conjugação com a confirmação da ordem de encomenda do art. 29.º n.º 5 do DL 7/2004.

[526] A expressão destinatário é aqui usada num sentido diferente do sentido em que é aplicada no diploma. "Destinatário" aqui surge como destinatário duma proposta contratual e não no sentido de destinatário de serviços da sociedade da informação.

[527] Saliente-se que a definição de convite a contratar da Directiva 2005/29/CE, do Parlamento Europeu e do Conselho de 11 de Maio, relativa às práticas comerciais desleais, transposta para a ordem jurídica nacional pelo DL 57/2008, define num sentido inverso. O art. 3.º alínea i) do DL 57/2008 estabelece que se entende por ""Convite a contratar" uma comunicação comercial que indica as características e o preço do produto de uma forma adequada aos meios utilizados pela comunicação comercial, permitindo assim que o consumidor efectue uma aquisição;".

[528] Cfr. MENEZES CORDEIRO, *Tratado de Direito Civil Português*, cit,, pp. 552 e ss.. Veja-se, também, LUÍS FILIPE RAGEL SÁNCHEZ, "A formação dos contratos", in Direito da Sociedade da Informação, Volume III, Associação Portuguesa do Direito Intelectual, Coimbra Editora, 2002, pp. 83 e ss..

[529] O legislador podia ter optado por proposta contratual ou aceitação e não o fez. Optou antes por uma expressão neutra desse ponto de vista. O que permite que a ordem de encomenda possa ser qualificada de um ou de outro modo.

[530] Verifica-se, também em relação a esta norma o seu carácter imperativo em relação ao consumidor, possibilitando a dispensa do prestador de serviços em rede de

Prévia a este momento, existe a oferta em rede. Não se pode determinar em abstracto se uma oferta em rede é um convite a contratar ou uma proposta negocial. É necessário verificar, concretamente, se a oferta em causa é uma mera apresentação de produtos que pretende estimular propostas dos interessados ou se, pelo contrário, tem os requisitos necessários a ser qualificada como proposta.

Dessa verificação, depende a conclusão sobre o momento da formação do contrato[531].

Sendo a oferta em rede uma proposta contratual, a ordem de encomenda consubstanciaria a aceitação dessa proposta e o momento da celebração do contrato.

Sendo a oferta em rede um convite a contratar[532], a nota de encomenda corresponderá à proposta contratual, cabendo ao prestador de serviços em rede simplesmente aceitar ou não.

Parece que, em relação ao aviso de recepção, se terá de admitir que não consubstancia a aceitação. O art. 32.º n.º 2 estabelece que "O mero aviso de recepção da ordem de encomenda não tem significado para a determinação do momento da conclusão do contrato.".

Tal significará que, ou o aviso de recepção não é só "mero" e contém uma declaração de aceitação da proposta, ou é simplesmente um aviso de recepção da encomenda, que significa que a transmissão de dados foi efectuada com sucesso[533] e que o prestador de serviços em rede vai pensar se aceita ou não a proposta[534].

"acusar a recepção" no caso de haver acordo nesse sentido com o destinatário do serviço que não seja consumidor. Cfr. supra IV – B – 2. em que se abordam as questões que este aspecto suscita.

[531] Esta questão terá de ser retomada com a análise do n.º 5 deste artigo.

[532] O que, julgamos, será a hipótese menos frequente.

[533] É muito frequente que o aviso de recepção seja emitido automaticamente pelo sistema que recebe as encomendas.

[534] Esta situação poderá ser complicada do ponto de vista da celebração do contrato, quando a oferta em rede é um convite a contratar. Sendo o aviso de recepção, uma mera informação de que a ordem de encomenda foi recebida, fica por saber quando é que o prestador de serviços aceita a proposta que lhe é dirigida. É extremamente difícil identificar esse momento. Não haverá dúvida de que, quando executa o contrato, já aceitou previamente. Mas entre o momento da recepção da proposta e o momento da execução, é difícil determinar quando foi a aceitação. Julgamos, no entanto, que é uma questão de prova. O prestador de serviços aceita quando formula um simples sim. O que pode ser mais ou menos difícil de provar. Teria, realmente, sido mais fácil se a opção do legislador fosse no sentido de atribuir ao aviso de recepção relevância para a conclusão do contrato. O que seria possível, mesmo com sistemas automáticos de recepção.

O dever de enviar o aviso de recepção fica cumprido quando contém a identificação fundamental do contrato a que se refere e é remetido para o endereço electrónico que foi indicado ou utilizado pelo destinatário do serviço.

O problema complica-se com a previsão do art. 29.º n.º 5 que estabelece "A encomenda torna-se definitiva com a confirmação do destinatário, dada na sequência do aviso de recepção, reiterando a ordem emitida.".

Isto é, a contraparte do prestador de serviços em rede tem de demonstrar o seu interesse duas vezes, para que o contrato fique completo[535].

Esta disposição coloca várias questões, de difícil resposta, quer no que diz respeito à natureza desta confirmação, quer no que diz respeito ao momento da celebração do contrato.

Se a oferta em rede é um convite a contratar, cabe ao aderente[536] formular a proposta, que o prestador de serviços aceita[537]. Depois dessa aceitação, o cliente tem de reiterar a sua encomenda, o que a torna definitiva.

Se a oferta em rede é uma proposta contratual, o aderente aceita-a ao formular a sua ordem de encomenda. Depois tem de reiterar a sua aceitação.

O que significa que, com a necessidade de confirmação estabelecida no n.º 5, será necessário repetir a proposta ou a aceitação, consoante a oferta em rede tenha sido um convite a contratar ou uma proposta contratual.

2. Regime do contrato de seguro em linha

Apresentado o regime específico do contrato em linha, previsto no artigo 29.º do DL 7/2004, há que o conjugar com o DL 95/2006 e com o regime do contrato de seguro e analisar os aspectos chave da formação, dos deveres de informação e do direito de livre resolução, no processo de formação do contrato de seguro em linha.

---

[535] Admitimos que poderá ser entendida como confirmação da encomenda o pagamento em linha do serviço. Se o cliente encomenda um serviço e, depois, efectua o pagamento em rede, pode-se deduzir desse pagamento a confirmação da encomenda que, neste caso, coincidirá com a execução do contrato pela sua parte.

[536] Refira-se que aderente, é aquele que adere ao contrato sem negociar e tanto pode ser o destinatário da proposta como o proponente, como estabelece o art. 1.º do Decreto-lei n.º 446/85, de 25 de Outubro que dispõe que "As cláusulas contratuais gerais elaboradas sem prévia negociação individual, que proponentes ou destinatários indeterminados se limitem, respectivamente, a subscrever ou aceitar, regem-se pelo presente diploma.".

[537] Ou não aceita. É livre de a recusar. Nesse caso, não há contrato.

2.1. Formação do contrato

A formação do contrato em linha ocorre, como se viu, nos termos do art. 29.º do DL 7/2004.

Estando em causa um contrato de seguro em linha, o prestador de serviços em rede, no caso um segurador na sua loja virtual, em regra, estará a fazer uma proposta contratual.

Será já pacífico considerar-se que num contrato de seguro tradicional é o segurador que apresenta as cláusulas contratuais gerais do contrato e é o tomador de seguro que apresenta a proposta contratual. Isto porque o segurador não pode fazer uma proposta contratual de um risco que desconhece. O que é verdade.

No entanto, na sequência da apresentação do risco pelo tomador de seguro, o segurador vai avaliá-lo, verificar se lhe interessa ou não e atribuir-lhe um valor. Vai, portanto, determinar o preço que considera que vale a assunção daquele risco. O segurador vai determinar o valor do prémio do seguro. E parece que nesse momento é que estariam reunidos os elementos essenciais que permitiriam que um simples sim da outra parte finalizasse a formação do contrato em linha[538]. Tal não ocorreria antes de estar determinado um desses elementos que é, indubitavelmente, o preço[539]. E a outra parte é, nesse caso, o tomador de seguro. Este pode concordar ou não com o preço e querer ou não celebrar um contrato com um prémio daquele valor[540].

No caso do contrato de seguro em linha, nos termos em que o consideramos, parece que será, em regra, o segurador a apresentar a proposta contratual. Isto porque o que caracteriza este contrato é a ausência de negociação entre as partes e a ausência de comunicações indivi-

---

[538] Isto sem se estar ainda a ponderar a questão da forma como requisito de validade do regime actual.

[539] É certo que poderia bastar para que o elemento essencial que é o preço estivesse presente, estarem definidos os critérios que permitiriam objectivamente determiná-lo. No entanto, no contrato de seguro em linha, tal pode não bastar. No contrato de seguro em linha não haverá comunicações individualizadas entre as partes, nem durante a formação do contrato, nem a posteriori para concretização dos seus elementos. O contrato vai ficar completo com um clic, que significa aceitação. Assim, parece que o preço deverá estar concretamente fixado, para que o contrato em linha se possa finalizar.

[540] Cfr. ANTÓNIO MENEZES CORDEIRO, *Tratado de Direito Civil Português*, cit. pp. 495, que defende "Todavia, na prática da contratação, deparamos, em regra, com um procedimento diverso (...) Não é possível, no fim, apontar um "proponente" e um "destinatário da proposta", já que ambas assumem as duas qualidades.".

dualizadas. Para que tal seja praticável, o risco deverá estar previamente definido e determinado o valor do prémio.

E, nesse caso, nada obsta a que a apólice esteja previamente emitida e assinada, sendo entregue a qualquer tomador que aceite as condições e o preço apresentado[541].

O contrato de seguro em linha é, necessariamente, um contrato de adesão. Vai, pois, ter por base cláusulas contratuais gerais que estão pré--estabelecidas e que constam de formulários. Esses formulário podem, até, ter aposta uma assinatura que seja uma simples reprodução mecânica, admitida pelo Código Civil.

Já em 1929 um assento do Supremo Tribunal de Justiça, de 22 de Janeiro[542], considerava que "A minuta do contrato de seguro equivale para todos os efeitos à apólice.".

No contrato de seguro só as condições particulares, que individualizam o conteúdo para o concreto risco que é trazido pelo tomador não poderiam estar previamente determinadas.

Não sendo o risco previamente conhecido e determinado, o cliente que entra na loja virtual do segurador irá fazer a descrição do seu risco, preenchendo *on-line* as questões que lhe vão sendo colocadas pelo segurador[543].

O segurador vai apresentando formulários a preencher com os dados relevantes para a avaliação do risco. De posse da informação que considera necessária o segurador apresenta o valor do prémio. O tomador de seguro concretiza a proposta, apresentando a sua identificação e outros elementos que o segurador solicite, nomeadamente o seu endereço de

---

[541] O que permitiria ultrapassar os obstáculos, no regime anterior, resultantes do facto de o contrato de seguro ter sido entendido como um contrato formal. Assim, a proposta contratual, para o ser verdadeiramente, tem de revestir a forma do próprio negócio a celebrar. E a forma, naquele caso, seria a redução a escrito do contrato pelo segurador num documento que era a apólice com a sua assinatura. E a apólice poderia existir escrita e assinada, numa minuta já existente e que fosse enviada ao tomador de seguro quando este dava o seu acordo à celebração do contrato. Estas questões ficam ultrapassadas com o novo regime do contrato de seguro, que prescinde da forma como requisito de validade do contrato.

[542] Citado em ANTÓNIO MENEZES CORDEIRO, *Manual de Direito Comercial*, cit., p.585, que refere ainda que, "Dado o facto de os contratos de seguro resultarem, em regra, da adesão a cláusulas contratuais gerais tendo, também em regra, natureza formulária, a apólice surge muitas vezes impressa.".

[543] No seguro automóvel, por exemplo, são solicitadas, além da identificação do proprietário, do condutor e do veículo, outros elementos que não resultem dos dados relativos à identificação e que sejam informações relevantes para efeitos de tarifação como, por exemplo, a idade do condutor.

correio electrónico. O segurador aceita o seguro, emite a apólice e assina-a e envia-a por correio electrónico para o tomador de seguro. Estas comunicações são individualizadas. A identidade dos sujeitos e os contornos do risco não são indiferentes. O segurador aceita um determinado risco, proposto por um determinado sujeito. E trocam entre si comunicações com conteúdo personalizado, dirigidas àquela concreta pessoa.

Nestas circunstâncias, estamos perante um contrato electrónico, mas não estamos perante um contrato em linha.

O contrato em linha forma-se através do processo descrito no art. 29.º do DL 7/2004 e pressupõe, como defendemos, a inexistência de negociação e a inexistência de comunicações individualizadas entre as partes. No contrato em linha existem como se viu[544], comunicações com sujeitos determinados.

A partir do momento em que se inicia o processo de formação do contrato ambas as partes estão determinadas, mas é irrelevante para o prestador de serviços em rede que vai celebrar um contrato em linha saber quem é a sua contraparte. E as comunicações que lhe dirige são indiferenciadas. Servem para qualquer pessoa que se apresente naquela posição, realizando aquelas escolhas, apondo os sinais de assentimento nos locais próprios para o efeito, dando ordem de encomenda daquele serviço e pagando o preço estipulado.

É, ainda, necessário, nos termos do art. 29.º, n.º 5 do DL 7/2004 confirmar a ordem de encomenda, isto é, repetir a declaração de aceitação da proposta.

O que implica que o contrato de seguro em linha seja formatado, apresentando o produto final, com coberturas e preço definido, pronto a ser adquirido, sem mais.

No caso do contrato de seguro em linha também as condições particulares podem estar num formulário, dado que também são pré-definidas e imutáveis. Só será necessário identificar quem vai ser o tomador daquele seguro. E podem ser enviadas com o aviso de recepção ao tomador de seguro.

A situação mais usual hoje em dia de contratos de seguro em linha é aquela em que o contrato de seguro surge como acessório de um outro e o risco e as condições se encontram pré-definidas, configurando uma verdadeira proposta contratual em que um simples sim do aderente seria suficiente para o concretizar.

---

[544] Cfr supra II – B – 1.2..

Nestes casos, o cliente dirige-se a uma loja virtual que não será um segurador e ao contratar a aquisição de um bem ou serviço, depara-se com a possibilidade de contratar um seguro, como mais valia do contrato principal. O risco desse contrato é definido em função do bem ou serviço do contrato principal e, por isso, pode ser previamente estabelecido, tanto nas coberturas, como no prémio[545].

O cliente limita-se a aceitar o seguro nas condições e com o preço que lhe é proposto, ou a recusá-lo.

Pode-se, também, perspectivar a possibilidade de ser celebrado autonomamente um contrato de seguro em linha. Teria de ser um produto com as características enunciadas. Teria previamente definido o risco, com as coberturas e o prémio determinados e o aderente limitava-se a aceitá-lo. Poderia, até, ser necessário o fornecimento de alguma informação básica que permitisse a concretização automática do valor em função de algumas variações.

No entanto, o processo do art. 29.º do DL 7/2004 não é adequado a mais do que esta simplicidade.

O interessado faz uma ordem de encomenda, o que pressupõe uma escolha entre opções standard, que não impliquem concretizações através de negociação ou de comunicações individualizadas, o prestador de serviços em rede é obrigado a enviar o aviso de recepção para o endereço electrónico indicado, informando que recebeu a ordem de encomenda e o cliente terá de confirmar a sua declaração, reiterando a ordem emitida.

O segurador deve enviar imediatamente a apólice devidamente assinada ao tomador de seguro de modo a que este a possa guardar.

Tendo em consideração o regime do pagamento de prémios do contrato de seguro[546], há que fazer o pagamento para que as coberturas se possam iniciar[547].

Mesmo sendo o contrato de seguro acessório de outro contrato, tal não dispensa o envio ao tomador de seguro da apólice e das informações obrigatórias.

---

[545] Tal é usual, por exemplo, na aquisição de passagens aéreas *on-line*. Pode-se escolher se se pretende, por um preço determinado, contratar um seguro com as condições enunciadas. O comprador da passagem aérea, se disser que sim, aderiu ao contrato que lhe era proposto, nas condições e com o risco que foi definido automática e objectivamente. Pode-se fazer a experiência, por exemplo, em www.centralwings.com (consultado em 09/02/2008).

[546] Cfr. supra III – 3..

[547] Esse pagamento poderá ser considerado como a confirmação da aceitação, exigida pelo art. 29.º, n.º 5 do DL 7/2004.

O contrato de seguro em linha tem de ser cristalizado no momento da sua formação e ficar na disponibilidade directa do tomador de seguro.

A LCS vai, também no contrato de seguro em linha, permitir ultrapassar as dificuldades que a existência da forma como requisito de validade do contrato no regime anterior traziam à concretização do contrato de seguro.

No entanto, ao nível do contrato de seguro em linha, com o específico processo de formação estabelecido pelo art. 29.º do DL 7/2004 alguma dificuldade persiste no que diz respeito à determinação do momento em que o contrato de seguro se celebra.

Sendo a proposta do segurador, parece que a ordem de encomenda será a aceitação e o momento da formação do contrato.

Será, depois, nos termos do art. 29.º, n.º 1 do DL 7/2004, necessário ao segurador enviar um aviso de recepção. Nada impede que seja acompanhado da apólice. O art. 29.º, n.º 3 até estabelece que "O aviso de recepção deve conter a identificação fundamental do contrato a que se refere.". Pode aproveitar a oportunidade para enviar a apólice, previamente preparada e que só precisa de integrar a identificação do tomador de seguro, facultada com a ordem de encomenda.

É, ainda, nos termos do art. 29.º, n.º 5 do DL 7/2004, necessário que o tomador de seguro, confirme a sua ordem de encomenda.

Em contratos formais esta disposição perde relevância, estando o momento da formação do contrato associado ao cumprimento dos requisitos de forma. E dilui-se na questão mais complexa da invalidade no caso de incumprimento.

Afastado esse obstáculo, sendo o negócio consensual, estes passos do art. 29.º do DL 7/2004 passam a ser determinantes para se aferir o momento da celebração do contrato.

Esta figura do "duplo clic" é muito controversa. É uma opção do legislador nacional, na linha do regime francês, não sendo imposta pela Directiva sobre o comércio electrónico. É difícil determinar a sua natureza e influência no momento da formação do contrato.

Se a proposta vem do prestador de serviços, a ordem de encomenda é uma aceitação. Então parece que será necessário re-aceitar. Se a oferta em rede é um convite a contratar, então a proposta é de quem dá a ordem de encomenda. Feita a proposta e a aceitação, vai depois ser necessário renovar a proposta.

Tanto mais que, o contrato em linha é um contrato celebrado à distância e, pelo menos os consumidores, terão o direito de livremente o resolver.

Admitimos que sendo a proposta realizada pelo prestador de serviços em rede possa ser uma condição suspensiva dos efeitos do contrato, que se teria formado com a ordem de encomenda.

No caso do contrato de seguro em linha, parece que a proposta seria do segurador e, como é necessário realizar o pagamento do prémio para que se iniciem as coberturas, pode-se provavelmente entender esse pagamento como uma confirmação da ordem de encomenda por parte do tomador de seguro.

2.2. Deveres de informação e direito de livre resolução

Nestes aspectos o contrato de seguro em linha não apresenta diferenças significativas em relação ao contrato de seguro electrónico.

O art. 28.º estabelece um elenco de deveres de informação pré-contratual.

As informações aí previstas devem ser facultadas aos destinatários dos serviços, antes de ser dada a ordem de encomenda.

Aos deveres de informação aí previstos acrescem, para o contrato de seguro em linha, todos os deveres de informação resultantes do facto de se tratar de um contrato sujeito a cláusulas contratuais gerais, de se tratar de um contrato à distância de um serviço financeiro e de se tratar de um contrato de seguro.

Sendo o contrato de seguro em linha um contrato electrónico, implica o cumprimento dos deveres de informação e de entrega da apólice previstos para os contratos electrónicos.

O segurador que apresenta a sua loja virtual e convida os destinatários dos serviços que apresenta a contratar tem de disponibilizar, de um modo claro, acessível e adequado as informações impostas pelo art. 28.º do DL 7/2004 e, não sabendo se são ou não consumidores aqueles que se lhe dirigem, as informações impostas pelo DL 95/2006.

E, independentemente de serem ou não consumidores, os interessados nos seguros que comercializa, na sua loja virtual têm de estar disponíveis todas as informações pré-contratuais previstas pela legislação relativa ao contrato de seguro, de que se salientam as da LCS.

E, sendo o contrato de seguro em linha um contrato de adesão, o RCCG impõe que exista no sítio da *Internet* o clausulado apresentado para a celebração do contrato que o cliente venha a escolher.

Como se viu para o contrato electrónico, não basta as informações estarem na loja virtual. É, também, necessário que se imponham ao tomador de seguro à medida que progride na formação do contrato e que, celebrado este, lhe sejam enviadas.

As consequências da violação dos deveres de informação são semelhantes às descritas para o contrato electrónico.

Ao nível dos deveres de informação, salienta-se o dever de a apólice ter destacadas e bem visíveis, as informações constantes do art. 37.º, n.º 3, chamando a atenção do tomador de seguro, para os aspectos que lhe possam ser prejudiciais[548].

No que diz respeito ao direito de livre resolução do contrato também existe, tal como no contrato electrónico, sem apresentar especificidade relevantes para o contrato de seguro em linha.

---

[548] No que diz respeito ao dever especial de esclarecimento, previsto no art. 22.º do LCS, não parece adequado à realidade dos contratos de seguro em linha, que não preencherão os pressupostos da existência desse dever.

D – CONTRATO DE SEGURO POR TELEFONE

O contrato de seguro celebrado por telefone tem a característica de desmaterialização do contrato de seguro electrónico, acrescida pelo facto de o meio de comunicação em causa, entendido como o aparelho apto a produzir comunicações por telefonia vocal, não permitir a disponibilização de vasta informação e de termos contratuais que, no caso do contrato de seguros são, em regra, extensos.

A evolução do mercado tem vindo a demonstrar que computador e telefone, correio electrónico e comunicação vocal, lojas virtuais na *Internet* e "call-centers" são realidades cada vez mais interligadas, entrançadas, complementares, tornando-se difícil perceber onde começa e onde se finaliza a celebração do contrato.

A qualificação do telefone como meio de comunicação à distância e a sua "desqualificação" pelo DL 7/2004[549], como serviço da sociedade da informação que não incluiria serviços de telefonia vocal são, também, relevantes no enquadramento desta figura.

O DL 95/2006 vem tratar desta matéria, regulando no seu art. 18.º as comunicações por telefonia vocal. Trata, assim, deste meio de comunicação aceite como apto à celebração de contratos entre presentes, no âmbito da contratação à distância.

É nesta perspectiva, e na medida em que o telefone é considerado como canal diferenciado de distribuição de seguros, que se justifica a autonomização do contrato celebrado por telefone.

Trataremos de alguns aspectos gerais que parecem relevantes para o enquadramento da figura e procuraremos verificar que se justifica a sua autonomização em relação ao contrato electrónico, enquadrando-o no regime específico que tem enquanto contrato à distância, sempre tendo no horizonte a sua natureza de contrato de seguro.

Trataremos, nesta parte, o contrato exclusivamente negociado e celebrado por telefone, no sentido de que é através desse meio de comunicação à distância que se desenvolve a negociação e se alcança o consenso para a sua celebração. Deixaremos de fora, por já estarem tratadas, as situações em que o telefone é usado como mero complemento à negociação predominantemente realizada de outro modo, nomeadamente, em complemento ao contrato electrónico, celebrado no âmbito de uma loja virtual.

---

[549] Ou, mais concretamente, pelo Decreto-Lei n.º 58/2000, de 18 de Abril.

O traço fundamental da intersecção do contrato de seguro com o contrato à distância centra-se nos deveres de informação para os quais o DL 95/2006 estabelece um regime específico. No entanto, esta especificidade volta a ser condicionante na formação do contrato e no direito de livre resolução do contrato. E, dada a relevância das diferenças entre o regime actual do contrato de seguro e o novo regime, é necessário abordar ambos.

Procuraremos, no entanto, restringir-nos ao que for específico do contrato por telefone, dando por reproduzido o que já esteja tratado.

1. Aspectos gerais

Há que ter em consideração que a expressão "telefone" hoje em dia, tem já pouca correspondência com o seu significado de há relativamente poucos anos atrás.

Quando se pensava em telefone, o que estava em causa era um aparelho que permitia que duas pessoas fisicamente distantes pudessem comunicar, através da voz, como se estivessem na presença física uma da outra. Daí que se discutisse se os contratos celebrados por telefone seriam contratos entre ausentes, embora fosse geralmente aceite que não integrariam essa categoria dado que a comunicação entre as partes ao telefone era imediata e directa[550], pelo que não levantavam as questões sobre a emissão, envio e recepção da declaração negocial que os contratos entre ausentes traziam à liça e que foram reguladas, em termos gerais, pelos artigos 224.º e seguintes do Código Civil.

Ao telefone, as pessoas emitiam e recebiam, imediatamente, as declarações negociais, propostas e contra-propostas que entendiam fazer uma à outra e essa negociação poderia culminar sem entraves na celebração do contrato. A excepção correspondia aos contratos formais, cuja validade dependesse da observância de forma especial, normalmente redução a escrito ou mesmo escritura pública que, por isso, só se poderiam concretizar no momento do cumprimento da forma.

Estabelecendo o DL 95/2006 que se estará perante um contrato celebrado à distância quando as partes não estejam na presença física e simultânea uma da outra fica claro que o contrato celebrado por telefone

---

[550] Cfr. neste sentido, ANTÓNIO MENEZES CORDEIRO, *Tratado de Direito Civil Português*, Tomo I, 3.ª Edição, Almedina, 2005, pp. 551 e ss..

é um contrato celebrado à distância. Na comunicação por telefonia vocal, as partes estão fisicamente ausentes, embora comuniquem em simultâneo. Se dúvidas subsistissem seriam resolvidas pelo art. 18.º do DL 95/2006.

Hoje em dia a expressão "telefone", com o advento e desenvolvimento dos telefones móveis, continua a significar comunicação imediata através da voz. Significa, no entanto, e em acréscimo, mais uma série de realidades.

Os telefones móveis actuais, além de permitirem a comunicação directa por voz, garantem o envio e recepção de mensagens escritas. Os aparelhos mais avançados, cujo uso se vai generalizando, têm já integrado, muitas vezes, o acesso à *Internet* e a possibilidade de enviar e receber correio electrónico, com as funcionalidades necessárias ao armazenamento em caixa de correio electrónico, das comunicações recebidas e enviadas. Essas funcionalidades permitem, até, que as comunicações sejam enviadas não só com aviso de que foram recebidas pelo seu destinatário, como de que foram lidas[551].

E os computadores permitem comunicar por voz, como em qualquer telefone.

O que significa que, quando se afirma na actualidade, que um contrato foi celebrado por telefone, há que concretizar o que se pretende abranger nessa afirmação.

Contendo os telefones mais avançados computadores, poder-se-ia até estar a falar da mesma realidade ao mencionar contratos electrónicos ou informáticos e contratos por telefone.

Por outro lado, cada vez mais o telefone, no sentido de aparelho que permite a comunicação directa através da voz, e o computador são usados como meios complementares na contratação.

---

[551] É certo que não se pode garantir que a pessoa que acedeu à caixa de correio electrónico e que leu a mensagem seja realmente a pessoa a quem a mensagem se dirigia. No entanto é igualmente certo que tal não se pode garantir no correio tradicional. Não se pode assegurar que a pessoa que abriu a caixa de correio do domicílio do destinatário, recolheu a correspondência entregue pelos serviços de correio tradicionais e a leu seja a pessoa a quem a mesma se destinava. Mesmo tendo a carta sido enviada com registo e, até, aviso de recepção. Nesses casos o que fica garantido é que foi entregue naquele domicílio, no caso do registo, e recebido naquele domicílio, no caso do aviso de recepção. O conteúdo fica sempre em aberto. O que já não acontece com o correio electrónico, mesmo que não protegido por assinatura electrónica qualificada. Embora exista, ainda, algum preconceito em relação à comunicação electrónica, uma visão neutra e objectiva, permite verificar que, de um modo geral, ganha muito em eficácia e rapidez e até poderá ganhar em segurança.

É frequente que um contrato que se inicie com um contacto telefónico prossiga com o envio de informação através de correio electrónico, ou um contrato que se inicie com uma visita a um sitio da *Internet*, prossiga com um contacto telefónico, para esclarecimento de algum aspecto específico ou recolha de alguma informação necessária.

2. Contratação electrónica e por telefone

A integração da contratação por telefone no seio da contratação electrónica não é pacífica, já que a regulamentação do comércio electrónico é realizada por referência aos serviços da sociedade da informação e o telefone não é considerado como tal[552].

O art. 3.º do DL 7/2004 vem clarificar que não são serviços da sociedade da informação os enumerados no anexo ao Decreto-Lei n.º 58//2000, de 18 de Abril. E, no n.º 3, alínea c), i) do Anexo I deste diploma vem excluir os "Serviços não fornecidos por intermédio de sistemas electrónicos de armazenagem e processamento de dados: i) Serviços de telefonia vocal;".

Em contrapartida, o art. 24.º do DL 7/2004 vem estabelecer que "As disposições deste capítulo são aplicáveis a todo o tipo de contratos celebrados por via electrónica ou informática, sejam ou não qualificáveis como comerciais." e o art. 25.º reforça a ideia de universalidade estabelecendo que "É livre a celebração de contratos por via electrónica, sem que a validade ou eficácia destes seja prejudicada pela utilização deste meio.", só excluindo os negócios jurídicos enumerados no seu n.º 2.

E a qualificação do telefone como meio electrónico parece pacífica.

Parecem ser universos distintos, os aqui considerados. Por um lado, está em causa a delimitação do âmbito de aplicação do diploma ao regular os prestadores de serviços da sociedade da informação, a sua liberdade e a sua responsabilidade. E, nessa sede, há que determinar o universo de sujeitos e de serviços abrangidos. Por outro lado, está em causa a contratação em moldes diferentes que os meios de comunicação electrónica vão proporcionar. Aqui o legislador teve a preocupação de deixar claro que esses meios poderiam ser usados e em equiparar, em traçar paralelos em relação à celebração de contratos pelos modos "tradicionais", ou não electrónicos.

---

[552] Cfr. neste sentido JOSÉ CARLOS MOITINHO DE ALMEIDA, "A Celebração à Distância do Contrato de Seguro", pp. 10.

Acresce que, com a evolução tecnológica, não é líquido que a comunicação por telefonia vocal esteja fora de "sistemas electrónicos de armazenagem e processamento de dados.". Hoje em dia as chamadas telefónicas recebidas por "call-centers", são automaticamente registadas em sistemas que identificam o número que ligou, os operadores registam a identificação da pessoa que está a realizar o contacto numa base de dados e, em muitos casos, o próprio telefonema é gravado e fica armazenado. Estando em causa a celebração de um contrato esta será, até, a regra.

No entanto, no que diz respeito à contratação electrónica, esta problemática tem pouco relevo dado que as regras que o DL 7/2004 estabelece nesta área não estão vocacionadas para regular a contratação através de telefone.

Desde logo, sendo o telefone um meio de comunicação individual, a contratação feita exclusivamente por essa via está excluída da aplicação dos artigos 27.º a 29.º do DL 7/2004, por força do art. 30.º do mesmo diploma.

Depois, o art. 26.º relativo à forma, vem tratar da forma escrita e da assinatura que, por natureza, não ocorrem numa comunicação oral[553].

O art. 31.º do mesmo diploma legal é uma decorrência do art. 28.º, talhados para os contratos celebrados em rede, usualmente no âmbito de uma loja virtual. O mesmo acontece com o art. 32.º.

Assim sendo, o regime da contratação electrónica previsto no DL 7/2004 não parece ser aplicável ao contrato exclusivamente negociado e celebrado por telefone.

3. Especificidades do contrato por telefone

O art. 18.º do DL 95/2006 vem regular as comunicações por telefonia vocal, restringindo em razão do meio utilizado a quantidade e qualidade da informação a prestar antes da celebração do contrato, mas estabelecendo, mesmo assim, que "Quando o contacto com o consumidor seja estabelecido por telefonia vocal, o prestador deve indicar inequivocamente, no início da comunicação, a sua identidade e o objectivo comercial do contacto.". No n.º 2 estabelece que "Perante o consentimento expresso do consumidor, o prestador apenas está obrigado à transmissão da seguinte informação:", que enumera.

---

[553] Embora se possa ponderar se, ficando gravada a chamada telefónica, essa gravação poderia cumprir os requisitos de fidedignidade, inteligibilidade e conservação.

Não parece muito clara a intenção do legislador ao referir-se à necessidade de "consentimento expresso do consumidor". Parece que esse consentimento se poderia referir ao volume da informação a transmitir que, caso o consumidor autorizasse, se poderia reduzir ao elenco do n.º 2.

Tendo em consideração que a restante informação deverá ser transmitida posteriormente, não se poderá considerar que aquele consentimento pudesse ser no sentido de o consumidor aceitar que poderia ser-lhe só transmitida, na totalidade, a informação descrita no n.º 2.

Parece que o consentimento a que o legislador se refere será prévio ao momento da prestação das informações e deverá ocorrer no seguimento do cumprimento das obrigações estabelecidas no n.º 1. Isto é, o prestador toma a iniciativa de se dirigir ao consumidor e, para tal, estabelece com ele contacto telefónico. Logo no início da comunicação e sem margem para dúvidas, o prestador deve identificar-se e comunicar o objectivo comercial do seu contacto. E, nesse momento, o consumidor deve manifestar o seu consentimento na manutenção daquele contacto com aquele objectivo contratual.

Havendo algum interesse do consumidor no objectivo comercial do prestador, devem ser-lhe transmitidas as informações mínimas que lhe permitam formar a sua vontade, constantes da lista do n.º 2 e, nos termos do n.º 3, "(...) a existência de outras informações e respectiva natureza que, nesse momento, lhe podem ser prestadas, caso este o pretenda.".

Posteriormente, nos termos do n.º 4, deve ser enviada "(...) ao consumidor toda a informação prevista no presente título, nos termos do artigo 11.º.".

4. Regime do contrato de seguro por telefone

O regime actual do contrato de seguro por telefone, no que diz respeito aos três vectores que temos vindo a analisar, tem algumas especificidades.

4.1. Formação do contrato

No âmbito da formação do contrato de seguro por telefone torna-se ainda mais crítico o aspecto da sua natureza formal, sendo de grande relevância a alteração introduzida pela LCS que determina que a validade do contrato não depende da observância de forma especial.

4.1.1. *Regime anterior a 2009*

Se, em sede de contratação electrónica, o fulcro da questão está na equivalência de documento escrito e assinado a documento electrónico, no contrato de seguro por telefone, tudo se passa verbalmente. Não haverá, no contacto telefónico em que se concretiza o acordo relativo ao contrato, acesso a outra informação que não seja a transmitida verbalmente, não poderá ser remetida por essa via a apólice e não poderá ser realizado o pagamento.

Admitindo-se a natureza formal do contrato de seguro e a necessidade de a apólice de seguro ser emitida assinada e enviada ao tomador de seguro, tal não poderá ocorrer exclusivamente através de contacto telefónico que é verbal.

Assim sendo, parece de concluir que o contacto telefónico, no que diz respeito ao contrato de seguro, seria um momento da negociação, na fase pré-contratual, que pressupunha a utilização posterior de um outro meio de comunicação para a sua concretização. Findo o telefonema e tendo o tomador de seguro demonstrado o seu interesse na celebração do contrato, o segurador emitiria a apólice, com a sua assinatura e deveria enviá-la ao tomador, bem como toda a informação que não fosse possível prestar-lhe por limitação do meio de comunicação utilizado.

Será, ainda, de admitir que não havendo cumprimento dos requisitos de forma por parte do segurador, que deu origem à sua falta, não possa por ele ser alegada a invalidade assim originada, sob pena de abuso de direito.

Realizado o pagamento, o contrato torna-se eficaz.

Saliente-se que esta modalidade de seguro, embora prática e rápida, apresenta uma desmaterialização ainda maior que o contrato electrónico. Sendo o telefonema uma comunicação verbal e totalmente volátil, nada fica registado. É certo que o segurador poderá, dentro dos limites legais e desde que disso informe o tomador de seguro, gravar o contacto telefónico sendo até usual que tal aconteça. No entanto, tal registo terá como utilidade principal permitir ao segurador demonstrar que o acordo foi efectivado. Não parece, no entanto, que usualmente o tomador tenha a mesma possibilidade.

Há, pois, que acentuar a necessidade de que os seguradores, ao promoverem a comercialização dos seus produtos, sejam especialmente rigorosos na explicação das suas coberturas e, principalmente, das suas exclusões. E é imprescindível que fique muito claro no contacto telefónico o assentimento do tomador de seguro ao que lhe está a ser apresentado, não restando dúvidas de que este formou livremente a sua vontade e quis o acordo que vai fundar a celebração do contrato. E é, ainda, fundamental que o prémio do seguro seja pago autonomamente pelo tomador, não aparecendo diluído numa conta ou num extracto em que a cobrança possa passar despercebida.

Não podem restar dúvidas ao tomador de seguro sobre o facto de ter aceite celebrar um contrato de seguro e um modo eficaz de garantir essa consciência plena é haver um acto específico de pagamento.

O contrato de seguro por telefone apela, ainda com mais intensidade, ao cumprimento de deveres de boa conduta e de boa fé na relação entre as partes.

O diligente cumprimento dos deveres legalmente consagrados na legislação aplicável, permite o desenvolvimento das relações entre as partes num ambiente de transparência, essencial ao bom funcionamento do mercado de seguros.

4.1.2. *Novo regime do contrato de seguro por telefone*

A LCS vem trazer algumas novidades ao seguro por telefone.

Ao nível da formação, libertando o contrato de seguro das limitações originadas pela exigência de requisitos formais de validade, a LCS vem assentar no consenso a formação do contrato.

Assim, no próprio contacto telefónico, havendo acordo entre segurador e tomador de seguro o contrato poderá ser validamente celebrado.

Embora se mantenha a necessidade de emissão e envio da apólice, juntamente com alguma informação sobre o contrato que seja obrigatória e dela não conste, tal não vai condicionar a validade do contrato.

4.2. Deveres de informação pré-contratual e apólice

O art. 18.º n.º 2 do DL 95/2006 estabelece o elenco das informações que têm de ser facultadas de imediato, durante o contacto telefónico, ao consumidor.

O segurador terá, pois, que informar sobre a sua identidade, descrever as principais características do seguro e o valor total do prémio, incluindo impostos. É, ainda, necessário facultar informação sobre a existência ou inexistência do direito de livre resolução e as suas condições e efeitos.

Ainda no contacto telefónico o segurador deverá comunicar ao tomador de seguro que se encontra obrigado a facultar-lhe outras informações, que lhe serão enviadas posteriormente e que, caso o consumidor assim o entenda lhe poderão, também, ser prestadas naquele contacto telefónico.

No caso do contrato de seguro, o segurador deverá ainda informar que se encontra obrigado a enviar a apólice de seguro escrita e por si assinada, o que fará num momento posterior, dada a limitação do meio de comunicação verbal.

O segurador encontra-se obrigado a transmitir nos termos do art. 11.º do DL 95/2006[554], em papel ou noutro suporte duradouro, toda a informação pré-contratual e que deve constar da apólice, imposta pelo DL 95/2006, pela LCS[555] e pelo RCCG, como resulta do art. 18.º, n.º 4.

O envio da documentação e da apólice poderá ser efectuado por correio tradicional ou por correio electrónico, valendo aqui as observações que em sede de contrato de seguro electrónico foram enunciadas[556].

No que diz respeito aos deveres de informação pré-contratual e envio da apólice, em sede de contrato celebrado por telefone, são estabelecidos pelo regime do contrato à distância e do contrato de seguro, com as especificidades do art. 18.º do DL 95/2006.

O art. 21.º, n.º 3 da LCS estabelece que "No contrato de seguro à distância, o modo de prestação de informações rege-se pela legislação sobre comercialização de contratos financeiros celebrados à distância.".

Parece, no entanto, de salientar que o dever de especial esclarecimento previsto no art. 22.º da LCS poderá ser cumprido através de explicações dadas por telefone, embora os contratos em que tal dever é obrigatório não sejam, pela sua natureza especialmente complexa e com prémio e capital de elevado valor, os mais adequados a serem celebrados por telefone.

De salientar, também, que é necessário que a documentação enviada ao tomador de seguro e a apólice estejam de acordo com os requisitos exigidos. Nomeadamente, em relação à apólice, é necessário que destaque os aspectos referidos no art. 37.º, n.º 3 da LCS.

No que diz respeito ao direito de livre resolução do contrato o prazo para o seu exercício conta a partir da data da celebração ou da data da recepção das informações obrigatórias a constar da apólice.

---

[554] Cfr. supra II – A – 2.2.2..
[555] Anteriormente pelo Código Comercial, DL 175/96 e DL 94-B/98.
[556] Cfr. supra IV – B – a)1..

O não envio das informações e da apólice com os requisitos exigidos é fundamento de resolução do contrato, nos termos dos artigos 23.º, 34.º e 37.º n.º 4 da LCS.

O contrato de seguro por telefone é, pois, uma possibilidade que a tecnologia e a lei colocam à disposição do mercado, em que a boa fé e a transparência são pressuposto do seu sucesso.

4.3. Direito de livre resolução do contrato

Exceptuados os seguros de viagem e bagagem e os seguros de curto prazo, de duração inferior a um mês[557], o contrato de seguro celebrado por telefone poderá ser livremente resolvido, nos termos do art. 19.º e seguintes do DL 95/2006.

E poderá ser resolvido, nos termos da legislação que regula o contrato de seguro[558].

No entanto, estando em causa um contrato celebrado verbalmente em que não será possível transmitir toda a informação pré-contratual no contacto telefónico, o prazo para o exercício do direito de livre resolução não poderá ser contado a partir da data da celebração do contrato, visto o tomador de seguro não estar de posse dessa informação, mas sim a partir da recepção da apólice.

O que, em sede de contrato de seguro, já resulta da LCS[559].

O direito de livre resolução do contrato não apresenta no contrato de seguro por telefone outras especificidades relevantes.

---

[557] Nos termos do art. 22.º alíneas b) e c) do DL 95/2006. Também poderão ser exceptuados alguns seguros, nos termos da alínea a) por consubstanciarem a "prestação de serviços financeiros que incidam sobre instrumentos cujo preço dependa de flutuações do mercado, insusceptíveis de controlo pelo prestador e que possam ocorrer no período de livre resolução."

[558] Cfr. supra III – 5..

[559] Art. 118.º, n.º 2.

V
CONCLUSÕES GERAIS

1) O contrato de seguro à distância é uma figura que se impõe à realidade actual, quer pelos desenvolvimentos tecnológicos que o incentivam, quer pelos desenvolvimentos jurídicos que procuram enquadrá-lo e criar-lhe condições de transparência e segurança. A consolidação da liberdade de circulação de serviços financeiros no seio da União Europeia e a concretização do mercado único de seguros são passos importantes na criação do ambiente propício ao desenvolvimento do contrato de seguro à distância.

2) A regular este contrato é chamada regulamentação de diversos quadrantes, de que se destaca a legislação específica sobre contratos celebrados à distância, contratação electrónica e contrato de seguro e a legislação geral aplicável aos contratos, salientando-se o regime das cláusulas contratuais gerais.

3) No que diz respeito à legislação relativa ao contrato de seguro, esta constituía um conjunto de disposições dispersas que foi substituída por um novo diploma que revogou, unificou e sistematizou a matéria. Este diploma, com um processo legislativo longo, foi aprovado em Conselho de Ministros em 24 de Janeiro de 2008, foi publicado em 16 de Abril de 2008 e entrou em vigor em 1 de Janeiro de 2009. Neste contexto, analisa-se o contrato de seguro à luz da legislação vigente até 2009 e à luz do novo regime do contrato de seguro.

4) É também importante a legislação de defesa do consumidor, sendo diferente a protecção do tomador do contrato de seguro à distância, consoante este seja ou não consumidor. Destaca-se, nesta área, a recente transposição da Directiva sobre práticas comerciais desleais, concretizada pelo DL 57/2008.

5) Da necessidade de encontrar um modo eficaz de sistematizar o tema, optou-se por analisar separadamente os regimes jurídicos em causa, procurando depois a sua conjugação para alcançar o regime jurídico do contrato de seguro à distância.

6) No âmbito da contratação à distância de serviços financeiros, destaca-se o DL 95/2006, que transpõe para a ordem jurídica interna a Directiva 2002/65/CE. Este diploma aplica-se a consumidores e trata dos contratos cuja formação e conclusão sejam efectuadas exclusivamente através de meios de comunicação, sem a presença física e simultânea do prestador e do consumidor, que se integrem num sistema de venda ou prestação de serviços organizados, com esse objectivo, pelo prestador.

7) O legislador tem a especial preocupação de consagrar deveres de informação que permitam ao consumidor inteirar-se sobre a identidade e domicílio do prestador de serviços, sobre o conteúdo do contrato e sobre os meios que tem ao seu dispor para efectivar os seus direitos.

8) O DL 95/2006 consagra o direito de livre resolução do contrato, a exercer no prazo de catorze dias após a sua celebração ou recepção da informação exigida.

9) O DL 7/2004, que transpõe para a ordem jurídica interna a Directiva 2000/31/CE, regula a contratação electrónica. O regime da contratação electrónica vem previsto nos artigos 24.º e seguintes do DL 7/2004, estabelecendo-se uma distinção entre as normas aplicáveis a contratos celebrados através de comunicação individual e contratos em linha, em que não existe negociação e comunicação individualizada.

10) Do regime da contratação electrónica destaca-se a liberdade de celebração por essa via, a preocupação com a forma e a assinatura dos documentos, a obrigação de apresentar na contratação em rede, informação sobre o prestador de serviços e o contrato. Destaca-se, ainda, a necessidade de existir um sistema eficaz de detectar e corrigir erros no decurso da formação do contrato.

11) O art. 29.º do DL 7/2004 estabelece um processo específico para a formação dos contratos em linha, isto é, daqueles contratos que são celebrados numa loja virtual, sem negociação.

12) No âmbito do contrato de seguro, a análise é realizada à luz do regime anterior e à luz da LCS. Conclui-se que, em ambos, a dicotomia tradicional risco/prémio em que este contrato tem vindo a ser definido tem de ser repensada tendo em consideração a natureza dos produtos financeiros qualificados como seguros, que cada vez mais vão surgindo no mercado. Haverá, assim, que distinguir seguros em sentido material, assentes no binómio risco/prémio e seguros em sentido formal, caracterizados por terem como parte um segurador enquanto tal.

13) Ao nível da formação do contrato de seguro existe uma questão crucial que é necessário tratar e que diz respeito ao facto de este ser, no regime anterior, entendido como um negócio jurídico formal, em que a redução a escrito e assinatura do segurador, eram considerados como requisitos de validade do contrato. A consequência do não cumprimento dos requisitos de forma era, nos termos gerais, a nulidade.

14) No entanto, verifica-se que no contrato de seguro a falta de forma seria originada pelo segurador. Só o segurador podia reduzir a escrito a apólice e a podia assinar. Nessa circunstância, seria o próprio segurador que não cumpria os requisitos de forma, criados para protecção do tomador de seguro e dava origem à invalidade do contrato.

15) Tendo o segurador dado origem à nulidade, não poderia beneficiar dos seus efeitos. Se tal acontecesse, estaria em causa uma situação de abuso de direito, na modalidade de *venire contra factum proprium*. O segurador deveria cumprir o contrato como se fosse válido.

16) A LCS vem ultrapassar esta questão consagrando que a validade do contrato de seguro não depende da observância de forma especial.

17) São consagrados vastos deveres de informação que o segurador deve cumprir, transmitindo ao tomador de seguro na fase pré-contratual, na apólice que é obrigado a entregar e na vigência do contrato uma série de informações que o legislador descreve em vastos elencos.

18) É consagrado o direito de livre resolução para alguns contratos de seguro. A LCS vem sistematizar esta matéria, consagrando o direito de livre resolução do contrato e direitos de resolução fundados no incumprimento dos deveres de informação, na não entrega da apólice, em justa causa e após o sinistro.

19) O pagamento do prémio condiciona, em regra, a eficácia do contrato de seguro. Este regime específico do contrato de seguro não sofre significativas alterações com a LCS.

20) Há que analisar a distribuição de seguros no mercado. Dos canais tradicionais foram autonomizados novos canais de distribuição, de que se destacam, pela relevância para o contrato de seguro à distância, a *Internet* e o telefone.

21) No que diz respeito à evolução no mercado segurador nesta área, verificaram-se alterações muito significativas no início de 2008 com o aparecimento de novas empresas com o propósito de se dedicarem exclusivamente à comercialização de seguros através da *Internet* e por telefone.

22) A comercialização de seguros à distância ocorre, primordialmente, no âmbito de uma loja virtual que o segurador cria na *Internet*. Aí apresenta os seus produtos e recebe os interessados que vão recolher informações e, se assim o entenderem, celebrar o contrato.

23) Os canais *Internet* e telefone podem funcionar de um modo complementar, podendo o contrato iniciar-se numa loja virtual e existir contacto telefónico ou comunicação através de outros meios electrónicos, até à sua celebração.

24) O contrato de seguro à distância pressupõe a existência de um sistema organizado pelo segurador com vista à comercialização à distância de seguros e pressupõe que a sua negociação e conclusão sejam realizadas sem a presença física e simultânea das partes.

25) As figuras mais relevantes do contrato de seguro à distância são o contrato de seguro electrónico, o contrato de seguro em linha e o contrato de seguro por telefone.

26) Considera-se contrato electrónico aquele em que o segurador organiza o seu sistema de comercialização à distância através da criação de uma loja virtual, em rede, que se apresenta preparada para facultar informação e celebrar contratos. Neste contrato há comunicação individualizada entre as partes, sendo o risco apresentado pelo tomador de seguro e a sua avaliação realizada pelo segurador.

27) A loja virtual tem de estar apetrechada de modo a poder cumprir as exigências legais máximas, impostas pela qualidade de consumidor do eventual cliente. Se se apresentar um não consumidor, beneficiará da protecção instalada.

28) O contrato de seguro em linha é um contrato electrónico, em que não existe comunicação individualizada entre as partes e que é celebrado de acordo com o regime específico do art. 29.º do DL 7/2004.

29) O contrato de seguro por telefone será aquele em que toda a negociação e celebração ocorrer através de comunicações por telefonia vocal, isto é, verbalmente através deste meio de comunicação. O legislador estabelece um regime específico que, em conjugação com o facto de o telefone se ter autonomizado como canal de distribuição de seguros, fundamenta a sua autonomização.

30) Os três vectores estruturais da conjugação da legislação aplicável ao contrato de seguro electrónico centram-se na formação do contrato, nos deveres de informação do segurador e no direito de resolução do tomador de seguro.

31) Na formação do contrato de seguro electrónico, a questão da forma e da assinatura são centrais, havendo clara distinção entre os regime anterior a 2009 e a LCS.

32) No regime anterior a 2009 o contrato de seguro é considerado um negócio jurídico formal, que necessitaria de redução a escrito e da assinatura do segurador para a sua válida celebração. Na LCS essa exigência deixa de existir.

33) O legislador, no art. 26.º do DL 7/2004, vem regular as situações em que é exigida forma escrita às declarações e assinatura. No contrato de seguro electrónico tal seria garantido pela aposição de uma assinatura electrónica qualificada ao documento contido em suporte duradouro.

34) No entanto, a realidade condenava à invalidade os contratos de seguro electrónicos, por falta de entidades certificadoras credenciadas, o que inviabilizava a possibilidade de ser aposta tal assinatura ao contrato e a implementação do cartão do cidadão, que poderia permitir ultrapassar essa limitação prática, não estava a ser suficientemente rápida e abrangente.

35) Parece que seria possível ultrapassar esta dificuldade. Por um lado, o Código Civil admite a possibilidade de substituição de assinatura autógrafa por simples reprodução mecânica, quando o uso o permita, o que parece ser o caso dos seguros em que desde há muito se usam formulários assim assinados. Por outro lado, a celebração numa loja virtual do segurador, parece preencher o requisito de fidedignidade. A actividade seguradora é sujeita a autorização e registo, podendo ser permanentemente comprovada a identidade e legitimidade para o exercício da actividade do segurador. Por fim, sendo o segurador que dava origem à falta de forma, não seria admissível que viesse alegar a seu favor a invalidade a que deu origem, devendo cumprir o contrato como se fosse válido.

36) O contrato de seguro electrónico obriga ao cumprimento de vastos elencos de deveres de informação, impostos pelo DL 95/2006, pelo DL 7/2004, pelo RCCG e pela legislação de seguros. São, essencialmente, deveres de informação pré-contratual.

37) As normas relativas ao contrato de seguro exigem, ainda, menções obrigatórias na apólice. A LCS veio sistematizar e simplificar esta matéria e veio consagrar a obrigação de serem destacadas na apólice as cláusulas que podem implicar consequências gravosas para o tomador de seguro e um dever especial de esclarecimento sobre o contrato.

38) A informação pré-contratual e a apólice devem ser facultadas em papel ou em suporte duradouro, de modo claro, perceptível e respeitando os princípios da boa fé. No ambiente de uma loja virtual, a informação deve ir surgindo à medida que o interessado navega no site e avança na formação do contrato.

39) Celebrado o contrato é necessário que a apólice seja cristalizada num determinado momento e entregue ao tomador de seguro. Não é suficiente que a informação esteja disponibilizada no sítio da *Internet*. O modo mais usual de envio é através de correio electrónico que preenche os requisitos de suporte duradouro, sendo armazenado na caixa de correio do tomador de seguro.

40) O incumprimento dos deveres de informação e entrega da apólice constituem contra-ordenação punível com coima, podem suscitar a aplicação de sanções acessórias, as cláusulas contratuais gerais indevidamente comunicadas consideram-se excluídas dos contratos singulares e

a omissão de tais deveres de informação é considerada prática comercial desleal, tornando anulável o contrato.

41) O tomador de seguro tem o direito de livre resolução do contrato de seguro electrónico, no regime anterior a 2009 e no novo regime. Este direito resulta, também, do DL 95/2006. A LCS vem sistematizar esta matéria regulando a livre resolução do contrato, a resolução fundada em incumprimento de deveres contratuais, não entrega da apólice, justa causa e após sinistro.

42) O contrato de seguro electrónico é um negócio jurídico complexo, cuja negociação e formação implica uma série de diligências e cumprimento de deveres, que se vão organizar num processo de formação do contrato. Usualmente inicia-se numa loja virtual, implica o preenchimento de formulários com informação sobre o tomador de seguro e o risco e, ao avançar no processo, devem existir mecanismos de impor ao tomador de seguro a passagem pela informação obrigatória. O pagamento também pode ser, normalmente, realizado em rede.

43) O contrato de seguro em linha é um contrato electrónico, que tem subjacentes idênticas questões e soluções, com a especificidade do seu processo de formação.

44) O contrato em linha é celebrado numa loja virtual, é sempre um contrato de adesão, não comporta negociação, nem comunicações individualizadas entre as partes e tem um processo específico de formação previsto no art. 29.º do DL 7/2004.

45) É adequado a contratos formatados, muito simples e, embora se possa perspectivar a sua existência autónoma, é usual que surja associado a outros contratos principais, como a aquisição de viagens.

46) No contrato em linha a proposta será do segurador. Assim, seguindo o processo de formação do art. 29.º do DL 7/2004, cabe ao tomador de seguro a aceitação, devendo o segurador enviar um aviso de recepção. Seria útil fazê-lo acompanhar da apólice. O tomador de seguro deve confirmar a sua aceitação.

47) O contrato de seguro por telefone é aquele que é celebrado exclusivamente através de comunicações por telefonia vocal. É especificamente regulado pelo art. 18.º do DL 95/2006.

48) O meio usado, implicando comunicação verbal, não permite que seja facultada a informação escrita exigida sendo admitido o seu envio posterior. Com as exigências formais anteriormente existentes, parece de concluir que o contacto telefónico seria um momento da negociação, na fase pré-contratual, que pressupunha a utilização posterior de um outro meio de comunicação para a sua concretização, com o envio ao tomador de seguro da apólice escrita e assinada. Na LCS a questão da forma encontra-se ultrapassada.

49) Embora com um regime específico, os deveres de informação devem ser integralmente cumpridos e o tomador de seguro terá direito à livre resolução do contrato.

50) O mercado de seguros está em franca evolução, que passa pelo seguro electrónico, em linha e por telefone. Estas realidades implicam, como qualquer seguro, ou ainda mais, um ambiente de segurança, transparência e boa fé, que fomente a confiança entre as partes.

BIBLIOGRAFIA

AAVV – *Comercio Electrónico en Internet*, Marcial Pons, 2001.
AAVV – *Comunicação e Defesa do Consumidor*, Instituto Jurídico da Comunicação, Faculdade de Direito da Universidade de Coimbra, 1996.
AAVV – *Estudos de Direito do Consumidor*, Faculdade de Direito da Universidade de Coimbra, Centro de Direito do Consumo, n.º 1 e 2, 1999 e 2000.
AAVV – *Lei do Comércio Electrónico Anotada* e textos de conferência, Ministério da Justiça, Coimbra Editora, 2005.
AAVV – *Lei do Contrato de Seguro Anotada*, Almedina, 2009.
AAVV – *As Leis do Comércio Electrónico, Regime jurídico da assinatura digital e da factura electrónica anotado e comentado,* Edições Centro Atlântico, Portugal, 2000.
AAVV – «Assurance des groupes ou fonds de pension», in Le Monde de L'Assurance, 2006, pp. 25 e ss..
AAVV – *O Comércio Electrónico em Portugal_O Quadro Legal e o Negócio*, ICP-ANACOM, 2004.
AAVV – *Guia da Lei do Comércio Electrónico*, Centro Atlântico.pt, Portugal, 2004.
AAVV – "Situación de los Canales de Distribución", in Actualidade Aseguradora, Documento, n.º 7, 26 Febrero 2007.
AAVV – "Sobre todo ventajas", Cuestionario en portada in Actualidade Aseguradora, n.º 6, 19 Febrero 2007, pp. 8 e ss..
ALMEIDA, Ana Costa de – *Direito e Internet*, MinervaCoimbra, 2002.
ALMEIDA, José Carlos Moitinho de – "A Celebração à Distância do Contrato de Seguro", in Actualidad Jurídica, Uria Menéndez, año 2007, número 18, Tribuna Abierta, pp. 9 e ss..
—— "Cláusulas Abusivas e o Contrato de Seguro", Comunicação no Congresso Luso-Hispano de Direito dos Seguros, Lisboa, Novembro 2005.
—— *Contrato de Seguro: estudos*, Coimbra Editora, 2009.
—— *O Contrato de Seguro no Direito Português e Comparado*, Livraria Sá da Costa, Lisboa, 1971.
—— "O Mediador na Conclusão e Execução do Contrato de Seguro", in Scientia Iuridica, Tomo LV, n.º 305, Jan.-Mar. 2006, pp. 23 e ss..

ALEXANDRE, Isabel – "Processo Civil Electrónico", in Revista do Ministério Público, Ano 28, Jul-Set. 2007, n.º 111, pp. 111 e ss..

ÁLVAR MARTÍ-AGUIL, Cristina – "Web de la Mediación 2006", in Actualidad Aseguradora, Documento, n.º 29, ano 115, septiembre 2006.

ALVES, Eugénia – *Guia do Consumidor de Seguros*, Instituto do Consumidor e Instituto de Seguros de Portugal, 2.ª edição revista, 2002.

ALVES, Paula Ribeiro – "Comunicação e Informação de Cláusulas Contratuais Gerais", in Fórum, Ano VI, n.º 14, Janeiro 2002, pp.31 e ss..

—— *Estudos de Direito dos Seguros: Intermediação de Seguros e Seguro de Grupo*, Almedina, 2007.

ASCENSÃO, José de Oliveira – "A liberdade de Referências em Linha e os seus Limites", in Revista da Faculdade de Direito da Universidade de Lisboa, Vol. XLII, N.º 1, Separata, Coimbra Editora, 2001.

—— "A Sociedade da Informação, Comércio Electrónico e Responsabilidade Empresarial", in Direito da Sociedade da Informação, Separata do Volume I, Associação Portuguesa do Direito Intelectual, Coimbra Editora, 1999.

—— "Bases para uma Transposição da Directriz N.º 00/31, de 8 de Junho (Comércio Electrónico)", Separata da Revista da Faculdade de Direito da Universidade de Lisboa, Volume XLIV, n.ºs 1 e 2, Coimbra Editora, 2003.

—— "Contratação Electrónica", in Direito da Sociedade da Informação, Volume IV, Associação Portuguesa do Direito Intelectual, Coimbra Editora, 2003, pp. 43 e ss..

—— *Estudos sobre Direito da Internet e da Sociedade da Informação*, Almedina, 2001.

—— "Introdução à Perspectiva Jurídica", O Comércio Electrónico em Portugal_O Quadro Legal e o Negócio, ANACOM, 2004, pp. 104 e ss..

—— "Hyperlinks, Frames, Metatags – A Segunda Geração de Referências na Internet", Direito da Sociedade da Informação, Volume III, Associação Portuguesa do Direito Intelectual, Coimbra Editora, 2002, pp. 9 e ss..

BAARS, Geoff e NICK SENNETT – *The Fundamentals of GroupInsurance*, Swiss Re Zurich, 1994.

BATALLER GRAU, Juan – "Un marco común de referencia para el contrato de seguro en la unión europea", in Revista Española de Seguros, n.º 136, Outubro/Dezembro 2008, pp. 669 e ss..

BATISTA, José Armando da Glória – "O dever de informação no contrato de seguro: considerações sobre a nova lei portuguesa, o novo Código Civil brasileiro e o projecto de lei brasileiro", in Revista Española de Seguros, n.º 136, Outubro/Dezembro 2008, pp. 725 e ss..

B.C.A.C. – *Guide de l'Assurance de Groupe*, Paris, 1981, pp. 1 e ss.

BERDOT, François – «L'Assurance de Groupe après les Réformes Législatives du 31 décembre 1989», in RGAT, n.º 4, 1990, pp. 775 e ss.

BERTRAND, Piette-Coudol Thierry et André – *Internet et la Loi*, Dalloz, 1997.

BICHOT, Pierre – "Contrats à Distance, Nouveau Droit de la Distribuition", in Tribune de l'Assurances, n.º 97, Janvier 2006, pp. 30 e ss.
––––– "Commerce Électronique, La distribution de contrats d'assurance en ligne", in La Tribune de l'Assurances, n.º 97, Février 2006, pp. 23 e ss.
BIGOT, Jean – *Traité de Droit des Assurances*, tome 2, La Distribuition de l'Assurance, Paris, 1999 e tome 3 Le Contrat d'Assurance, Paris, 2002.
BIGOT, Jean, DANIEL LANGÉ e JEAN-LOUIS RESPAUD – *Traité de Droit des Assurances, Tome 2: L'intermédiation d'assurances*, LGDJ, Paris, 2009.
BIGOT, Jean, PHILIPPE BAILLOT, JÉRÔME KULLMANN e LUC MAYAUX (pref. Georges Durry) – *Traité de Droit des Assurances, Tome 4: Les Assurances de Personnes*, LGDJ, Paris, 2007.
BINON, Jean-Marc et MARIE-ANNE CRIJNS – *L'Assurance Groupe en Belgique*, Collection Droit des Assurances, n.º 9, Academia Bruylant, Bruxelles,1996
BITAN, Hubert – *Contrats informatiques*, Litec, 2002.
BRAVO, Fabio – «La Conclusione del Contrato per Via Telematica», in Le Assicurazioni Private, a cura di Guido Alpa, Tomo I, UTET Guiridica, 2006, pp. 902 e ss..
BRITO, José Miguel de Faria Alves de – *Contrato de Seguro por Conta de Outrem, O Seguro por Conta de Outrem nos Seguros de Danos,* Dissertação em Ciências Jurídicas sob orientação do Professor Doutor Januário da Costa Gomes, Universidade de Lisboa, Faculdade de Direito, disponível na biblioteca da Faculdade de Direito da Universidade de Lisboa, com a cota T-4336(1I), 2005.
BUCKLEY, Geraldine – «E-Commerce Policy Comunication, in A Practitioner's Guide to EU Financial Services Directives», City Financial Publishing, 2003, pp. 221 e ss..
CADILHE, Carla e MÁRIO SANTOS PINTO – *Do regime jurídico do pagamento dos prémios de seguro*, Dislivro, Lisboa, 2007.
CALONGE CONDE, Mónica – "Las Modificaciones del Régimen de Contratación en Seguro en la Ley 34/2003 y en el Real Decreto 397/2004", Revista Española de Seguros, n.º 120, Octubre-Diciembre 2004, 535 e ss..
CAMACHO CLAVIJO, Sandra – «Contratação Electrónica de Seguros», Comunicação livre no Congresso Luso-Hispano de Direito dos Seguros, Lisboa, Novembro 2005.
––––– "Tráfico Jurídico Electrónico y Contrato de Seguro", in Revista Española de Seguros, n.º 127, Julio/Septiembre 2006, pp. 433 e ss..
CARLOS, Guilherme da Palma – "Valor e Função Social do Contrato de Seguro", in II Congresso Nacional de Direito dos Seguros, Almedina, 2001, pp. 117 e ss..
CAVALCANTI, Bruno Novaes Bezerra – "O Contrato de Seguro e os seus Elementos Essenciais", in RIPE – Revista do Instituto de Pesquisas e Estudos, Bauru, v. 40, n. 45, jan./jun. 2006, pp. 233 e ss..
CAVANILLAS MÚGICA, Santiago – «Les Contrats en Ligne das la Théorie Génerale du Contrat: le Regard d'un Juriste de Droit Civil, in Commerce Électro-

nique, Le Temps des Certitudes, Cahiers du Centre de Recherches, Informatique et Droit, n.º 17, Bruylant, Bruxelles, 2000, pp. 99 e ss..

CERINI, Diana – «La Commercializzazione a Distanza di Servizi Financieri ai Consumatori: lieto fine comunitario nella directtiva 2002/65/CE», in Diritto ed Economia dell' Assicurazione, IRSA, Giuffrè Editore, 2, 2003, pp. 425 e ss..

CHICOTE, Manuel – «Internet: por Debajo de las Expectativas», in Actualidad Aseguradora, n.º 10, ano 116, marzo 2007, Documento.

CARDOSO, Catarina Figueiredo – "A Actividade Seguradora na Internet, Alguns Aspectos", in Fórum, Ano VI, n.º 15, Agosto 2003, pp. 19 e ss..

—— "A Obrigação de Prestação de Informações Pré-contratuais no âmbito da Actividade Seguradora e dos Fundos de Pensões", O comércio electrónico em especial, in Fórum, Ano VIII, n.º 19, Agosto 2004, pp. 19 e ss..

—— "O contrato de Seguro na Internet" in Fórum, Ano VII, n.º 16, Janeiro 2003, pp. 45 e ss..

CARDOSO, Teresa Dinis – «A quinta directiva e a indemnização dos danos corporais no espaço ibérico», in Revista Española de Seguros, n.º 136, Outubro/Dezembro 2008, pp. 539 e ss..

CASBAS, P. – *Technique, Pratique de L'Assurance Groupe*, Largus, Paris, 1976.

COLANESI, Jean Mark – "Vender Seguros en Internet es posible?", in Actualidad Aseguradora, n.º 25, ano 116, 2 julio 2007, pp. 60 e ss..

COOL, Yorick – "Signature Électronique et Signature Manuscrite: Soeurs enemies ou soeurs Jummelles?", in Droit des Technologies de l'information, Regards Prospectifs, sur la direction de Étienne Montero, Cahiers du Centre de Recherches Informatique et Droit, Bruylant, Bruxelles, 1999, pp. 65 e ss..

CONTANT, Albert – *Guide des Assurances*, Pierre Roger Cia, Éditeurs, Paris, 1911.

CORDEIRO, António Menezes – "Da Reforma do Direito dos Seguros", in III Congresso Nacional de Direito dos Seguros, Almedina, 2003.

—— *Da Modernização do Direito Civil*, Volume I, Aspectos Gerais, Almedina, 2004.

—— *Manual de Direito Bancário*, 2.ª Edição, Almedina, 2001.

—— *Manual de Direito Comercial*, I Volume, Almedina, 2001.

—— *Tratado de Direito Civil Português*, Tomo I, 3.ª Edição, Almedina, 2005.

CORDEIRO, António Menezes e Carla Teixeira Morgado – *Leis dos Seguros anotadas*, Almedina, 2002.

CORREIA, Miguel Pupo – "Portugal: Documentos Electrónicos e Assinatura Digital: As Novas Leis Portuguesas", Revista Electrónica Derecho Informático, n.º 23 (Junio 2000) in http://premium.vlex.com/doctrina/REDI Revista Electronica Derecho Informatico

—— «Problemas Jurídicos da Transferência Electrónica de Dados (EDI)», Revista Electrónica Derecho Informático, n.º 13 (Agosto de 1999) in http://premium.vlex.com/doctrina/REDI Revista Electronica Derecho Informatico

COSTA, Mário Júlio de Almeida – *Direito das Obrigações*, 9.ª Edição, 2005.

CUCINOTTA, Tommaso – «Firma Digitale e Assicurazione: aspetti tecnologici», in L'Economia Digitale e il Settore Assicurativo, IRSA, Milano, 2003, pp. 221 e ss..

CUCINOTTA, Giovanni – "Il Rischio, la Responsabilità Sociale e la Comunicazione Assicurativa", in Assicurazioni Rivista di Diritto, Economia e Finanza delle Assicurazioni Private, Anno LXXII, n.º 3, Luglio-Settembre 2005, pp. 397 e ss..

DEFRANCE, Gérard – «Directive sur L'Intermédiation, Le décret que menace le courtiers», L'Argus de L'Assurance, n.º 6968, 10 mars 2006, pp. 9 e ss..

—— "La Vente à Distance Soumise à Ordonnances", in L'Argus de L'Assurance, n.º 6962, 27 Janvier 2006, 28 e ss..

DIAS, Mónica – À Descoberta dos Seguros, Guias Práticos DECO, 2002.

DOMÍNGUEZ LUELMO, Andrés – "Contratação na Internet. Novas Questões, Novos Princípios Jurídicos?", in Temas de Direito da Informática e da Internet, 2004, pp.137 e ss..

DUBUISSON, BERNARD, CALLEWAERT e ANNETTE EVERARD – Code des Assurances, Textes au 1er juin 2005, Bruylant, Bruxelles, 2005.

DUFRÊNE, Catherine e ANNE VATHAIRE, com GÉRARD DEFRANCE – «Directive sur L'Intermédiation, Le décret que menace le courtiers», L'Argus de L'Assurance, n.º 6968, 10 mars 2006, p. 9 .

ELLIOTT, John – «The Distance Marketing of Consumer Finacial Services Directive», in A Practitioner's Guide to EU Financial Services Directives, 2003, pp. 211 e ss..

FARIA, Maria da Gloria – «Deveres de informação do segurado ou do tomador de seguros na legislação brasileira, na legislação portuguesa e na legislação espanhola», in Revista Española de Seguros, n.º 136, Outubro/Dezembro 2008, pp. 779 e ss..

FERNÁNDEZ-ALBOR BALTAR, Ángel – "Aspectos Fundamentales de la Contratación Electrónica", in Comercio Electrónico en Internet, dirigido por José António Gómez Segade – Marcial Pons, 2001, pp. 287 e ss..

FERNANDES, Magda Mendonça – O Venire contra factum proprium, Obrigação de contratar e de aceitar o contrato nulo, Relatório de Mestrado disponível na biblioteca da Faculdade de Direito da Universidade de Lisboa, com a cota T-4541(I), 2005.

FERREIRA, Eduardo Paz, LUÍS SILVA MORAIS e GONÇALO ANASTÁCIO – Regulação em Portugal: novos tempos, novo modelo?, Almedina, 2009.

FLORES DOÑA, Maria de la Sierra – "La contratación de seguros a distancia com el tomador-consumidor", in Revista Española de Seguros, n.º 136, Outubro/Dezembro 2008, pp. 705 e ss..

FONTAINE, Marcel – Droit des Assurances, Troisième édition, Larcier, 2006.

FOSS, Patrick, PETER MACDONALD EGGERS e SIMON PICKEN, "Good Faith and Insurance Contracts", Second Edition, LLP, London Singapore, 2004.

FRADA, Manuel Carneiro da – ""Vinho Novo em Odres Velhos"? A responsabilidade civil das «operadoras de Internet» e a doutrina comum da imputação de danos", Separata do Volume II do Direito da Sociedade da Informação, Associação Portuguesa do Direito Intelectual, Coimbra Editora, 2001, pp. 7 e ss..

FROTA, Mário – "Contratos à Distância – O Contrato de Seguro", in Revista Portuguesa de Direito do Consumo, n.º 35, Setembro de 2003, pp. 13 e ss..

—— "Novas Tendências do Direito do Consumidor na Europa", in Revista Portuguesa de Direito do Consumo, n.º 47, Setembro de 2006, pp. 44 e ss..

—— "Registo das Cláusulas Abusivas – o caso português", in Revista Portuguesa do Direito do Consumo, n.º 45, Março 2006, pp. 13 e ss.

GARCIA, Cristina – "Información en y para Internet", in Actualidad aseguradora, n.º 13, año 112, 14-IV-3003, p. 37.

GARRETT, João Almeida – "O Conceito de "Influência Indevida" e a Liberdade de Contratar", in Revista Portuguesa de Direito do Consumo, n.º 51, Setembro de 2007, pp. 9 e ss..

GAUCLIN-EYMARD, Nathalie et JEAN-ANTOINE CHABANNES, Le Manuel de L'Assurance-Vie, tome 2, L'Argus, Paris, 1993.

GAUTRAIS, Vincent – "Les Contrats en Ligne dans la Théorie Générale du Contrat: le Contexte Nord-Américan", Commerce Électronique, Le Temps des Certitudes, Cahiers du Centre de Recherches, Informatique et Droit, n.º 17, Bruylant, Bruxelles, 2000, pp. 107 e ss..

GILBERTO, Fernando – Manual Prático dos Seguros, Lidel – Edições Técnicas, 2008.

GLANSDORFF, François et ROLAND HARDY – «La Protection à L'Égard des Clauses Abusives», in Bancassurfinance, sous la direction de Jean-Luc Fagnart, Collection de la Faculté de Droit de L'Université Libre de Bruxelles, Bruylant, Bruxelles, 2005, pp. 491 e ss..

GOMES, José Caramelo – "Contrato de Seguro e Tecnologias de Informação", in III Congresso Nacional de Direito dos Seguros, Almedina, 2003, pp. 65 e ss.

GOMES, Júlio – "O Dever de Informar do Tomador de Seguro na Fase Pré--contratual", in II Congresso Nacional de Direito dos Seguros, Almedina, 2001, pp. 75 e ss..

GONÇALVES, Maria Eduarda – Direito da Informação: Novos Direitos e Formas de Regulação na Sociedade da Informação, Almedina, 2003.

—— "Os Portugueses e os Novos Riscos: Resultados de um Inquérito", in Análise Social, Revista do Instituto de Ciências Sociais da Universidade de Lisboa, 184, Vol. XLII de 2007, 687 e ss..

GONZÁLEZ, Óscar – "Los Sistemas de Negociación Online (e-markets)", in Actualidad aseguradora, n.º 13, año 112, 14-IV-3003, pp. 39 e ss..

GOSSOU, Sylvestre – «Bancassurance Questions de Vocabulaire», in La Tribune de L'Assurance, n.º 97, Janvier 2006, pp. 25 e ss..

GOUVEIA, Mariana França e JORGE MORAIS CARVALHO, Conflitos de Consumo, Almedina, 2006.

GRÉGROIRE, Michèle e VANESSA DE FRANCQUEN, «Bancassurfinance Devoir d'Information», in Bancassurfinance, Collection de la Faculté de Droit de L'Université Libre de Bruxelles, Bruylant, Bruxelles, 2005, pp. 339 e ss..

GRETZ, Francis et CLAUDE PICHOT – *Connaître et Comprendre la Loi sur le Contrat d'Assurance Terrestre*, La Tribune de L'Assurance, 1997, Paris.

GROUTEL, HUBERT, FABRICE LEDUC e PHILIPPE PIERRE (colab. Maud Asselain) – *Traité du Contrat d'Assurance Terrestre*, LexisNexis, Paris, 2008.

GRYNBAUM, LUC e STANISLAS DI VITTORIO – *E-@ssurance: marché, acteurs, régime juridique du contrat souscrit à distance*, L'Argus, Paris, 2007.

GRYSE, Bernard De – *Monde Changeant des Assurances*, Cahiers Financiers, 2007.

GUIMARÃES, Maria Raquel – "Comércio Electrónico e Transferências Electrónicas de Fundos", in O Comércio Electrónico, Estudos Jurídico-Económicos, Almedina, 2002, pp. 57 e ss..

GUIMARÃES, Miguel – "Soluções Seguradoras para Desafios Sociais", in O Economista, Anuário da Economia Portuguesa, 2005, pp. 212 e ss..

HARDY, Roland e FRANÇOIS GLANSDORFF – "La Protection à l'Égard des Clauses Abusives", in Bancassurfinance, Collection de la Faculté de Droit de L'Université Libre de Bruxelles, Bruylant, Bruxelles, 2005, pp. 491 e ss..

HENRIQUES, Fabrícia de Almeida – *O Momento da Conclusão do Contrato Celebrado através da Internet*, Relatório de Mestrado disponível na biblioteca da Faculdade de Direito da Universidade de Lisboa, com a cota T-3398, 2002.

HOGG, Martin – "Secrecy and Signatures – Turning the Legal Spotlight on Encryption and Electronic Signatures, in Law and the Internet, A Framework for Electronic Commerce", Edited by Lilian Edwards and Charlotte Waelde, Second Edition, Hart Publishing, Oxford – Portlad Oregon, 2000, pp. 37 e ss..

ILLESCAS ORTIZ, Rafael e MARIA JOSÉ MORRILLAS JARILHO – *Código de Seguros*, Séptima Edición, Tecnos, Madrid, 2004.

ILLESCAS ORTIZ, Rafael – "Contratação Electrónica de Seguros", Comunicação no Congresso Luso-Hispano de Direito dos Seguros, Lisboa, Novembro 2005.

JERRY, II, Robert H. – *Understanding Insurance Law*, Legal Texts Series, Matthew Bender, USA, 1996.

JÚLIA-BARCELÓ, Rosa, ETIENNE MONTERO e ANNE SALAUN – "La Proposition de Directive Européene sur le Commerce Électronique: Questions Choisiers", in Commerce Électronique, Le Temps des Certitudes, Cahiers du Centre de Recherches, Informatique et Droit, n.º 17, Bruylant, Bruxelles, 2000, pp. 1 e ss..

JIAO, Qun G. and LEWIS-GUODO LIU– *Internet Resources and Services for International Finance and Investment*, Oryx Press, 2001.

LABBÉ, Claire – «Sida et Assurances», in Les Dossiers du Journal des Tribunaux, n.º 3, Bruxelles, 1994, pp. 55 e ss..

LAMBERT-FAIVRE, Yvonne – *Droit des Assurances*, Dalloz, 11.ª Edição, 2001.

LARCHER, Sara – *Contratos Celebrados através da Internet: Garantias dos Consumidores contra Vícios na Compra e Venda de Bens de Consumo*, Separata da obra Estudos do Instituto de Direito do Consumo, Volume II, Almedina, 2005.

LARISMA, Susana – "Contratação Electrónica", in Comércio Electrónico em Portugal_O Quadro Legal e o Negócio, ANACOM, 2004, pp. 157 e ss.

LAROSIÈRE, Jacques de – "Vers un Marché Unique des Services Financiers?", in Revue d'Economie Financière, n.º 88, Avril 2007, pp. 141 e ss..

LAURENTINO, Sandrina – "Os Destinatários da Legislação do Consumidor", in Estudos de Direito do Consumidor, Centro de Direito do Consumo, Faculdade de Direito da Universidade de Coimbra, n.º 2, Coimbra, 2000, pp. 415 e ss..

LEITÃO, Adelaide Menezes – "Metatags e Correio Electrónico entre os Novos Problemas do Direito da Internet", in Direito da Sociedade da Informação, Volume IV, Associação Portuguesa do Direito Intelectual, Coimbra Editora, 2003, pp. 405 e ss..

LEITÃO, Luís Menezes – "A Distribuição de Mensagens de Correio Electrónico Indesejadas (SPAM)", in Direito da Sociedade da Informação, Volume IV, Associação Portuguesa do Direito Intelectual, Coimbra Editora, 2003, pp. 191 e ss..

—— "A Protecção do Consumidor contra as Práticas Comerciais Desleais e Agressivas", in Estudos de Direito do Consumidor, Centro de Direito do Consumo, Faculdade de Direito da Universidade de Coimbra, n.º 5, Coimbra, 2003, pp. 163 e ss..

—— "A responsabilidade Civil na Internet", in Direito da Sociedade da Informação, Volume III, Associação Portuguesa do Direito Intelectual, Coimbra Editora, 2003, pp. 147 e ss..

—— *Direito das Obrigações* – Volume I, Almedina, 2003.

LIZ, J. Pegado – "A "Lealdade" no Comércio ou as Desventuras de uma Iniciativa Comunitária (análise crítica da Directiva 2005/29/CE)", in Revista Portuguesa de Direito do Consumo, n.º 44, Dezembro de 2005, pp. 17 e ss..

LÓPEZ SANTOS, Oscar – "La Directiva sobre Prácticas Comerciales Desleales: Antecedentes, Descripción y Comentario Crítico", in Revista Portuguesa de Direito do Consumo, n.º 47, Setembro de 2006, pp. 15 e ss..

LOURENÇO, Eduardo – "Dever de informar e ser informado", in Comunicação e Defesa do Consumidor, Coimbra, 1996, pp. 97 e ss..

MADEIRA, José Diogo – "E-seguros: Oportunidades e ameaças", Fórum, Ano IV, n.º 12, Dezembro 2000, pp. 47 e ss..

MALFATTI, Marcio Alexandre – "Seguros por conta própria e por conta de outrem: apontamentos sobre a nova lei de seguros portuguesa, o Código Civil brasileiro e o PL 3.555/2004", in Revista Española de Seguros, n.º 136, Outubro/Dezembro 2008, pp. 751 e ss..

MARQUES, Mário Castro – "O Comércio Electrónico, Algumas Questões Jurídicas", in O Comércio Electrónico, Estudos Jurídico-Económicos, Almedina, 2002, pp. 35 e ss..

MARTINEZ, Pedro – *Teoria e Prática dos Seguros*, Lisboa, 1953.

MARTINEZ, Pedro Romano – *Colectânea de Seguros – O Novo e o Antigo Regime*, Livraria Petrony, 2008.

—— "Conteúdo do Contrato de Seguro e Interpretação das Respectivas Cláusulas", in II Congresso Nacional de Direito dos Seguros, Almedina, 2001, pp. e ss.

—— "Contrato de Seguro e Informática", in III Congresso Nacional de Direito dos Seguros, Almedina, 2003, pp. 27 e ss..

—— *Direito dos Seguros*, Principia, 1.ª Edição, 2006.

—— *Direito dos Seguros Relatório*, Suplemento da Revista da Faculdade de Direito de Lisboa, Coimbra Editora, 2006.

—— *Lei do Contrato de Seguro, com remissões para legislação revogada e preceitos relacionados*, Principia, 2008.

—— "Modificações na legislação sobre contrato de seguro", in Revista Española de Seguros, n.º 136, Outubro/Dezembro 2008, pp. 645 e ss..

—— "Novo Regime do Contrato de seguro", in O Direito, A. 140, n.º 1, Lisboa, 2008, pp. 23-117

—— "O Tratado de Seguros de Pedro de Santarém", Prefácio, in Tractatus de Assecurationibus et Sponsionibus" de Pedro de Santarém, Centenário da Supervisão de Seguros, 1907/2007.

MARTINS, José Valente – *Notas Práticas sobre o Contrato de Seguro*, Quid Juris, 2006.

MARTINS, Manuel da Costa – "Considerações sobre o Valor e Função Social do Contrato de Seguro", in II Congresso Nacional de Direito dos Seguros, Almedina, 2001, pp. 141 e ss..

MEIRA, Carlos – "Bancassurance" in Bolsa dos Seguros, Revista de Seguros e Pensões, Ano 9, n.º 23, Maio 2006, pp. 22 e ss..

MENDOZA, Elena – "Internet, Evolución de los Modelos de Negocio", in Actualidad aseguradora, n.º 13, año 112, 14-IV-3003, p. 38.

MEYER, Olaf – "The Regulation of Unfair Comercial Practices under EC Directive 2005/29: New Rules and New Techniques" – Results of the Conference which took place on 3 March 2006, at Oxford, in European Review of Private Law 1-2007, pp. 169 e ss., in www.kluwerlawonline.

MONTEIRO, António Pinto – "A Responsabilidade Civil na Negociação Informática", in AAVV, Direito da Sociedade da Informação, Separata do Volume I, Associação Portuguesa do Direito Intelectual, Coimbra Editora, 1999, pp. 229 e ss..

MONTEIRO, Jorge Sinde – "Assinatura Electrónica e Certificação", in Direito da Sociedade da Informação, Volume III, Associação Portuguesa do Direito Intelectual, Coimbra Editora, 2002, pp. 109 e ss..

MONTERO, Dedier Gobert e Étienne – «La signature dans les contrats et les Paiements Électroniques: L'approche Fonctionelle, in Commerce Électronique», Le Temps des Certitudes, Cahiers du Centre de Recherches, Informatique et Droit, n.º 17, Bruylant, Bruxelles, 2000, pp. 53 e ss..

MORGADO, José Pereira – "A Mediação de Seguros", in Boletim Informativo APS, n.º 108, Março 2003, p. 6.

MURRAY, Andrew D. – "Entering Into Contracts Electronically: The Real W.W.W., in Law and the Internet", A Framework for Electronic Commerce, Edited by Lilian Edwards and Charlotte Waelde, Second Edition, Hart Publishing, Oxford – Portlad Oregon, 2000, pp. 17 e ss..

OGDEN, David F. – "The Players in the Group Insurance Marketplace", in Group Insurance, editado por William F. Bluhm, Actex Publications Winsted, Connecticut, 1992, pp. 15 e ss.

OLIVEIRA, Arnaldo Filipe – "Cláusulas Abusivas e o Contrato de Seguro", Comunicação no Congresso Luso-Hispano de Direito dos Seguros, Lisboa, Novembro 2005.

—— "Contratos de Seguro Face ao Regime das Cláusulas Contratuais Gerais", in BMJ 448, 1995, pp. 69 e ss..

—— "Dois Exemplos Portuguesas da Resistência Material do Contrato de Seguro ao Direito das Cláusulas Contratuais Gerais", in BMJ 467, 1997, pp. 5 e ss..

—— *Seguro obrigatório de responsabilidade civil automóvel: síntese das alterações de 2007 (DL 291/2007, de 21 Ago.)*, Almedina, 2008.

OLIVEIRA, Elsa Dias – *A Protecção dos Consumidores nos Contratos Celebrados através da Internet*, Almedina, 2002.

PEREIRA, Alexandre Dias – "A Construção Jurídica do Mercado Único dos Seguros", in Estudos dedicados ao Prof. Doutor Mário Júlio de Almeida Costa, Universidade Católica Editora, 2002, pp. 75 e ss..

—— "A Globalização, a OMC e o Comércio Electrónico", Separata da revista Temas da Integração, n.º 14-2002, Almedina-Coimbra, pp. 131 e ss..

—— "A Protecção do Consumidor no Quadro da Directiva sobre o Comércio Electrónico", in Estudos de Direito do Consumidor, Centro de Direito do Consumo, Faculdade de Direito da Universidade de Coimbra, n.º 2, 2000.

—— *Comércio Electrónico na Sociedade da Informação: da Segurança Técnica à Confiança Jurídica*, Almedina, 1999.

—— "Instrumentos de Busca, Direitos Exclusivos e Concorrência Desleal", Direito da Sociedade da Informação, Volume III, Associação Portuguesa do Direito Intelectual, Coimbra Editora, 2002, pp. 221 e ss..

—— "Serviços da Sociedade da Informação: Alguns Problemas Jurídicos do Comércio Electrónico na Internet", Working Paper 2/01 da Faculdade de Direito da Universidade Nova de Lisboa.

PEREIRA, Eduardo Farinha – "Caracterização da Actividade de Mediação de Seguros", in Fórum, n.º 22, Maio 2006, pp. 26 e ss., também publicado no Relatório do Sector Segurador e Fundos de Pensões, disponível no sitio do Instituto de Seguros de Portugal, em www.isp.pt .

PINHEIRO, Luís Lima – "Competência Internacional em Matéria de Litígios relativos à Internet", in Direito da Sociedade da Informação, Volume IV, Associação Portuguesa do Direito Intelectual, Coimbra Editora, 2003, pp. 171 e ss..
—— "Direito Aplicável à Responsabilidade Extracontratual na Internet", in Separata da Revista da Faculdade de Direito da Universidade de Lisboa, Vol. XLII, n.º 2, Coimbra Editora, 2001.
PIZARRO, Sebastião Nóbrega – *Comércio Electrónico, Contratos Electrónicos e Informáticos*, Almedina, 2005.
POÇAS, Luís – *Estudos de Direito dos Seguros*, Almeida & Leitão, Porto, 2008.
PORRAS RODRIGUEZ, António – *El Seguro de Grupo, Aspectos normativos, técnicos y actuariales*, Centro de Estudios del Seguro, S.A., Madrid, 1991, B.C.A.C., Guide de L'Assurance de Groupe, Paris, 1981.
PORTUGAL, Luís – "Banca e Seguros de Mãos Dadas", Dossier in Bolsa dos Seguros, Revista de Seguros e Pensões, Ano 9, n.º 23, Maio 2006, pp.28 e ss.
PRADA, Michel – "Une nouvelle Organisation des Marchés: Les Enjeux de la Directive MIF, in Revue d'Economie Financière, n.º 82, 2006, pp. 41 e ss..
RAFFAN, Micael – A Practitioner's Guide to EU Financial Services Directives, City Financial Publishing, 2003.
RAGEL SÁNCHEZ, Luís Filipe, "A Formação dos Contratos", in AAVV, Direito da Sociedade da Informação, Volume III, Associação Portuguesa do Direito Intelectual, Coimbra Editora, 2002, pp. 295 e ss..
RIBEIRO, Joaquim de Sousa – *O Problema do Contrato, As Cláusulas Contratuais Gerais e o Princípio da Liberdade Contratual*, Colecção Teses, Almedina, 1999.
REI, Maria Raquel Aleixo Antunes – *Do Contrato-Quadro*, Tese de Mestrado de Direito Civil, Faculdade de Direito do Lisboa, 1997.
RIBERA, Amparo – "Fidelización en Bancaseguros", in Actualidad Aseguradora, n.º 3/2006, 30 enero, año 115, pp. 13 e ss..
RICHARD S. BILISOLY – «Introduction to Group Insurance», in Group Insurance, editado por William F. Bluhm, Actex Publications Winsted, Connecticut, 1992, pp. 4 e ss..
ROCHA, Manuel Lopes – "A Assinatura Electrónica, Uma Via Portuguesa "Original"?", in Fórum, Ano VI, n.º 14, Janeiro 2002, pp. 43 e ss..
RODRIGUES, Luís Silveira – "Os Consumidores e a Sociedade da Informação", in Direito da Sociedade da Informação, Volume III, Associação Portuguesa do Direito Intelectual, Coimbra Editora, 2002, pp. 295 e ss..
ROGEL VIDE, Carlos – "En Torno ao Momento y Lugar de Perfeccion de los Contratos Concluidos Via Internet", in Direito da Sociedade da Informação, Volume II, Associação Portuguesa do Direito Intelectual, Coimbra Editora, 2001, pp. 57 e ss..
ROMA, Michele – "Vendita a Distanza di Servizi Finanziari, Regime Sanzionatorio", in Diritto ed Economia dell'Assicurazione, IRSA, n.º 2, 2006, pp. 465 e ss..

Rosa, Vítor Castro – "Contratação Electrónica", in Lei do Comércio Electrónico Anotada e textos de conferência, Ministério da Justiça, Coimbra Editora, 2005, pp.191 e ss.

Rühl, Giesela – "Common Law, Civil Law, and The Single European Market for Insurances", in International Comparative Law Quartely, Volume 55, Part. 4, October 2006, pp. 879 e ss..

Sá, Almeno de, *Cláusulas Contratuais Gerais e Directiva sobre Cláusulas Abusivas*, 2.ª Edição, Almedina, 2001.

Salas, Sofia de – "La publicite abusive sur Internet: quelques reflexions sur le Phenomene du "Spam" dans la Perspective des Institutions Europeennes et de la Legislation Espagnole", in European Review of Private Law 2-2007, pp. 185 e ss., in www.kluwerlawonline, consultado em 02/04/2007.

Santarém, Pedro de – *Tractatus de Assecurationibus et Sponsionibus*, Centenário da Supervisão de Seguros, 1907/2007.

Santos, Cristina Máximo dos – "As Novas Tecnologias da Informação e o Sigilo das Comunicações", in Revista do Ministério Público, n.º 99, Jul./Set. 2004, pp. 89 e ss.

Santos, Ricardo Bechara – "Seguro de responsabilidad civil: acción directa del tercero contra la aseguradora", in Revista Española de Seguros, n.º 136, Outubro/Dezembro 2008, pp. 761 e ss..

Sendin, Paulo M. e Arnaldo F. da Costa Oliveira – Seguros e Fundos de Pensões, in Colectânea de Legislação Comercial, Tomo IV, Centro de Direito Comercial e de Direito da Economia da Faculdade de Direito da Universidade Católica Lisboa, Almedina, 2002.

Serra, Celso António – "Publicidade Ilícita e Abusiva na Internet", in Direito da Sociedade da Informação, Volume IV, Associação Portuguesa do Direito Intelectual, Coimbra Editora, 2003, pp. 455 e ss..

Sica, Salvatore, "E-business, Modelli Economici e Regole: i temi giuridici in uma prospettiva di comparazione", in L'Economia Digitale e il Settore Assicurativo, IRSA, Milano, 2003.

Silva, Eva Sónia Moreira da – *Da responsabilidade pré-contratual por violação dos deveres de informação,* Almedina, 2006.

Silva, João Calvão da – *Banca, Bolsa e Seguros*, Tomo I, Parte Geral, Almedina, 2.ª Edição revista e aumentada, 2007.

Silva, Paula Costa e – "A contratação automatizada", in Direito da Sociedade da Informação, Volume IV, Associação Portuguesa do Direito Intelectual, Coimbra Editora, 2003, pp. 289 e ss..

—— "Contratação Electrónica", in Lei do Comércio Electrónico Anotada e textos de conferência, Ministério da Justiça, Coimbra Editora, 2005, pp. 181 e ss..

—— "Transferência Electrónica de Dados: a formação dos contratos", (O novo regime jurídico dos contratos electrónicos)", in Direito da Sociedade da Informação, Volume I, Associação Portuguesa do Direito Intelectual, Coimbra Editora, 1999, pp. e ss..

SILVA, Rita Gonçalves Ferreira da – *Do Contrato de Seguro de Responsabilidade Civil*, Seu enquadramento e aspectos jurídicos essenciais, Coimbra Editora, 2007.

SILVEIRA, Francisco Caeiro da – *Seguros em Ambiente Digital* – Cadeia de Fornecimento e Qualidade de Serviço, Universidade de Aveiro, 2005.

SILVEIRA, Miguel – *A Qualidade de Serviço dos Seguros, Do Modelo Tradicional ao Ambiente Digital*, Principia, 2008.

SOUSA, Miguel Teixeira de – "O valor probatório dos documentos electrónicos", in Direito da Sociedade da Informação, Volume II, Associação Portuguesa do Direito Intelectual, Coimbra Editora, 2001, pp. 171 e ss..

SOUZA, Igor Ferry de e MAGNO FEDERICI GOMES – "Contratos de Consumo por Meios Electrónicos, no Ordenamento Jurídico Brasileiro", in Revista Portuguesa de Direito do Consumo, n.º 55, Setembro de 2008, pp. 127 e ss..

STIGLITZ, Rubén S. – "El Seguro Colectivo o de grupo en Argentina", in Revista Española de Seguros, n.º 116, Outubro/Dezembro 2003.

STUYCK, Jules, EVELYNE TERRYN e TOM VAN DICK – "Confidence Through Fairness? The new Directive on Unfair Business-to-Consumer Commercial Practices in the Internal Market", in Common Market Law Review 43, 2006, pp. 107 e ss..

SWAGER, Gary K. – "Overview of sales and marketing, in Group Insurance", editado por William F. Bluhm, Actex Publications Winsted, Connecticut, 1992, pp. 30 e ss..

TIRADO SUAREZ, Francisco Javier – "Cláusulas Abusivas e o Contrato de Seguro", Comunicação no Congresso Luso-Hispano de Direito dos Seguros, Lisboa, Novembro 2005.

—— "Reflexiones sobre la nueva regulación del contrato de seguro en Portugal desde el derecho español", in Revista Española de Seguros, n.º 136, Outubro/Dezembro 2008, pp. 679 e ss..

TOSI, Emílio – "La Conclusione di contratti *"online"*", in I Problemi Giuridici di Internet, Dall'E-Commerce all'E-Business, a cura di Emilio Tosi, Diritto dell'informatica, Collana diretta da Guido Alpa, 15, Seconda edizione, Giuffrè editore, 2001, pp. 11 e ss.

TOURNAI, René Carton de e CHARLES DELEERS – *Les Assurances de Groupes*, Eléments techniques, juridiques, sociaux et fiscaux, Bruxelles, 1965.

TRABUCO, Cláudia – "Responsabilidade e Desresponsabilização dos Prestadores de Serviços em Rede", in O Comércio Electrónico em Portugal_O Quadro Legal e o Negócio, ANACOM, 2004, pp. 142 e ss.

VASQUES, José – *Contrato de Seguro*, Coimbra Editora, 1999.

—— *Direito dos Seguros*, Coimbra Editora, 2005.

VEITCH, Amy – "The Transparency Directive", in A Practitioner's Guide to EU Financial Services Directives, City Financial Publishing, 2003, pp. 347 e ss..

VERGÉS ROGER, Javier, DIEGO GÁLVEZ OCHOA e JUAN FERNANDÉS PALACIOS – *Manual de Gestion del Seguro de Vida*, Centro de Estudos del Seguro, Madrid, 1992.

VICENTE, Dário Moura – "Comércio Electrónico e Responsabilidade Empresarial", Direito da Sociedade da Informação, in Direito da Sociedade da Informação, Volume IV, Associação Portuguesa do Direito Intelectual, Coimbra Editora, 2003, pp. 241 e ss..
—— *Problemática Internacional da Sociedade da Informação*, Almedina, 2005.
VIEIRA, José Alberto – "O dever de Informação do Tomador de Seguro em Contrato de Seguro Automóvel", Separata in Estudos em Memória do Professor Doutor António Marques dos Santos, Volume I, Almedina, 2005.
WEINBERG, Mireille – «Assurance Collectives, Un Marché sans Pitié», in La Tribune de L'Assurance, n.º 22, Mars 1999, pp. 24 e ss.
WILLIAM F. BLUHM, Group Insurance, Actex Publications Winsted, Connecticut, 1992.
ZAGAMI, Raimondo – Firma Digitale e Sicurezza Guiridica, Diritto Scienza Tecnologia, CEDAM, 2000.
ZANOLINI, Giovana e Paolo Piccoli – "Il Documento Elettronico e la "Firma Digitale"", in I Problemi Giuridici di Internet, Dall'E-Commerce all'E-Business, a cura di Emilio Tosi, Diritto dell'informatica, Collana diretta da Guido Alpa, 15, Seconda edizione, Giuffrè editore, 2001, pp. 123 e ss.

ANEXO DE LEGISLAÇÃO

- Decreto-Lei n.º 95/2006, de 29 de Maio: estabelece o regime aplicável à informação pré-contratual e aos contratos relativos a serviços financeiros prestados a consumidores através de meios de comunicação à distância pelos prestadores autorizados a exercer a sua actividade em Portugal.

- Decreto-Lei n.º 7/2004, de 7 de Janeiro: regula o comércio electrónico e outros aspectos legais dos serviços da sociedade de informação.

- Decreto-Lei n.º 57/2008, de 26 de Março: estabelece o regime jurídico aplicável às práticas comerciais desleais das empresas nas relações com os consumidores e, ocorridas antes, durante ou após uma transacção comercial relativa a um bem ou serviço.

- Decreto-Lei n.º 72/2008, de 16 de Abril: aprova o novo regime do contrato de seguro.

DECRETO-LEI N.º 95/2006
de 29 de Maio

Serviços financeiros à distância

O Decreto-Lei n.º 143/2001, de 26 de Abril, procedeu à transposição para a ordem jurídica nacional da Directiva n.º 97/7/CE, do Parlamento Europeu e do Conselho, de 20 de Maio, relativa à protecção dos consumidores em matéria de contratos celebrados à distância, estabelecendo o regime jurídico aplicável à generalidade dos bens e serviços. Contudo, os serviços financeiros foram expressamente excluídos do âmbito de aplicação daquele diploma, pelo que surge a necessidade de consagrar um regime específico para os contratos à distância relativos a serviços financeiros. O presente decreto-lei vem, assim, transpor para a ordem jurídica nacional a Directiva n.º 2002/65/CE, do Parlamento Europeu e do Conselho, de 23 de Setembro, relativa à comercialização à distância de serviços financeiros prestados a consumidores.

O presente decreto-lei introduz, por um lado, deveres de informação pré-contratual específicos para os prestadores de serviços financeiros à distância, sem prejuízo de lhes impor que essa informação e os termos do contrato sejam depois comunicados, em papel, ao consumidor, ou noutros suporte duradouros, antes de este ficar vinculado pelo contrato. Por suporte duradouro entende-se, nomeadamente, disquetes informáticas, CD-ROM, DVD, bem como o disco duro do computador que armazene o correio electrónico.

Por outro lado, o consumidor tem o direito de resolver, num determinado prazo, o contrato celebrado à distância, sem necessidade de invocar qualquer causa que justifique essa resolução e sem que haja lugar, por isso, a qualquer penalização do consumidor. Este direito de livre resolução em nada prejudica a aplicação do regime geral de resolução de contratos. O direito de livre resolução não é, contudo, aplicável a algumas situações, designadamente quando o contrato implica a prestação de serviços financeiros que incidem sobre instrumentos cujo preço depende de flutuações do mercado, tais como os serviços relacionados com operações cambiais, instrumentos do mercado monetário, valores mobiliários, unidades de participação em organismos de investimento colectivo, futuros sobre instrumentos financeiros, incluindo instrumentos equivalentes que dêem origem a uma liquidação em dinheiro, contratos a prazo relativos a taxas de juro, swaps de taxa de juro, de divisas ou de fluxos ligados a acções ou índices de acções (equity swaps), opções de compra ou de venda de qualquer dos instrumentos referidos, incluindo os instrumentos equivalentes que dêem origem a uma liquidação em dinheiro, nomeadamente operações sobre divisas e sobre taxas de juro.

O direito de livre resolução não impede o consumidor de solicitar, antes da extinção do prazo do exercício do direito, o início da execução do contrato, caso em que fica obrigado ao pagamento dos serviços que lhe tenham sido efectivamente prestados. Considera-se, por exemplo, que no caso de ter sido celebrado um contrato de aquisição de cartão de crédito, a utilização do cartão pelo consumidor corresponde a um pedido de início de execução do contrato.

Para se assegurar uma maior protecção do consumidor português, prevê-se a obrigatoriedade de utilização da língua portuguesa em toda a informação que lhe é dirigida, o que só pode ser dispensado mediante a aceitação, pelo consumidor, da utilização de outro idioma. Procurou-se ainda proteger o consumidor face a serviços ou comunicações não solicitados.

Por seu turno, quando o contrato celebrado é um contrato de execução continuada (por exemplo, um contrato de abertura de conta bancária, um contrato de gestão de carteira, um contrato de registo e depósito ou um contrato de aquisição de um cartão de crédito), que implique a subsequente realização de operações de execução, o presente decreto-lei aplica-se apenas ao contrato quadro e não à execução de cada operação sucessiva feita no âmbito desse contrato (por exemplo, no caso da subscrição de novas unidades de participação do mesmo fundo de investimento colectivo, esta será considerada uma operação sucessiva da mesma natureza).

Foi ouvida a Comissão Nacional de Protecção de Dados.

Foram ainda ouvidos, a título facultativo, o Banco de Portugal, a Comissão do Mercado de Valores Mobiliários, o Instituto de Seguros de Portugal, o Instituto do Consumidor, a Associação Portuguesa de Bancos, a Associação Portuguesa de Seguradores, a Associação Portuguesa de Consumidores, a Federação Nacional das Cooperativas de Consumo, a União Geral dos Consumidores, a Associação de Sociedades Financeiras para Aquisições a Crédito, a Associação Portuguesa das Empresas de Factoring, a Associação Portuguesa das Empresas de Leasing e a Associação Portuguesa de Sociedades Gestoras de Patrimónios e de Fundos de Investimento.

Foi promovida a audição do Conselho Nacional do Consumo.

Foi ainda promovida a audição, a título facultativo, da Associação de Defesa dos Consumidores e da Associação Portuguesa de Sociedades Corretoras e Financeiras de Corretagem.

Assim:

No uso da autorização legislativa concedida pela Lei n.º 3/2006, de 21 de Fevereiro, e nos termos das alíneas a) e b) do n.º 1 do artigo 198.º da Constituição, o Governo decreta o seguinte:

Título I
Disposições gerais

Capítulo I
Objecto e âmbito

Artigo 1.º
Objecto

1. O presente decreto-lei estabelece o regime aplicável à informação pré-contratual e aos contratos relativos a serviços financeiros prestados a consumidores através de meios de comunicação à distância pelos prestadores autorizados a exercer a sua actividade em Portugal.

2. O presente decreto-lei transpõe para a ordem jurídica nacional a Directiva n.º 2002/65/CE, do Parlamento Europeu e do Conselho, de 23 de Setembro, relativa a comercialização à distância de serviços financeiros prestados a consumidores e que altera as Directivas n.ºˢ 90/619/CEE, do Conselho, de 8 de Novembro, 97/7/CE, do Parlamento Europeu e do Conselho, de 20 de Maio, e 98/27/CE, do Parlamento Europeu e do Conselho, de 19 de Maio, por sua vez alterada pela Directiva n.º 2005/29/CE, do Parlamento Europeu e do Conselho, de 11 de Maio, relativa às práticas comerciais desleais das empresas face aos consumidores no mercado interno.

Artigo 2.º
Definições

Para efeitos do presente decreto-lei, considera-se:

a) «Contrato à distância» qualquer contrato cuja formação e conclusão sejam efectuadas exclusivamente através de meios de comunicação à distância, que se integrem num sistema de venda ou prestação de serviços organizados, com esse objectivo, pelo prestador;

b) «Meio de comunicação à distância» qualquer meio de comunicação que possa ser utilizado sem a presença física e simultânea do prestador e do consumidor;

c) «Serviços financeiros» qualquer serviço bancário, de crédito, de seguros, de investimento ou de pagamento e os relacionados com a adesão individual a fundos de pensões abertos;

d) «Prestador de serviços financeiros» as instituições de crédito e sociedades financeiras, os intermediários financeiros em valores mobiliários, as empresas de seguros e resseguros, os mediadores de seguros e as sociedades gestoras de fundos de pensões;

e) «Consumidor» qualquer pessoa singular que, nos contratos à distância, actue de acordo com objectivos que não se integrem no âmbito da sua actividade comercial ou profissional.

ARTIGO 3.º
Intermediários de serviços financeiros

As disposições do presente decreto-lei aplicáveis aos prestadores de serviços financeiros são extensíveis, com as devidas adaptações, aos intermediários que actuem por conta daqueles, independentemente do seu estatuto jurídico e de estarem, ou não, dotados de poderes de representação.

ARTIGO 4.º
Contratos de execução continuada

1. Nos contratos que compreendam um acordo inicial de prestação do serviço financeiro e a subsequente realização de operações de execução continuada, as disposições do presente decreto-lei aplicam-se apenas ao acordo inicial.
2. Quando não exista um acordo inicial de prestação do serviço financeiro mas este se traduza na realização de operações de execução continuada, os artigos 13.º a 18.º aplicam-se apenas à primeira daquelas operações.
3. Sempre que decorra um período superior a um ano entre as operações referidas no número anterior, os artigos 13.º a 18.º são aplicáveis à primeira operação realizada após tal intervalo de tempo.

ARTIGO 5.º
Irrenunciabilidade

O consumidor não pode renunciar aos direitos que lhe são conferidos pelo presente decreto-lei.

CAPÍTULO II
Utilização de meios de comunicação à distância

ARTIGO 6.º
Alteração do meio de comunicação à distância

O consumidor pode, em qualquer momento da relação contratual, alterar o meio de comunicação à distância utilizado, desde que essa alteração seja compatível com o contrato celebrado ou com a natureza do serviço financeiro prestado.

ARTIGO 7.º
Serviços financeiros não solicitados

1. É proibida a prestação de serviços financeiros à distância que incluam um pedido de pagamento, imediato ou diferido, ao consumidor que os não tenha prévia e expressamente solicitado.

2. O consumidor a quem sejam prestados serviços financeiros não solicitados não fica sujeito a qualquer obrigação relativamente a esses serviços, nomeadamente de pagamento, considerando-se os serviços prestados a título gratuito.
3. O silêncio do consumidor não vale como consentimento para efeitos do número anterior.
4. O disposto nos números anteriores não prejudica o regime da renovação tácita dos contratos.

Artigo 8.º
Comunicações não solicitadas

1. O envio de mensagens relativas à prestação de serviços financeiros à distância cuja recepção seja independente da intervenção do destinatário, nomeadamente por via de sistemas automatizados de chamada, por telecópia ou por correio electrónico, carece do consentimento prévio do consumidor.
2. O envio de mensagens mediante a utilização de outros meios de comunicação à distância que permitam uma comunicação individual apenas pode ter lugar quando não haja oposição do consumidor manifestada nos termos previstos em legislação ou regulamentação especiais.
3. As comunicações a que se referem os números anteriores, bem como a emissão ou recusa de consentimento prévio, não podem gerar quaisquer custos para o consumidor.

Artigo 9.º
Idioma

1. Sempre que o consumidor seja português, a informação pré-contratual, os termos do contrato à distância e todas as demais comunicações relativas ao contrato são efectuadas em língua portuguesa, excepto quando o consumidor aceite a utilização de outro idioma.
2. Nas demais situações, o prestador deve indicar ao consumidor o idioma ou idiomas em que é transmitida a informação pré-contratual, os termos do contrato à distância e as demais comunicações relativas ao contrato.

Artigo 10.º
Ónus da prova

1. A prova do cumprimento da obrigação de informação ao consumidor, assim como do consentimento deste em relação à celebração do contrato e, sendo caso disso, à sua execução, compete ao prestador.
2. São proibidas as cláusulas que determinem que cabe ao consumidor o ónus da prova do cumprimento da totalidade ou de parte das obrigações do prestador referidas no número anterior.

Título II
Informação pré-contratual

Artigo 11.º
Forma e momento da prestação da informação

1. A informação constante do presente título e os termos do contrato devem ser comunicados em papel ou noutro suporte duradouro disponível e acessível ao consumidor, em tempo útil e antes de este ficar vinculado por uma proposta ou por um contrato à distância.
2. Considera-se suporte duradouro aquele que permita armazenar a informação dirigida pessoalmente ao consumidor, possibilitando no futuro, durante o período de tempo adequado aos fins a que a informação se destina, um acesso fácil à mesma e a sua reprodução inalterada.
3. Se a iniciativa da celebração do contrato partir do consumidor e o meio de comunicação à distância escolhido por este não permitir a transmissão da informação e dos termos do contrato de acordo com o n.º 1, o prestador deve cumprir estas obrigações imediatamente após a celebração do mesmo.
4. O consumidor pode, a qualquer momento da relação contratual, exigir que lhe sejam fornecidos os termos do contrato em suporte de papel.

Artigo 12.º
Clareza da informação

A informação constante do presente título deve identificar, de modo inequívoco, os objectivos comerciais do prestador e ser prestada de modo claro e perceptível, de forma adaptada ao meio de comunicação à distância utilizado e com observância dos princípios da boa fé.

Artigo 13.º
Informação relativa ao prestador de serviços

Deve ser prestada ao consumidor a seguinte informação relativa ao prestador do serviço:
  a) Identidade e actividade principal do prestador, sede ou domicílio profissional onde se encontra estabelecido e qualquer outro endereço geográfico relevante para as relações com o consumidor;
  b) Identidade do eventual representante do prestador no Estado membro da União Europeia de residência do consumidor e endereço geográfico relevante para as relações do consumidor com o representante;
  c) Identidade do profissional diferente do prestador com quem o consumidor tenha relações comerciais, se existir, a qualidade em que este se relaciona com o consumidor e o endereço geográfico relevante para as relações do consumidor com esse profissional;

d) Número de matrícula na conservatória do registo comercial ou outro registo público equivalente no qual o prestador se encontre inscrito com indicação do respectivo número de registo ou forma de identificação equivalente nesse registo;
e) Indicação da sujeição da actividade do prestador a um regime de autorização necessária e identificação da respectiva autoridade de supervisão.

Artigo 14.º
Informação relativa ao serviço financeiro

Deve ser prestada ao consumidor a seguinte informação sobre o serviço financeiro:
a) Descrição das principais características do serviço financeiro;
b) Preço total devido pelo consumidor ao prestador pelo serviço financeiro, incluindo o conjunto das comissões, encargos e despesas inerentes e todos os impostos pagos através do prestador ou, não podendo ser indicado um preço exacto, a base de cálculo do preço que permita a sua verificação pelo consumidor;
c) Indicação da eventual existência de outros impostos ou custos que não sejam pagos através do prestador ou por ele facturados;
d) Custos adicionais decorrentes, para o consumidor, da utilização de meios de comunicação à distância, quando estes custos adicionais sejam facturados;
e) Período de validade das informações prestadas;
f) nstruções relativas ao pagamento;
g) Indicação de que o serviço financeiro está associado a instrumentos que impliquem riscos especiais relacionados com as suas características ou com as operações a executar;
h) Indicação de que o preço depende de flutuações dos mercados financeiros fora do controlo do prestador e que os resultados passados não são indicativos dos resultados futuros.

Artigo 15.º
Informação relativa ao contrato

1. Deve ser prestada ao consumidor a seguinte informação relativa ao contrato à distância:
a) A existência ou inexistência do direito de livre resolução previsto no artigo 19.º, com indicação da respectiva duração, das condições de exercício, do montante que pode ser exigido ao consumidor nos termos dos artigos 24.º e 25.º e das consequências do não exercício de tal direito;
b) As instruções sobre o exercício do direito de livre resolução, designadamente quanto ao endereço, geográfico ou electrónico, para onde deve ser enviada a notificação deste;
c) A indicação do Estado membro da União Europeia ao abrigo de cuja lei o prestador estabelece relações com o consumidor antes da celebração do contrato à distância;
d) A duração mínima do contrato à distância, tratando-se de contratos de execução permanente ou periódica;

e) Os direitos das partes em matéria de resolução antecipada ou unilateral do contrato à distância, incluindo as eventuais penalizações daí decorrentes;

f) A lei aplicável ao contrato à distância e o tribunal competente previstos nas cláusulas contratuais.

2. A informação sobre obrigações contratuais a comunicar ao consumidor na fase pré-contratual deve ser conforme à lei presumivelmente aplicável ao contrato à distância.

ARTIGO 16.º
Informação sobre mecanismos de protecção

Deve ser prestada ao consumidor informação relativa aos seguintes mecanismos de protecção:

a) Sistemas de indemnização aos investidores e de garantia de depósitos;

b) Existência ou inexistência de meios extrajudiciais de resolução de litígios e respectivo modo de acesso.

ARTIGO 17.º
Informação adicional

O disposto no presente título não prejudica os requisitos de informação prévia adicional previstos na legislação reguladora dos serviços financeiros, a qual deve ser prestada nos termos do n.º 1 do artigo 11.º

ARTIGO 18.º
Comunicações por telefonia vocal

1. Quando o contacto com o consumidor seja estabelecido por telefonia vocal, o prestador deve indicar inequivocamente, no início da comunicação, a sua identidade e o objectivo comercial do contacto.

2. Perante o consentimento expresso do consumidor, o prestador apenas está obrigado à transmissão da seguinte informação:

a) Identidade da pessoa que contacta com o consumidor e a sua relação com o prestador;

b) Descrição das principais características do serviço financeiro;

c) Preço total a pagar ao prestador pelo serviço financeiro, incluindo todos os impostos pagos através do prestador, ou, quando não possa ser indicado um preço exacto, a base para o cálculo do preço que permita a sua verificação pelo consumidor;

d) Indicação da eventual existência de outros impostos ou custos que não sejam pagos através do prestador ou por ele facturados;

e) Existência ou inexistência do direito de livre resolução previsto no artigo 19.º, com indicação, quando o mesmo exista, da respectiva duração, das condições de exercício e do montante que pode ser exigido ao consumidor nos termos dos artigos 24.º e 25.

3. O prestador deve ainda comunicar ao consumidor a existência de outras informações e respectiva natureza que, nesse momento, lhe podem ser prestadas, caso este o pretenda.
4. O disposto nos números anteriores não prejudica o dever de o prestador transmitir posteriormente ao consumidor toda a informação prevista no presente título, nos termos do artigo 11.º

Título III
Direito de livre resolução

Artigo 19.º
Livre resolução

O consumidor tem o direito de resolver livremente o contrato à distância, sem necessidade de indicação do motivo e sem que possa haver lugar a qualquer pedido de indemnização ou penalização do consumidor.

Artigo 20.º
Prazo

1. O prazo de exercício do direito de livre resolução é de 14 dias, excepto para contratos de seguro de vida e relativos à adesão individual a fundos de pensões abertos, em que o prazo é de 30 dias.
2. O prazo para o exercício do direito de livre resolução conta-se a partir da data da celebração do contrato à distância, ou da data da recepção, pelo consumidor, dos termos do mesmo e das informações, de acordo com o n.º 3 do artigo 11.º, se esta for posterior.
3. No caso de contrato à distância relativo a seguro de vida, o prazo para a livre resolução conta-se a partir da data em que o tomador for informado da celebração do mesmo.

Artigo 21.º
Exercício

1. A livre resolução deve ser notificada ao prestador por meio susceptível de prova e de acordo com as instruções prestadas nos termos da alínea b) do n.º 1 do artigo 15.º
2. A notificação feita em suporte de papel ou outro meio duradouro disponível e acessível ao destinatário considera-se tempestivamente efectuada se for enviada até ao último dia do prazo, inclusive.

Artigo 22.º
Excepções

O direito de livre resolução previsto neste decreto-lei não é aplicável às seguintes situações:
   a) Prestação de serviços financeiros que incidam sobre instrumentos cujo preço dependa de flutuações do mercado, insusceptíveis de controlo pelo prestador e que possam ocorrer no período de livre resolução;
   b) Seguros de viagem e de bagagem;

c) Seguros de curto prazo, de duração inferior a um mês;
d) Contratos de crédito destinados à aquisição, construção, conservação ou beneficiação de bens imóveis;
e) Contratos de crédito garantidos por direito real que onere bens imóveis;
f) Contratos de crédito para financiamento, total ou parcial, do custo de aquisição de um bem ou serviço cujo fornecedor tenha um acordo com o prestador do serviço financeiro, sempre que ocorra a resolução do contrato de crédito, nos termos do n.º 3 do artigo 8.º do Decreto-Lei n.º 143/2001, de 26 de Abril;
g) Contratos de crédito para financiamento, total ou parcial, do custo de aquisição de um direito de utilização a tempo parcial de bens imóveis, cujo vendedor tenha um acordo com o prestador do serviço financeiro, sempre que ocorra a resolução do contrato de crédito nos termos do n.º 6 do artigo 16.º e do n.º 2 do artigo 49.º do Decreto-Lei n.º 275/93, de 5 de Agosto.

ARTIGO 23.º
Caducidade pelo não exercício

O direito de livre resolução caduca quando o contrato tiver sido integralmente cumprido, a pedido expresso do consumidor, antes de esgotado o prazo para o respectivo exercício.

ARTIGO 24.º
Efeitos do exercício do direito de livre resolução

1. O exercício do direito de livre resolução extingue as obrigações e direitos decorrentes do contrato ou operação, com efeitos a partir da sua celebração.
2. Nos casos em que o prestador tenha recebido quaisquer quantias a título de pagamento dos serviços, fica obrigado a restituí-las ao consumidor no prazo de 30 dias contados da recepção da notificação da livre resolução.
3. O consumidor restitui ao prestador quaisquer quantias ou bens dele recebidos no prazo de 30 dias contados do envio da notificação da livre resolução.
4. O disposto nos números anteriores e no artigo seguinte não prejudica o regime do direito de renúncia previsto para os contratos de seguros e de adesão individual a fundos de pensões abertos.

ARTIGO 25.º
Início da execução do contrato no prazo de livre resolução

1. O consumidor não está obrigado ao pagamento correspondente ao serviço efectivamente prestado antes do termo do prazo de livre resolução.
2. Exceptuam-se os casos em que o consumidor tenha pedido o início da execução do contrato antes do termo do prazo de livre resolução, caso em que o consumidor está obrigado a pagar ao prestador, no mais curto prazo possível, o valor dos serviços efectivamente prestados em montante não superior ao valor proporcional dos mesmos no quadro das operações contratadas.
3. O pagamento referido no número anterior só pode ser exigido caso o prestador prove que informou o consumidor do montante a pagar, nos termos da alínea a) do n.º 1 do artigo 15.º

Título IV
Fiscalização

Artigo 26.º
Entidades competentes

1. O Banco de Portugal, a Comissão do Mercado de Valores Mobiliários e o Instituto de Seguros de Portugal são competentes, no âmbito das respectivas atribuições, para a fiscalização do cumprimento das normas do presente decreto-lei.

2. O disposto no número anterior não prejudica as atribuições próprias do Instituto do Consumidor em matéria de publicidade.

Artigo 27.º
Legitimidade activa

Sem prejuízo das competências do Ministério Público no âmbito da acção inibitória, podem requerer a apreciação da conformidade da actuação de um prestador de serviços financeiros à distância com o presente decreto-lei, judicialmente ou perante a entidade competente, para além dos consumidores, as seguintes entidades:

a) Entidades públicas;
b) Organizações de defesa de consumidores, incluindo associações de defesa de investidores;
c) Organizações profissionais que tenham um interesse legítimo em agir.

Artigo 28.º
Prestadores de meios de comunicação à distância

1. Os prestadores de meios de comunicação à distância devem pôr termo às práticas declaradas desconformes com o presente decreto-lei pelos tribunais ou entidades competentes e que por estes lhes tenham sido notificadas.

2. São prestadores de meios de comunicação à distância as pessoas singulares ou colectivas, privadas ou públicas, cuja actividade comercial ou profissional consiste em pôr à disposição dos prestadores de serviços financeiros à distância um ou mais meios de comunicação à distância.

Artigo 29.º
Resolução extrajudicial de litígios

1. Os litígios emergentes da prestação à distância de serviços financeiros a consumidores podem ser submetidos aos meios extrajudiciais de resolução de litígios que, para o efeito, venham a ser criados.

2. A entidade responsável pela resolução extrajudicial dos litígios referidos no número anterior deve, sempre que o litígio tenha carácter transfronteiriço, cooperar com as entidades dos outros Estados membros da União Europeia que desempenhem funções análogas.

Título V
Regime sancionatório

Capítulo I
Disposições gerais

Artigo 30.º
Responsabilidade

1. Pela prática das contra-ordenações previstas no presente título podem ser responsabilizados, conjuntamente ou não, pessoas singulares ou colectivas, ainda que irregularmente constituídas.
2. As pessoas colectivas são responsáveis pelas contra-ordenações previstas neste título quando os factos tenham sido praticados, no exercício das respectivas funções ou em seu nome ou por sua conta, pelos titulares dos seus órgãos sociais, mandatários, representantes ou trabalhadores.
3. A responsabilidade da pessoa colectiva não preclude a responsabilidade individual dos respectivos agentes.
4. Não obsta à responsabilidade individual dos agentes a circunstância de o tipo legal da infracção exigir determinados elementos pessoais e estes só se verificarem na pessoa colectiva, ou exigir que o agente pratique o facto no seu interesse, tendo aquele actuado no interesse de outrem.
5. A invalidade e a ineficácia jurídicas dos actos em que se funde a relação entre o agente individual e a pessoa colectiva não obstam a que seja aplicado o disposto nos números anteriores.

Artigo 31.º
Tentativa e negligência

1. A tentativa e a negligência são sempre puníveis.
2. A sanção da tentativa é a do ilícito consumado, especialmente atenuada.
3. Em caso de negligência, os limites máximos e mínimos da coima são reduzidos a metade.
4. A atenuação da responsabilidade do agente individual nos termos dos números anteriores comunica-se à pessoa colectiva.

Artigo 32.º
Cumprimento do dever omitido

1. Sempre que o ilícito de mera ordenação social resulte da omissão de um dever, a aplicação da sanção e o pagamento da coima não dispensam o infractor do seu cumprimento, se este ainda for possível.
2. O infractor pode ser sujeito à injunção de cumprir o dever omitido.

ARTIGO 33.º
Prescrição

1. O procedimento pelos ilícitos de mera ordenação social previstos neste decreto-lei prescreve no prazo de cinco anos, nos termos do regime geral dos ilícitos de mera ordenação social.
2. As sanções prescrevem no prazo de um ou três anos a contar do dia em que a decisão administrativa se tornar definitiva ou do dia em que a decisão judicial transitar em julgado, nos termos do regime geral dos ilícitos de mera ordenação social.

ARTIGO 34.º
Direito subsidiário

Em tudo o que não se encontrar especialmente previsto no presente título é subsidiariamente aplicável o disposto no regime sancionatório do sector financeiro em que o ilícito foi praticado e, quando tal se revelar necessário, no regime geral dos ilícitos de mera ordenação social.

CAPÍTULO II
Ilícitos de mera ordenação social

ARTIGO 35.º
Contra-ordenações

Constituem contra-ordenação, punível com coima de (euro) 2500 a (euro) 1500000, se praticada por pessoa colectiva, e de (euro) 1250 a (euro) 750000, se praticada por pessoa singular, as seguintes condutas:

a) A prestação de serviços financeiros não solicitados, nos termos previstos no artigo 7.º;
b) O envio de comunicações não solicitadas, em infracção ao disposto no artigo 8.º;
c) A prestação de informação que não preencha os requisitos previstos nos artigos 11.º e 12.º;
d) O incumprimento dos deveres específicos de informação previstos nos artigos 9.º, 13.º a 16.º e 18.º;
e) A prática de actos que, por qualquer forma, dificultem ou impeçam o regular exercício do direito de resolução contratual previsto nos artigos 19.º e seguintes ou a imposição de quaisquer indemnizações ou penalizações ao consumidor que, nos termos do presente decreto-lei, tenha exercido tal direito;
f) A não restituição pelo prestador das quantias recebidas a título de pagamento de serviços dentro do prazo previsto no n.º 2 do artigo 24.º;
g) A cobrança de valores ao consumidor que exerça o direito de livre resolução, em violação do disposto no artigo 25.º;
h) O não cumprimento do dever de obediência dos prestadores de meios de comunicação à distância previsto no n.º 1 do artigo 28.º;

i) O não cumprimento da injunção prevista no n.º 2 do artigo 32.º;
j) A não restituição de quantias debitadas ao titular de cartão electrónico dentro do prazo previsto no n.º 2 do artigo 41.º

ARTIGO 36.º
Sanções acessórias

Conjuntamente com as coimas, podem ser aplicadas ao responsável por qualquer das contra-ordenações previstas no artigo anterior as seguintes sanções acessórias em função da gravidade da infracção e da culpa do agente:

a) Apreensão e perda do objecto da infracção, incluindo o produto do benefício económico obtido pelo infractor através da sua prática;
b) Interdição do exercício da profissão ou da actividade a que a contra-ordenação respeita, por um período até três anos;
c) Inibição do exercício de cargos sociais e de funções de administração, direcção, chefia e fiscalização em pessoas colectivas que, nos termos do presente decreto-lei, sejam prestadoras de serviços financeiros, por um período até três anos;
d) Publicação da punição definitiva, a expensas do infractor, num jornal de larga difusão na localidade da sede ou do estabelecimento permanente do infractor ou, se este for uma pessoa singular, na da sua residência.

CAPÍTULO III
Disposições processuais

ARTIGO 37.º
Competência das autoridades administrativas

Sem prejuízo das competências específicas atribuídas por lei a outras entidades, a competência para o processamento das contra-ordenações previstas no presente título e para a aplicação das respectivas sanções é do Banco de Portugal, da Comissão do Mercado de Valores Mobiliários ou do Instituto de Seguros de Portugal, consoante o sector financeiro no âmbito do qual tenha sido praticada a infracção.

ARTIGO 38.º
Competência judicial

O tribunal competente para conhecer a impugnação judicial, a revisão e a execução das decisões proferidas em processo de contra-ordenação instaurado nos termos do presente título é o Tribunal de Pequena Instância Criminal de Lisboa.

Título VI
Direito aplicável

Artigo 39.º
Direito subsidiário

À informação pré-contratual e aos contratos de serviços financeiros prestados ou celebrados à distância são subsidiariamente aplicáveis, em tudo o que não estiver disposto no presente decreto-lei, os regimes legalmente previstos, designadamente nos seguintes diplomas:

a) Decreto-Lei n.º 7/2004, de 7 de Janeiro, relativo à prestação de serviços da sociedade da informação;
b) Código dos Valores Mobiliários, aprovado pelo Decreto-Lei n.º 486/99, de 13 de Novembro, e respectivas alterações, para os serviços financeiros nele regulados.

Artigo 40.º
Aplicação imediata

A escolha pelas partes da lei de um Estado não comunitário como lei aplicável ao contrato não priva o consumidor da protecção que lhe garantem as disposições do presente decreto-lei.

Título VII
Disposições finais e transitórias

Artigo 41.º
Utilização fraudulenta de cartão electrónico

1. Nos casos de utilização fraudulenta de um cartão de crédito ou de débito para realização de pagamentos no âmbito de um serviço financeiro à distância, o titular do mesmo pode solicitar à entidade emissora ou gestora do cartão electrónico a anulação das operações de pagamento efectuadas.
2. Cessa o direito previsto no número anterior com o decurso do prazo de 30 dias sobre o conhecimento pelo consumidor da utilização fraudulenta em causa, competindo o respectivo ónus da prova à entidade emissora ou gestora do cartão electrónico.
3. A restituição ao legítimo titular do cartão das quantias que lhe foram debitadas deve ser efectuada no prazo máximo de 60 dias após a apresentação do pedido de anulação, através de crédito em conta ou por qualquer outro meio adequado.
4. O dever de restituição previsto no número anterior não prejudica o direito de regresso da entidade emissora ou gestora do cartão electrónico contra os autores da fraude ou contra o prestador do serviço, quando se demonstre que este conhecia ou, face às circunstâncias da operação, deveria conhecer a natureza fraudulenta do pagamento.

Artigo 42.º
Regime transitório

As normas do presente decreto-lei são aplicáveis aos prestadores estabelecidos em Estados membros da União Europeia que prestem serviços financeiros a consumidores residentes em Portugal, enquanto o direito interno daqueles Estados membros não previr obrigações correspondentes às constantes da Directiva n.º 2002/65/CE, do Parlamento Europeu e do Conselho, de 23 de Setembro.

Artigo 43.º
Aplicação no tempo

O disposto no presente decreto-lei não se aplica aos contratos à distância de serviços financeiros celebrados com consumidores antes da sua entrada em vigor.

Artigo 44.º
Entrada em vigor

O presente decreto-lei entra em vigor 30 dias após a data da sua publicação.

Visto e aprovado em Conselho de Ministros de 8 de Março de 2006. – José Sócrates Carvalho Pinto de Sousa – João Titterington Gomes Cravinho – Fernando Teixeira dos Santos – Alberto Bernardes Costa – Manuel António Gomes de Almeida de Pinho.

Promulgado em 11 de Maio de 2006.

Publique-se.

O Presidente da República, Aníbal Cavaco Silva.

Referendado em 11 de Maio de 2006.

O Primeiro-Ministro, José Sócrates Carvalho Pinto de Sousa.

DECRETO-LEI N.º 7/2004
de 7 de Janeiro

Comércio electrónico e serviços da sociedade da informação

1. O presente diploma destina-se fundamentalmente a realizar a transposição da Directiva n.º 2000/31/CE, do Parlamento Europeu e do Conselho, de 8 de Junho de 2000.

A directiva sobre comércio electrónico, não obstante a designação, não regula todo o comércio electrónico: deixa amplas zonas em aberto ou porque fazem parte do conteúdo de outras directivas ou porque não foram consideradas suficientemente consolidadas para uma harmonização comunitária ou, ainda, porque não carecem desta. Por outro lado, versa sobre matérias como a contratação electrónica, que só tem sentido regular como matéria de direito comum e não apenas comercial.

Na tarefa de transposição, optou-se por afastar soluções mais amplas e ambiciosas para a regulação do sector em causa, tendo-se adoptado um diploma cujo âmbito é fundamentalmente o da directiva. Mesmo assim, aproveitou-se a oportunidade para, lateralmente, versar alguns pontos carecidos de regulação na ordem jurídica portuguesa que não estão contemplados na directiva.

A transposição apresenta a dificuldade de conciliar categorias neutras próprias de uma directiva, que é um concentrado de sistemas jurídicos diferenciados, com os quadros vigentes na nossa ordem jurídica. Levou-se tão longe quanto possível a conciliação da fidelidade à directiva com a integração nas categorias portuguesas para tornar a disciplina introduzida compreensível para os seus destinatários. Assim, a própria sistemática da directiva é alterada e os conceitos são vertidos, sempre que possível, nos quadros correspondentes do direito português.

2. A directiva pressupõe o que é já conteúdo de directivas anteriores. Particularmente importante é a directiva sobre contratos à distância, já transposta para a lei portuguesa pelo Decreto-Lei n.º 143/2001, de 26 de Abril. Parece elucidativo declarar expressamente o carácter subsidiário do diploma de transposição respectivo. O mesmo haverá que dizer da directiva sobre a comercialização à distância de serviços financeiros, que está em trabalhos de transposição.

Uma das finalidades principais da directiva é assegurar a liberdade de estabelecimento e de exercício da prestação de serviços da sociedade da informação na União Europeia, embora com as limitações que se assinalam. O esquema adoptado consiste na subordinação dos prestadores de serviços à ordenação do Estado membro em que se encontram estabelecidos. Assim se fez, procurando esclarecer quanto possível conceitos expressos em linguagem generalizada mas pouco precisa como «serviço da sociedade da informação». Este é entendido como um serviço prestado a distância por via electrónica, no âmbito de uma actividade económica, na sequência de pedido individual do destinatário – o que exclui a radiodifusão sonora ou televisiva.

O considerando 57) da Directiva n.º 2000/31/CE recorda que «o Tribunal de Justiça tem sustentado de modo constante que um Estado membro mantém o direito de tomar medidas contra um prestador de serviços estabelecido noutro Estado membro, mas que dirige toda ou a maior parte das suas actividades para o território do primeiro Estado membro, se a escolha do estabelecimento foi feita no intuito de iludir a legislação que se aplicaria ao prestador caso este se tivesse estabelecido no território desse primeiro Estado membro».

3. Outro grande objectivo da directiva consiste em determinar o regime de responsabilidade dos prestadores intermediários de serviços. Mais precisamente, visa-se estabelecer as condições de irresponsabilidade destes prestadores face à eventual ilicitude das mensagens que disponibilizam.

Há que partir da declaração da ausência de um dever geral de vigilância do prestador intermediário de serviços sobre as informações que transmite ou armazena ou a que faculte o acesso. Procede-se também ao enunciado dos deveres comuns a todos os prestadores intermediários de serviços.

Segue-se o traçado do regime de responsabilidade específico das actividades que a própria directiva enuncia: simples transporte, armazenagem intermediária e armazenagem principal. Aproveitou-se a oportunidade para prever já a situação dos prestadores intermediários de serviços de associação de conteúdos (como os instrumentos de busca e as hiperconexões), que é assimilada à dos prestadores de serviços de armazenagem principal.

Introduz-se um esquema de resolução provisória de litígios que surjam quanto à licitude de conteúdos disponíveis em rede, dada a extrema urgência que pode haver numa composição prima facie. Confia-se essa função à entidade de supervisão respectiva, sem prejuízo da solução definitiva do litígio, que só poderá ser judicial.

4. A directiva regula também o que se designa como comunicações comerciais. Parece preferível falar de «comunicações publicitárias em rede», uma vez que é sempre e só a publicidade que está em causa.

Aqui surge a problemática das comunicações não solicitadas, que a directiva deixa em grande medida em aberto. Teve-se em conta a circunstância de entretanto ter sido aprovada a Directiva n.º 2002/58/CE, do Parlamento Europeu e do Conselho, de 12 de Julho de 2002, relativa ao tratamento de dados pessoais e à protecção da privacidade no sector das comunicações electrónicas (directiva relativa à privacidade e às comunicações electrónicas), que aguarda transposição. O artigo 13.º desta respeita a comunicações não solicitadas, estabelecendo que as comunicações para fins de marketing directo apenas podem ser autorizadas em relação a destinatários que tenham dado o seu consentimento prévio. O sistema que se consagra inspira-se no aí estabelecido. Nessa medida este diploma também representa a transposição parcial dessa directiva no que respeita ao artigo 13.º (comunicações não solicitadas).

5. A contratação electrónica representa o tema de maior delicadeza desta directiva. Esclarece-se expressamente que o preceituado abrange todo o tipo de contratos, sejam ou não qualificáveis como comerciais.

O princípio instaurado é o da liberdade de recurso à via electrónica, para que a lei não levante obstáculos, com as excepções que se apontam. Para isso haverá que afastar o que se oponha a essa celebração. Particularmente importante se apresentava a exigência de forma escrita. Retoma-se a fórmula já acolhida no artigo 4.º do Código dos Valores Mobiliários que é ampla e independente de considerações técnicas: as declarações emitidas por via electrónica satisfazem as exigências legais de forma escrita quando oferecem as mesmas garantias de fidedignidade, inteligibilidade e conservação.

Outro ponto muito sensível é o do momento da conclusão do contrato. A directiva não o versa, porque não se propõe harmonizar o direito civil. Os Estados membros têm tomado as posições mais diversas. Particularmente, está em causa o significado do aviso de recepção da encomenda, que pode tomar-se como aceitação ou não.

Adopta-se esta última posição, que é maioritária, pois o aviso de recepção destina-se a assegurar a efectividade da comunicação electrónica, apenas, e não a exprimir uma posição negocial. Mas esclarece-se também que a oferta de produtos ou serviços em linha representa proposta contratual ou convite a contratar, consoante contiver ou não todos os elementos necessários para que o contrato fique concluído com a aceitação.

Procura também regular-se a chamada contratação entre computadores, portanto a contratação inteiramente automatizada, sem intervenção humana. Estabelece-se que se regula pelas regras comuns enquanto estas não pressupuserem justamente a actuação (humana). Esclarece-se também em que moldes são aplicáveis nesse caso as disposições sobre erro.

6. Perante a previsão na directiva do funcionamento de mecanismos de resolução extrajudicial de litígios, inclusive através dos meios electrónicos adequados, houve que encontrar uma forma apropriada de transposição deste princípio.

As muitas funções atribuídas a entidades públicas aconselham a previsão de entidades de supervisão. Quando a competência não couber a entidades especiais, funciona uma entidade de supervisão central: essa função é desempenhada pela ICP-ANACOM. As entidades de supervisão têm funções no domínio da instrução dos processos contra-ordenacionais, que se prevêem, e da aplicação das coimas respectivas.

O montante das coimas é fixado entre molduras muito amplas, de modo a serem dissuasoras, mas, simultaneamente, se adequarem à grande variedade de situações que se podem configurar.

Às contra-ordenações podem estar associadas sanções acessórias; mas as sanções acessórias mais graves terão necessariamente de ser confirmadas em juízo, por iniciativa oficiosa da própria entidade de supervisão.

Prevêem-se providências provisórias, a aplicar pela entidade de supervisão competente, e que esta pode instaurar, modificar e levantar a todo o momento.

Enfim, é ainda objectivo deste diploma permitir o recurso a meios de solução extrajudicial de litígios para os conflitos surgidos neste domínio, sem que a legislação geral traga impedimentos, nomeadamente à solução destes litígios por via electrónica.

Foi ouvida a Comissão Nacional de Protecção de Dados, o ICP – Autoridade Nacional de Comunicações, o Banco de Portugal, a Comissão de Mercado de Valores Mobiliários, o Instituto de Seguros de Portugal, a Unidade de Missão Inovação e Conhecimento, o Instituto do Consumidor, a Associação Portuguesa para a Defesa dos Consumidores, a Associação Fonográfica Portuguesa e a Sociedade Portuguesa de Autores.

Assim:
No uso da autorização legislativa concedida pelo artigo 1.º da Lei n.º 7/2003, de 9 de Maio, e nos termos das alíneas a) e b) do n.º 1 do artigo 198.º da Constituição, o Governo decreta o seguinte:

Capítulo I
Objecto e âmbito

Artigo 1.º
Objecto

O presente diploma transpõe para a ordem jurídica interna a Directiva n.º 2000/31/CE, do Parlamento Europeu e do Conselho, de 8 de Junho de 2000, relativa a certos aspectos legais dos serviços da sociedade de informação, em especial do comércio electrónico, no mercado interno (Directiva sobre Comércio Electrónico) bem como o artigo 13.º da Directiva n.º 2002/58/CE, de 12 de Julho de 2002, relativa ao tratamento de dados pessoais e a protecção da privacidade no sector das comunicações electrónicas (Directiva relativa à Privacidade e às Comunicações Electrónicas).

Artigo 2.º
Âmbito

1. Estão fora do âmbito do presente diploma:

a) A matéria fiscal;
b) A disciplina da concorrência;
c) O regime do tratamento de dados pessoais e da protecção da privacidade;
d) O patrocínio judiciário;
e) Os jogos de fortuna, incluindo lotarias e apostas, em que é feita uma aposta em dinheiro;
f) A actividade notarial ou equiparadas, enquanto caracterizadas pela fé pública ou por outras manifestações de poderes públicos.

2. O presente diploma não afecta as medidas tomadas a nível comunitário ou nacional na observância do direito comunitário para fomentar a diversidade cultural e linguística e para assegurar o pluralismo.

Capítulo II
Prestadores de serviços da sociedade da informação

Artigo 3.º
Princípio da liberdade de exercício

1. Entende-se por «serviço da sociedade da informação» qualquer serviço prestado a distância por via electrónica, mediante remuneração ou pelo menos no âmbito de uma actividade económica na sequência de pedido individual do destinatário.

2. Não são serviços da sociedade da informação os enumerados no anexo ao Decreto-Lei n.º 58/2000, de 18 de Abril, salvo no que respeita aos serviços contemplados nas alíneas c), d) e e) do n.º 1 daquele anexo.
3. A actividade de prestador de serviços da sociedade da informação não depende de autorização prévia.
4. Exceptua-se o disposto no domínio das telecomunicações, bem como todo o regime de autorização que não vise especial e exclusivamente os serviços da sociedade da informação.
5. O disposto no presente diploma não exclui a aplicação da legislação vigente que com ele seja compatível, nomeadamente no que respeita ao regime dos contratos celebrados a distância e não prejudica o nível de protecção dos consumidores, incluindo investidores, resultante da restante legislação nacional.

ARTIGO 4.º
Prestadores de serviços estabelecidos em Portugal

1. Os prestadores de serviços da sociedade da informação estabelecidos em Portugal ficam integralmente sujeitos à lei portuguesa relativa à actividade que exercem, mesmo no que concerne a serviços da sociedade da informação prestados noutro país comunitário.
2. Um prestador de serviços que exerça uma actividade económica no país mediante um estabelecimento efectivo considera-se estabelecido em Portugal seja qual for a localização da sua sede, não configurando a mera disponibilidade de meios técnicos adequados à prestação do serviço, só por si, um estabelecimento efectivo.
3. O prestador estabelecido em vários locais considera-se estabelecido, para efeitos do n.º 1, no local em que tenha o centro das suas actividades relacionadas com o serviço da sociedade da informação.
4. Os prestadores intermediários de serviços em rede que pretendam exercer estavelmente a actividade em Portugal devem previamente proceder à inscrição junto da entidade de supervisão central.
5. «Prestadores intermediários de serviços em rede» são os que prestam serviços técnicos para o acesso, disponibilização e utilização de informações ou serviços em linha independentes da geração da própria informação ou serviço.

ARTIGO 5.º
Livre prestação de serviços

1. Aos prestadores de serviços da sociedade da informação não estabelecidos em Portugal mas estabelecidos noutro Estado membro da União Europeia é aplicável, exclusivamente no que respeita a actividades em linha, a lei do lugar do estabelecimento:

a) Aos próprios prestadores, nomeadamente no que respeita a habilitações, autorizações e notificações, à identificação e à responsabilidade;
b) Ao exercício, nomeadamente no que respeita à qualidade e conteúdo dos serviços, à publicidade e aos contratos.

2. É livre a prestação dos serviços referidos no número anterior, com as limitações constantes dos artigos seguintes.

3. Os serviços de origem extra-comunitária estão sujeitos à aplicação geral da lei portuguesa, ficando também sujeitos a este diploma em tudo o que não for justificado pela especificidade das relações intra-comunitárias.

ARTIGO 6.º
Exclusões

Estão fora do âmbito de aplicação dos artigos 4.º, n.º 1, e 5.º, n.º 1:

a) A propriedade intelectual, incluindo a protecção das bases de dados e das topografias dos produtos semicondutores;
b) A emissão de moeda electrónica, por efeito de derrogação prevista no n.º 1 do artigo 8.º da Directiva n.º 2000/46/CE;
c) A publicidade realizada por um organismo de investimento colectivo em valores mobiliários, nos termos do n.º 2 do artigo 44.º da Directiva n.º 85/611/CEE;
d) A actividade seguradora, quanto a seguros obrigatórios, alcance e condições da autorização da entidade seguradora e empresas em dificuldades ou em situação irregular;
e) A matéria disciplinada por legislação escolhida pelas partes no uso da autonomia privada;
f) Os contratos celebrados com consumidores, no que respeita às obrigações deles emergentes;
g) A validade dos contratos em função da observância de requisitos legais de forma, em contratos relativos a direitos reais sobre imóveis;
h) A permissibilidade do envio de mensagens publicitárias não solicitadas por correio electrónico.

ARTIGO 7.º
Providências restritivas

1. Os tribunais e outras entidades competentes, nomeadamente as entidades de supervisão, podem restringir a circulação de um determinado serviço da sociedade da informação proveniente de outro Estado membro da União Europeia se lesar ou ameaçar gravemente:

a) A dignidade humana ou a ordem pública, incluindo a protecção de menores e a repressão do incitamento ao ódio fundado na raça, no sexo, na religião ou na nacionalidade, nomeadamente por razões de prevenção ou repressão de crimes ou de ilícitos de mera ordenação social;
b) A saúde pública;
c) A segurança pública, nomeadamente na vertente da segurança e defesa nacionais;
d) Os consumidores, incluindo os investidores.

2. As providências restritivas devem ser precedidas:

a) Da solicitação ao Estado membro de origem do prestador do serviço que ponha cobro à situação;
b) Caso este o não tenha feito, ou as providências que tome se revelem inadequadas, da notificação à Comissão e ao Estado membro de origem da intenção de tomar providências restritivas.

3. O disposto no número anterior não prejudica a realização de diligências judiciais, incluindo a instrução e demais actos praticados no âmbito de uma investigação criminal ou de um ilícito de mera ordenação social.
4. As providências tomadas devem ser proporcionais aos objectivos a tutelar.

Artigo 8.º
Actuação em caso de urgência

Em caso de urgência, as entidades competentes podem tomar providências restritivas não precedidas das notificações à Comissão e aos outros Estados membros de origem previstas no artigo anterior.

Artigo 9.º
Comunicação à entidade de supervisão central

1. As entidades competentes que desejem promover a solicitação ao Estado membro de origem que ponha cobro a uma situação violadora devem comunicá-lo à entidade de supervisão central, a fim de ser notificada ao Estado membro de origem.
2. As entidades competentes que tenham a intenção de tomar providências restritivas, ou as tomem efectivamente, devem comunicá-lo imediatamente à autoridade de supervisão central, a fim de serem logo notificadas à Comissão e aos Estados membros de origem.
3. Tratando-se de providências restritivas de urgência devem ser também indicadas as razões da urgência na sua adopção.

Artigo 10.º
Disponibilização permanente de informações

1. Os prestadores de serviços devem disponibilizar permanentemente em linha, em condições que permitam um acesso fácil e directo, elementos completos de identificação que incluam, nomeadamente:
   a) Nome ou denominação social;
   b) Endereço geográfico em que se encontra estabelecido e endereço electrónico, em termos de permitir uma comunicação directa;
   c) Inscrições do prestador em registos públicos e respectivos números de registo;
   d) Número de identificação fiscal.

2. Se o prestador exercer uma actividade sujeita a um regime de autorização prévia, deve disponibilizar a informação relativa à entidade que a concedeu.
3. Se o prestador exercer uma profissão regulamentada deve também indicar o título profissional e o Estado membro em que foi concedido, a entidade profissional em que se encontra inscrito, bem como referenciar as regras profissionais que disciplinam o acesso e o exercício dessa profissão.
4. Se os serviços prestados implicarem custos para os destinatários além dos custos dos serviços de telecomunicações, incluindo ónus fiscais ou despesas de entrega, estes devem ser objecto de informação clara anterior à utilização dos serviços.

Capítulo III
Responsabilidade dos prestadores de serviços em rede

Artigo 11.º
Princípio da equiparação

A responsabilidade dos prestadores de serviços em rede está sujeita ao regime comum, nomeadamente em caso de associação de conteúdos, com as especificações constantes dos artigos seguintes.

Artigo 12.º
Ausência de um dever geral de vigilância dos prestadores intermediários de serviços

Os prestadores intermediários de serviços em rede não estão sujeitos a uma obrigação geral de vigilância sobre as informações que transmitem ou armazenam ou de investigação de eventuais ilícitos praticados no seu âmbito.

Artigo 13.º
Deveres comuns dos prestadores intermediários dos serviços

Cabe aos prestadores intermediários de serviços a obrigação para com as entidades competentes:

a) De informar de imediato quando tiverem conhecimento de actividades ilícitas que se desenvolvam por via dos serviços que prestam;
b) De satisfazer os pedidos de identificar os destinatários dos serviços com quem tenham acordos de armazenagem;
c) De cumprir prontamente as determinações destinadas a prevenir ou pôr termo a uma infracção, nomeadamente no sentido de remover ou impossibilitar o acesso a uma informação;
d) De fornecer listas de titulares de sítios que alberguem, quando lhes for pedido.

Artigo 14.º
Simples transporte

1. O prestador intermediário de serviços que prossiga apenas a actividade de transmissão de informações em rede, ou de facultar o acesso a uma rede de comunicações, sem estar na origem da transmissão nem ter intervenção no conteúdo das mensagens transmitidas nem na selecção destas ou dos destinatários, é isento de toda a responsabilidade pelas informações transmitidas.

2. A irresponsabilidade mantém-se ainda que o prestador realize a armazenagem meramente tecnológica das informações no decurso do processo de transmissão, exclusivamente para as finalidades de transmissão e durante o tempo necessário para esta.

Artigo 15.º
Armazenagem intermediária

1. O prestador intermediário de serviços de transmissão de comunicações em rede que não tenha intervenção no conteúdo das mensagens transmitidas nem na selecção destas ou dos destinatários e respeite as condições de acesso à informação é isento de toda a responsabilidade pela armazenagem temporária e automática, exclusivamente para tornar mais eficaz e económica a transmissão posterior a nova solicitação de destinatários do serviço.

2. Passa, porém, a aplicar-se o regime comum de responsabilidade se o prestador não proceder segundo as regras usuais do sector:

a) Na actualização da informação;
b) No uso da tecnologia, aproveitando-a para obter dados sobre a utilização da informação.

3. As regras comuns passam também a ser aplicáveis se chegar ao conhecimento do prestador que a informação foi retirada da fonte originária ou o acesso tornado impossível ou ainda que um tribunal ou entidade administrativa com competência sobre o prestador que está na origem da informação ordenou essa remoção ou impossibilidade de acesso com exequibilidade imediata e o prestador não a retirar ou impossibilitar imediatamente o acesso.

Artigo 16.º
Armazenagem principal

1. O prestador intermediário do serviço de armazenagem em servidor só é responsável, nos termos comuns, pela informação que armazena se tiver conhecimento de actividade ou informação cuja ilicitude for manifesta e não retirar ou impossibilitar logo o acesso a essa informação.

2. Há responsabilidade civil sempre que, perante as circunstâncias que conhece, o prestador do serviço tenha ou deva ter consciência do carácter ilícito da informação.

3. Aplicam-se as regras comuns de responsabilidade sempre que o destinatário do serviço actuar subordinado ao prestador ou for por ele controlado.

Artigo 17.º
Responsabilidade dos prestadores intermediários de serviços de associação de conteúdos

Os prestadores intermediários de serviços de associação de conteúdos em rede, por meio de instrumentos de busca, hiperconexões ou processos análogos que permitam o acesso a conteúdos ilícitos estão sujeitos a regime de responsabilidade correspondente ao estabelecido no artigo anterior.

Artigo 18.º
Solução provisória de litígios

1. Nos casos contemplados nos artigos 16.º e 17.º, o prestador intermediário de serviços, se a ilicitude não for manifesta, não é obrigado a remover o conteúdo contestado ou a impossibilitar o acesso à informação só pelo facto de um interessado arguir uma violação.

2. Nos casos previstos no número anterior, qualquer interessado pode recorrer à entidade de supervisão respectiva, que deve dar uma solução provisória em quarenta e oito horas e logo a comunica electronicamente aos intervenientes.

3. Quem tiver interesse jurídico na manutenção daquele conteúdo em linha pode nos mesmos termos recorrer à entidade de supervisão contra uma decisão do prestador de remover ou impossibilitar o acesso a esse conteúdo, para obter a solução provisória do litígio.

4. O procedimento perante a entidade de supervisão será especialmente regulamentado.

5. A entidade de supervisão pode a qualquer tempo alterar a composição provisória do litígio estabelecida.

6. Qualquer que venha a ser a decisão, nenhuma responsabilidade recai sobre a entidade de supervisão e tão-pouco recai sobre o prestador intermediário de serviços por ter ou não retirado o conteúdo ou impossibilitado o acesso a mera solicitação, quando não for manifesto se há ou não ilicitude.

7. A solução definitiva do litígio é realizada nos termos e pelas vias comuns.

8. O recurso a estes meios não prejudica a utilização pelos interessados, mesmo simultânea, dos meios judiciais comuns.

Artigo 19.º
Relação com o direito à informação

1. A associação de conteúdos não é considerada irregular unicamente por haver conteúdos ilícitos no sítio de destino, ainda que o prestador tenha consciência do facto.

2. A remissão é lícita se for realizada com objectividade e distanciamento, representando o exercício do direito à informação, sendo, pelo contrário, ilícita se representar uma maneira de tomar como próprio o conteúdo ilícito para que se remete.

3. A avaliação é realizada perante as circunstâncias do caso, nomeadamente:

a) A confusão eventual dos conteúdos do sítio de origem com os de destino;
b) O carácter automatizado ou intencional da remissão;
c) A área do sítio de destino para onde a remissão é efectuada.

Capítulo IV
Comunicações publicitárias em rede e marketing directo

Artigo 20.º
Âmbito

1. Não constituem comunicação publicitária em rede:

a) Mensagens que se limitem a identificar ou permitir o acesso a um operador económico ou identifiquem objectivamente bens, serviços ou a imagem de um operador, em colectâneas ou listas, particularmente quando não tiverem implicações financeiras, embora se integrem em serviços da sociedade da informação;
b) Mensagens destinadas a promover ideias, princípios, iniciativas ou instituições.

2. A comunicação publicitária pode ter somente por fim promover a imagem de um operador comercial, industrial, artesanal ou integrante de uma profissão regulamentada.

Artigo 21.º
Identificação e informação

Nas comunicações publicitárias prestadas à distância, por via electrónica, devem ser claramente identificados de modo a serem apreendidos com facilidade por um destinatário comum:

 a) A natureza publicitária, logo que a mensagem seja apresentada no terminal e de forma ostensiva;
 b) O anunciante;
 c) As ofertas promocionais, como descontos, prémios ou brindes, e os concursos ou jogos promocionais, bem como os condicionalismos a que ficam submetidos.

Artigo 22.º
Comunicações não solicitadas

1. O envio de mensagens para fins de marketing directo, cuja recepção seja independente de intervenção do destinatário, nomeadamente por via de aparelhos de chamada automática, aparelhos de telecópia ou por correio electrónico, carece de consentimento prévio do destinatário.
2. Exceptuam-se as mensagens enviadas a pessoas colectivas, ficando, no entanto, aberto aos destinatários o recurso ao sistema de opção negativa.
3. É também permitido ao fornecedor de um produto ou serviço, no que respeita aos mesmos ou a produtos ou serviços análogos, enviar publicidade não solicitada aos clientes com quem celebrou anteriormente transacções, se ao cliente tiver sido explicitamente oferecida a possibilidade de o recusar por ocasião da transacção realizada e se não implicar para o destinatário dispêndio adicional ao custo do serviço de telecomunicações.
4. Nos casos previstos nos números anteriores, o destinatário deve ter acesso a meios que lhe permitam a qualquer momento recusar, sem ónus e independentemente de justa causa, o envio dessa publicidade para futuro.
5. É proibido o envio de correio electrónico para fins de marketing directo, ocultando ou dissimulando a identidade da pessoa em nome de quem é efectuada a comunicação.
6. Cada comunicação não solicitada deve indicar um endereço e um meio técnico electrónico, de fácil identificação e utilização, que permita ao destinatário do serviço recusar futuras comunicações.
7. Às entidades que promovam o envio de comunicações publicitárias não solicitadas cuja recepção seja independente da intervenção do destinatário cabe manter, por si ou por organismos que as representem, uma lista actualizada de pessoas que manifestaram o desejo de não receber aquele tipo de comunicações.
8. É proibido o envio de comunicações publicitárias por via electrónica às pessoas constantes das listas prescritas no número anterior.

Artigo 23.º
Profissões regulamentadas

1. As comunicações publicitárias à distância por via electrónica em profissões regulamentadas são permitidas mediante o estrito cumprimento das regras deontoló-

gicas de cada profissão, nomeadamente as relativas à independência e honra e ao sigilo profissionais, bem como à lealdade para com o público e dos membros da profissão entre si.

2. «Profissão regulamentada» é entendido no sentido constante dos diplomas relativos ao reconhecimento, na União Europeia, de formações profissionais.

CAPÍTULO V
Contratação electrónica

ARTIGO 24.º
Âmbito

As disposições deste capítulo são aplicáveis a todo o tipo de contratos celebrados por via electrónica ou informática, sejam ou não qualificáveis como comerciais.

ARTIGO 25.º
Liberdade de celebração

1. É livre a celebração de contratos por via electrónica, sem que a validade ou eficácia destes seja prejudicada pela utilização deste meio.

2. São excluídos do princípio da admissibilidade os negócios jurídicos:

a) Familiares e sucessórios;
b) Que exijam a intervenção de tribunais, entes públicos ou outros entes que exerçam poderes públicos, nomeadamente quando aquela intervenção condicione a produção de efeitos em relação a terceiros e ainda os negócios legalmente sujeitos a reconhecimento ou autenticação notariais;
c) Reais imobiliários, com excepção do arrendamento;
d) De caução e de garantia, quando não se integrarem na actividade profissional de quem as presta.

3. Só tem de aceitar a via electrónica para a celebração de um contrato quem se tiver vinculado a proceder dessa forma.

4. São proibidas cláusulas contratuais gerais que imponham a celebração por via electrónica dos contratos com consumidores.

ARTIGO 26.º
Forma

1. As declarações emitidas por via electrónica satisfazem a exigência legal de forma escrita quando contidas em suporte que ofereça as mesmas garantias de fidedignidade, inteligibilidade e conservação.

2. O documento electrónico vale como documento assinado quando satisfizer os requisitos da legislação sobre assinatura electrónica e certificação.

Artigo 27.º
Dispositivos de identificação e correcção de erros

O prestador de serviços em rede que celebre contratos por via electrónica deve disponibilizar aos destinatários dos serviços, salvo acordo em contrário das partes que não sejam consumidores, meios técnicos eficazes que lhes permitam identificar e corrigir erros de introdução, antes de formular uma ordem de encomenda.

Artigo 28.º
Informações prévias

1. O prestador de serviços em rede que celebre contratos em linha deve facultar aos destinatários, antes de ser dada a ordem de encomenda, informação mínima inequívoca que inclua:

a) O processo de celebração do contrato;
b) O arquivamento ou não do contrato pelo prestador de serviço e a acessibilidade àquele pelo destinatário;
c) A língua ou línguas em que o contrato pode ser celebrado;
d) Os meios técnicos que o prestador disponibiliza para poderem ser identificados e corrigidos erros de introdução que possam estar contidos na ordem de encomenda;
e) Os termos contratuais e as cláusulas gerais do contrato a celebrar;
f) Os códigos de conduta de que seja subscritor e a forma de os consultar electronicamente.

2. O disposto no número anterior é derrogável por acordo em contrário das partes que não sejam consumidores.

Artigo 29.º
Ordem de encomenda e aviso de recepção

1. Logo que receba uma ordem de encomenda por via exclusivamente electrónica, o prestador de serviços deve acusar a recepção igualmente por meios electrónicos, salvo acordo em contrário com a parte que não seja consumidora.
2. É dispensado o aviso de recepção da encomenda nos casos em que há a imediata prestação em linha do produto ou serviço.
3. O aviso de recepção deve conter a identificação fundamental do contrato a que se refere.
4. O prestador satisfaz o dever de acusar a recepção se enviar a comunicação para o endereço electrónico que foi indicado ou utilizado pelo destinatário do serviço.
5. A encomenda torna-se definitiva com a confirmação do destinatário, dada na sequência do aviso de recepção, reiterando a ordem emitida.

ARTIGO 30.º
Contratos celebrados por meio de comunicação individual

Os artigos 27.º a 29.º não são aplicáveis aos contratos celebrados exclusivamente por correio electrónico ou outro meio de comunicação individual equivalente.

ARTIGO 31.º
Apresentação dos termos contratuais e cláusulas gerais

1. Os termos contratuais e as cláusulas gerais, bem como o aviso de recepção, devem ser sempre comunicados de maneira que permita ao destinatário armazená-los e reproduzi-los.
2. A ordem de encomenda, o aviso de recepção e a confirmação da encomenda consideram-se recebidos logo que os destinatários têm a possibilidade de aceder a eles.

ARTIGO 32.º
Proposta contratual e convite a contratar

1. A oferta de produtos ou serviços em linha representa uma proposta contratual quando contiver todos os elementos necessários para que o contrato fique concluído com a simples aceitação do destinatário, representando, caso contrário, um convite a contratar.
2. O mero aviso de recepção da ordem de encomenda não tem significado para a determinação do momento da conclusão do contrato.

ARTIGO 33.º
Contratação sem intervenção humana

1. À contratação celebrada exclusivamente por meio de computadores, sem intervenção humana, é aplicável o regime comum, salvo quando este pressupuser uma actuação.
2. São aplicáveis as disposições sobre erro:
   a) Na formação da vontade, se houver erro de programação;
   b) Na declaração, se houver defeito de funcionamento da máquina;
   c) Na transmissão, se a mensagem chegar deformada ao seu destino.

3. A outra parte não pode opor-se à impugnação por erro sempre que lhe fosse exigível que dele se apercebesse, nomeadamente pelo uso de dispositivos de detecção de erros de introdução.

ARTIGO 34.º
Solução de litígios por via electrónica

É permitido o funcionamento em rede de formas de solução extrajudicial de litígios entre prestadores e destinatários de serviços da sociedade da informação, com observância das disposições concernentes à validade e eficácia dos documentos referidas no presente capítulo.

Capítulo VI
Entidades de supervisão e regime sancionatório

Artigo 35.º
Entidade de supervisão central

1. É instituída uma entidade de supervisão central com atribuições em todos os domínios regulados pelo presente diploma, salvo nas matérias em que lei especial atribua competência sectorial a outra entidade.
2. As funções de entidade de supervisão central serão exercidas pela ICP – Autoridade Nacional de Comunicações (ICP-ANACOM).

Artigo 36.º
Atribuições e competência

1. As entidades de supervisão funcionam como organismos de referência para os contactos que se estabeleçam no seu domínio, fornecendo, quando requeridas, informações aos destinatários, aos prestadores de serviços e ao público em geral.
2. Cabe às entidades de supervisão, além das atribuições gerais já assinaladas e das que lhes forem especificamente atribuídas:

   a) Adoptar as providências restritivas previstas nos artigos 7.º e 8.º;
   b) Elaborar regulamentos e dar instruções sobre práticas a ser seguidas para cumprimento do disposto no presente diploma;
   c) Fiscalizar o cumprimento do preceituado sobre o comércio electrónico;
   d) Instaurar e instruir processos contra-ordenacionais e, bem assim, aplicar as sanções previstas;
   e) Determinar a suspensão da actividade dos prestadores de serviços em face de graves irregularidades e por razões de urgência.

3. A entidade de supervisão central tem competência em todas as matérias que a lei atribua a um órgão administrativo sem mais especificação e nas que lhe forem particularmente cometidas.
4. Cabe designadamente à entidade de supervisão central, além das atribuições gerais já assinaladas, quando não couberem a outro órgão:

   a) Publicitar em rede os códigos de conduta mais significativos de que tenha conhecimento;
   b) Publicitar outras informações, nomeadamente decisões judiciais neste domínio;
   c) Promover as comunicações à Comissão Europeia e ao Estado membro de origem previstas no artigo 9.º;
   d) Em geral, desempenhar a função de entidade permanente de contacto com os outros Estados membros e com a Comissão Europeia, sem prejuízo das competências que forem atribuídas a entidades sectoriais de supervisão.

ARTIGO 37.º
Contra-ordenação

1. Constitui contra-ordenação sancionável com coima de (euro) 2500 a (euro) 50000 a prática dos seguintes actos pelos prestadores de serviços:

a) A não disponibilização ou a prestação de informação aos destinatários regulada nos artigos 10.º, 13.º, 21.º, 22.º, n.º 6, e 28.º, n.º 1, do presente diploma;

b) O envio de comunicações não solicitadas, com inobservância dos requisitos legais previstos no artigo 22.º;

c) A não disponibilização aos destinatários, quando devido, de dispositivos de identificação e correcção de erros de introdução, tal como previsto no artigo 27.º;

d) A omissão de pronto envio do aviso de recepção da ordem de encomenda previsto no artigo 29.º;

e) A não comunicação dos termos contratuais, cláusulas gerais e avisos de recepção previstos no artigo 31.º, de modo que permita aos destinatários armazená-los e reproduzi-los;

f) A não prestação de informações solicitadas pela entidade de supervisão.

2. Constitui contra-ordenação sancionável com coima de (euro) 5000 a (euro) 100000 a prática dos seguintes actos pelos prestadores de serviços:

a) A desobediência a determinação da entidade de supervisão ou de outra entidade competente de identificar os destinatários dos serviços com quem tenham acordos de transmissão ou de armazenagem, tal como previsto na alínea b) do artigo 13.º;

b) O não cumprimento de determinação do tribunal ou da autoridade competente de prevenir ou pôr termo a uma infracção nos termos da alínea c) do artigo 13.º;

c) A omissão de informação à autoridade competente sobre actividades ilícitas de que tenham conhecimento, praticadas por via dos serviços que prestam, tal como previsto na alínea a) do artigo 13.º;

d) A não remoção ou impedimento do acesso a informação que armazenem e cuja ilicitude manifesta seja do seu conhecimento, tal como previsto nos artigos 16.º e 17.º;

e) A não remoção ou impedimento do acesso a informação que armazenem, se, nos termos do artigo 15.º, n.º 3, tiverem conhecimento que foi retirada da fonte, ou o acesso tornado impossível, ou ainda que um tribunal ou autoridade administrativa da origem ordenou essa remoção ou impossibilidade de acesso para ter exequibilidade imediata;

f) A prática com reincidência das infracções previstas no n.º 1.

3. Constitui contra-ordenação sancionável com coima de (euro) 2500 a (euro) 100000 a prestação de serviços de associação de conteúdos, nas condições da alínea e) do n.º 2, quando os prestadores de serviços não impossibilitem a localização ou o acesso a informação ilícita.

4. A negligência é sancionável nos limites da coima aplicável às infracções previstas no n.º 1.

5. A prática da infracção por pessoa colectiva agrava em um terço os limites máximo e mínimo da coima.

ARTIGO 38.º
Sanções acessórias

1. Às contra-ordenações acima previstas pode ser aplicada a sanção acessória de perda a favor do Estado dos bens usados para a prática das infracções.
2. Em função da gravidade da infracção, da culpa do agente ou da prática reincidente das infracções, pode ser aplicada, simultaneamente com as coimas previstas no n.º 2 do artigo anterior, a sanção acessória de interdição do exercício da actividade pelo período máximo de seis anos e, tratando-se de pessoas singulares, da inibição do exercício de cargos sociais em empresas prestadoras de serviços da sociedade da informação durante o mesmo período.
3. A aplicação de medidas acessórias de interdição do exercício da actividade e, tratando-se de pessoas singulares, da inibição do exercício de cargos sociais em empresas prestadoras de serviços da sociedade da informação por prazo superior a dois anos será obrigatoriamente decidida judicialmente por iniciativa oficiosa da própria entidade de supervisão.
4. Pode dar-se adequada publicidade à punição por contra-ordenação, bem como às sanções acessórias aplicadas nos termos do presente diploma.

ARTIGO 39.º
Providências provisórias

1. A entidade de supervisão a quem caiba a aplicação da coima pode determinar, desde que se revelem imediatamente necessárias, as seguintes providências provisórias:

   a) A suspensão da actividade e o encerramento do estabelecimento que é suporte daqueles serviços da sociedade da informação, enquanto decorre o procedimento e até à decisão definitiva;
   b) A apreensão de bens que sejam veículo da prática da infracção.

2. Estas providências podem ser determinadas, modificadas ou levantadas em qualquer momento pela própria entidade de supervisão, por sua iniciativa ou a requerimento dos interessados e a sua legalidade pode ser impugnada em juízo.

ARTIGO 40.º
Destino das coimas

O montante das coimas cobradas reverte para o Estado e para a entidade que as aplicou na proporção de 60% e 40%, respectivamente.

ARTIGO 41.º
Regras aplicáveis

1. O regime sancionatório estabelecido não prejudica os regimes sancionatórios especiais vigentes.
2. A entidade competente para a instauração, instrução e aplicação das sanções é a entidade de supervisão central ou as sectoriais, consoante a natureza das matérias.
3. É aplicável subsidiariamente o regime geral das contra-ordenações.

Capítulo VII
Disposições finais

Artigo 42.º
Códigos de conduta

1. As entidades de supervisão estimularão a criação de códigos de conduta pelos interessados e sua difusão por estes por via electrónica.

2. Será incentivada a participação das associações e organismos que têm a seu cargo os interesses dos consumidores na formulação e aplicação de códigos de conduta, sempre que estiverem em causa os interesses destes. Quando houver que considerar necessidades específicas de associações representativas de deficientes visuais ou outros, estas deverão ser consultadas.

3. Os códigos de conduta devem ser publicitados em rede pelas próprias entidades de supervisão.

Artigo 43.º
Impugnação

As entidades de supervisão e o Ministério Público têm legitimidade para impugnar em juízo os códigos de conduta aprovados em domínio abrangido por este diploma que extravasem das finalidades da entidade que os emitiu ou tenham conteúdo contrário a princípios gerais ou regras vigentes.

Visto e aprovado em Conselho de Ministros de 31 de Outubro de 2003. – José Manuel Durão Barroso – Maria Manuela Dias Ferreira Leite – Maria Teresa Pinto Basto Gouveia – Maria Celeste Ferreira Lopes Cardona – José Luís Fazenda Arnaut Duarte – Carlos Manuel Tavares da Silva – Maria da Graça Martins da Silva Carvalho.

Promulgado em 19 de Dezembro de 2003.

Publique-se.

O Presidente da República, Jorge Sampaio.

Referendado em 23 de Dezembro de 2003.

O Primeiro-Ministro, José Manuel Durão Barroso.

DECRETO-LEI N.º 57/2008
de 26 de Março
Práticas comerciais desleais

O desenvolvimento de práticas comerciais leais é essencial para assegurar a confiança dos consumidores no mercado, para garantir a concorrência e para promover o desenvolvimento de transacções comerciais transfronteiriças.

O presente decreto-lei estabelece uma proibição geral única das práticas comerciais desleais que distorcem o comportamento económico dos consumidores e aplica-se às práticas comerciais desleais, incluindo a publicidade desleal, que prejudicam directamente os interesses económicos dos consumidores e indirectamente os interesses económicos de concorrentes legítimos, transpondo para a ordem jurídica interna a Directiva n.º 2005/29/CE, do Parlamento Europeu e do Conselho, de 11 de Maio, relativa às práticas comerciais desleais das empresas nas relações com os consumidores no mercado interno, e que altera as Directivas n.ºs 84/450/CEE, do Conselho, de 10 de Setembro, 97/7/CE, do Parlamento Europeu e do Conselho, de 20 de Maio, 98/27/CE, do Parlamento Europeu e do Conselho, de 19 de Maio, e 2002/65/CE, do Parlamento Europeu e do Conselho, de 23 de Setembro, e o Regulamento (CE) n.º 2006/2004, do Parlamento Europeu e do Conselho, de 27 de Outubro.

Aquela proibição geral aplica-se da mesma forma a práticas comerciais desleais que ocorram antes, durante e após qualquer relação contratual entre um profissional e um consumidor. Esta proibição geral é conjugada com disposições sobre os dois tipos de práticas comerciais desleais mais comuns: as práticas comerciais enganosas e as práticas comerciais agressivas. O carácter leal ou desleal da prática comercial é aferido utilizando-se como referência o consumidor médio.

O presente decreto-lei classifica as práticas enganosas como acções enganosas e omissões enganosas. Em relação às omissões, estabelece um número limitado de elementos essenciais de informação para que, em determinados casos, o consumidor possa tomar uma decisão de transacção esclarecida.

As disposições relativas às práticas comerciais agressivas abrangem as práticas que restringem significativamente a liberdade de escolha do consumidor. Trata-se de práticas que recorrem ao assédio, à coacção, incluindo o recurso à força física, e à influência indevida.

O presente decreto-lei não visa proibir práticas publicitárias que consistam no uso de afirmações claramente exageradas ou afirmações não destinadas a ser interpretadas literalmente.

Procedeu-se à determinação das pessoas ou organizações que têm um interesse legítimo para reagir contra as práticas comerciais desleais, quer perante um tribunal quer perante uma autoridade administrativa competente para decidir relativamente às queixas ou para instaurar os procedimentos legais adequados.

Para efeitos de aplicação do presente decreto-lei, a Autoridade de Segurança Alimentar e Económica ou a entidade reguladora do sector são consideradas autoridades administrativas competentes. Se se tratar de uma prática comercial desleal em matéria de publicidade, a autoridade administrativa competente é a Direcção-Geral do Consumidor. Do mesmo modo, o Banco de Portugal, a Comissão do Mercado de Valores Mobiliários e o Instituto de Seguros de Portugal são considerados autoridades administrativas competentes relativamente às práticas comerciais desleais que ocorram nos respectivos sectores financeiros.

As autoridades administrativas referidas anteriormente podem ordenar medidas cautelares de cessação temporária de uma prática comercial desleal ou determinar a proibição prévia de uma prática comercial desleal iminente.

O presente decreto-lei não é aplicável às disposições relacionadas com a certificação e a indicação do padrão de pureza dos artefactos de metais preciosos e o seu regime é complementar ou residual relativamente a outras disposições sectoriais que regulem estas práticas comerciais, assegurando, por outro lado, a protecção dos consumidores nos casos em que não exista legislação sectorial específica.

Foram ouvidos os órgãos de governo próprio das Regiões Autónomas.

Foi promovida a audição ao Conselho Nacional do Consumo.

Foram ouvidos, a título facultativo, a Associação Portuguesa para a Defesa do Consumidor, a União Geral de Consumidores, a Federação Nacional das Cooperativas de Consumidores, a Associação dos Consumidores da Região Autónoma dos Açores, a Associação de Consumidores de Média e a Confederação do Comércio e Serviços de Portugal. Foram, ainda, ouvidos o Banco de Portugal, o Instituto de Seguros de Portugal e a Comissão do Mercado de Valores Mobiliários.

Assim:

Nos termos da alínea a) do n.º 1 do artigo 198.º da Constituição, o Governo decreta o seguinte:

Capítulo I
Práticas comerciais desleais

Artigo 1.º
Objecto

O presente decreto-lei estabelece o regime jurídico aplicável às práticas comerciais desleais das empresas nas relações com os consumidores, ocorridas antes, durante ou após uma transacção comercial relativa a um bem ou serviço, transpondo para a ordem jurídica interna a Directiva n.º 2005/29/CE, do Parlamento Europeu e do Conselho, de 11 de Maio, relativa às práticas comerciais desleais das empresas nas relações com os consumidores no mercado interno, e que altera as Directivas n.ºs 84/450/CEE, do Conselho, de 10 de Setembro, 97/7/CE, do Parlamento Europeu e do Conselho, de 20 de Maio, 98/27/CE, do Parlamento Europeu e do Conselho, de 19 de Maio, e 2002/65/CE, do Parlamento Europeu e do Conselho, de 23 de Setembro, e o Regulamento (CE) n.º 2006/2004, do Parlamento Europeu e do Conselho, de 27 de Outubro.

Artigo 2.º
Âmbito de aplicação

1. O presente decreto-lei não prejudica a aplicação de disposições nacionais decorrentes de regras comunitárias que regulem aspectos específicos das práticas comerciais desleais, tais como requisitos de informação e regras relativas ao modo como as informações são apresentadas ao consumidor.
2. Sem prejuízo do disposto no artigo 14.º, o presente decreto-lei não afecta as disposições relativas à formação, validade ou efeitos dos contratos.
3. O regime do presente decreto-lei não prejudica a aplicação de regimes mais exigentes relativos à protecção da saúde e da segurança dos bens ou serviços, aos serviços financeiros ou a bens imóveis.

Artigo 3.º
Definições

Para efeitos do disposto no presente decreto-lei, entende-se por:
 a) «Consumidor» qualquer pessoa singular que, nas práticas comerciais abrangidas pelo presente decreto-lei, actue com fins que não se incluam no âmbito da sua actividade comercial, industrial, artesanal ou profissional;
 b) «Profissional» qualquer pessoa singular ou colectiva que, no que respeita às práticas comerciais abrangidas pelo presente decreto-lei, actue no âmbito da sua actividade comercial, industrial, artesanal ou profissional e quem actue em nome ou por conta desse profissional;
 c) «Produto» qualquer bem ou serviço, incluindo bens imóveis, direitos e obrigações;
 d) «Prática comercial da empresa nas relações com os consumidores, ou, abreviadamente, prática comercial» qualquer acção, omissão, conduta ou afirmação de um profissional, incluindo a publicidade e a promoção comercial, em relação directa com a promoção, a venda ou o fornecimento de um bem ou serviço ao consumidor;
 e) «Distorcer substancialmente o comportamento económico dos consumidores» a realização de uma prática comercial que prejudique sensivelmente a aptidão do consumidor para tomar uma decisão esclarecida, conduzindo-o, por conseguinte, a tomar uma decisão de transacção que não teria tomado de outro modo;
 f) «Código de conduta» o acordo ou conjunto de normas, não impostas por disposições legislativas, regulamentares ou administrativas, que define o comportamento de profissionais que se comprometem a ficar vinculados por este código no que diz respeito a uma ou várias práticas comerciais ou sectores de actividade específicos;
 g) «Titular de um código» qualquer entidade, incluindo um profissional ou grupo de profissionais, responsável pela elaboração e a revisão de um código de conduta e ou o controlo do cumprimento deste código por aqueles que se comprometeram a ficar vinculados por ele;
 h) «Diligência profissional» o padrão de competência especializada e de cuidado que se pode razoavelmente esperar de um profissional nas suas relações com os consumidores, avaliado de acordo com a prática honesta de mercado e ou com o princípio geral de boa fé no âmbito da actividade profissional;

i) «Convite a contratar» uma comunicação comercial que indica as características e o preço do produto de uma forma adequada aos meios utilizados pela comunicação comercial, permitindo assim que o consumidor efectue uma aquisição;

j) «Influência indevida» a utilização pelo profissional de uma posição de poder para pressionar o consumidor, mesmo sem recurso ou ameaça de recurso à força física, de forma que limita significativamente a capacidade de o consumidor tomar uma decisão esclarecida;

l) «Decisão de transacção» a decisão tomada por um consumidor sobre a questão de saber se, como e em que condições adquirir, pagar integral ou parcialmente, conservar ou alienar um produto ou exercer outro direito contratual em relação ao produto, independentemente de o consumidor decidir agir ou abster-se de agir;

m) «Profissão regulamentada» a actividade ou o conjunto de actividades profissionais cujo acesso, exercício ou modalidade de exercício se encontram directa ou indirectamente subordinados, por disposições legislativas, regulamentares ou administrativas, à posse de determinadas qualificações profissionais.

ARTIGO 4.º
Proibição

São proibidas as práticas comercias desleais.

ARTIGO 5.º
Práticas comerciais desleais em geral

1. É desleal qualquer prática comercial desconforme à diligência profissional, que distorça ou seja susceptível de distorcer de maneira substancial o comportamento económico do consumidor seu destinatário ou que afecte este relativamente a certo bem ou serviço.

2. O carácter leal ou desleal da prática comercial é aferido utilizando-se como referência o consumidor médio, ou o membro médio de um grupo, quando a prática comercial for destinada a um determinado grupo de consumidores.

ARTIGO 6.º
Práticas comerciais desleais em especial

São desleais em especial:

a) As práticas comerciais susceptíveis de distorcer substancialmente o comportamento económico de um único grupo, claramente identificável, de consumidores particularmente vulneráveis, em razão da sua doença mental ou física, idade ou credulidade, à prática comercial ou ao bem ou serviço subjacentes, se o profissional pudesse razoavelmente ter previsto que a sua conduta era susceptível de provocar essa distorção;

b) As práticas comerciais enganosas e as práticas comerciais agressivas referidas nos artigos 7.º, 9.º e 11.º;

c) As práticas comerciais enganosas e as práticas comerciais agressivas referidas, respectivamente, nos artigos 8.º e 12.º, consideradas como tal em qualquer circunstância.

Artigo 7.º
Acções enganosas

1. É enganosa a prática comercial que contenha informações falsas ou que, mesmo sendo factualmente correctas, por qualquer razão, nomeadamente a sua apresentação geral, induza ou seja susceptível de induzir em erro o consumidor em relação a um ou mais dos elementos a seguir enumerados e que, em ambos os casos, conduz ou é susceptível de conduzir o consumidor a tomar uma decisão de transacção que este não teria tomado de outro modo:

   a) A existência ou a natureza do bem ou serviço;
   b) As características principais do bem ou serviço, tais como a sua disponibilidade, as suas vantagens, os riscos que apresenta, a sua execução, a sua composição, os seus acessórios, a prestação de assistência pós-venda e o tratamento das reclamações, o modo e a data de fabrico ou de fornecimento, a entrega, a adequação ao fim a que se destina e as garantias de conformidade, as utilizações, a quantidade, as especificações, a origem geográfica ou comercial ou os resultados que podem ser esperados da sua utilização, ou os resultados e as características substanciais dos testes ou controlos efectuados ao bem ou serviço;
   c) O conteúdo e a extensão dos compromissos assumidos pelo profissional, a motivação da prática comercial e a natureza do processo de venda, bem como a utilização de qualquer afirmação ou símbolo indicativos de que o profissional, o bem ou o serviço beneficiam, directa ou indirectamente, de patrocínio ou de apoio;
   d) O preço, a forma de cálculo do preço ou a existência de uma vantagem específica relativamente ao preço;
   e) A necessidade de prestação de um serviço, de uma peça, da substituição ou da reparação do bem;
   f) A natureza, os atributos e os direitos do profissional ou do seu agente, como a sua identidade e o seu património, as suas qualificações, o preenchimento dos requisitos de acesso ao exercício da actividade, o seu estatuto, ou as suas relações, e os seus direitos de propriedade industrial, comercial ou intelectual, ou os prémios e distinções que tenha recebido;
   g) Os direitos do consumidor, em particular os direitos de substituição, de reparação, de redução do preço ou de resolução do contrato nos termos do disposto no regime aplicável à conformidade dos bens de consumo, e os riscos a que o consumidor pode estar sujeito.

2. Atendendo a todas as características e circunstâncias do caso concreto, é enganosa a prática comercial que envolva:

   a) Qualquer actividade de promoção comercial relativa a um bem ou serviço, incluindo a publicidade comparativa, que crie confusão com quaisquer bens ou serviços, marcas, designações comerciais e outros sinais distintivos de um concorrente;
   b) O incumprimento pelo profissional de compromisso efectivo decorrente do código de conduta a que está vinculado no caso de ter informado, na prática comercial, de que se encontrava vinculado àquele código.

ARTIGO 8.º
Acções consideradas enganosas em qualquer circunstância

São consideradas enganosas, em qualquer circunstância, as seguintes práticas comerciais:
  a) Afirmar ser signatário de um código de conduta, quando não o seja;
  b) Exibir uma marca de certificação, uma marca de qualidade ou equivalente sem ter obtido a autorização necessária;
  c) Afirmar que um código de conduta foi aprovado por um organismo público ou outra entidade quando tal não corresponda à verdade;
  d) Afirmar que um profissional, incluindo as suas práticas comerciais, ou um bem ou serviço foram aprovados, reconhecidos ou autorizados por um organismo público ou privado quando tal não corresponde à verdade ou fazer tal afirmação sem respeitar os termos da aprovação, do reconhecimento ou da autorização;
  e) Propor a aquisição de um bem ou serviço por um preço inferior àquele praticado no mercado por outros fornecedores ou prestadores de serviços sabendo ou não podendo desconhecer que não tem condições para o cumprir, não dispondo, ou não indicando quem disponha, nas mesmas condições e em igual grau de acessibilidade para o consumidor, de existências em quantidade suficiente, por um período de tempo compatível com a procura previsível face ao volume e meios de publicidade realizada ao bem ou serviço em causa, e o preço indicado;
  f) Propor a aquisição de bens ou de serviços a um determinado preço e, com a intenção de promover um bem ou serviço diferente, recusar posteriormente o fornecimento aos consumidores do bem ou do serviço publicitado;
  g) Recusar as encomendas relativas a este bem ou serviço ou a sua entrega ou o fornecimento num prazo razoável; ou
  h) Apresentar amostra defeituosa ou demonstração insuficiente;
  i) Declarar falsamente que o bem ou serviço está disponível apenas durante um período muito limitado ou que só está disponível em condições especiais por um período muito limitado a fim de obter uma decisão imediata e privar os consumidores da oportunidade ou do tempo suficientes para tomarem uma decisão esclarecida;
  j) Comprometer-se a fornecer o serviço de assistência pós-venda numa língua, usada para comunicar antes da decisão negocial, que não seja uma das línguas oficiais do Estado membro em que o profissional se encontra estabelecido e posteriormente assegurar este serviço apenas em língua diversa, quando o profissional não anunciou de forma clara esta alteração ao consumidor antes de este se ter vinculado;
  l) Declarar que a compra ou venda de um bem ou a prestação de um serviço é lícita ou transmitir essa impressão quando tal não corresponda à verdade;
  m) Apresentar como característica distintiva da oferta do profissional direitos do consumidor previstos na lei;
  n) Utilizar um conteúdo editado nos meios de comunicação social para promover um bem ou serviço tendo sido o próprio profissional a financiar essa promoção quando tal não for indicado claramente no conteúdo ou resultar de imagens ou sons que o consumidor possa identificar com clareza;

o) Fazer afirmações substancialmente inexactas relativas à natureza e à amplitude do risco para a segurança pessoal do consumidor ou da sua família se o consumidor não adquirir o bem ou assentir na prestação do serviço;
p) Promover um bem ou serviço análogo ao produzido ou oferecido por um fabricante específico de maneira a levar deliberadamente o consumidor a pensar que, embora não seja esse o caso, o bem ou serviço provêm desse mesmo fabricante;
q) Sem prejuízo do disposto nos Decretos-Leis n.ᵒˢ 240/2006, de 22 de Dezembro, 172/2007, de 8 de Maio, e 81/2006, de 20 de Abril, fazer o arredondamento em alta do preço, da duração temporal ou de outro factor, directa ou indirectamente, relacionado com o fornecimento do bem ou com a prestação do serviço que não tenha uma correspondência exacta e directa no gasto ou utilização efectivos realizados pelo consumidor e que conduza ao aumento do preço a pagar por este;
r) Criar, explorar ou promover um sistema de promoção em pirâmide em que o consumidor dá a sua própria contribuição em troca da possibilidade de receber uma contrapartida que decorra essencialmente da entrada de outros consumidores no sistema;
s) Alegar que o profissional está prestes a cessar a sua actividade ou a mudar de instalações quando tal não corresponde à verdade;
t) Alegar que o bem ou serviço pode aumentar as possibilidades de ganhar nos jogos de fortuna ou azar;
u) Alegar falsamente que o bem ou serviço é capaz de curar doenças, disfunções e malformações;
v) Transmitir informações inexactas sobre as condições de mercado ou sobre a possibilidade de encontrar o bem ou serviço com a intenção de induzir o consumidor a adquirir o bem ou a contratar a prestação do serviço em condições menos favoráveis do que as condições normais de mercado;
x) Declarar que se organiza um concurso ou uma promoção com prémio sem entregar os prémios descritos ou um equivalente razoável;
z) Descrever o bem ou serviço como «grátis», «gratuito», «sem encargos» ou equivalente se o consumidor tiver de pagar mais do que o custo indispensável para responder à prática comercial e para ir buscar o bem ou pagar pela sua entrega;
aa) Incluir no material de promoção comercial factura ou documento equiparado solicitando o pagamento, dando ao consumidor a impressão de já ter encomendado o bem ou serviço comercializado, quando tal não aconteceu;
ab) Alegar falsamente ou dar a impressão de que o profissional não está a agir para fins relacionados com a sua actividade comercial, industrial, artesanal ou profissional ou apresentar-se falsamente como consumidor;
ac) Dar a impressão falsa de que o serviço pós-venda relativo ao bem ou serviço está disponível em Estado membro distinto daquele em que o bem ou serviço é vendido.

ARTIGO 9.º
Omissões enganosas

1. Tendo em conta todas as suas características e circunstâncias e as limitações do meio de comunicação, é enganosa, e portanto conduz ou é susceptível de conduzir o consumidor a tomar uma decisão de transacção que não teria tomado de outro modo, a prática comercial:

   a) Que omite uma informação com requisitos substanciais para uma decisão negocial esclarecida do consumidor;
   b) Em que o profissional oculte ou apresente de modo pouco claro, ininteligível ou tardio a informação referida na alínea anterior;
   c) Em que o profissional não refere a intenção comercial da prática, se tal não se puder depreender do contexto.

2. Quando o meio de comunicação utilizado para a prática comercial impuser limitações de espaço ou de tempo, essas limitações e quaisquer medidas tomadas pelo profissional para disponibilizar a informação aos consumidores por outros meios devem ser tomadas em conta para decidir se foi omitida informação.
3. São considerados substanciais os requisitos de informação exigidos para as comunicações comerciais na legislação nacional decorrentes de regras comunitárias.
4. Para efeitos do número anterior, consideram-se, nomeadamente, os seguintes diplomas:

   a) Decreto-Lei n.º 138/90, de 26 de Abril, que aprova o regime jurídico relativo à obrigação de exibição dos preços dos bens ou serviços;
   b) Decreto-Lei n.º 359/91, de 21 de Setembro, que aprova o regime jurídico do crédito ao consumo;
   c) Decreto-Lei n.º 275/93, de 5 de Agosto, que aprova o regime jurídico relativo ao direito real de habitação periódica sobre as unidades de alojamento integradas em hotéis-apartamentos, aldeamentos turísticos e apartamentos turísticos;
   d) Decreto-Lei n.º 94-B/95, de 17 de Abril, que aprova o regime jurídico das condições de acesso e de exercício da actividade seguradora e resseguradora no território da Comunidade Europeia;
   e) Decreto-Lei n.º 209/97, de 13 de Agosto, que aprova o regime jurídico do acesso e o exercício da actividade das agências de viagens e turismo;
   f) Decreto-Lei n.º 486/99, de 13 de Novembro, que aprova o Código dos Valores Mobiliários;
   g) Decreto-Lei n.º 143/2001, de 26 de Abril, que aprova o regime jurídico das vendas à distância;
   h) Decreto-Lei n.º 252/2003, de 17 de Outubro, que aprova o regime jurídico das sociedades de gestão e prospectos simplificados no âmbito de investimento colectivo em valores mobiliários;
   i) Decreto-Lei n.º 7/2004, de 7 de Janeiro, que aprova o regime jurídico do comércio electrónico;
   j) Decreto-Lei n.º 52/2006, de 15 de Março, que aprova o regime jurídico relativa ao abuso de informação privilegiada e à manipulação de mercado da publicação e admissão à negociação do prospecto de oferta pública de valores mobiliários;
   l) Decreto-Lei n.º 95/2006, de 29 de Maio, que aprova o regime jurídico da comercialização à distância dos serviços financeiros prestados ao consumidor;
   m) Decreto-Lei n.º 144/2006, de 31 de Julho, que aprova o regime jurídico da mediação de seguros;

n) Decreto-Lei n.º 176/2006, de 30 de Agosto, que aprova o regime jurídico relativo aos medicamentos para uso humano; e

o) Decreto-Lei n.º 357-A/2007, de 31 de Outubro, que transpõe para a ordem jurídica interna a Directiva n.º 2004/39/CE, do Parlamento Europeu e do Conselho, de 21 de Abril, relativa aos mercados de instrumentos financeiros.

Artigo 10.º
Proposta contratual ou convite a contratar

No caso de proposta contratual ou de convite a contratar, são consideradas substanciais para efeitos do artigo anterior, se não se puderem depreender do contexto, as informações seguintes:

a) As características principais do bem ou serviço, na medida adequada ao meio e ao bem ou serviço;

b) O endereço geográfico, a identidade do profissional e a sua designação comercial e, se for caso disso, o endereço geográfico, a identidade e a designação comercial do profissional por conta de quem actua;

c) O preço, incluindo impostos e taxas, ou quando, devido à natureza do bem ou serviço, o preço não puder ser razoavelmente calculado de forma antecipada, o modo como o preço é calculado, bem como, se for caso disso, todos os custos suplementares de transporte, de expedição, de entrega e de serviços postais ou, quando estas despesas não puderem ser razoavelmente calculadas de forma antecipada, a indicação de que esses custos suplementares ficam a cargo do consumidor;

d) As modalidades de pagamento, de expedição ou de execução e o mecanismo de tratamento das reclamações, na medida em que se afastem das obrigações de diligência profissional;

e) A existência dos direitos de resolução ou de anulação, qualquer que seja a denominação utilizada, sempre que resultem da lei ou de contrato.

Artigo 11.º
Práticas comerciais agressivas

1. É agressiva a prática comercial que, devido a assédio, coacção ou influência indevida, limite ou seja susceptível de limitar significativamente a liberdade de escolha ou o comportamento do consumidor em relação a um bem ou serviço e, por conseguinte, conduz ou é susceptível de conduzir o consumidor a tomar uma decisão de transacção que não teria tomado de outro modo.

2. Para efeito do disposto no número anterior, atende-se ao caso concreto e a todas as suas características e circunstâncias, devendo ser considerados os seguintes aspectos:

a) Momento, local, natureza e persistência da prática comercial;

b) Recurso a linguagem ou comportamento ameaçadores ou injuriosos;

c) Aproveitamento consciente pelo profissional de qualquer infortúnio ou circunstância específica que pela sua gravidade prejudique a capacidade de decisão do consumidor, com o objectivo de influenciar a decisão deste em relação ao bem ou serviço;

d) Qualquer entrave não contratual oneroso ou desproporcionado imposto pelo profissional, quando o consumidor pretenda exercer os seus direitos contratuais, incluindo a resolução do contrato, a troca do bem ou serviço ou a mudança de profissional;

e) Qualquer ameaça de exercício de uma acção judicial que não seja legalmente possível.

Artigo 12.º
Práticas comerciais consideradas agressivas em qualquer circunstância

São consideradas agressivas, em qualquer circunstância, as seguintes práticas comerciais:

a) Criar a impressão de que o consumidor não pode deixar o estabelecimento sem que antes tenha sido celebrado um contrato;

b) Contactar o consumidor através de visitas ao seu domicílio, ignorando o pedido daquele para que o profissional parta ou não volte, excepto em circunstâncias e na medida em que tal se justifique para o cumprimento de obrigação contratual;

c) Fazer solicitações persistentes e não solicitadas, por telefone, fax, e-mail ou qualquer outro meio de comunicação à distância, excepto em circunstâncias e na medida em que tal se justifique para o cumprimento de obrigação contratual;

d) Obrigar o consumidor, que pretenda solicitar indemnização ao abrigo de uma apólice de seguro, a apresentar documentos que, de acordo com os critérios de razoabilidade, não possam ser considerados relevantes para estabelecer a validade do pedido, ou deixar sistematicamente sem resposta a correspondência pertinente, com o objectivo de dissuadir o consumidor do exercício dos seus direitos contratuais;

e) Incluir em anúncio publicitário uma exortação directa às crianças no sentido de comprarem ou convencerem os pais ou outros adultos a comprar-lhes os bens ou serviços anunciados;

f) Exigir o pagamento imediato ou diferido de bens e serviços ou a devolução ou a guarda de bens fornecidos pelo profissional que o consumidor não tenha solicitado, sem prejuízo do disposto no regime dos contratos celebrados à distância acerca da possibilidade de fornecer o bem ou o serviço de qualidade e preço equivalentes;

g) Informar explicitamente o consumidor de que a sua recusa em comprar o bem ou contratar a prestação do serviço põe em perigo o emprego ou a subsistência do profissional;

h) Transmitir a impressão falsa de que o consumidor já ganhou, vai ganhar ou, mediante a prática de um determinado acto, ganha um prémio ou outra vantagem quando não existe qualquer prémio ou vantagem ou quando a prática de actos para reclamar o prémio ou a vantagem implica, para o consumidor, pagar um montante em dinheiro ou incorrer num custo.

Artigo 13.º
Envio de bens ou serviços não solicitados

1. No caso de envio de bens ou serviços não encomendados ou solicitados, que não constitua o cumprimento de qualquer contrato válido, o destinatário desses bens ou serviços não fica obrigado à sua devolução ou pagamento, podendo conservá-los a título gratuito.

2. A ausência de resposta do destinatário, nos termos do número anterior, não vale como consentimento.

3. Se, não obstante o disposto nos números anteriores, o destinatário efectuar a devolução do bem, tem direito a ser reembolsado das despesas desta decorrentes no prazo de 30 dias a contar da data em que a tenha efectuado.

Artigo 14.º
Invalidade dos contratos

1. Os contratos celebrados sob a influência de alguma prática comercial desleal são anuláveis a pedido do consumidor, nos termos do artigo 287.º do Código Civil.

2. Em vez da anulação, pode o consumidor requerer a modificação do contrato segundo juízos de equidade.

3. Se a invalidade afectar apenas uma ou mais cláusulas do contrato, pode o consumidor optar pela manutenção deste, reduzido ao seu conteúdo válido.

Artigo 15.º
Responsabilidade civil

O consumidor lesado por efeito de alguma prática comercial desleal proibida nos termos do presente decreto-lei é ressarcido nos termos gerais.

Artigo 16.º
Direito de acção

Qualquer pessoa, incluindo os concorrentes que tenham interesse legítimo em opor-se a práticas comerciais desleais proibidas nos termos do presente decreto-lei, pode intentar a acção inibitória prevista na Lei n.º 24/96, de 31 de Julho, com vista a prevenir, corrigir ou fazer cessar tais práticas.

Capítulo II
Códigos de conduta

Artigo 17.º
Controlo por titulares de códigos de conduta

1. Os titulares de códigos de conduta que assegurem uma protecção do consumidor superior à prevista no presente decreto-lei podem controlar as práticas comerciais desleais neste identificadas.

2. O recurso ao controlo pelos titulares dos códigos não implica nunca a renúncia à acção judicial ou ao controlo administrativo.

ARTIGO 18.º
Código de conduta ilegal

O titular de um código de conduta de cujo teor decorra o não cumprimento das disposições do presente decreto-lei está sujeito ao disposto nos artigos 15.º, 16.º, 20.º e 21.º

CAPÍTULO III
Regime sancionatório

ARTIGO 19.º
Autoridades administrativas competentes

1. A autoridade administrativa competente para ordenar as medidas previstas no artigo seguinte é a Autoridade de Segurança Alimentar e Económica (ASAE) ou a entidade reguladora do sector no qual ocorra a prática comercial desleal.
2. O Banco de Portugal, a Comissão do Mercado de Valores Mobiliários e o Instituto de Seguros de Portugal são considerados autoridades administrativas competentes para a aplicação do disposto neste artigo às práticas comerciais desleais que ocorram no âmbito dos respectivos sectores financeiros.
3. Tratando-se de uma prática comercial desleal em matéria de publicidade, a autoridade administrativa competente para aplicar as medidas previstas no artigo seguinte é a Direcção-Geral do Consumidor (DGC), que pode solicitar a intervenção da ASAE para a efectiva execução da sua acção.
4. As autoridades e serviços competentes têm o dever de cooperar com as autoridades administrativas referidas nos números anteriores em tudo o que for necessário para o desempenho das funções resultantes da aplicação do presente decreto-lei.
5. Os profissionais devem prestar às autoridades administrativas competentes toda a cooperação necessária ao desempenho das suas funções.

ARTIGO 20.º
Determinação das medidas cautelares

1. Sem prejuízo do disposto no artigo 16.º, qualquer pessoa, incluindo os profissionais concorrentes, que detenha um interesse legítimo em opor-se às práticas comerciais desleais proibidas nos termos do presente decreto-lei pode submeter a questão, por qualquer meio ao seu dispor, à autoridade administrativa competente.
2. A autoridade administrativa pode ordenar medidas cautelares de cessação temporária da prática comercial desleal ou determinar a proibição prévia de uma prática comercial desleal iminente independentemente de culpa ou da prova da ocorrência de um prejuízo real.
3. A aplicação das medidas cautelares, a que se refere o número anterior, está sujeita a um juízo prévio de previsibilidade da existência dos pressupostos da ocorrência de uma prática comercial desleal.
4. A adopção das medidas cautelares, a que se refere o n.º 2, deve, sempre que possível, ser precedida da audição do profissional, o qual dispõe, para o efeito, de três dias úteis após ter sido notificado por qualquer meio pela autoridade administrativa competente.

5. Não há lugar à audição prevista no número anterior quando:

a) A decisão seja urgente;
b) Seja razoavelmente de prever que a diligência possa comprometer a execução ou a utilidade da decisão;
c) O número de interessados a ouvir seja de tal forma elevado que a audiência se torne impraticável, devendo nesse caso proceder-se a consulta pública, quando possível, pela forma mais adequada.

6. A medida ordenada nos termos do n.º 2 extingue-se no termo do prazo nesta estipulado, caso seja anterior à decisão final proferida pela autoridade administrativa competente no âmbito do respectivo processo de contra-ordenação, ou pelo tribunal competente em sede de recurso.

7. Da medida adoptada pela autoridade administrativa cabe sempre recurso para o tribunal judicial da área onde ocorreu a prática comercial desleal.

Artigo 21.º

Contra-ordenações

1. A violação do disposto nos artigos 4.º a 12.º constitui contra-ordenação punível com coima de (euro) 250 a (euro) 3740,98, se o infractor for pessoa singular, e de (euro) 3000 a (euro) 44 891,81, se o infractor for pessoa colectiva.

2. São, ainda, aplicáveis, em função da gravidade da infracção e da culpa do agente, as seguintes sanções acessórias:

a) Perda de objectos pertencentes ao agente;
b) Interdição do exercício de profissões ou actividades cujo exercício dependa de título público ou de autorização ou homologação de autoridade pública;
c) Encerramento de estabelecimento cujo funcionamento esteja sujeito a autorização ou licença de autoridade administrativa;
d) Publicidade da aplicação das coimas e das sanções acessórias, a expensas do infractor.

3. As sanções referidas nas alíneas a) a c) do número anterior têm a duração máxima de dois anos contados a partir da decisão condenatória final.

4. A negligência é sempre punível, sendo os limites máximos e mínimos das coimas reduzidos a metade.

5. A fiscalização do cumprimento do disposto no presente decreto-lei, bem como a instrução dos respectivos processos de contra-ordenação, compete à ASAE ou à autoridade administrativa competente em razão da matéria, conforme o disposto no artigo 19.º

6. A aplicação das coimas compete à entidade prevista no respectivo regime regulador sectorial ou, caso não exista, à Comissão de Aplicação das Coimas em Matéria Económica e de Publicidade (CACMEP).

7. O montante das coimas aplicadas é distribuído nos termos previstos no respectivo regime regulador sectorial ou, caso não exista, da seguinte forma:

a) 60 % para o Estado;
b) 30 % para a entidade que realiza a instrução;
c) 10 % para a entidade prevista no respectivo regime regulador sectorial ou, caso não exista, para a CACMEP.

ARTIGO 22.º
Prova

1. Os tribunais e as autoridades administrativas competentes podem exigir aos profissionais provas de exactidão material dos dados de facto contidos nas práticas comerciais reguladas no presente decreto-lei se, atendendo aos interesses legítimos do profissional e de qualquer outra parte no processo, tal exigência for adequada às circunstâncias do caso.

2. Os dados consideram-se inexactos se as provas exigidas nos termos do número anterior não forem apresentadas ou se forem consideradas insuficientes pelo tribunal ou pela autoridade administrativa.

CAPÍTULO IV
Disposições finais

ARTIGO 23.º
Alteração ao Código da Publicidade

Os artigos 11.º e 16.º do Código da Publicidade, aprovado pelo Decreto-Lei n.º 330/90, de 23 de Outubro, passam a ter a seguinte redacção:

«Artigo 11.º
Publicidade enganosa

1. É proibida toda a publicidade que seja enganosa nos termos do Decreto-Lei n.º 57/2008, de 26 de Março, relativo às práticas comerciais desleais das empresas nas relações com os consumidores.

2. No caso previsto no número anterior, pode a entidade competente para a instrução dos respectivos processos de contra-ordenação exigir que o anunciante apresente provas da exactidão material dos dados de facto contidos na publicidade.

3. Os dados referidos no número anterior presumem-se inexactos se as provas exigidas não forem apresentadas ou forem insuficientes.

4. (Revogado.)
5. (Revogado.)

Artigo 16.º
Publicidade comparativa

1. ...
2. ...
a) ...
b) ...
c) ...
d) Não gere confusão no mercado entre os profissionais, entre o anunciante e um concorrente ou entre marcas, designações comerciais, outros sinais distintivos, bens ou serviços do anunciante e os de um concorrente;

e) ...
f) ...
g) ...
h) ...
3. ...
4. ...
5. ...»

Artigo 24.º
Aditamento ao Código da Publicidade

São aditados ao Código da Publicidade, aprovado pelo Decreto-Lei n.º 330/90, de 23 de Outubro, os artigos 42.º e 43.º, com a seguinte redacção:

«Artigo 42.º
Legitimidade de profissionais e concorrentes

Qualquer profissional ou concorrente com interesse legítimo em lutar contra a publicidade enganosa e garantir o cumprimento das disposições em matéria de publicidade comparativa pode suscitar a intervenção da Direcção-Geral do Consumidor para efeitos do disposto no artigo anterior.

Artigo 43.º
Comunicação dirigida exclusivamente a profissionais

O disposto nos artigos 10.º, 11.º e 16.º do presente Código aplica-se apenas à publicidade que não tenha como destinatários os consumidores.»

Artigo 25.º
Avaliação da execução do decreto-lei

No final do 3.º ano a contar da data da entrada em vigor do presente decreto-lei e bianualmente nos anos subsequentes, a DGC, com base nos dados fornecidos pela ASAE e pelas restantes autoridades administrativas competentes bem como naqueles decorrentes da sua actividade, elabora e apresenta um relatório de avaliação sobre a aplicação e execução do mesmo, devendo remetê-lo ao membro do Governo que tutela a política de defesa do consumidor.

Artigo 26.º
Regiões Autónomas

O disposto no presente decreto-lei aplica-se às Regiões Autónomas dos Açores e da Madeira, sem prejuízo de as competências cometidas a serviços ou organismos da Administração do Estado serem exercidas pelos correspondentes serviços e organismos das administrações regionais com idênticas atribuições e competências.

Artigo 27.º
Norma revogatória

São revogados:

a) Os n.ᵒˢ 4 e 5 do artigo 11.º e o artigo 22.º-B do Código da Publicidade, aprovado pelo Decreto-Lei n.º 330/90, de 23 de Outubro;
b) Os artigos 26.º, 27.º, 28.º e 29.º do Decreto-Lei n.º 143/2001, de 26 de Abril.

Artigo 28.º
Entrada em vigor

O presente decreto-lei entra em vigor no 1.º dia útil do mês seguinte ao da sua publicação.

Visto e aprovado em Conselho de Ministros de 31 de Janeiro de 2008. – José Sócrates Carvalho Pinto de Sousa – Luís Filipe Marques Amado – Fernando Teixeira dos Santos – Manuel António Gomes de Almeida de Pinho – Alberto Bernardes Costa.

Promulgado em 14 de Março de 2008.

Publique-se.

O Presidente da República, Aníbal Cavaco Silva.

Referendado em 17 de Março de 2008.

O Primeiro-Ministro, José Sócrates Carvalho Pinto de Sousa.

DECRETO-LEI N.º 72/2008
de 16 de Abril

Lei do contrato de seguro

I – O seguro tem larga tradição na ordem jurídica portuguesa. No entanto, a legislação que estabelece o regime jurídico do contrato de seguro encontra-se relativamente desactualizada e, mercê de diversas intervenções legislativas em diferentes momentos históricos, nem sempre há harmonia de soluções.

A reforma do regime do contrato de seguro assenta primordialmente numa adaptação das regras em vigor, procedendo à actualização e concatenação de conceitos de diversos diplomas e preenchendo certas lacunas.

Procede-se, deste modo, a uma consolidação do direito do contrato de seguro vigente, tornando mais acessível o conhecimento do respectivo regime jurídico, esclarecendo várias dúvidas existentes, regulando alguns casos omissos na actual legislação e, obviamente, introduzindo diversas soluções normativas inovadoras. Importa referir que a consolidação e adaptação do regime do contrato de seguro têm especialmente em conta as soluções estabelecidas no direito comunitário, já transpostas para o direito nacional, com especial relevo para a protecção do tomador do seguro e do segurado nos designados seguros de riscos de massa.

A reforma do regime do contrato de seguro vem também atender a um conjunto de desenvolvimentos no âmbito dos seguros de responsabilidade civil, frequentemente associados ao incremento dos seguros obrigatórios. Por outro lado, foram tidos em conta alguns tipos e modalidades de seguros que se têm desenvolvido, como o seguro de grupo e seguros com finalidade de capitalização. Refira-se, ainda, a diversificação do papel de seguros tradicionais que, mantendo a sua estrutura base, são contratados com uma multiplicidade de fins.

II – Nesta reforma foi dada particular atenção à tutela do tomador do seguro e do segurado – como parte contratual mais débil –, sem descurar a necessária ponderação das empresas de seguros.

No âmbito da protecção da parte débil na relação de seguro, importa realçar dois aspectos. Em primeiro lugar, muito frequentemente, a maior protecção conferida ao segurado pode implicar aumento do prémio de seguro. Por outro lado, a actividade seguradora cada vez menos se encontra circunscrita às fronteiras do Estado Português, sendo facilmente ajustado um contrato de seguro por um tomador do seguro português em qualquer Estado da União Europeia, sem necessidade de se deslocar para a celebração do contrato. Ora, a indústria de seguros portuguesa não pode ficar em situação jurídica diversa daquela a que se sujeita a indústria seguradora de outros Estados da União Europeia. De facto, o seguro e o resseguro que lhe está associado têm características internacionais, havendo regras comuns no plano internacional, tanto quanto aos contratos de seguro como às práticas dos seguradores, que não podem ser descuradas.

Em suma, em especial nos seguros de riscos de massa, importa alterar o paradigma liberal da legislação oitocentista, passando a reconhecer explicitamente a necessidade de protecção da parte contratual mais débil. Não obstante se assentar na tutela da parte contratual mais débil, como resulta do que se indicou, cabe atender ao papel da indústria de seguros em Portugal. Pretende-se, por isso, evitar ónus desproporcionados e não competitivos para os seguradores, ponderando as soluções à luz do direito comparado próximo, mormente de países comunitários.

Não perdendo de vista os objectivos de melhor regulamentação (better regulation), consolida-se num único diploma o regime geral do contrato de seguro, evitando a dispersão e fragmentação legislativa e facilitando o melhor conhecimento do regime jurídico por parte dos operadores.

III – Relativamente à sistematização, o regime jurídico do contrato de seguro encontra-se dividido em três partes: «Parte geral», «Seguro de danos» e «Seguro de pessoas». Tendo em conta os vários projectos nacionais, assim como a legislação, mesmo recente, de outros países, mormente da União Europeia, em que é estabelecida a divisão entre seguro de danos e seguro de pessoas, entendeu-se ser preferível esta sistematização à que decorreria da legislação actual, em resultado da classificação vigente ao nível comunitário, que contrapõe os seguros dos ramos «vida» e «não vida». Quanto aos regimes especiais, incluem-se várias previsões no novo regime – tanto nos seguros de danos como nos seguros de pessoas –, não só aqueles que actualmente se encontram regulados no Código Comercial como também em diplomas avulsos, com exclusão do regime relativo aos seguros marítimos. De facto, não se justificava a inclusão dos seguros marítimos (com excepção do transporte marítimo) no regime geral, não só pelas várias especificidades, muitas vezes resultantes da evolução histórica, como pelo tratamento internacional.

Assim, no que se refere à sistematização, do título i consta o regime comum do contrato de seguro, nomeadamente as regras respeitantes à formação, execução e cessação do vínculo. No título ii, relativamente ao seguro de danos, além das regras gerais, faz-se menção aos seguros de responsabilidade civil, de incêndio, de colheitas e pecuário, de transporte de coisas, financeiro, de protecção jurídica e de assistência. Por fim, no título iii, no que respeita ao seguro de pessoas, a seguir às disposições comuns, atende-se ao seguro de vida, ao seguro de acidentes pessoais e ao seguro de saúde.

Em matéria de sistematização, importa ainda realçar que, de acordo com a função codificadora pretendida, o novo regime contém regras gerais comuns a todos os contratos de seguro – inclusive aplicáveis a contratos semelhantes ao seguro stricto sensu, celebrados por seguradores –, regras comuns a todos os seguros de danos, regras comuns a todos os seguros de pessoas e, finalmente, regras específicas dos subtipos de seguros. Estas regras específicas diminuem significativamente de extensão, devido às disposições comuns. Por exemplo, várias regras que surgiam a propósito do seguro de incêndio são agora estendidas a todos os seguros de danos, acompanhando, de resto, a prática interpretativa e aplicadora do Código Comercial.

IV – No que respeita à harmonização terminológica, estabeleceu-se, em primeiro lugar, que se mantêm, como regra, os termos tradicionais como «apólice», «prémio», «sinistro», «subseguro», «resseguro» ou «estorno». Por outro lado, usa-se tão-só «segurador» (em vez de «seguradora» ou «empresa de seguros»), contrapõe-se o tomador do seguro ao segurado e não se faz referência aos ramos de seguros. Pretendeu-se, nomeadamente, que os conceitos de tomador do seguro, segurado, pessoa segura e beneficiário fossem utilizados de modo uniforme e adequado aos diferentes problemas jurídicos da relação contratual de seguro.

O regime do contrato de seguro cumpre, assim, uma função de estabilização terminológica e de harmonização com as restantes leis de maior importância. Lembre-se que a antiguidade do Código Comercial e a proliferação de leis avulsas, bem como de diferentes influências estrangeiras, propiciou o emprego de termos contraditórios, ambíguos e com sentidos equívocos nas leis, na doutrina, na jurisprudência e na prática dos seguros. O novo regime unifica a terminologia utilizando coerentemente os vários conceitos e optando entre as várias possibilidades.

V – O novo regime agora estabelecido tem em vista a sua aplicação primordial ao típico contrato de seguro, evitando intencionalmente uma definição de contrato de seguro. Optou-se por identificar os deveres típicos do contrato de seguro, assumindo que os casos de qualificação duvidosa devem ser decididos pelos tribunais em vista da maior ou menor proximidade com esses deveres típicos e da adequação material das soluções legais ao tipo contratual adoptado pelas partes. Atendendo, sobretudo, à crescente natureza financeira de alguns subtipos de «seguros» consagrados pela prática seguradora, é esta a solução adequada.

No que respeita ao âmbito, pretende-se estender a aplicação de algumas regras do contrato de seguro a outros contratos, relacionados com operações de capitalização. Ainda quanto ao âmbito, previu-se o regime comum, válido para todos os contratos de seguro, mesmo que regulados em outros diplomas. Pretendeu-se, pois, aplicar as regras gerais aos contratos de seguro regidos por diplomas especiais.

Relativamente ao regime aplicável ao contrato de seguro, assentou-se apenas na consagração do regime específico, sem afastar a aplicação dos regimes gerais, nomeadamente do Código Civil e do Código Comercial. Por esta razão procedeu-se a uma remissão, com especial ênfase, para regimes comuns, como a Lei das Cláusulas Contratuais Gerais ou a Lei de Defesa do Consumidor.

Foram igualmente introduzidas regras que visam o enquadramento com outros regimes, nomeadamente com as regras da actividade seguradora. Assim, as regras de direito internacional privado, o regime da mediação, o regime do co-seguro ou o regime do resseguro poderiam não ser incluídos no novo regime, mas respeitando a questões relativas ao contrato de seguro e estabelecendo uma ligação com outros regimes, entendeu-se ser conveniente a sua inserção. No fundo, a inclusão de tais regras deveu-se, em especial, a uma função de esclarecimento e de enquadramento, tendo em vista o melhor conhecimento do regime. Apesar de primordialmente as referidas regras terem sido inseridas como modo de ligação com outros regimes, também se introduzem soluções inovadoras, pretendendo resolver lacunas do sistema.

Superando o regime do Código Comercial, mas sem pôr em causa o princípio da liberdade contratual e o carácter supletivo das regras do regime jurídico do contrato de seguro, prescreve-se a designada imperatividade mínima com o sentido de que a solução legal só pode ser alterada em sentido mais favorável ao tomador do seguro, ao segurado ou ao beneficiário. Regula-se, assim, numa secção autónoma, a imperatividade das várias disposições que compõem o novo regime. Merece destaque a reafirmação da autonomia privada como princípio director do contrato, mas articulado com limites de ordem pública e de normas de aplicação imediata, assim como com as restrições decorrentes da explicitação do princípio constitucional da igualdade, através da proibição de práticas discriminatórias, devidamente concretizadas em função da natureza própria da actividade seguradora.

O novo regime agora aprovado integra uma disposição que estabelece um nexo entre o regime jurídico da actividade seguradora e as normas contratuais. Dispõe-se, pois, que são nulos os pretensos contratos de seguro feitos por não seguradores ou, em geral, por entidades que não estejam legalmente autorizadas a celebrá-los. Sublinha-se, contudo, que esta nulidade não opera em termos desvantajosos para o tomador. Pelo contrário, prescreve-se que o pretenso segurador continua obrigado a todas as obrigações e deveres que lhe decorreriam do contrato ou da lei, se aquele fosse válido. Esta solução, afastando alguma rigidez do regime civil da invalidade – rigidez essa, porém, que o próprio Código Civil e várias leis extravagantes já atenuam em sede de relações duradouras – é, por um lado, uma solução de protecção do consumidor, quando o tomador tenha esta natureza. Por outro lado, a regra constante do novo regime explicita o que já se poderia inferir do regime do abuso do direito, numa das modalidades reconhecidas pela doutrina e jurisprudência, ou seja, a proibição da invocação de um acto ilícito em proveito do seu autor.

Procede-se a uma uniformização tendencial dos deveres de informação prévia do segurador ao tomador do seguro, que são depois desenvolvidos em alguns regimes especiais, como o seguro de vida. Na sequência dos deveres de informação é consagrado um dever especial de esclarecimento a cargo do segurador Trata-se de uma norma de carácter inovador, mas em que o respectivo conteúdo surge balizado pelo objecto principal do contrato de seguro, o do âmbito da cobertura.

No que respeita à declaração inicial de risco, teve-se em vista evitar as dúvidas resultantes do disposto no artigo 429.º do Código Comercial, reduzindo a incerteza das soluções jurídicas. Mantendo-se a regra que dá preponderância ao dever de declaração do tomador sobre o ónus de questionação do segurador, são introduzidas exigências ao segurador, nomeadamente impondo-se o dever de informação ao tomador do seguro sobre o regime relativo ao incumprimento da declaração de risco, e distingue-se entre comportamento negligente e doloso do tomador do seguro ou segurado, com consequências diversas quanto à validade do contrato. Neste âmbito, cabe ainda realçar a introdução do parâmetro da causalidade para aferir a invalidade do contrato de seguro e do já mencionado dever específico, por parte do segurador, de, aquando da celebração do contrato, elucidar devidamente a contraparte do regime de incumprimento da declaração de risco. Quanto à causalidade, importa a sua verificação para ser invocado pelo segurador o regime da inexactidão na declaração inicial de risco e a consequente invalidade do contrato de seguro.

A matéria do risco, de particular relevo no contrato de seguro, surge regulada, primeiro, em sede de formação do contrato, seguidamente, na matéria do conteúdo contratual e, depois, a propósito das vicissitudes, mantendo sempre um vector: o risco é um elemento essencial do contrato, cuja base tem de ser transmitida ao segurador pelo tomador do seguro atendendo às directrizes por aquele definidas. Quanto à alteração do risco, encontra-se uma previsão expressa de regime relativo à diminuição do risco e ao agravamento do risco, com diversidade de soluções e maior adequação das soluções aos casos concretos, bem como maior protecção do tomador do seguro, prescrevendo-se um regime específico, aliás muito circunstanciado, para a ocorrência de sinistro estando em curso o procedimento para a modificação ou a cessação do contrato por agravamento do risco.

Prescreve-se o princípio da não cobertura de actos dolosos, admitindo convenção em contrário não ofensiva da ordem pública.

Mantendo-se o regime da formação do contrato de seguro com base no silêncio do segurador, introduziram-se alguns esclarecimentos, de modo a tornar a solução mais justa e certa. Na realidade, subsistindo a solução do regime actual (prevista no artigo 17.º do Decreto-Lei n.º 176/95, de 26 de Junho), foi introduzida alguma flexibilização susceptível de lhe conferir maior justiça, na medida em que se admite a não vinculação em caso de não assunção genérica dos riscos em causa pelo concreto segurador.

Sem pôr em causa o recente regime da mediação de seguros, aprovado pelo Decreto-Lei n.º 144/2006, de 31 de Julho, aproveitou-se para fazer alusão expressa à figura da representação aparente na celebração do contrato de seguro com a intervenção de mediador de seguros e à eficácia das comunicações realizadas por intermédio do mediador.

Quanto à forma, e superando as dificuldades decorrentes do artigo 426.º do Código Comercial, sem descurar a necessidade de o contrato de seguro ser reduzido a escrito na apólice, admite-se a sua validade sem observância de forma especial. Apesar de não ser exigida forma especial para a celebração do contrato, bastando o mero consenso, mantém-se a obrigatoriedade de redução a escrito da apólice. Deste modo, o contrato de seguro considera-se validamente celebrado, vinculando as partes, a partir do momento em que houve consenso (por exemplo, verbal ou por troca de correspondência), ainda que a apólice não tenha sido emitida. Consegue-se, assim, certeza jurídica quanto ao conteúdo do contrato, afastando uma possível fonte de litígios e oferecendo um documento sintético (a apólice) susceptível de fiscalização pelas autoridades de supervisão. Contudo, o regime do contrato de seguro aperfeiçoa as regras existentes, distinguindo os vários planos jurídicos relevantes:

  i) Quanto à validade do contrato, ela não depende da observância de qualquer forma especial. Esta solução decorre dos princípios gerais da lei civil, adequa-se ao disposto na legislação sobre contratação à distância, resolve problemas relativos aos casos híbridos entre a contratação à distância e a contratação entre presentes e, dadas as restantes regras agora introduzidas, é um instrumento geral de protecção do tomador do seguro;
  ii) Quanto à prova do contrato, eliminam-se todas as regras especiais. Esta solução é a mais consentânea com o rigor técnico do que aqui se dispõe e com a necessidade de evitar a possibilidade de contornar a lei substantiva através de meios processuais;
  iii) Quanto à eficácia e à oponibilidade do contrato e do seu conteúdo, estatui-se que o segurador tem a obrigação jurídica de reduzir o contrato a escrito na apólice e de entregá-la ao tomador. Como sanção, o segurador não pode prevalecer-se do que foi acordado no contrato sem que cumpra esta obrigação, podendo o tomador resolver o contrato por falta de entrega da apólice.

Há menções que devem obrigatoriamente constar da apólice e certas cláusulas, designadamente as que excluem ou limitam a cobertura, têm de ser incluídas em destaque, de molde a serem facilmente detectadas.

Quanto à vigência, esclarecendo alguns aspectos, assenta-se no princípio da anuidade do contrato de seguro.

À questão do interesse no seguro foram dedicados alguns preceitos, reiterando o princípio de que não é válido o seguro sem um interesse legítimo. Como o interesse pode relacionar-se com terceiros, há uma explicitação dessas realidades. No que respeita ao efeito em relação a terceiros, procede-se ao enquadramento do denominado «seguro por conta própria» e do «seguro por conta de outrem», com aproveitamento dos traços inovadores do Código Comercial (por exemplo, o parágrafo 3.º do artigo 428.º), sobre seguro misto por conta própria e por conta de outrem) e prevendo nova regulamentação para os pontos carecidos de previsão.

Em matéria de prémio, com algumas particularidades, mantém-se o princípio de no premium, no risk ou no premium, no cover, nos termos do qual não há cobertura do seguro enquanto o prémio não for pago. O regime do prémio, com vários esclarecimentos, aditamentos e algumas alterações, permanece, no essencial, tal como resulta do Decreto-Lei n.º 142/2000, com as alterações de 2005.

Foram inseridas regras especiais disciplinadoras de certas situações jurídicas que se generalizaram na actividade seguradora, como o seguro de grupo. De facto, alguns regimes não regulados na legislação vigente (ou insuficientemente previstos), mas que correspondem a uma prática generalizada, como o seguro de grupo, surgem no novo regime com um tratamento desenvolvido. Quanto ao seguro de grupo, importa acentuar a previsão (ex. novo ou mais pormenorizada) do dever de informar, do regime do pagamento do prémio – pagamento do prémio junto do tomador do seguro ou pagamento directo ao segurador –, e do regime de cessação do vínculo, por denúncia ou por exclusão do segurado.

Nos contratos de seguro de grupo em que os segurados contribuem para o pagamento, total ou parcial, do prémio, a posição do segurado é substancialmente assimilável à de um tomador do seguro individual. Como tal, importa garantir que a circunstância de o contrato de seguro ser celebrado na modalidade de seguro de grupo não constitui um elemento que determine um diferente nível de protecção dos interesses do segurado e que prejudique a transparência do contrato.

Nas designadas vicissitudes contratuais, além de se determinar o regime relativo à alteração do risco, estabelecem-se regras relativas à transmissão do seguro e à insolvência do tomador do seguro ou do segurado. Neste último caso, prescreve-se a solução geral da subsistência do contrato em caso de insolvência, sendo aplicável o regime do agravamento do risco (embora com excepções). Recorde-se que o regime do artigo 438.º do Código Comercial é o da exigibilidade de caução, sob pena da insubsistência do contrato.

Na regularização do sinistro, além de se manterem as soluções tradicionais, incluíram-se regras inovadoras, com função de esclarecimento (por exemplo, âmbito da participação do sinistro) e, como novidade, explicitou-se de modo detalhado um regime de afastamento e mitigação do sinistro, a cargo do segurado, que corresponde à concretização de princípios gerais e aplicável primordialmente no âmbito do seguro de danos. Quanto ao ónus da participação do sinistro, comparativamente com o disposto no artigo 440.º do Código Comercial, há uma maior concretização, seja da previsão do dever, seja da sanção pelo seu incumprimento, que pode ser a perda da garantia em caso de incumprimento doloso acompanhado de prejuízo significativo do segurador. Tal como em outras previsões, no novo regime reconhecem-se certos deveres de cooperação entre o segurador e o tomador do seguro ou o segurado e um desses casos é o do chamado «ónus de salvamento» em caso de sinistro. Dispõe-se que, em caso de sinistro, o segurado deve tomar as medidas razoáveis que se imponham com vista a evitar a sua consumação, de molde a acautelar perdas evitáveis de bens e pagamentos desnecessários por parte do segurador. Em contrapartida, como os actos de salvamento são, fundamentalmente, realizados no interesse do segurador, este fica obrigado a reembolsar o segurado pelas despesas de salvamento.

Quase a terminar a parte geral, consta um Capítulo sobre a cessação do contrato de seguro, espelhando muitas regras que já resultam do regime contratual comum, ainda que com um tratamento sistemático próprio, e, além de certos esclarecimentos, prescrevendo soluções particulares para atender a várias especificidades do contrato de seguro, nomeadamente no que respeita ao estorno do prémio, à denúncia, à resolução após sinistro e à livre resolução do contrato.

Ainda na parte geral, prevê-se o dever de sigilo do segurador, impondo-se-lhe segredo quanto a certas informações que obtenha no âmbito da celebração ou da execução do contrato de seguro, e estatui-se um regime específico de prescrição. Prevêem-se igualmente prazos especiais de prescrição de dois anos (direito ao prémio) e de cinco anos (restantes direitos emergentes do contrato), sem prejuízo da prescrição ordinária. Ainda neste derradeiro Capítulo da parte geral, cabe destacar a remissão para arbitragem como modo de resolução de diferendos relacionados com o seguro.

No título ii, sobre seguro de danos, na sequência da sistematização adoptada, distingue-se o regime geral dos regimes especiais. Em sede de regras gerais de seguro de danos, além da delimitação do objecto (coisas, bens imateriais, créditos e outros direitos patrimoniais) e da regulação de aspectos sobre vícios da coisa e de seguro sobre pluralidade de coisas, dá-se particular ênfase ao princípio indemnizatório. Apesar de o princípio indemnizatório assentar basicamente na liberdade contratual, de modo supletivo, prescrevem-se várias soluções, nomeadamente quanto ao cálculo da indemnização, ao sobresseguro, à pluralidade de seguros, ao subseguro e à sub-rogação do segurador.

Não obstante valer o princípio da liberdade contratual, admitindo-se a inclusão de múltiplas cláusulas, como o seguro «valor em novo», para o cálculo da indemnização não se pode atender a um valor manifestamente infundado.

No sobresseguro estabelece-se a regra da redução do contrato. Passa, pois, a haver previsão expressa de regime, quando hoje o regime relativo à matéria implica uma difícil conjugação das regras respeitantes ao princípio indemnizatório, à pluralidade de seguros e à declaração do risco (artigos 435.º, 434.º e 429.º do Código Comercial).

Em caso de pluralidade de seguros, além do dever de comunicação a todos os seguradores, aquando da verificação e com a participação do sinistro, determina-se que o incumprimento fraudulento do dever de informação exonera os seguradores das respectivas prestações e prescreve-se o regime de responsabilidade proporcional dos diversos seguradores, podendo a indemnização ser pedida a qualquer dos seguradores, limitada ao respectivo capital seguro. Acresce ainda a previsão específica de critérios de repartição do ónus da regularização do sinistro entre seguradores.

No caso de subseguro, o segurador só responde na proporção do capital seguro. Associado com o subseguro, estabelece-se, no seguro de riscos relativos à habitação, um regime específico de actualização automática do valor do imóvel seguro, ou da proporção segura do mesmo, com base em índices publicados para o efeito pelo Instituto de Seguros de Portugal.

A parte especial do seguro de danos inicia-se com o regime dos seguros de responsabilidade civil. No seguro de responsabilidade civil, o segurador cobre o risco de constituição no património do segurado de uma obrigação de indemnizar terceiros. Por via de regra, o prejuízo a atender para efeito do princípio indemnizatório é o disposto na lei geral.

Quanto ao período de cobertura, assente no regime base occurrence basis, admitem-se cláusulas de claims made, embora com cobertura obrigatória de reclamações posteriores; deste modo, clarifica-se a admissibilidade das cláusulas de claims made (ou «base reclamação»), tentando evitar o contencioso sobre a questão da admissibilidade de tais cláusulas havido em ordenamentos comparados próximos. A aceitação destas cláusulas determina a obrigação de cobertura do risco subsequente (ou risco de posterioridade) relativo às reclamações apresentadas no ano seguinte ao da cessação do contrato, desde que o risco não esteja coberto por contrato de seguro subsequente.

Reiterando uma regra enunciada na parte geral, estabelece-se que, em princípio, o segurador não responde por danos causados dolosamente pelo tomador do seguro ou pelo segurado, podendo haver acordo em contrário não ofensivo da ordem pública. Contudo, a solução pode ser diversa nos seguros obrigatórios de responsabilidade civil em caso de previsão especial, legal ou regulamentar, para cobertura de actos dolosos.

No seguro de responsabilidade civil voluntário, em determinadas situações, o lesado pode demandar directamente o segurador, sendo esse direito reconhecido ao lesado nos seguros obrigatórios de responsabilidade civil. Por isso, a possibilidade de o lesado demandar directamente o segurador depende de se tratar de seguro de responsabilidade civil obrigatório ou facultativo. No primeiro caso, a regra é a de se atribuir esse direito ao lesado, pois a obrigatoriedade do seguro é estabelecida nas leis com a finalidade de proteger o lesado. No seguro facultativo, preserva-se o princípio da relatividade dos contratos, dispondo que o terceiro lesado não pode, por via de regra, exigir a indemnização ao segurador.

Relativamente a meios de defesa, como regime geral dos seguros obrigatórios de responsabilidade civil, é introduzida uma solução similar à constante do artigo 22.º do Decreto-Lei n.º 291/2007, relativo ao seguro automóvel, sob a epígrafe «Oponibilidade de excepções aos lesados».

O direito de regresso do segurador existe na medida em que o tomador do seguro ou o segurado tenha actuado dolosamente.

No âmbito dos seguros obrigatórios de responsabilidade civil prescreve-se a inadmissibilidade de a convenção das partes alterar as regras gerais quanto à determinação do prejuízo e a impossibilidade de se acordar a resolução do contrato após sinistro.

A regulamentação do seguro de incêndio, atenta a previsão geral do seguro de danos, fica circunscrita ao âmbito e a menções especiais na apólice. A solução é similar no caso dos seguros de colheitas e pecuário.

No seguro de transporte de coisas há uma previsão genérica das diversas modalidades do seguro de transportes – seguro de transportes terrestres, fluviais, lacustres e aéreos, com exclusão do seguro de envios postais e do seguro marítimo –, prescrevendo várias soluções, como a cláusula «armazém a armazém» e a pluralidade de meios de transporte.

O seguro financeiro abrange o seguro de crédito e o seguro-caução e, remetendo para o regime recentemente alterado, estabelecem-se soluções relativamente a questões não previstas nesse diploma, em particular quanto a cobrança, comunicações e reembolso.

No seguro de protecção jurídica mantêm-se as soluções vigentes com uma diferente sistematização.

Por último, no seguro de assistência, indica-se a noção e as actividades não incluídas nesta espécie contratual.

Do título iii consta o regime do seguro de pessoas, tal como no título anterior, começa enunciando as disposições comuns aos vários seguros do designado ramo «vida».

De entre as disposições comuns merece especial relevo o regime relativo aos exames médicos.

O regime respeitante ao seguro de vida aplica-se igualmente a outros contratos, como o de coberturas complementares do seguro de vida ou de seguro de nupcialidade. Além das especificidades quanto a informações e menções a incluir na apólice, importa atender ao regime particular de risco, nomeadamente a cláusula de incontestabilidade, o regime de agravamento do risco e a solução no caso de suicídio ou de homicídio.

Foi consagrada a solução da cláusula de incontestabilidade de um ano a contar da celebração do contrato relativamente a inexactidões ou omissões negligentes, não sendo este regime aplicável às coberturas de acidentes e invalidez complementares do seguro de vida.

Prescreveu-se a regra da não aplicação do regime do agravamento do risco nos seguros de vida, que sofre restrições relativamente às coberturas complementares de seguros de vida.

Supletivamente, encontra-se excluída a cobertura em caso de suicídio ocorrido até um ano após a celebração do contrato. Em caso de homicídio doloso, a prestação não será devida ao autor, cúmplice ou instigador.

Em matéria do chamado «resgate» – entendido tão-só como meio jurídico de percepção de uma quantia pecuniária e não como forma de dissolução do vínculo –, subsiste a regra da liberdade contratual das partes, permitindo aos seguradores a criatividade necessária ao bom funcionamento do mercado. Mas a posição do tomador do seguro ou do segurado é integralmente protegida através da atribuição ao segurador do dever de tornar possível à contraparte, a qualquer momento, calcular o montante que pode haver através do resgate. Pretende-se, assim, que os segurados tomem esclarecidamente as decisões de optar por um ou outro segurador e por um ou outro dos «produtos» oferecidos por cada segurador, podendo ainda avaliar a cada momento da conveniência em manter ou, quando permitido, extinguir o contrato.

Estabeleceu-se, com algum pormenor, o regime da designação beneficiária, de molde a superar muitas das dúvidas que frequentemente surgem.

Conhecendo o desenvolvimento prático e as dúvidas que suscita, sem colidir com o regime dos instrumentos financeiros, estabeleceram-se regras relativas às operações de capitalização, indicando exaustivamente o que deve ser incluído na apólice para melhor conhecimento da situação por parte do tomador do seguro.

No regime do contrato de seguro, encontra-se uma regulamentação específica do seguro de acidentes pessoais (lesão corporal provocada por causa súbita, externa e violenta que produza lesões corporais, invalidez, temporária ou permanente, ou a morte do tomador do seguro ou de terceiro), prescrevendo, nomeadamente, a extensão do regime do seguro com exame médico, a previsão de um direito de renúncia (tal como na legislação vigente) e a limitação da sub-rogação às prestações indemnizatórias.

Por fim, no seguro de saúde, estabelece-se a obrigatoriedade de menções especiais na apólice, de molde a permitir a determinação rigorosa do risco coberto, faz-se referência à exclusão das denominadas «preexistências» e, de modo idêntico ao seguro de responsabilidade civil, prescreve-se a regra da subsistência limitada da cobertura após a cessação do contrato.

Foi ouvida a Comissão Nacional de Protecção de Dados.

Foi promovida a audição do Conselho Nacional do Consumo.

Foram ainda ouvidos o Instituto de Seguros de Portugal e a Associação Portuguesa de Seguradores.

Assim:

Nos termos da alínea a) do n.º 1 do artigo 198.º da Constituição, o Governo decreta o seguinte:

Artigo 1.º
Objecto

É aprovado o regime jurídico do contrato de seguro, constante do anexo ao presente decreto-lei e que dele faz parte integrante.

Artigo 2.º
Aplicação no tempo

1. O disposto no regime jurídico do contrato de seguro aplica-se aos contratos de seguro celebrados após a entrada em vigor do presente decreto-lei, assim como ao conteúdo de contratos de seguro celebrados anteriormente que subsistam à data da sua entrada em vigor, com as especificidades constantes dos artigos seguintes.

2. O regime referido no número anterior não se aplica aos sinistros ocorridos entre a data da entrada em vigor do presente decreto-lei e a data da sua aplicação ao contrato de seguro em causa.

Artigo 3.º
Contratos renováveis

1. Nos contratos de seguro com renovação periódica, o regime jurídico do contrato de seguro aplica-se a partir da primeira renovação posterior à data de entrada em vigor do presente decreto-lei, com excepção das regras respeitantes à formação do contrato, nomeadamente as constantes dos artigos 18.º a 26.º, 27.º, 32.º a 37.º, 78.º, 87.º, 88.º, 89.º, 151.º, 154.º, 158.º, 178.º, 179.º, 185.º e 187.º do regime jurídico do contrato de seguro.

2. As disposições de natureza supletiva previstas no regime jurídico do contrato de seguro aplicam-se aos contratos de seguro com renovação periódica celebrados anteriormente à data de entrada em vigor do presente decreto-lei, desde que o segurador informe o tomador do seguro, com a antecedência mínima de 60 dias em relação à data da respectiva renovação, do conteúdo das cláusulas alteradas em função da adopção do novo regime.

Artigo 4.º
Contratos não sujeitos a renovação

1. Nos seguros de coisas não sujeitos a renovação, aplica-se o regime vigente à data da celebração do contrato.

2. Nos seguros de pessoas não sujeitos a renovação, as partes têm de proceder à adaptação dos contratos de seguro celebrados antes da entrada em vigor do presente decreto-lei, de molde a que o regime jurídico do contrato de seguro se lhes aplique no prazo de dois anos após a sua entrada em vigor.

3. A adaptação a que se refere o número anterior pode ser feita na data aniversária do contrato, sem ultrapassar o prazo limite indicado

Artigo 5.º
Supervisão

O regime jurídico do contrato de seguro constante do anexo ao presente decreto-lei não prejudica a aplicação do disposto na legislação em vigor em matéria de competências de supervisão.

Artigo 6.º
Norma revogatória

1. É revogado o Decreto-Lei n.º 142/2000, de 15 de Julho, alterado pelos Decretos-Leis n.os 248-B/2000, de 12 de Outubro, 150/2004, de 29 de Junho, 122/2005, de 29 de Julho, e 199/2005, de 10 de Novembro.
2. São ainda revogados:
 a) Os artigos 425.º a 462.º do Código Comercial aprovado por Carta de Lei de 28 de Junho de 1888;
 b) Os artigos 11.º, 30.º, 33.º e 53.º, corpo, 1.ª parte, do Decreto de 21 de Outubro de 1907;
 c) A base xviii, n.º 1, alíneas c) e d), e n.º 2, e base xix da Lei n.º 2/71, de 12 de Abril;
 d) Os artigos 132.º a 142.º e 176.º a 193.º do Decreto-Lei n.º 94-B/98, de 17 de Abril, alterado pelos Decretos-Leis n.os 8-C/2002, de 11 de Janeiro, 169/2002, de 25 de Julho, 72-A/2003, de 14 de Abril, 90/2003, de 30 de Abril, 251/2003, de 14 de Outubro, 76-A/2006, de 29 de Março, 145/2006, de 31 de Julho, 291/2007, de 21 de Agosto, e 357-A/2007, de 31 de Outubro;
 e) Os artigos 1.º a 5.º e 8.º a 25.º do Decreto-Lei n.º 176/95, de 26 de Julho, alterado pelos Decretos-Leis n.os 60/2004, de 22 de Março, e 357-A/2007, de 31 de Outubro.

Artigo 7.º
Entrada em vigor

O presente decreto-lei entra em vigor no dia 1 de Janeiro de 2009.

Visto e aprovado em Conselho de Ministros de 24 de Janeiro de 2008. – José Sócrates Carvalho Pinto de Sousa – Fernando Teixeira dos Santos – Manuel Pedro Cunha da Silva Pereira – Rui Carlos Pereira – Alberto Bernardes Costa – António José de Castro Guerra – Jaime de Jesus Lopes Silva – Mário Lino Soares Correia – Pedro Manuel Dias de Jesus Marques – Francisco Ventura Ramos.

Promulgado em 3 de Abril de 2008.

Publique-se.

O Presidente da República, Aníbal Cavaco Silva.

Referendado em 3 de Abril de 2008.

O Primeiro-Ministro, José Sócrates Carvalho Pinto de Sousa.

ANEXO
Regime jurídico do contrato de seguro

Título I
Regime comum

Capítulo I
Disposições preliminares

Secção I
Âmbito de aplicação

Artigo 1.º
Conteúdo típico

Por efeito do contrato de seguro, o segurador cobre um risco determinado do tomador do seguro ou de outrem, obrigando-se a realizar a prestação convencionada em caso de ocorrência do evento aleatório previsto no contrato, e o tomador do seguro obriga-se a pagar o prémio correspondente.

Artigo 2.º
Regimes especiais

As normas estabelecidas no presente regime aplicam-se aos contratos de seguro com regimes especiais constantes de outros diplomas, desde que não sejam incompatíveis com esses regimes.

Artigo 3.º
Remissão para diplomas de aplicação geral

O disposto no presente regime não prejudica a aplicação ao contrato de seguro do disposto na legislação sobre cláusulas contratuais gerais, sobre defesa do consumidor e sobre contratos celebrados à distância, nos termos do disposto nos referidos diplomas.

Artigo 4.º
Direito subsidiário

Às questões sobre contratos de seguro não reguladas no presente regime nem em diplomas especiais aplicam-se, subsidiariamente, as correspondentes disposições da lei comercial e da lei civil, sem prejuízo do disposto no regime jurídico de acesso e exercício da actividade seguradora.

Artigo 5.º
Lei aplicável ao contrato de seguro

Ao contrato de seguro aplicam-se as normas gerais de direito internacional privado em matéria de obrigações contratuais, nomeadamente as decorrentes de convenções internacionais e de actos comunitários que vinculem o Estado Português, com as especificidades constantes dos artigos seguintes.

Artigo 6.º
Liberdade de escolha

1. Sem prejuízo do disposto nos artigos seguintes e do regime geral de liberdade contratual, as partes contratantes podem escolher a lei aplicável ao contrato de seguro que cubra riscos situados em território português ou em que o tomador do seguro, nos seguros de pessoas, tenha em Portugal a sua residência habitual ou o estabelecimento a que o contrato respeita, consoante se trate de pessoa singular ou colectiva.
2. A localização do risco é determinada pelo regime jurídico de acesso e exercício da actividade seguradora.
3. A escolha da lei aplicável deve ser expressa ou resultar de modo inequívoco das cláusulas do contrato.
4. As partes podem designar a lei aplicável à totalidade ou apenas a uma parte do contrato, assim como alterar, em qualquer momento, a lei aplicável, sujeitando o contrato a uma lei diferente.

Artigo 7.º
Limites

A escolha da lei aplicável referida no artigo anterior só pode recair sobre leis cuja aplicabilidade corresponda a um interesse sério dos declarantes ou esteja em conexão com alguns dos elementos do contrato de seguro atendíveis no domínio do direito internacional privado.

Artigo 8.º
Conexões subsidiárias

1. Se as partes contratantes não tiverem escolhido a lei aplicável ou a escolha for inoperante nos termos dos artigos anteriores, o contrato de seguro rege-se pela lei do Estado com o qual esteja em mais estreita conexão.
2. Na falta de escolha de outra lei pelas partes, o contrato de seguro que cubra riscos situados em território português ou em que o tomador do seguro, nos seguros de pessoas, tenha a sua residência habitual ou o estabelecimento a que o contrato respeita em Portugal é regulado pela lei portuguesa.
3. Presume-se que o contrato de seguro apresenta conexão mais estreita com a ordem jurídica do Estado onde o risco se situa, enquanto nos seguros de pessoas, a conexão mais estreita decorre da residência habitual do tomador do seguro ou do estabelecimento a que o contrato respeita, consoante se trate de pessoa singular ou colectiva.
4. Na falta de escolha das partes contratantes, nos termos previstos nos artigos anteriores, o contrato de seguro que cubra dois ou mais riscos situados em Portugal e

noutro Estado, relativos às actividades do tomador do seguro e quando este exerça uma actividade comercial, industrial ou liberal, é regulado pela lei de qualquer dos Estados em que os riscos se situam ou, no caso de seguro de pessoas, pela lei do Estado onde o tomador do seguro tiver a sua residência habitual, sendo pessoa singular, ou a sua administração principal, tratando-se de pessoa colectiva.

Artigo 9.º
Normas de aplicação imediata

1. As disposições imperativas em matéria de contrato de seguro que tutelem interesses públicos, designadamente de consumidores ou de terceiros, regem imperativamente a situação contratual, qualquer que seja a lei aplicável, mesmo quando a sua aplicabilidade resulte de escolha das partes.
2. O disposto no número anterior aplica-se quando o contrato de seguro cobre riscos situados em território português ou tendo o tomador do seguro, nos seguros de pessoas, a sua residência habitual ou o estabelecimento a que o contrato respeita em Portugal.
3. Para os efeitos do número anterior, sempre que o contrato de seguro cubra riscos situados em mais de um Estado, considera-se constituído por diversos contratos, cada um dizendo respeito a um único Estado.
4. Não é válido em Portugal o contrato de seguro, sujeito a lei estrangeira, que cubra os riscos identificados no artigo 14.º

Artigo 10.º
Seguros obrigatórios

Os contratos de seguro obrigatórios na ordem jurídica portuguesa regem-se pela lei portuguesa, sem prejuízo do disposto no n.º 3 do artigo anterior.

Secção II
Imperatividade

Artigo 11.º
Princípio geral

O contrato de seguro rege-se pelo princípio da liberdade contratual, tendo carácter supletivo as regras constantes do presente regime, com os limites indicados na presente secção e os decorrentes da lei geral.

Artigo 12.º
Imperatividade absoluta

1. São absolutamente imperativas, não admitindo convenção em sentido diverso, as disposições constantes da presente secção e dos artigos 16.º, 32.º, 34.º, 36.º, 43.º, 44.º, 54.º, n.º 1, 59.º, 61.º, 80.º, n.ºs 2 e 3, 117.º, n.º 3, e 119.º
2. Nos seguros de grandes riscos admite-se convenção em sentido diverso relativamente às disposições constantes dos artigos 59.º e 61.º

ARTIGO 13.º
Imperatividade relativa

1. São imperativas, podendo ser estabelecido um regime mais favorável ao tomador do seguro, ao segurado ou ao beneficiário da prestação de seguro, as disposições constantes dos artigos 17.º a 26.º, 27.º, 33.º, 35.º, 37.º, 46.º, 60.º, 78.º, 79.º, 86.º, 87.º a 90.º, 91.º, 92.º, n.º 1, 93.º, 94.º, 100.º a 104.º, 107.º n.ºˢ 1, 4 e 5, 111.º, n.º 2, 112.º, 114.º, 115.º, 118.º, 126.º, 127.º, 132.º, 133.º, 139.º, n.º 3, 146.º, 147.º, 170.º, 178.º, 185.º, 186.º, 188.º, n.º 1, 189.º, 202.º e 217.º

2. Nos seguros de grandes riscos não são imperativas as disposições referidas no número anterior.

ARTIGO 14.º
Seguros proibidos

1. Sem prejuízo das regras gerais sobre licitude do conteúdo negocial, é proibida a celebração de contrato de seguro que cubra os seguintes riscos:

   a) Responsabilidade criminal, contra-ordenacional ou disciplinar;
   b) Rapto, sequestro e outros crimes contra a liberdade pessoal;
   c) Posse ou transporte de estupefacientes ou drogas cujo consumo seja interdito;
   d) Morte de crianças com idade inferior a 14 anos ou daqueles que por anomalia psíquica ou outra causa se mostrem incapazes de governar a sua pessoa.

2. A proibição referida da alínea a) do número anterior não é extensiva à responsabilidade civil eventualmente associada.

3. A proibição referida nas alíneas b) e d) do n.º 1 não abrange o pagamento de prestações estritamente indemnizatórias.

4. Não é proibida a cobertura do risco de morte por acidente de crianças com idade inferior a 14 anos, desde que contratada por instituições escolares, desportivas ou de natureza análoga que dela não sejam beneficiárias.

ARTIGO 15.º
Proibição de práticas discriminatórias

1. Na celebração, na execução e na cessação do contrato de seguro são proibidas as práticas discriminatórias em violação do princípio da igualdade nos termos previstos no artigo 13.º da Constituição.

2. São consideradas práticas discriminatórias, em razão da deficiência ou em risco agravado de saúde, as acções ou omissões, dolosas ou negligentes, que violem o princípio da igualdade, implicando para as pessoas naquela situação um tratamento menos favorável do que aquele que seja dado a outra pessoa em situação comparável.

3. No caso previsto no número anterior, não são proibidas, para efeito de celebração, execução e cessação do contrato de seguro, as práticas e técnicas de avaliação, selecção e aceitação de riscos próprias do segurador que sejam objectivamente fundamentadas, tendo por base dados estatísticos e actuariais rigorosos considerados relevantes nos termos dos princípios da técnica seguradora.

4. Em caso de recusa de celebração de um contrato de seguro ou de agravamento do respectivo prémio em razão de deficiência ou em risco agravado de saúde, o segurador deve, com base nos dados obtidos nos termos do número anterior, prestar ao proponente informação sobre o rácio entre os factores de risco específicos e os factores de risco de pessoa em situação comparável mas não afectada por aquela deficiência ou risco agravado de saúde, nos termos dos n.ᵒˢ 3 a 6 do artigo 178.º

5. Para dirimir eventuais divergências resultantes da decisão de recusa ou de agravamento, pode o proponente solicitar a uma comissão tripartida que emita parecer sobre o rácio entre os seus factores de risco específicos e os factores de risco de pessoa em situação comparável mas não afectada por aquela deficiência ou risco agravado de saúde.

6. O referido parecer é elaborado por uma comissão composta por um representante do Instituto Nacional para a Reabilitação, I. P., um representante do segurador e um representante do Instituto Nacional de Medicina Legal, I. P.

7. O segurador, através do seu representante na comissão referida nos n.ᵒˢ 5 e 6, tem o dever de prestar todas as informações necessárias com vista à elaboração do parecer, nomeadamente, indicando as fontes estatísticas e actuariais consideradas relevantes nos termos do n.º 3, encontrando-se a comissão vinculada ao cumprimento do dever de confidencialidade.

8. O parecer emitido pela comissão, nos termos do n.º 6, não é vinculativo.

9. A proibição de discriminação em função do sexo é regulada por legislação especial.

Capítulo II
Formação do contrato

Secção I
Sujeitos

Artigo 16.º
Autorização legal do segurador

1. O segurador deve estar legalmente autorizado a exercer a actividade seguradora em Portugal, no âmbito do ramo em que actua, nos termos do regime jurídico de acesso e exercício da actividade seguradora.

2. Sem prejuízo de outras sanções aplicáveis, a violação do disposto no número anterior gera nulidade do contrato, mas não exime aquele que aceitou cobrir o risco de outrem do cumprimento das obrigações que para ele decorreriam do contrato ou da lei caso o negócio fosse válido, salvo havendo má fé da contraparte.

Artigo 17.º
Representação do tomador do seguro

1. Sendo o contrato de seguro celebrado por representante do tomador do seguro, são oponíveis a este não só os seus próprios conhecimentos mas também os do representante.

2. Se o contrato for celebrado por representante sem poderes, o tomador do seguro ou o seu representante com poderes pode ratificá-lo mesmo depois de ocorrido o sinistro, salvo havendo dolo do tomador do seguro, do representante, do segurado ou do beneficiário, ou quando tenha já decorrido um prazo para a ratificação, não inferior a cinco dias, determinado pelo segurador antes da verificação do sinistro.

3. Quando o segurador desconheça a falta de poderes de representação, o representante fica obrigado ao pagamento do prémio calculado pro rata temporis até ao momento em que o segurador receba ou tenha conhecimento da recusa de ratificação.

SECÇÃO II
Informações

SUBSECÇÃO I
Deveres de informação do segurador

ARTIGO 18.º
Regime comum

Sem prejuízo das menções obrigatórias a incluir na apólice, cabe ao segurador prestar todos os esclarecimentos exigíveis e informar o tomador do seguro das condições do contrato, nomeadamente:

a) Da sua denominação e do seu estatuto legal;
b) Do âmbito do risco que se propõe cobrir;
c) Das exclusões e limitações de cobertura;
d) Do valor total do prémio, ou, não sendo possível, do seu método de cálculo, assim como das modalidades de pagamento do prémio e das consequências da falta de pagamento;
e) Dos agravamentos ou bónus que possam ser aplicados no contrato, enunciando o respectivo regime de cálculo;
f) Do montante mínimo do capital nos seguros obrigatórios;
g) Do montante máximo a que o segurador se obriga em cada período de vigência do contrato;
h) Da duração do contrato e do respectivo regime de renovação, de denúncia e de livre resolução;
i) Do regime de transmissão do contrato;
j) Do modo de efectuar reclamações, dos correspondentes mecanismos de protecção jurídica e da autoridade de supervisão;
l) Do regime relativo à lei aplicável, nos termos estabelecidos nos artigos 5.º a 10.º, com indicação da lei que o segurador propõe que seja escolhida.

ARTIGO 19.º
Remissão

1. Sendo o contrato de seguro celebrado à distância, às informações referidas no artigo anterior acrescem as previstas em regime especial.

2. Sendo o tomador do seguro considerado consumidor nos termos legalmente previstos, às informações indicadas no artigo anterior acrescem as previstas noutros diplomas, nomeadamente no regime de defesa do consumidor.

Artigo 20.º
Estabelecimento

Sem prejuízo das obrigações constantes do artigo 18.º, o segurador deve informar o tomador do seguro do local e do nome do Estado em que se situa a sede social e o respectivo endereço, bem como, se for caso disso, da sucursal através da qual o contrato é celebrado e do respectivo endereço.

Artigo 21.º
Modo de prestar informações

1. As informações referidas nos artigos anteriores devem ser prestadas de forma clara, por escrito e em língua portuguesa, antes de o tomador do seguro se vincular.
2. As autoridades de supervisão competentes podem fixar, por regulamento, regras quanto ao suporte das informações a prestar ao tomador do seguro.
3. No contrato de seguro à distância, o modo de prestação de informações rege-se pela legislação sobre comercialização de contratos financeiros celebrados à distância.
4. Nas situações previstas no n.º 2 do artigo 36.º, as informações a que se refere o n.º 1 podem ser prestadas noutro idioma.
5. A proposta de seguro deve conter uma menção comprovativa de que as informações que o segurador tem de prestar foram dadas a conhecer ao tomador do seguro antes de este se vincular.

Artigo 22.º
Dever especial de esclarecimento

1. Na medida em que a complexidade da cobertura e o montante do prémio a pagar ou do capital seguro o justifiquem e, bem assim, o meio de contratação o permita, o segurador, antes da celebração do contrato, deve esclarecer o tomador do seguro acerca de que modalidades de seguro, entre as que ofereça, são convenientes para a concreta cobertura pretendida.
2. No cumprimento do dever referido no número anterior, cabe ao segurador não só responder a todos os pedidos de esclarecimento efectuados pelo tomador do seguro, como chamar a atenção deste para o âmbito da cobertura proposta, nomeadamente exclusões, períodos de carência e regime da cessação do contrato por vontade do segurador, e ainda, nos casos de sucessão ou modificação de contratos, para os riscos de ruptura de garantia.
3. No seguro em que haja proposta de cobertura de diferentes tipos de risco, o segurador deve prestar esclarecimentos pormenorizados sobre a relação entre as diferentes coberturas.
4. O dever especial de esclarecimento previsto no presente artigo não é aplicável aos contratos relativos a grandes riscos ou em cuja negociação ou celebração intervenha mediador de seguros, sem prejuízo dos deveres específicos que sobre este impendem nos termos do regime jurídico de acesso e de exercício da actividade de mediação de seguros.

Artigo 23.º
Incumprimento

1. O incumprimento dos deveres de informação e de esclarecimento previstos no presente regime faz incorrer o segurador em responsabilidade civil, nos termos gerais.
2. O incumprimento dos deveres de informação previstos na presente subsecção confere ainda ao tomador do seguro o direito de resolução do contrato, salvo quando a falta do segurador não tenha razoavelmente afectado a decisão de contratar da contraparte ou haja sido accionada a cobertura por terceiro.
3. O direito de resolução previsto no número anterior deve ser exercido no prazo de 30 dias a contar da recepção da apólice, tendo a cessação efeito retroactivo e o tomador do seguro direito à devolução da totalidade do prémio pago.
4. O disposto nos números anteriores é aplicável quando as condições da apólice não estejam em conformidade com as informações prestadas antes da celebração do contrato.

Subsecção II
Deveres de informação do tomador do seguro ou do segurado

Artigo 24.º
Declaração inicial do risco

1. O tomador do seguro ou o segurado está obrigado, antes da celebração do contrato, a declarar com exactidão todas as circunstâncias que conheça e razoavelmente deva ter por significativas para a apreciação do risco pelo segurador.
2. O disposto no número anterior é igualmente aplicável a circunstâncias cuja menção não seja solicitada em questionário eventualmente fornecido pelo segurador para o efeito.
3. O segurador que tenha aceitado o contrato, salvo havendo dolo do tomador do seguro ou do segurado com o propósito de obter uma vantagem, não pode prevalecer-se:
   a) Da omissão de resposta a pergunta do questionário;
   b) De resposta imprecisa a questão formulada em termos demasiado genéricos;
   c) De incoerência ou contradição evidentes nas respostas ao questionário;
   d) De facto que o seu representante, aquando da celebração do contrato, saiba ser inexacto ou, tendo sido omitido, conheça;
   e) De circunstâncias conhecidas do segurador, em especial quando são públicas e notórias.

4. O segurador, antes da celebração do contrato, deve esclarecer o eventual tomador do seguro ou o segurado acerca do dever referido no n.º 1, bem como do regime do seu incumprimento, sob pena de incorrer em responsabilidade civil, nos termos gerais.

Artigo 25.º
Omissões ou inexactidões dolosas

1. Em caso de incumprimento doloso do dever referido no n.º 1 do artigo anterior, o contrato é anulável mediante declaração enviada pelo segurador ao tomador do seguro.

2. Não tendo ocorrido sinistro, a declaração referida no número anterior deve ser enviada no prazo de três meses a contar do conhecimento daquele incumprimento.

3. O segurador não está obrigado a cobrir o sinistro que ocorra antes de ter tido conhecimento do incumprimento doloso referido no n.º 1 ou no decurso do prazo previsto no número anterior, seguindo-se o regime geral da anulabilidade.

4. O segurador tem direito ao prémio devido até ao final do prazo referido no n.º 2, salvo se tiver concorrido dolo ou negligência grosseira do segurador ou do seu representante.

5. Em caso de dolo do tomador do seguro ou do segurado com o propósito de obter uma vantagem, o prémio é devido até ao termo do contrato.

Artigo 26.º
Omissões ou inexactidões negligentes

1. Em caso de incumprimento com negligência do dever referido no n.º 1 do artigo 24.º, o segurador pode, mediante declaração a enviar ao tomador do seguro, no prazo de três meses a contar do seu conhecimento:

    a) Propor uma alteração do contrato, fixando um prazo, não inferior a 14 dias, para o envio da aceitação ou, caso a admita, da contraproposta;

    b) Fazer cessar o contrato, demonstrando que, em caso algum, celebra contratos para a cobertura de riscos relacionados com o facto omitido ou declarado inexactamente.

2. O contrato cessa os seus efeitos 30 dias após o envio da declaração de cessação ou 20 dias após a recepção pelo tomador do seguro da proposta de alteração, caso este nada responda ou a rejeite.

3. No caso referido no número anterior, o prémio é devolvido pro rata temporis atendendo à cobertura havida.

4. Se, antes da cessação ou da alteração do contrato, ocorrer um sinistro cuja verificação ou consequências tenham sido influenciadas por facto relativamente ao qual tenha havido omissões ou inexactidões negligentes:

    a) O segurador cobre o sinistro na proporção da diferença entre o prémio pago e o prémio que seria devido, caso, aquando da celebração do contrato, tivesse conhecido o facto omitido ou declarado inexactamente;

    b) O segurador, demonstrando que, em caso algum, teria celebrado o contrato se tivesse conhecido o facto omitido ou declarado inexactamente, não cobre o sinistro e fica apenas vinculado à devolução do prémio.

Secção III
Celebração do contrato

Artigo 27.º
Valor do silêncio do segurador

1. O contrato de seguro individual em que o tomador do seguro seja uma pessoa singular tem-se por concluído nos termos propostos em caso de silêncio do segurador durante 14 dias contados da recepção de proposta do tomador do seguro feita em impresso do próprio segurador, devidamente preenchido, acompanhado dos documentos que o segurador tenha indicado como necessários e entregado ou recebido no local indicado pelo segurador.

2. O disposto no número anterior aplica-se ainda quando o segurador tenha autorizado a proposta feita de outro modo e indicado as informações e os documentos necessários à sua completude, se o tomador do seguro tiver seguido as instruções do segurador.

3. O contrato celebrado nos termos dos números anteriores rege-se pelas condições contratuais e pela tarifa do segurador em vigor na data da celebração.

4. Sem prejuízo de eventual responsabilidade civil, não é aplicável o disposto nos números anteriores quando o segurador demonstre que, em caso algum, celebra contratos com as características constantes da proposta.

Secção IV
Mediação

Artigo 28.º
Regime comum

Sem prejuízo da aplicação das regras contidas no presente regime, ao contrato de seguro celebrado com a intervenção de um mediador de seguros é aplicável o regime jurídico de acesso e de exercício da actividade de mediação de seguros.

Artigo 29.º
Deveres de informação específicos

Quando o contrato de seguro seja celebrado com intervenção de um mediador de seguros, aos deveres de informação constantes da secção ii do presente Capítulo acrescem os deveres de informação específicos estabelecidos no regime jurídico de acesso e de exercício da actividade de mediação de seguros.

Artigo 30.º
Representação aparente

1. O contrato de seguro que o mediador de seguros, agindo em nome do segurador, celebre sem poderes específicos para o efeito é ineficaz em relação a este, se não for por ele ratificado, sem prejuízo do disposto no n.º 3.

2. Considera-se o contrato de seguro ratificado se o segurador, logo que tenha conhecimento da sua celebração e do conteúdo do mesmo, não manifestar ao tomador do seguro de boa fé, no prazo de cinco dias a contar daquele conhecimento, a respectiva oposição.

3. O contrato de seguro que o mediador de seguros, agindo em nome do segurador, celebre sem poderes específicos para o efeito é eficaz em relação a este se tiverem existido razões ponderosas, objectivamente apreciadas, tendo em conta as circunstâncias do caso, que justifiquem a confiança do tomador do seguro de boa fé na legitimidade do mediador de seguros, desde que o segurador tenha igualmente contribuído para fundar a confiança do tomador do seguro.

Artigo 31.º
Comunicações através de mediador de seguros

1. Quando o mediador de seguros actue em nome e com poderes de representação do tomador do seguro, as comunicações, a prestação de informações e a entrega de documentos ao segurador, ou pelo segurador ao mediador, produzem efeitos como se fossem realizadas pelo tomador do segurado ou perante este, salvo indicação sua em contrário.

2. Quando o mediador de seguros actue em nome e com poderes de representação do segurador, os mesmos actos realizados pelo tomador do seguro, ou a ele dirigidos pelo mediador, produzem efeitos relativamente ao segurador como se fossem por si ou perante si directamente realizados.

Secção V
Forma do contrato e apólice de seguro

Artigo 32.º
Forma

1. A validade do contrato de seguro não depende da observância de forma especial.
2. O segurador é obrigado a formalizar o contrato num instrumento escrito, que se designa por apólice de seguro, e a entregá-lo ao tomador do seguro.
3. A apólice deve ser datada e assinada pelo segurador.

Artigo 33.º
Mensagens publicitárias

1. O contrato de seguro integra as mensagens publicitárias concretas e objectivas que lhe respeitem, ficando excluídas do contrato as cláusulas que as contrariem, salvo se mais favoráveis ao tomador do seguro ou ao beneficiário.
2. Não se aplica o disposto no número anterior quando tenha decorrido um ano entre o fim da emissão dessas mensagens publicitárias e a celebração do contrato, ou quando as próprias mensagens fixem um período de vigência e o contrato tenha sido celebrado fora desse período.

Artigo 34.º
Entrega da apólice

1. A apólice deve ser entregue ao tomador do seguro aquando da celebração do contrato ou ser-lhe enviada no prazo de 14 dias nos seguros de riscos de massa, salvo se houver motivo justificado, ou no prazo que seja acordado nos seguros de grandes riscos.
2. Quando convencionado, pode o segurador entregar a apólice ao tomador do seguro em suporte electrónico duradouro.
3. Entregue a apólice de seguro, não são oponíveis pelo segurador cláusulas que dela não constem, sem prejuízo do regime do erro negocial.

4. Havendo atraso na entrega da apólice, não são oponíveis pelo segurador cláusulas que não constem de documento escrito assinado pelo tomador do seguro ou a ele anteriormente entregue.
5. O tomador do seguro pode a qualquer momento exigir a entrega da apólice de seguro, mesmo após a cessação do contrato.
6. Decorrido o prazo referido no n.º 1 e enquanto a apólice não for entregue, o tomador do seguro pode resolver o contrato, tendo a cessação efeito retroactivo e o tomador do seguro direito à devolução da totalidade do prémio pago.

Artigo 35.º
Consolidação do contrato

Decorridos 30 dias sobre a data da entrega da apólice sem que o tomador do seguro haja invocado qualquer desconformidade entre o acordado e o conteúdo da apólice, só são invocáveis divergências que resultem de documento escrito ou de outro suporte duradouro.

Artigo 36.º
Redacção e língua da apólice

1. A apólice de seguro é redigida de modo compreensível, conciso e rigoroso, e em caracteres bem legíveis, usando palavras e expressões da linguagem corrente sempre que não seja imprescindível o uso de termos legais ou técnicos.
2. A apólice de seguro é redigida em língua portuguesa, salvo no caso de o tomador do seguro solicitar que seja redigida noutro idioma, na sequência de acordo das partes anterior à emissão da apólice.
3. No caso de seguro obrigatório é entregue a versão da apólice em português, que prevalece sobre a versão redigida noutro idioma.

Artigo 37.º
Texto da apólice

1. A apólice inclui todo o conteúdo do acordado pelas partes, nomeadamente as condições gerais, especiais e particulares aplicáveis.
2. Da apólice devem constar, no mínimo, os seguintes elementos:
  a) A designação de «apólice» e a identificação completa dos documentos que a compõem;
  b) A identificação, incluindo o número de identificação fiscal, e o domicílio das partes, bem como, justificando-se, os dados do segurado, do beneficiário e do representante do segurador para efeito de sinistros;
  c) A natureza do seguro;
  d) Os riscos cobertos;
  e) O âmbito territorial e temporal do contrato;
  f) Os direitos e obrigações das partes, assim como do segurado e do beneficiário;
  g) O capital seguro ou o modo da sua determinação;
  h) O prémio ou a fórmula do respectivo cálculo;
  i) O início de vigência do contrato, com indicação de dia e hora, e a sua duração;

j) O conteúdo da prestação do segurador em caso de sinistro ou o modo de o determinar;
l) A lei aplicável ao contrato e as condições de arbitragem.

3. A apólice deve incluir, ainda, escritas em caracteres destacados e de maior dimensão do que os restantes:

a) As cláusulas que estabeleçam causas de invalidade, de prorrogação, de suspensão ou de cessação do contrato por iniciativa de qualquer das partes;
b) As cláusulas que estabeleçam o âmbito das coberturas, designadamente a sua exclusão ou limitação;
c) As cláusulas que imponham ao tomador do seguro ou ao beneficiário deveres de aviso dependentes de prazo.

4. Sem prejuízo do disposto quanto ao dever de entregar a apólice e da responsabilidade a que haja lugar, a violação do disposto nos números anteriores dá ao tomador do seguro o direito de resolver o contrato nos termos previstos nos n.os 2 e 3 do artigo 23.º e, a qualquer momento, de exigir a correcção da apólice.

Artigo 38.º
Apólice nominativa, à ordem e ao portador

1. A apólice de seguro pode ser nominativa, à ordem ou ao portador, sendo nominativa na falta de estipulação das partes quanto à respectiva modalidade.
2. O endosso da apólice à ordem transfere os direitos contratuais do endossante tomador do seguro ou segurado, sem prejuízo de o contrato de seguro poder autorizar um endosso parcial.
3. A entrega da apólice ao portador transfere os direitos contratuais do portador que seja tomador do seguro ou segurado, salvo convenção em contrário.
4. A apólice nominativa deve ser entregue pelo tomador do seguro a quem lhe suceda em caso de cessão da posição contratual, sendo que, em caso de cessão de crédito, o tomador do seguro deve entregar cópia da apólice.

Capítulo III
Vigência do contrato

Artigo 39.º
Produção de efeitos

Sem prejuízo do disposto nos artigos seguintes e salvo convenção em contrário, o contrato de seguro produz efeitos a partir das 0 horas do dia seguinte ao da sua celebração.

Artigo 40.º
Duração

Na falta de estipulação das partes, o contrato de seguro vigora pelo período de um ano.

Artigo 41.º
Prorrogação

1. Salvo convenção em contrário, o contrato de seguro celebrado pelo período inicial de um ano prorroga-se sucessivamente, no final do termo estipulado, por novos períodos de um ano.
2. Salvo convenção em contrário, o contrato de seguro celebrado por um período inicial inferior ou superior a um ano não se prorroga no final do termo estipulado.
3. Considera-se como único contrato aquele que seja objecto de prorrogação.

Artigo 42.º
Cobertura do risco

1. A data de início da cobertura do seguro pode ser fixada pelas partes no contrato, sem prejuízo do disposto no artigo 59.º
2. As partes podem convencionar que a cobertura abranja riscos anteriores à data da celebração do contrato, sem prejuízo do disposto no artigo 44.º

Capítulo IV
Conteúdo do contrato

Secção I
Interesse e risco

Artigo 43.º
Interesse

1. O segurado deve ter um interesse digno de protecção legal relativamente ao risco coberto, sob pena de nulidade do contrato.
2. No seguro de danos, o interesse respeita à conservação ou à integridade de coisa, direito ou património seguros.
3. No seguro de vida, a pessoa segura que não seja beneficiária tem ainda de dar o seu consentimento para a cobertura do risco, salvo quando o contrato resulta do cumprimento de disposição legal ou de instrumento de regulamentação colectiva de trabalho.

Artigo 44.º
Inexistência do risco

1. Salvo nos casos legalmente previstos, o contrato de seguro é nulo se, aquando da celebração, o segurador, o tomador do seguro ou o segurado tiver conhecimento de que o risco cessou.

2. O segurador não cobre sinistros anteriores à data da celebração do contrato quando o tomador do seguro ou o segurado deles tivesse conhecimento nessa data.
3. O contrato de seguro não produz efeitos relativamente a um risco futuro que não chegue a existir.
4. Nos casos previstos nos números anteriores, o tomador do seguro tem direito à devolução do prémio pago, deduzido das despesas necessárias à celebração do contrato suportadas pelo segurador de boa fé.
5. Em caso de má fé do tomador do seguro, o segurador de boa fé tem direito a reter o prémio pago.
6. Presume-se a má fé do tomador do seguro se o segurado tiver conhecimento, aquando da celebração do contrato de seguro, de que ocorreu o sinistro.

Artigo 45.º
Conteúdo

1. As condições especiais e particulares não podem modificar a natureza dos riscos cobertos tendo em conta o tipo de contrato de seguro celebrado.
2. O contrato de seguro pode excluir a cobertura, entre outros, dos riscos derivados de guerra, insurreição ou terrorismo.

Artigo 46.º
Actos dolosos

1. Salvo disposição legal ou regulamentar em sentido diverso, assim como convenção em contrário não ofensiva da ordem pública quando a natureza da cobertura o permita, o segurador não é obrigado a efectuar a prestação convencionada em caso de sinistro causado dolosamente pelo tomador do seguro ou pelo segurado.
2. O beneficiário que tenha causado dolosamente o dano não tem direito à prestação.

Secção II
Seguro por conta própria e de outrem

Artigo 47.º
Seguro por conta própria

1. No seguro por conta própria, o contrato tutela o interesse próprio do tomador do seguro.
2. Se o contrário não resultar do contrato ou do conjunto de circunstâncias atendíveis, o seguro considera-se contratado por conta própria.
3. Se o interesse do tomador do seguro for parcial, sendo o seguro efectuado na sua totalidade por conta própria, o contrato considera-se feito por conta de todos os interessados, salvo disposição legal ou contratual em contrário.

Artigo 48.º
Seguro por conta de outrem

1. No seguro por conta de outrem, o tomador do seguro actua por conta do segurado, determinado ou indeterminado.
2. O tomador do seguro cumpre as obrigações resultantes do contrato, com excepção das que só possam ser cumpridas pelo segurado.
3. Salvo estipulação em contrário em conformidade com o disposto no artigo 43.º, o segurado é o titular dos direitos emergentes do contrato, e o tomador do seguro, mesmo na posse da apólice, não os pode exercer sem o consentimento daquele.
4. Salvo estipulação em contrário, o tomador do seguro pode opor-se à prorrogação automática do contrato, denunciando-o, mesmo contra a vontade do segurado.
5. Na falta de disposição legal ou contratual em contrário, são oponíveis ao segurado os meios de defesa derivados do contrato de seguro, mas não aqueles que advenham de outras relações entre o segurador e o tomador do seguro.
6. No seguro por conta de quem pertencer e nos casos em que o contrato tutele indiferentemente um interesse próprio ou alheio, os n.ºs 2 a 5 são aplicáveis quando se conclua tratar-se de um seguro de interesse alheio.

Secção III
Cláusulas específicas

Artigo 49.º
Capital seguro

1. O capital seguro representa o valor máximo da prestação a pagar pelo segurador por sinistro ou anuidade de seguro, consoante o que esteja estabelecido no contrato.
2. Salvo quando seja determinado por lei, cabe ao tomador do seguro indicar ao segurador, quer no início, quer durante a vigência do contrato, o valor da coisa, direito ou património a que respeita o contrato, para efeito da determinação do capital seguro.
3. As partes podem fixar franquias, escalões de indemnização e outras previsões contratuais que condicionem o valor da prestação a realizar pelo segurador.

Artigo 50.º
Perícia arbitral

1. Em caso de divergência na determinação das causas, circunstâncias e consequências do sinistro, esse apuramento pode ser cometido a peritos árbitros nomeados pelas partes, nos termos previstos no contrato ou em convenção posterior.
2. Salvo convenção em contrário, a determinação pelos peritos árbitros das causas, circunstâncias e consequências do sinistro é vinculativa para o segurador, para o tomador do seguro e para o segurado.

Secção IV
Prémio

Subsecção I
Disposições comuns

Artigo 51.º
Noção

1. O prémio é a contrapartida da cobertura acordada e inclui tudo o que seja contratualmente devido pelo tomador do seguro, nomeadamente os custos da cobertura do risco, os custos de aquisição, de gestão e de cobrança e os encargos relacionados com a emissão da apólice.
2. Ao prémio acrescem os encargos fiscais e parafiscais a suportar pelo tomador do seguro.

Artigo 52.º
Características

1. Salvo disposição legal em sentido contrário, o montante do prémio e as regras sobre o seu cálculo e determinação são estipulados no contrato de seguro, ao abrigo da liberdade contratual.
2. Na falta ou insuficiência de determinação do prémio pelas partes, atende-se a que o prémio deve ser adequado e proporcionado aos riscos a cobrir pelo segurador e calculado no respeito dos princípios da técnica seguradora, sem prejuízo de eventuais especificidades de certas categorias de seguros e de circunstâncias concretas dos riscos assumidos.
3. O prémio corresponde ao período de duração do contrato, sendo, salvo disposição em contrário, devido por inteiro.
4. Por acordo das partes, o pagamento do prémio pode ser fraccionado.

Artigo 53.º
Vencimento

1. Salvo convenção em contrário, o prémio inicial, ou a primeira fracção deste, é devido na data da celebração do contrato.
2. As fracções seguintes do prémio inicial, o prémio de anuidades subsequentes e as sucessivas fracções deste são devidos nas datas estabelecidas no contrato.
3. A parte do prémio de montante variável relativa a acerto do valor e, quando seja o caso, a parte do prémio correspondente a alterações ao contrato são devidas nas datas indicadas nos respectivos avisos.

Artigo 54.º
Modo de efectuar o pagamento

1. O prémio de seguro só pode ser pago em numerário, por cheque bancário, transferência bancária ou vale postal, cartão de crédito ou de débito ou outro meio electrónico de pagamento.

2. O pagamento do prémio por cheque fica subordinado à condição da sua boa cobrança e, verificada esta, considera-se feito na data da recepção daquele.

3. O pagamento por débito em conta fica subordinado à condição da não anulação posterior do débito por retractação do autor do pagamento no quadro de legislação especial que a permita.

4. A falta de cobrança do cheque ou a anulação do débito equivale à falta de pagamento do prémio, sem prejuízo do disposto no n.º 4 do artigo 57.º

5. A dívida de prémio pode ainda ser extinta por compensação com crédito reconhecido, exigível e líquido até ao montante a compensar, mediante declaração de uma das partes à outra, desde que se verifiquem os demais requisitos da compensação.

6. Nos seguros de pessoas, é lícito às partes convencionar outros meios e modalidades de pagamento do prémio, desde que respeitem as disposições legais e regulamentares em vigor.

ARTIGO 55.º
Pagamento por terceiro

1. O prémio pode ser pago, nos termos previstos na lei ou no contrato, por terceiro, interessado ou não no cumprimento da obrigação, sem que o segurador possa recusar o recebimento.

2. Do contrato de seguro pode resultar que ao terceiro interessado, titular de direitos ressalvados no contrato, seja conferido o direito de proceder ao pagamento do prémio já vencido, desde que esse pagamento seja efectuado num período não superior a 30 dias subsequentes à data de vencimento.

3. O pagamento do prémio ao abrigo do disposto no número anterior determina a reposição em vigor do contrato, podendo dispor-se que o pagamento implique a cobertura do risco entre a data do vencimento e a data do pagamento do prémio.

4. O segurador não cobre sinistro ocorrido entre a data do vencimento e a data do pagamento do prémio de que o beneficiário tivesse conhecimento.

ARTIGO 56.º
Recibo e declaração de existência do seguro

1. Recebido o prémio, o segurador emite o correspondente recibo, podendo, se necessário, emitir um recibo provisório.

2. O recibo de prémio pago por cheque ou por débito em conta, bem como a declaração ou o certificado relativo à prova da existência do contrato de seguro comprovam o efectivo pagamento do prémio, se a quantia for percebida pelo segurador.

ARTIGO 57.º
Mora

1. A falta de pagamento do prémio na data do vencimento constitui o tomador do seguro em mora.

2. Sem prejuízo das regras gerais, os efeitos da falta de pagamento do prémio são:

a) Para a generalidade dos seguros, os que decorrem do disposto nos artigos 59.º e 61.º;

b) Para os seguros indicados no artigo 58.º, os que sejam estipulados nas condições contratuais.

3. A cessação do contrato de seguro por efeito do não pagamento do prémio, ou de parte ou fracção deste, não exonera o tomador do seguro da obrigação de pagamento do prémio correspondente ao período em que o contrato haja vigorado, acrescido dos juros de mora devidos.

4. Em caso de mora do segurador relativamente à percepção do prémio, considera-se o pagamento efectuado na data em que foi disponibilizado o meio para a sua realização.

SUBSECÇÃO II
Regime especial

ARTIGO 58.º
Âmbito de aplicação

O disposto nos artigos 59.º a 61.º não se aplica aos seguros e operações regulados no Capítulo respeitante ao seguro de vida, aos seguros de colheitas e pecuário, aos seguros mútuos em que o prémio seja pago com o produto de receitas e aos seguros de cobertura de grandes riscos, salvo na medida em que essa aplicação decorra de estipulação das partes e não se oponha à natureza do vínculo.

ARTIGO 59.º
Cobertura

A cobertura dos riscos depende do prévio pagamento do prémio.

ARTIGO 60.º
Aviso de pagamento

1. Na vigência do contrato, o segurador deve avisar por escrito o tomador do seguro do montante a pagar, assim como da forma e do lugar de pagamento, com uma antecedência mínima de 30 dias em relação à data em que se vence o prémio, ou fracções deste.

2. Do aviso devem constar, de modo legível, as consequências da falta de pagamento do prémio ou de sua fracção.

3. Nos contratos de seguro em que seja convencionado o pagamento do prémio em fracções de periodicidade igual ou inferior a três meses e em cuja documentação contratual se indiquem as datas de vencimento das sucessivas fracções do prémio e os respectivos valores a pagar, bem como as consequências do seu não pagamento, o segurador pode optar por não enviar o aviso referido no n.º 1, cabendo-lhe, nesse caso, a prova da emissão, da aceitação e do envio ao tomador do seguro da documentação contratual referida neste número.

Artigo 61.º
Falta de pagamento

1. A falta de pagamento do prémio inicial, ou da primeira fracção deste, na data do vencimento, determina a resolução automática do contrato a partir da data da sua celebração.

2. A falta de pagamento do prémio de anuidades subsequentes, ou da primeira fracção deste, na data do vencimento, impede a prorrogação do contrato.

3. A falta de pagamento determina a resolução automática do contrato na data do vencimento de:

   a) Uma fracção do prémio no decurso de uma anuidade;
   b) Um prémio de acerto ou parte de um prémio de montante variável;
   c) Um prémio adicional resultante de uma modificação do contrato fundada num agravamento superveniente do risco.

4. O não pagamento, até à data do vencimento, de um prémio adicional resultante de uma modificação contratual determina a ineficácia da alteração, subsistindo o contrato com o âmbito e nas condições que vigoravam antes da pretendida modificação, a menos que a subsistência do contrato se revele impossível, caso em que se considera resolvido na data do vencimento do prémio não pago.

Capítulo V
Co-seguro

Secção I
Disposições comuns

Artigo 62.º
Noção

No co-seguro verifica-se a cobertura conjunta de um risco por vários seguradores, denominados co-seguradores, de entre os quais um é o líder, sem solidariedade entre eles, através de um contrato de seguro único, com as mesmas garantias e idêntico período de duração e com um prémio global.

Artigo 63.º
Apólice única

O contrato de co-seguro é titulado por uma apólice única, emitida pelo líder na qual deve figurar a quota-parte do risco ou a parte percentual do capital assumidas por cada co-segurador.

ARTIGO 64.º
Âmbito da responsabilidade de cada co-segurador

No contrato de co-seguro, cada co-segurador responde apenas pela quota-parte do risco garantido ou pela parte percentual do capital seguro assumido.

ARTIGO 65.º
Funções do co-segurador líder

1. Cabe ao líder do co-seguro exercer, em seu próprio nome e em nome dos restantes co-seguradores, as seguintes funções em relação à globalidade do contrato:
  a) Receber do tomador do seguro a declaração do risco a segurar, bem como as declarações posteriores de agravamento ou de diminuição desse mesmo risco;
  b) Fazer a análise do risco e estabelecer as condições do seguro e a respectiva tarifação;
  c) Emitir a apólice, sem prejuízo de esta dever ser assinada por todos os co-seguradores;
  d) Proceder à cobrança dos prémios, emitindo os respectivos recibos;
  e) Desenvolver, se for caso disso, as acções previstas nas disposições legais aplicáveis em caso de falta de pagamento de um prémio ou de uma fracção de prémio;
  f) Receber as participações de sinistros e proceder à sua regularização;
  g) Aceitar e propor a cessação do contrato.

2. Podem ainda, mediante acordo entre os co-seguradores, ser atribuídas ao líder outras funções para além das referidas no número anterior.

3. Estando previsto que o líder deve proceder, em seu próprio nome e em nome dos restantes co-seguradores, à liquidação global do sinistro, em derrogação do disposto na alínea c) do n.º 1, a apólice pode ser assinada apenas pelo co-segurador líder, em nome de todos os co-seguradores, mediante acordo escrito entre todos, que deve ser mencionado na apólice.

ARTIGO 66.º
Acordo entre os co-seguradores

Relativamente a cada contrato de co-seguro deve ser estabelecido entre os respectivos co-seguradores um acordo expresso relativo às relações entre todos e entre cada um e o líder, do qual devem, sem prejuízo do disposto no n.º 1 do artigo anterior, constar, pelo menos, os seguintes aspectos:
  a) Valor da taxa de gestão, no caso de as funções exercidas pelo líder serem remuneradas;
  b) Forma de transmissão de informações e de prestação de contas pelo líder a cada um dos co-seguradores;
  c) Sistema de liquidação de sinistros.

ARTIGO 67.º
Responsabilidade civil do líder

O líder é civilmente responsável perante os restantes co-seguradores pelos danos decorrentes do não cumprimento das funções que lhe sejam atribuídas.

ARTIGO 68.º
Liquidação de sinistros

Os sinistros decorrentes de um contrato de co-seguro podem ser liquidados através de qualquer das seguintes modalidades, a constar expressamente da respectiva apólice:

a) O líder procede, em seu próprio nome e em nome dos restantes co-seguradores, à liquidação global do sinistro;

b) Cada um dos co-seguradores procede à liquidação da parte do sinistro proporcional à quota-parte do risco que garantiu ou à parte percentual do capital que assumiu.

ARTIGO 69.º
Proposição de acções judiciais

1. A acção judicial decorrente de um contrato de co-seguro deve ser intentada contra todos os co-seguradores, salvo se o litígio se relacionar com a liquidação de um sinistro e tiver sido adoptada, na apólice respectiva, a modalidade referida na alínea b) do artigo anterior.

2. O contrato de co-seguro pode estipular que a acção judicial seja intentada contra o líder em substituição processual dos restantes co-seguradores.

SECÇÃO II
Co-seguro comunitário

ARTIGO 70.º
Noção

No co-seguro comunitário verifica-se a cobertura conjunta de um risco por vários seguradores estabelecidos em diferentes Estados membros da União Europeia, denominados co-seguradores, de entre os quais um é o líder, sem solidariedade entre eles, através de um contrato de seguro único, com as mesmas garantias e idêntico período de duração e com um prémio global.

ARTIGO 71.º
Requisito

O co-seguro comunitário apenas é admitido em relação aos contratos cujo objecto se destine a cobrir grandes riscos.

Capítulo VI
Resseguro

Artigo 72.º
Noção

O resseguro é o contrato mediante o qual uma das partes, o ressegurador, cobre riscos de um segurador ou de outro ressegurador.

Artigo 73.º
Regime subsidiário

A relação entre o ressegurador e o ressegurado é regulada pelo contrato de resseguro, aplicando-se subsidiariamente as normas do regime jurídico do contrato de seguro com ele compatíveis.

Artigo 74.º
Forma

Sem prejuízo do disposto no n.º 1 do artigo 32.º, o contrato de resseguro é formalizado num instrumento escrito, identificando os riscos cobertos.

Artigo 75.º
Efeitos em relação a terceiros

1. Salvo previsão legal ou estipulação no contrato de resseguro, deste contrato não decorrem quaisquer relações entre os tomadores do seguro e o ressegurador.
2. O disposto no número anterior não obsta à eficácia da atribuição a terceiros, pelo segurador, da titularidade ou do exercício de direitos que lhe advenham do contrato de resseguro, quando permitida pela lei geral.

Capítulo VII
Seguro de grupo

Secção I
Disposições comuns

Artigo 76.º
Noção

O contrato de seguro de grupo cobre riscos de um conjunto de pessoas ligadas ao tomador do seguro por um vínculo que não seja o de segurar.

Artigo 77.º
Modalidades

1. O seguro de grupo pode ser contributivo ou não contributivo.
2. O seguro de grupo diz-se contributivo quando do contrato de seguro resulta que os segurados suportam, no todo ou em parte, o pagamento do montante correspondente ao prémio devido pelo tomador do seguro.
3. No seguro contributivo pode ser acordado que os segurados paguem directamente ao segurador a respectiva parte do prémio.

Artigo 78.º
Dever de informar

1. Sem prejuízo do disposto nos artigos 18.º a 21.º, que são aplicáveis com as necessárias adaptações, o tomador do seguro deve informar os segurados sobre as coberturas contratadas e as suas exclusões, as obrigações e os direitos em caso de sinistro, bem como sobre as alterações ao contrato, em conformidade com um espécimen elaborado pelo segurador.
2. No seguro de pessoas, o tomador do seguro deve ainda informar as pessoas seguras do regime de designação e alteração do beneficiário.
3. Compete ao tomador do seguro provar que forneceu as informações referidas nos números anteriores.
4. O segurador deve facultar, a pedido dos segurados, todas as informações necessárias para a efectiva compreensão do contrato.
5. O contrato de seguro pode prever que o dever de informar referido nos n.ºs 1 e 2 seja assumido pelo segurador.

Artigo 79.º
Incumprimento do dever de informar

O incumprimento do dever de informar faz incorrer aquele sobre quem o dever impende em responsabilidade civil nos termos gerais.

Artigo 80.º
Pagamento do prémio

1. Salvo quando tenha sido acordado que o segurado pague directamente o prémio ao segurador, a obrigação de pagamento do prémio impende sobre o tomador do seguro.
2. A falta de pagamento do prémio por parte do tomador do seguro tem as consequências previstas nos artigos 59.º e 61.º
3. No seguro contributivo em que o segurado deva pagar o prémio directamente ao segurador, o disposto nos artigos 59.º e 61.º aplica-se apenas à cobertura do segurado.

ARTIGO 81.º
Designação beneficiária

Salvo convenção em contrário, no seguro de pessoas a pessoa segura designa o beneficiário, aplicando-se no demais o regime geral da designação beneficiária.

ARTIGO 82.º
Denúncia pelo segurado

1. Após a comunicação de alterações ao contrato de seguro de grupo, qualquer segurado pode denunciar o vínculo resultante da adesão, salvo nos casos de adesão obrigatória em virtude de relação estabelecida com o tomador do seguro.
2. A denúncia prevista no número anterior respeita ao segurado que a invoque, não afectando a eficácia do contrato nem a cobertura dos restantes segurados.
3. A denúncia é feita por declaração escrita enviada com uma antecedência de 30 dias ao tomador do seguro ou, quando o contrato o determine, ao segurador.

ARTIGO 83.º
Exclusão do segurado

1. O segurado pode ser excluído do seguro de grupo em caso de cessação do vínculo com o tomador do seguro ou, no seguro contributivo, quando não entregue ao tomador do seguro a quantia destinada ao pagamento do prémio.
2. O segurado pode ainda ser excluído quando ele ou o beneficiário, com o conhecimento daquele, pratique actos fraudulentos em prejuízo do segurador ou do tomador do seguro.
3. O contrato de seguro de grupo deve definir o procedimento de exclusão do segurado e os termos em que a exclusão produz efeitos.

ARTIGO 84.º
Cessação do contrato

1. O tomador do seguro pode fazer cessar o contrato por revogação, denúncia ou resolução, nos termos gerais.
2. O tomador do seguro deve comunicar ao segurado a extinção da cobertura decorrente da cessação do contrato de seguro.
3. A comunicação prevista no número anterior é feita com a antecedência de 30 dias em caso de revogação ou denúncia do contrato.
4. Não sendo respeitada a antecedência por facto a este imputável, o tomador do seguro responde pelos danos a que der origem.

ARTIGO 85.º
Manutenção da cobertura

Em caso de exclusão do segurado ou de cessação do contrato de seguro de grupo, o segurado tem direito à manutenção da cobertura de que beneficiava, quando e nas condições em que o contrato o preveja.

Secção II
Seguro de grupo contributivo

Artigo 86.º
Âmbito

Ao seguro de grupo contributivo é ainda aplicável o regime especial previsto nesta secção.

Artigo 87.º
Dever adicional de informar

1. Adicionalmente à informação prestada nos termos do artigo 78.º, o tomador de um seguro de grupo contributivo, que seja simultaneamente beneficiário do mesmo, deve informar os segurados do montante das remunerações que lhe sejam atribuídas em função da sua intervenção no contrato, independentemente da forma e natureza que assumam, bem como da dimensão relativa que tais remunerações representam em proporção do valor total do prémio do referido contrato.

2. Na vigência de um contrato de seguro de grupo contributivo, o tomador do seguro deve fornecer aos segurados todas as informações a que um tomador de um seguro individual teria direito em circunstâncias análogas.

3. O incumprimento dos deveres previstos nos números anteriores determina a obrigação de o tomador do seguro suportar a parte do prémio correspondente ao segurado, sem perda das respectivas garantias, até à data de renovação do contrato ou respectiva data aniversária.

Artigo 88.º
Adesão ao contrato

1. A adesão a um seguro de grupo contributivo em que o segurado seja pessoa singular considera-se efectuada nos termos propostos se, decorridos 30 dias após a recepção da proposta de adesão pelo tomador do seguro que seja simultaneamente mediador de seguros com poderes de representação, o segurador não tiver notificado o proponente da recusa ou da necessidade de recolher informações essenciais à avaliação do risco.

2. O disposto no número anterior é igualmente aplicável no caso em que, tendo sido solicitadas informações essenciais à avaliação do risco, o segurador não notifique o proponente da recusa no prazo de 30 dias após a prestação dessas informações, independentemente de estas lhe serem prestadas directamente ou através do tomador do seguro que seja simultaneamente mediador de seguros com poderes de representação.

3. Para efeitos do disposto nos números anteriores, o segurador ou o tomador do seguro de grupo contributivo deve fornecer ao proponente cópia da respectiva proposta ou dos documentos em que sejam prestadas informações essenciais à avaliação do risco, nos quais esteja averbada indicação da data em que foram recebidos.

4. O tomador do seguro de grupo contributivo responde perante o segurador pelos danos decorrentes da falta de entrega da proposta ou dos documentos em que sejam prestadas informações essenciais à avaliação do risco ou da respectiva entrega tardia.

ARTIGO 89.º
Condições da declaração de adesão

Da declaração de adesão a um seguro de grupo contributivo, sem prejuízo das condições específicas da adesão, devem constar todas as condições que, em circunstâncias análogas, deveriam constar de um seguro individual.

ARTIGO 90.º
Participação nos resultados

1. No seguro de grupo contributivo, o segurado é o titular do direito à participação nos resultados contratualmente definido na apólice.

2. No seguro de grupo contributivo em que o segurado suporta parte do pagamento correspondente ao prémio, o direito à participação do segurado nos resultados é reconhecido na proporção do respectivo contributo para o pagamento do prémio.

CAPÍTULO VIII
Vicissitudes

SECÇÃO I
Alteração do risco

ARTIGO 91.º
Dever de informação

1. Durante a vigência do contrato, o segurador e o tomador do seguro ou o segurado devem comunicar reciprocamente as alterações do risco respeitantes ao objecto das informações prestadas nos termos dos artigos 18.º a 21.º e 24.º

2. O segurador deve comunicar aos terceiros, com direitos ressalvados no contrato e beneficiários do seguro com designação irrevogável, que se encontrem identificados na apólice, as alterações contratuais que os possam prejudicar, se a natureza do contrato ou a modificação não se opuser.

3. O disposto no número anterior não se aplica no caso de ter sido estipulado no contrato de seguro o dever de confidencialidade.

4. Em caso de seguro de grupo, a comunicação a que se refere o n.º 2 pode ser prestada pelo segurador, pelo tomador do seguro ou pelo segurado, consoante o que seja estipulado.

ARTIGO 92.º
Diminuição do risco

1. Ocorrendo uma diminuição inequívoca e duradoura do risco com reflexo nas condições do contrato, o segurador deve, a partir do momento em que tenha conhecimento das novas circunstâncias, reflecti-la no prémio do contrato.

2. Na falta de acordo relativamente ao novo prémio, assiste ao tomador do seguro o direito de resolver o contrato.

Artigo 93.º
Comunicação do agravamento do risco

1. O tomador do seguro ou o segurado tem o dever de, durante a execução do contrato, no prazo de 14 dias a contar do conhecimento do facto, comunicar ao segurador todas as circunstâncias que agravem o risco, desde que estas, caso fossem conhecidas pelo segurador aquando da celebração do contrato, tivessem podido influir na decisão de contratar ou nas condições do contrato.

2. No prazo de 30 dias a contar do momento em que tenha conhecimento do agravamento do risco, o segurador pode:

a) Apresentar ao tomador do seguro proposta de modificação do contrato, que este deve aceitar ou recusar em igual prazo, findo o qual se entende aprovada a modificação proposta;

b) Resolver o contrato, demonstrando que, em caso algum, celebra contratos que cubram riscos com as características resultantes desse agravamento do risco.

Artigo 94.º
Sinistro e agravamento do risco

1. Se antes da cessação ou da alteração do contrato nos termos previstos no artigo anterior ocorrer o sinistro cuja verificação ou consequência tenha sido influenciada pelo agravamento do risco, o segurador:

a) Cobre o risco, efectuando a prestação convencionada, se o agravamento tiver sido correcta e tempestivamente comunicado antes do sinistro ou antes de decorrido o prazo previsto no n.º 1 do artigo anterior;

b) Cobre parcialmente o risco, reduzindo-se a sua prestação na proporção entre o prémio efectivamente cobrado e aquele que seria devido em função das reais circunstâncias do risco, se o agravamento não tiver sido correcta e tempestivamente comunicado antes do sinistro;

c) Pode recusar a cobertura em caso de comportamento doloso do tomador do segurado ou do segurado com o propósito de obter uma vantagem, mantendo direito aos prémios vencidos.

2. Na situação prevista nas alíneas a) e b) do número anterior, sendo o agravamento do risco resultante de facto do tomador do seguro ou do segurado, o segurador não está obrigado ao pagamento da prestação se demonstrar que, em caso algum, celebra contratos que cubram riscos com as características resultantes desse agravamento do risco.

Secção II
Transmissão do seguro

Artigo 95.º
Regime comum

1. Sem prejuízo do disposto em matéria de seguro de vida, o tomador do seguro tem a faculdade de transmitir a sua posição contratual nos termos gerais, sem necessidade de consentimento do segurado.

2. Salvo disposição legal ou convenção em contrário, em caso de transmissão do bem seguro, sendo segurado o tomador do seguro, o contrato de seguro transmite-se para o adquirente, mas a transferência só produz efeito depois de notificada ao segurador.

3. Salvo disposição legal ou convenção em contrário, em caso de transmissão do bem seguro por parte de segurado determinado transmite-se a posição de segurado para o adquirente, sem prejuízo do regime de agravamento do risco.

4. Verificada a transmissão da posição do tomador do seguro, o adquirente e o segurador podem fazer cessar o contrato nos termos gerais.

5. A transmissão da empresa ou do estabelecimento determina a transferência para o adquirente dos seguros associados a essa unidade económica, nos termos previstos nos n.os 2 e 3.

Artigo 96.º
Morte do tomador do seguro

1. Do contrato pode resultar que, em caso de morte do tomador do seguro, a posição contratual se transmita para o segurado ou para terceiro interessado.

2. O disposto no número anterior não se aplica aos contratos titulados por apólices à ordem ou ao portador, nem aos contratos concluídos em razão da pessoa do tomador do seguro.

Artigo 97.º
Seguro em garantia

1. Se o seguro foi constituído em garantia, o tomador do seguro pode celebrar novo contrato de seguro com outro segurador, mantendo as mesmas condições de garantia, sem consentimento do credor.

2. Quando exista garantia real sobre o bem seguro, a transferência do seguro em resultado da transmissão do bem não depende do consentimento do credor, mas deve ser-lhe notificada pelo segurador, desde que aquele esteja devidamente identificado na apólice.

Secção III
Insolvência

Artigo 98.º
Insolvência do tomador do seguro ou do segurado

1. Salvo convenção em contrário, o seguro subsiste após a declaração de insolvência do tomador do seguro ou do segurado.

2. Salvo nos seguros de crédito e caução, presume-se que a declaração de insolvência constitui um factor de agravamento do risco.

Capítulo IX
Sinistro

Secção I
Noção e participação

Artigo 99.º
Noção

O sinistro corresponde à verificação, total ou parcial, do evento que desencadeia o accionamento da cobertura do risco prevista no contrato.

Artigo 100.º
Participação do sinistro

1. A verificação do sinistro deve ser comunicada ao segurador pelo tomador do seguro, pelo segurado ou pelo beneficiário, no prazo fixado no contrato ou, na falta deste, nos oito dias imediatos àquele em que tenha conhecimento.
2. Na participação devem ser explicitadas as circunstâncias da verificação do sinistro, as eventuais causas da sua ocorrência e respectivas consequências.
3. O tomador do seguro, o segurado ou o beneficiário deve igualmente prestar ao segurador todas as informações relevantes que este solicite relativas ao sinistro e às suas consequências.

Artigo 101.º
Falta de participação do sinistro

1. O contrato pode prever a redução da prestação do segurador atendendo ao dano que o incumprimento dos deveres fixados no artigo anterior lhe cause.
2. O contrato pode igualmente prever a perda da cobertura se a falta de cumprimento ou o cumprimento incorrecto dos deveres enunciados no artigo anterior for doloso e tiver determinado dano significativo para o segurador.
3. O disposto nos números anteriores não é aplicável quando o segurador tenha tido conhecimento do sinistro por outro meio durante o prazo previsto no n.º 1 do artigo anterior, ou o obrigado prove que não poderia razoavelmente ter procedido à comunicação devida em momento anterior àquele em que o fez.
4. O disposto nos n.os 1 e 2 não é oponível aos lesados em caso de seguro obrigatório de responsabilidade civil, ficando o segurador com direito de regresso contra o incumpridor relativamente às prestações que efectuar, com os limites referidos naqueles números.

Secção II
Pagamento

Artigo 102.º
Realização da prestação do segurador

1. O segurador obriga-se a satisfazer a prestação contratual a quem for devida, após a confirmação da ocorrência do sinistro e das suas causas, circunstâncias e consequências.
2. Para efeito do disposto no número anterior, dependendo das circunstâncias, pode ser necessária a prévia quantificação das consequências do sinistro.
3. A prestação devida pelo segurador pode ser pecuniária ou não pecuniária.

Artigo 103.º
Direitos de terceiros

O pagamento efectuado em prejuízo de direitos de terceiros de que o segurador tenha conhecimento, designadamente credores preferentes, não o libera do cumprimento da sua obrigação.

Artigo 104.º
Vencimento

A obrigação do segurador vence-se decorridos 30 dias sobre o apuramento dos factos a que se refere o artigo 102.º

Capítulo X
Cessação do contrato

Secção I
Regime comum

Artigo 105.º
Modos de cessação

O contrato de seguro cessa nos termos gerais, nomeadamente por caducidade, revogação, denúncia e resolução.

Artigo 106.º
Efeitos da cessação

1. Sem prejuízo de disposições que estatuam a eficácia de deveres contratuais depois do termo do vínculo, a cessação do contrato determina a extinção das obrigações do segurador e do tomador do seguro enunciadas no artigo 1.º

2. A cessação do contrato não prejudica a obrigação do segurador de efectuar a prestação decorrente da cobertura do risco, desde que o sinistro seja anterior ou concomitante com a cessação e ainda que este tenha sido a causa da cessação do contrato.
3. Nos seguros com provisões matemáticas, em relação aos quais o resgate seja permitido, a cessação do contrato que não dê lugar à realização da prestação determina a obrigação de o segurador prestar o montante dessa provisão, deduzindo os custos de aquisição ainda não amortizados, adicionando-se, se a ela houver lugar, o montante da participação nos resultados calculado pro rata temporis.

Artigo 107.º
Estorno do prémio por cessação antecipada

1. Salvo disposição legal em contrário, sempre que o contrato cesse antes do período de vigência estipulado há lugar ao estorno do prémio, excepto quando tenha havido pagamento da prestação decorrente de sinistro ou nas situações previstas no n.º 3 do artigo anterior.
2. O estorno do prémio é calculado pro rata temporis.
3. O disposto no número anterior pode ser afastado por estipulação das partes em sentido contrário, desde que tal acordo tenha uma razão atendível, como seja a garantia de separação técnica entre a tarifação dos seguros anuais e a dos seguros temporários.
4. Salvo disposição legal em contrário, as partes não podem estipular sanção aplicável ao tomador do seguro sempre que este exerça um direito que determine a cessação antecipada do contrato.
5. O disposto no presente artigo não é aplicável aos seguros de vida, às operações de capitalização e aos seguros de doença de longa duração.

Artigo 108.º
Efeitos em relação a terceiros

1. A cessação do contrato de seguro não prejudica os direitos adquiridos por terceiros durante a vigência do contrato.
2. Da natureza e das condições do seguro pode resultar que terceiros beneficiem da cobertura de sinistro reclamado depois da cessação do contrato.
3. O segurador deve comunicar a cessação do contrato aos terceiros com direitos ressalvados no contrato e aos beneficiários com designação irrevogável, desde que identificados na apólice.
4. O dever de comunicação previsto no número anterior impende igualmente sobre o segurador em relação ao segurado que seja distinto do tomador do seguro.

Secção II
Caducidade

Artigo 109.º
Regime regra

O contrato de seguro caduca nos termos gerais, nomeadamente no termo do período de vigência estipulado.

ARTIGO 110.º
Causas específicas

1. O contrato de seguro caduca na eventualidade de superveniente perda do interesse ou de extinção do risco e sempre que se verifique o pagamento da totalidade do capital seguro para o período de vigência do contrato sem que se encontre prevista a reposição desse capital.
2. Entende-se que há extinção do risco, nomeadamente em caso de morte da pessoa segura, de perda total do bem seguro e de cessação da actividade objecto do seguro.

SECÇÃO III
Revogação

ARTIGO 111.º
Cessação por acordo

1. O segurador e o tomador do seguro podem, por acordo, a todo o tempo, fazer cessar o contrato de seguro.
2. Com excepção do seguro de grupo e das especificidades previstas em sede de seguro de vida, não coincidindo o tomador do seguro com o segurado identificado na apólice, a revogação carece do consentimento deste.

SECÇÃO IV
Denúncia

ARTIGO 112.º
Regime comum

1. O contrato de seguro celebrado por período determinado e com prorrogação automática pode ser livremente denunciado por qualquer das partes para obviar à sua prorrogação.
2. O contrato de seguro celebrado sem duração determinada pode ser denunciado a todo o tempo, por qualquer das partes.
3. As partes podem estabelecer a liberdade de denúncia do tomador do seguro em termos mais amplos do que os previstos nos números anteriores.
4. Nos seguros de grandes riscos, a liberdade de denúncia pode ser livremente ajustada.

ARTIGO 113.º
Contrato de duração inferior a cinco anos

No contrato de seguro celebrado com um período de vigência inicial inferior a cinco anos e prorrogação automática, a liberdade de denúncia não é afectada pelas limitações indicadas no artigo seguinte.

Artigo 114.º
Limitações à denúncia

1. O contrato de seguro celebrado sem duração determinada não pode ser denunciado sempre que a livre desvinculação se oponha à natureza do vínculo ou à finalidade prosseguida pelo contrato e ainda quando corresponda a uma atitude abusiva.
2. A natureza do vínculo opõe-se à liberdade de denúncia, nomeadamente quando o contrato de seguro for celebrado para perdurar até à verificação de determinado facto.
3. A finalidade prosseguida pelo contrato inviabiliza a denúncia, nomeadamente nos seguros em que o decurso do tempo agrava o risco.
4. Presume-se abusiva a denúncia feita na iminência da verificação do sinistro ou após a verificação de um facto que possa desencadear uma ou mais situações de responsabilidade do segurador.
5. O disposto nos números anteriores observa-se igualmente em relação à denúncia para obviar à prorrogação do contrato de seguro celebrado com um período de vigência inicial igual ou superior a cinco anos.

Artigo 115.º
Aviso prévio

1. A denúncia deve ser feita por declaração escrita enviada ao destinatário com uma antecedência mínima de 30 dias relativamente à data da prorrogação do contrato.
2. No contrato de seguro sem duração determinada ou com um período inicial de duração igual ou superior a cinco anos, sem prejuízo do disposto no número anterior, a denúncia deve ser feita com uma antecedência mínima de 90 dias relativamente à data de termo do contrato.
3. No caso previsto no número anterior, salvo convenção em contrário, o contrato cessa decorrido o prazo do aviso prévio ou, tendo havido um pagamento antecipado do prémio relativo a certo período, no termo desse período.

Secção V
Resolução

Artigo 116.º
Justa causa

O contrato de seguro pode ser resolvido por qualquer das partes a todo o tempo, havendo justa causa, nos termos gerais.

Artigo 117.º
Resolução após sinistro

1. Pode ser acordada a possibilidade de as partes resolverem o contrato após uma sucessão de sinistros.
2. Para efeito do número anterior, presume-se que há sucessão de sinistros quando ocorram dois sinistros num período de 12 meses ou, sendo o contrato anual, no decurso

da anuidade, podendo ser estipulado regime especial que, atendendo à modalidade de seguro, permita preencher o conceito de sucessão de sinistros de modo diverso.

3. Salvo disposição legal em contrário, a resolução após sinistro, a exercer pelo segurador, não pode ser convencionada nos seguros de vida, de saúde, de crédito e caução, nem nos seguros obrigatórios de responsabilidade civil.

4. A resolução prevista no n.º 1 não tem eficácia retroactiva e deve ser exercida, por declaração escrita, no prazo de 30 dias após o pagamento ou a recusa de pagamento do sinistro.

5. As limitações previstas no presente artigo não se aplicam aos seguros de grandes riscos.

ARTIGO 118.º
Livre resolução

1. O tomador do seguro, sendo pessoa singular, pode resolver o contrato sem invocar justa causa nas seguintes situações:

   a) Nos contratos de seguro de vida, de acidentes pessoais e de saúde com uma duração igual ou superior a seis meses, nos 30 dias imediatos à data da recepção da apólice;
   b) Nos seguros qualificados como instrumentos de captação de aforro estruturados, nos 30 dias imediatos à data da recepção da apólice;
   c) Nos contratos de seguro celebrados à distância, não previstos nas alíneas anteriores, nos 14 dias imediatos à data da recepção da apólice.

2. Os prazos previstos no número anterior contam-se a partir da data da celebração do contrato, desde que o tomador do seguro, nessa data, disponha, em papel ou noutro suporte duradouro, de todas as informações relevantes sobre o seguro que tenham de constar da apólice.

3. A livre resolução disposta na alínea a) do n.º 1 não se aplica aos segurados nos seguros de grupo.

4. A livre resolução de contrato de seguro celebrado à distância não se aplica a seguros com prazo de duração inferior a um mês, nem aos seguros de viagem ou de bagagem.

5. A resolução do contrato deve ser comunicada ao segurador por escrito, em suporte de papel ou outro meio duradouro disponível e acessível ao segurador.

6. A resolução tem efeito retroactivo, podendo o segurador ter direito às seguintes prestações:

   a) Ao valor do prémio calculado pro rata temporis, na medida em que tenha suportado o risco até à resolução do contrato;
   b) Ao montante das despesas razoáveis que tenha efectuado com exames médicos sempre que esse valor seja imputado contratualmente ao tomador do seguro;
   c) Aos custos de desinvestimento que comprovadamente tenha suportado.

7. O segurador não tem direito às prestações indicadas no número anterior em caso de livre resolução de contrato de seguro celebrado à distância, excepto no caso de início de cobertura do seguro antes do termo do prazo de livre resolução do contrato a pedido do tomador do seguro.

Capítulo XI
Disposições complementares

Artigo 119.º
Dever de sigilo

1. O segurador deve guardar segredo de todas as informações de que tenha tomado conhecimento no âmbito da celebração ou da execução de um contrato de seguro, ainda que o contrato não se tenha celebrado, seja inválido ou tenha cessado.

2. O dever de sigilo impende também sobre os administradores, trabalhadores, agentes e demais auxiliares do segurador, não cessando com o termo das respectivas funções.

Artigo 120.º
Comunicações

1. As comunicações previstas no presente regime devem revestir forma escrita ou ser prestadas por outro meio de que fique registo duradouro.

2. O segurador só está obrigado a enviar as comunicações previstas no presente regime se o destinatário das mesmas estiver devidamente identificado no contrato, considerando-se validamente efectuadas se remetidas para o respectivo endereço constante da apólice.

Artigo 121.º
Prescrição

1. O direito do segurador ao prémio prescreve no prazo de dois anos a contar da data do seu vencimento.

2. Os restantes direitos emergentes do contrato de seguro prescrevem no prazo de cinco anos a contar da data em que o titular teve conhecimento do direito, sem prejuízo da prescrição ordinária a contar do facto que lhe deu causa.

Artigo 122.º
Arbitragem

1. Sem prejuízo do disposto no artigo 50.º sobre perícia arbitral, os litígios emergentes de validade, interpretação, execução e incumprimento do contrato de seguro podem ser dirimidos por via arbitral, ainda que a questão respeite a seguros obrigatórios ou à aplicação de normas imperativas do presente regime.

2. A arbitragem prevista no número anterior segue o regime geral da lei de arbitragem.

Título II
Seguro de danos

Capítulo I
Parte geral

Secção I
Identificação

Artigo 123.º
Objecto

O seguro de danos pode respeitar a coisas, bens imateriais, créditos e quaisquer outros direitos patrimoniais.

Artigo 124.º
Vícios próprios da coisa segura

1. Salvo disposição legal ou convenção em contrário, em caso de danos causados por vício próprio da coisa segura existente ao tempo do contrato de que o tomador do seguro devesse ter conhecimento e que não tenha sido declarado ao segurador, aplica-se o regime de declaração inicial ou de agravamento do risco, previstos, respectivamente, nos artigos 24.º a 26.º e no artigo 94.º do presente regime.
2. Se o vício próprio da coisa segura tiver agravado o dano, as limitações decorrentes do número anterior aplicam-se apenas à parcela do dano resultante do vício.

Artigo 125.º
Seguro de um conjunto de coisas

1. Ocorrendo o sinistro, cabe ao segurado provar que uma coisa perecida ou danificada pertence ao conjunto de coisas objecto do seguro.
2. No seguro de um conjunto de coisas, e salvo convenção em contrário, o seguro estende-se às coisas das pessoas que vivam com o segurado em economia comum no momento do sinistro, bem como às dos trabalhadores do segurado, desde que por outro motivo não estejam excluídas do conjunto de coisas seguras.
3. No caso do número anterior, tem direito à prestação o proprietário ou o titular de direitos equiparáveis sobre as coisas.

SECÇÃO II
Afastamento e mitigação do sinistro

ARTIGO 126.º
Salvamento

1. Em caso de sinistro, o tomador do seguro ou o segurado deve empregar os meios ao seu alcance para prevenir ou limitar os danos.
2. O disposto no número anterior aplica-se a quem tenha conhecimento do seguro na qualidade de beneficiário.
3. Em caso de incumprimento do dever fixado nos números anteriores, aplica-se o disposto nos n.ºs 1, 2 e 4 do artigo 101.º

ARTIGO 127.º
Obrigação de reembolso

1. O segurador paga ao tomador do seguro, segurado ou beneficiário as despesas efectuadas em cumprimento do dever fixado nos n.ºs 1 e 2 do artigo anterior, desde que razoáveis e proporcionadas, ainda que os meios empregados se revelem ineficazes.
2. As despesas indicadas no número anterior devem ser pagas pelo segurador antecipadamente à data da regularização do sinistro, quando o tomador do seguro, o segurado ou o beneficiário exija o reembolso, as circunstâncias o não impeçam e o sinistro esteja coberto pelo seguro.
3. O valor devido pelo segurador nos termos do n.º 1 é deduzido ao montante do capital seguro disponível, salvo se corresponder a despesas efectuadas em cumprimento de determinações concretas do segurador ou a sua cobertura autónoma resultar do contrato.
4. Em caso de seguro por valor inferior ao do interesse seguro ao tempo do sinistro, o segurador paga as despesas efectuadas em cumprimento do dever fixado nos n.ºs 1 e 2 do artigo anterior na proporção do interesse coberto e dos interesses em risco, excepto se as mesmas decorrerem do cumprimento de determinações concretas do segurador ou a sua cobertura autónoma resultar do contrato.

SECÇÃO III
Princípio indemnizatório

ARTIGO 128.º
Prestação do segurador

A prestação devida pelo segurador está limitada ao dano decorrente do sinistro até ao montante do capital seguro.

ARTIGO 129.º
Salvado

O objecto salvo do sinistro só pode ser abandonado a favor do segurador se o contrato assim o estabelecer.

ARTIGO 130.º
Seguro de coisas

1. No seguro de coisas, o dano a atender para determinar a prestação devida pelo segurador é o do valor do interesse seguro ao tempo do sinistro.
2. No seguro de coisas, o segurador apenas responde pelos lucros cessantes resultantes do sinistro se assim for convencionado.
3. O disposto no número anterior aplica-se igualmente quanto ao valor de privação de uso do bem.

ARTIGO 131.º
Regime convencional

1. Sem prejuízo do disposto no artigo 128.º e no n.º 1 do artigo anterior, podem as partes acordar no valor do interesse seguro atendível para o cálculo da indemnização, não devendo esse valor ser manifestamente infundado.
2. As partes podem acordar, nomeadamente, na fixação de um valor de reconstrução ou de substituição do bem ou em não considerar a depreciação do valor do interesse seguro em função da vetustez ou do uso do bem.
3. Os acordos previstos nos números anteriores não prejudicam a aplicação do regime da alteração do risco previsto nos artigos 91.º a 94.º

ARTIGO 132.º
Sobresseguro

1. Se o capital seguro exceder o valor do interesse seguro, é aplicável o disposto no artigo 128.º, podendo as partes pedir a redução do contrato.
2. Estando o tomador do seguro ou o segurado de boa fé, o segurador deve proceder à restituição dos sobreprémios que tenham sido pagos nos dois anos anteriores ao pedido de redução do contrato, deduzidos os custos de aquisição calculados proporcionalmente.

ARTIGO 133.º
Pluralidade de seguros

1. Quando um mesmo risco relativo ao mesmo interesse e por idêntico período esteja seguro por vários seguradores, o tomador do seguro ou o segurado deve informar dessa circunstância todos os seguradores, logo que tome conhecimento da sua verificação, bem como aquando da participação do sinistro.
2. A omissão fraudulenta da informação referida no número anterior exonera os seguradores das respectivas prestações.

3. O sinistro verificado no âmbito dos contratos referidos no n.º 1 é indemnizado por qualquer dos seguradores, à escolha do segurado, dentro dos limites da respectiva obrigação.
4. Salvo convenção em contrário, os seguradores envolvidos no ressarcimento do dano coberto pelos contratos referidos no n.º 1 respondem entre si na proporção da quantia que cada um teria de pagar se existisse um único contrato de seguro.
5. Em caso de insolvência de um dos seguradores, os demais respondem pela quota-parte daquele nos termos previstos no número anterior.
6. O disposto no presente artigo é aplicável ao direito do lesado exigir o pagamento da indemnização directamente ao segurador nos seguros de responsabilidade civil, à excepção do previsto no n.º 2, que não pode ser invocado contra o lesado.

Artigo 134.º
Subseguro

Salvo convenção em contrário, se o capital seguro for inferior ao valor do objecto seguro, o segurador só responde pelo dano na respectiva proporção.

Artigo 135.º
Actualização

1. Salvo estipulação em contrário, no seguro de riscos relativos à habitação, o valor do imóvel seguro ou a proporção segura do mesmo é automaticamente actualizado de acordo com os índices publicados para o efeito pelo Instituto de Seguros de Portugal.
2. O segurador, sem prejuízo das informações previstas nos artigos 18.º a 21.º, deve informar o tomador do seguro, aquando da celebração do contrato e por altura das respectivas prorrogações, do teor do disposto no número anterior, bem como do valor seguro do imóvel, a considerar para efeito de indemnização em caso de perda total, e dos critérios da sua actualização.
3. O incumprimento dos deveres previstos no número anterior determina a não aplicação do disposto no artigo anterior, na medida do incumprimento.

Artigo 136.º
Sub-rogação pelo segurador

1. O segurador que tiver pago a indemnização fica sub-rogado, na medida do montante pago, nos direitos do segurado contra o terceiro responsável pelo sinistro.
2. O tomador do seguro ou o segurado responde, até ao limite da indemnização paga pelo segurador, por acto ou omissão que prejudique os direitos previstos no número anterior.
3. A sub-rogação parcial não prejudica o direito do segurado relativo à parcela do risco não coberto, quando concorra com o segurador contra o terceiro responsável, salvo convenção em contrário em contratos de grandes riscos.
4. O disposto no n.º 1 não é aplicável:
   a) Contra o segurado se este responde pelo terceiro responsável, nos termos da lei;
   b) Contra o cônjuge, pessoa que viva em união de facto, ascendentes e descendentes do segurado que com ele vivam em economia comum, salvo se a responsabilidade destes terceiros for dolosa ou se encontrar coberta por contrato de seguro.

CAPÍTULO II
Parte especial

SECÇÃO I
Seguro de responsabilidade civil

SUBSECÇÃO I
Regime comum

ARTIGO 137.º
Noção

No seguro de responsabilidade civil, o segurador cobre o risco de constituição, no património do segurado, de uma obrigação de indemnizar terceiros.

ARTIGO 138.º
Âmbito

1. O seguro de responsabilidade civil garante a obrigação de indemnizar, nos termos acordados, até ao montante do capital seguro por sinistro, por período de vigência do contrato ou por lesado.
2. Salvo convenção em contrário, o dano a atender para efeito do princípio indemnizatório é o disposto na lei geral.
3. O disposto na presente secção aplica-se ao seguro de acidentes de trabalho sempre que as disposições especiais consagradas neste regime não se lhe oponham.

ARTIGO 139.º
Período de cobertura

1. Salvo convenção em contrário, a garantia cobre a responsabilidade civil do segurado por factos geradores de responsabilidade civil ocorridos no período de vigência do contrato, abrangendo os pedidos de indemnização apresentados após o termo do seguro.
2. São válidas as cláusulas que delimitem o período de cobertura, tendo em conta, nomeadamente, o facto gerador do dano, a manifestação do dano ou a sua reclamação.
3. Sendo ajustada uma cláusula de delimitação temporal da cobertura atendendo à data da reclamação, sem prejuízo do disposto em lei ou regulamento especial e não estando o risco coberto por um contrato de seguro posterior, o seguro de responsabilidade civil garante o pagamento de indemnizações resultantes de eventos danosos desconhecidos das partes e ocorridos durante o período de vigência do contrato, ainda que a reclamação seja apresentada no ano seguinte ao termo do contrato.

Artigo 140.º
Defesa jurídica

1. O segurador de responsabilidade civil pode intervir em qualquer processo judicial ou administrativo em que se discuta a obrigação de indemnizar cujo risco ele tenha assumido, suportando os custos daí decorrentes.
2. O contrato de seguro pode prever o direito de o lesado demandar directamente o segurador, isoladamente ou em conjunto com o segurado.
3. O direito de o lesado demandar directamente o segurador verifica-se ainda quando o segurado o tenha informado da existência de um contrato de seguro com o consequente início de negociações directas entre o lesado e o segurador.
4. Quando o segurado e o lesado tiverem contratado um seguro com o mesmo segurador ou existindo qualquer outro conflito de interesses, o segurador deve dar a conhecer aos interessados tal circunstância.
5. No caso previsto no número anterior, o segurado, frustrada a resolução do litígio por acordo, pode confiar a sua defesa a quem entender, assumindo o segurador, salvo convenção em contrário, os custos daí decorrentes proporcionais à diferença entre o valor proposto pelo segurador e aquele que o segurado obtenha.
6. O segurado deve prestar ao segurador toda a informação que razoavelmente lhe seja exigida e abster-se de agravar a posição substantiva ou processual do segurador.
7. São inoponíveis ao segurador que não tenha dado o seu consentimento tanto o reconhecimento, por parte do segurado, do direito do lesado como o pagamento da indemnização que a este seja efectuado.

Artigo 141.º
Dolo

Sem prejuízo do disposto no artigo 46.º, não se considera dolosa a produção do dano quando o agente beneficie de uma causa de exclusão da ilicitude ou da culpa.

Artigo 142.º
Pluralidade de lesados

1. Se o segurado responder perante vários lesados e o valor total das indemnizações ultrapassar o capital seguro, as pretensões destes são proporcionalmente reduzidas até à concorrência desse capital.
2. O segurador que, de boa fé e por desconhecimento de outras pretensões, efectuar o pagamento de indemnizações de valor superior ao que resultar do disposto no número anterior, fica liberado para com os outros lesados pelo que exceder o capital seguro.

Artigo 143.º
Bónus

Para efeito de aplicação do regime de bónus ou de agravamento, só é considerado o sinistro que tenha dado lugar ao pagamento de indemnização ou à constituição de uma provisão e, neste último caso, desde que o segurador tenha assumido a correspondente responsabilidade.

ARTIGO 144.º
Direito de regresso do segurador

1. Sem prejuízo de regime diverso previsto em legislação especial, satisfeita a indemnização, o segurador tem direito de regresso, relativamente à quantia despendida, contra o tomador do seguro ou o segurado que tenha causado dolosamente o dano ou tenha de outra forma lesado dolosamente o segurador após o sinistro.
2. Sem prejuízo do disposto em legislação especial ou convenção das partes, não tendo havido dolo do tomador do seguro ou do segurado, a obrigação de regresso só existe na medida em que o sinistro tenha sido causado ou agravado pelo facto que é invocado para exercer o direito de regresso.

ARTIGO 145.º
Prescrição

Aos direitos do lesado contra o segurador aplicam-se os prazos de prescrição regulados no Código Civil.

SUBSECÇÃO II
Disposições especiais de seguro obrigatório

ARTIGO 146.º
Direito do lesado

1. O lesado tem o direito de exigir o pagamento da indemnização directamente ao segurador.
2. A indemnização é paga com exclusão dos demais credores do segurado.
3. Salvo disposição legal ou regulamentar em sentido diverso, não pode ser convencionada solução diversa da prevista no n.º 2 do artigo 138.º
4. ...
5. Enquanto um seguro obrigatório não seja objecto de regulamentação, podem as partes convencionar o âmbito da cobertura, desde que o contrato de seguro cumpra a obrigação legal e não contenha exclusões contrárias à natureza dessa obrigação, o que não impede a cobertura, ainda que parcelar, dos mesmos riscos com carácter facultativo.
6. Sendo celebrado um contrato de seguro com carácter facultativo, que não cumpra a obrigação legal ou contenha exclusões contrárias à natureza do seguro obrigatório, não se considera cumprido o dever de cobrir os riscos por via de um seguro obrigatório.

ARTIGO 147.º
Meios de defesa

1. O segurador apenas pode opor ao lesado os meios de defesa derivados do contrato de seguro ou de facto do tomador do seguro ou do segurado ocorrido anteriormente ao sinistro.

2. Para efeito do número anterior, são nomeadamente oponíveis ao lesado, como meios de defesa do segurador, a invalidade do contrato, as condições contratuais e a cessação do contrato.

ARTIGO 148.º
Dolo

1. No seguro obrigatório de responsabilidade civil, a cobertura de actos ou omissões dolosos depende do regime estabelecido em lei ou regulamento.
2. Caso a lei e o regulamento sejam omissos na definição do regime, há cobertura de actos ou omissões dolosos do segurado.

SECÇÃO II
Seguro de incêndio

ARTIGO 149.º
Noção

O seguro de incêndio tem por objecto a cobertura dos danos causados pela ocorrência de incêndio no bem identificado no contrato.

ARTIGO 150.º
Âmbito

1. A cobertura do risco de incêndio compreende os danos causados por acção do incêndio, ainda que tenha havido negligência do segurado ou de pessoa por quem este seja responsável.
2. O seguro de incêndio garante igualmente os danos causados no bem seguro em consequência dos meios empregados para combater o incêndio, assim como os danos derivados de calor, fumo, vapor ou explosão em consequência do incêndio e ainda remoções ou destruições executadas por ordem da autoridade competente ou praticadas com o fim de salvamento, se o forem em razão do incêndio ou de qualquer dos factos anteriormente previstos.
3. Salvo convenção em contrário, o seguro de incêndio compreende ainda os danos causados por acção de raio, explosão ou outro acidente semelhante, mesmo que não seja acompanhado de incêndio.

ARTIGO 151.º
Apólice

Além do disposto no artigo 37.º, a apólice de seguro de incêndio deve precisar:

a) O tipo de bem, o material de construção e o estado em que se encontra, assim como a localização do prédio e o respectivo nome ou a numeração identificativa;
b) O destino e o uso do bem;

c) A natureza e o uso dos edifícios adjacentes, sempre que estas circunstâncias puderem influir no risco;
d) O lugar em que os objectos mobiliários segurados contra o incêndio se acharem colocados ou armazenados.

Secção III
Seguros de colheitas e pecuário

Artigo 152.º
Seguro de colheitas

1. O seguro de colheitas garante uma indemnização calculada sobre o montante de danos verificados em culturas.
2. A indemnização prevista no número anterior é determinada em função do valor que os frutos de uma produção regular teriam ao tempo em que deviam ser colhidos se não tivesse sucedido o sinistro, deduzido dos custos em que não haja incorrido e demais poupanças e vantagens do segurado em razão do sinistro.

Artigo 153.º
Seguro pecuário

1. O seguro pecuário garante uma indemnização calculada sobre o montante de danos verificados em determinado tipo de animais.
2. Salvo convenção em contrário, se o seguro pecuário cobrir o risco de doença ou morte das crias de certo tipo de animais, a indemnização prevista no número anterior é determinada em função do valor que os animais teriam ao tempo em que, presumivelmente, seriam vendidos ou abatidos se não tivesse sucedido o sinistro, deduzido dos custos em que não haja incorrido e das demais poupanças e vantagens do segurado em razão do sinistro.

Artigo 154.º
Apólice

1. Além do disposto no artigo 37.º, a apólice de seguro de colheitas deve precisar:
a) A situação, a extensão e a identificação do prédio cujo produto se segura;
b) A natureza do produto e a época normal da colheita;
c) A identificação da sementeira ou da plantação, na eventualidade de já existir à data da celebração do contrato;
d) O local do depósito ou armazenamento, no caso de o seguro abranger produtos já colhidos;
e) O valor médio da colheita segura.

2. Além do disposto no artigo 37.º, a apólice de seguro pecuário deve precisar:
a) A identificação do prédio onde se encontra a exploração pecuária ou do prédio onde normalmente os animais se encontram ou pernoitam;

b) O tipo de animal, eventualmente a respectiva raça, o número de animais seguros e o destino da exploração;
c) O valor dos animais seguros.

Secção IV
Seguro de transporte de coisas

Artigo 155.º
Âmbito do seguro

1. O seguro de transporte cobre riscos relativos ao transporte de coisas por via terrestre, fluvial, lacustre ou aérea, nos termos previstos no contrato.
2. O seguro de transporte marítimo e o seguro de envios postais são regulados por lei especial e pelas disposições constantes do presente regime não incompatíveis com a sua natureza.

Artigo 156.º
Legitimidade

1. Sendo o seguro de transporte celebrado pelo tomador do seguro por conta do segurado, observa-se o disposto no artigo 48.º
2. No caso previsto no número anterior, o contrato discrimina a qualidade em que o tomador do seguro faz segurar a coisa.

Artigo 157.º
Período da cobertura

1. Salvo convenção em contrário, o segurador assume o risco desde o recebimento das mercadorias pelo transportador até à respectiva entrega no termo do transporte.
2. O contrato pode, nomeadamente, fixar o início da cobertura dos riscos de transporte na saída das mercadorias do armazém ou do domicílio do carregador e o respectivo termo na entrega no armazém ou no domicílio do destinatário.

Artigo 158.º
Apólice

Além do disposto no artigo 37.º, a apólice do seguro de transporte deve precisar:
a) O modo de transporte utilizado e a sua natureza pública ou particular;
b) A modalidade de seguro contratado, nomeadamente se corresponde a uma apólice «avulso», a uma apólice «aberta» ou «flutuante» ou a uma apólice «a viagem» ou «a tempo»;
c) A data da recepção da coisa e a data esperada da sua entrega;
d) Sendo caso disso, a identificação do transportador ou transportadores ou, em alternativa, a entidade a quem caiba a sua determinação;
e) Os locais onde devam ser recebidas e entregues as coisas seguras.

ARTIGO 159.º
Capital seguro

1. Na falta de acordo, o seguro compreende o valor da coisa transportada no lugar e na data do carregamento acrescido do custo do transporte até ao local do destino.
2. Quando avaliado separadamente no contrato, o seguro cobre ainda o lucro cessante.

ARTIGO 160.º
Pluralidade de meios de transporte

Salvo convenção em contrário, o disposto na presente secção aplica-se ainda que as coisas sejam transportadas predominantemente por meio marítimo.

SECÇÃO V
Seguro financeiro

ARTIGO 161.º
Seguro de crédito

1. Por efeito do seguro de crédito, o segurador obriga-se a indemnizar o segurado, nas condições e com os limites constantes da lei e do contrato de seguro, em caso de perdas causadas nomeadamente por:
  a) Falta ou atraso no pagamento de obrigações pecuniárias;
  b) Riscos políticos, naturais ou contratuais, que obstem ao cumprimento de tais obrigações;
  c) Não amortização de despesas suportadas com vista à constituição desses créditos;
  d) Variações de taxa de câmbio de moedas de referência no pagamento;
  e) Alteração anormal e imprevisível dos custos de produção;
  f) Suspensão ou revogação da encomenda ou resolução arbitrária do contrato pelo devedor na fase anterior à constituição do crédito.

2. O seguro de crédito pode cobrir riscos de crédito inerentes a contratos destinados a produzir os seus efeitos em Portugal ou no estrangeiro, podendo abranger a fase de fabrico e a fase de crédito e, nos termos indicados na lei ou no contrato, a fase anterior à tomada firme.

ARTIGO 162.º
Seguro-caução

Por efeito do seguro-caução, o segurador obriga-se a indemnizar o segurado pelos danos patrimoniais sofridos, em caso de falta de cumprimento ou de mora do tomador do seguro, em obrigações cujo cumprimento possa ser assegurado por garantia pessoal.

Artigo 163.º
Cobrança

No seguro financeiro podem ser conferidos ao segurador poderes para reclamar créditos do tomador do seguro ou do segurado em valor superior ao do montante do capital seguro, devendo todavia aquele, salvo convenção em contrário, entregar as somas recuperadas ao tomador do seguro ou ao segurado na proporção dos respectivos créditos.

Artigo 164.º
Comunicação ao segurado

1. Sem prejuízo do disposto no n.º 2 do artigo 91.º e nos n.ºs 3 e 4 do artigo 108.º, no seguro-caução, não havendo cláusula de inoponibilidade, o segurador deve comunicar ao segurado a falta de pagamento do prémio ou da fracção devido pelo tomador do seguro para, querendo evitar a resolução do contrato, pagar a quantia em dívida num prazo não superior a 30 dias relativamente à data de vencimento.
2. Entende-se por cláusula de inoponibilidade a cláusula contratual que impede o segurador, durante determinado prazo, de opor ao segurado, beneficiário do contrato, a invalidade ou a resolução do contrato de seguro.

Artigo 165.º
Reembolso

1. No seguro de crédito, o segurador fica sub-rogado na medida do montante pago nos termos previstos no artigo 136.º, mas, em caso de sub-rogação parcial, o segurador e o segurado concorrem no exercício dos respectivos direitos na proporção que a cada um for devida.
2. No seguro-caução, além da sub-rogação nos termos do número anterior, o contrato pode prever o direito de regresso do segurador contra o tomador do seguro, não podendo, na conjugação das duas pretensões, o segurador exigir mais do que o valor total despendido.

Artigo 166.º
Remissão

Os seguros de crédito e caução são regulados por lei especial e pelas disposições constantes da parte geral que não sejam incompatíveis com a sua natureza.

Secção VI
Seguro de protecção jurídica

Artigo 167.º
Noção

O seguro de protecção jurídica cobre os custos de prestação de serviços jurídicos, nomeadamente de defesa e representação dos interesses do segurado, assim como as despesas decorrentes de um processo judicial ou administrativo.

ARTIGO 168.º
Âmbito

O seguro de protecção jurídica pode ser ajustado num dos seguintes sistemas alternativos:
a) Gestão de sinistros por pessoal distinto;
b) Gestão de sinistros por empresa juridicamente distinta;
c) Livre escolha de advogado.

ARTIGO 169.º
Contrato

A garantia de protecção jurídica deve constar de um contrato distinto do estabelecido para os outros ramos ou modalidades ou de um Capítulo autónomo de uma única apólice, com a indicação do conteúdo da garantia de protecção jurídica.

ARTIGO 170.º
Menções especiais

1. O contrato de seguro de protecção jurídica deve mencionar expressamente que o segurado tem direito a:
   a) Escolher livremente um advogado ou, se preferir, outra pessoa com a necessária habilitação legal para defender, representar ou servir os seus interesses em processo judicial ou administrativo e em qualquer outro caso de conflito de interesses;
   b) Recorrer ao processo de arbitragem estabelecido no artigo seguinte em caso de diferendo entre o segurado e o seu segurador, sem prejuízo de aquele intentar acção ou interpor recurso, desaconselhado pelo segurador, a expensas suas, sendo reembolsado das despesas efectuadas na medida em que a decisão arbitral ou a sentença lhe seja mais favorável do que a proposta de solução apresentada pelo segurador;
   c) Ser informado atempadamente pelo segurador, sempre que surja um conflito de interesses ou que exista desacordo quanto à resolução do litígio, dos direitos referidos nas alíneas anteriores.

2. O contrato de seguro de protecção jurídica pode não incluir a menção referida na alínea a) do número anterior se estiverem preenchidas cumulativamente as seguintes condições:
   a) O seguro for limitado a processos resultantes da utilização de veículos rodoviários no território nacional;
   b) O seguro for associado a um contrato de assistência a fornecer em caso de acidente ou avaria que implique um veículo rodoviário;
   c) Nem o segurador de protecção jurídica, nem o segurador de assistência cobrirem ramos de responsabilidade civil;
   d) Das cláusulas do contrato resultar que a assessoria jurídica e a representação de cada uma das partes de um litígio vão ser exercidas por advogado que não tenha representado nenhum dos interessados no último ano, quando as referidas partes estiverem seguradas em protecção jurídica junto do mesmo segurador ou em seguradores que se encontrem entre si em relação de grupo.

ARTIGO 171.º
Arbitragem

Sem prejuízo do direito de acção ou recurso, o contrato de seguro de protecção jurídica deve conter uma cláusula que preveja o recurso ao processo de arbitragem, sujeito às regras da legislação em vigor e que permita determinar o regime de arbitragem a adoptar em caso de diferendo entre o segurador e o segurado.

ARTIGO 172.º
Limitação

O disposto nos artigos anteriores não se aplica:
a) Ao seguro de protecção jurídica, sempre que diga respeito a litígios ou riscos resultantes da utilização de embarcações marítimas ou relacionados com essa utilização;
b) À actividade exercida pelo segurador de responsabilidade civil na defesa ou na representação do seu segurado em qualquer processo judicial ou administrativo, na medida em que essa actividade se exerça em simultâneo e no seu interesse ao abrigo dessa cobertura;
c) À actividade de protecção jurídica desenvolvida pelo segurador de assistência, quando essa actividade seja exercida fora do Estado da residência habitual do segurado e faça parte de um contrato que apenas vise a assistência prestada às pessoas em dificuldades durante deslocações ou ausências do seu domicílio ou local de residência permanente, e desde que constem expressamente do contrato tanto essas circunstâncias como a de que a cobertura de protecção jurídica é acessória da cobertura de assistência.

SECÇÃO VII
Seguro de assistência

ARTIGO 173.º
Noção

No seguro de assistência o segurador compromete-se, nos termos estipulados, a prestar ou proporcionar auxílio ao segurado no caso de este se encontrar em dificuldades em consequência de um evento aleatório.

ARTIGO 174.º
Exclusões

Não se entendem compreendidas no seguro de assistência a actividade de prestação de serviços de manutenção ou de conservação, nem os serviços de pós-venda e a mera indicação ou disponibilização, na qualidade de intermediário, de meios de auxílio.

Título III
Seguro de pessoas

Capítulo I
Disposições comuns

Artigo 175.º
Objecto

1. O contrato de seguro de pessoas compreende a cobertura de riscos relativos à vida, à saúde e à integridade física de uma pessoa ou de um grupo de pessoas nele identificadas.
2. O contrato de seguro de pessoas pode garantir prestações de valor predeterminado não dependente do efectivo montante do dano e prestações de natureza indemnizatória.

Artigo 176.º
Seguro de várias pessoas

1. O seguro de pessoas pode ser contratado como seguro individual ou seguro de grupo.
2. O seguro que respeite a um agregado familiar ou a um conjunto de pessoas vivendo em economia comum é havido como seguro individual.

Artigo 177.º
Declaração e exames médicos

1. Sem prejuízo dos deveres de informação a cumprir pelo segurado, a celebração do contrato pode depender de declaração sobre o estado de saúde e de exames médicos a realizar à pessoa segura que tenham em vista a avaliação do risco.
2. A realização de testes genéticos ou a utilização de informação genética é regulada em legislação especial.

Artigo 178.º
Informação sobre exames médicos

1. Quando haja lugar à realização de exames médicos, o segurador deve entregar ao candidato, antes da realização dos referidos exames:
   a) Discriminação exaustiva dos exames, testes e análises a realizar;
   b) Informação sobre entidades junto das quais os referidos actos podem ser realizados;
   c) Informação sobre o regime de custeamento das despesas com a realização dos exames e, se for o caso, sobre a forma como o respectivo custo vai ser reembolsado a quem o financie;
   d) Identificação da pessoa, ou entidade, à qual devam ser enviados os resultados dos exames ou relatórios dos actos realizados.

2. Cabe ao segurador a prova do cumprimento do disposto no número anterior.

3. O resultado dos exames médicos deve ser comunicado, quando solicitado, à pessoa segura ou a quem esta expressamente indique.

4. A comunicação a que se refere o número anterior deve ser feita por um médico, salvo se as circunstâncias forem já do conhecimento da pessoa segura ou se puder supor, à luz da experiência comum, que já as conhecia.

5. O disposto no n.º 3 aplica-se igualmente à comunicação ao tomador do seguro ou segurado quanto ao efeito do resultado dos exames médicos na decisão do segurador, designadamente no que respeite à não aceitação do seguro ou à sua aceitação em condições especiais.

6. O segurador não pode recusar-se a fornecer à pessoa segura todas as informações de que disponha sobre a sua saúde, devendo, quando instado, disponibilizar tal informação por meios adequados do ponto de vista ético e humano.

Artigo 179.º
Apólice

Nos contratos de seguro de acidentes pessoais e de saúde de longa duração, além das menções obrigatórias e das menções em caracteres destacados a que se refere o artigo 37.º, a apólice deve, em especial, quando seja o caso, precisar, em caracteres destacados:

  a) A extinção do direito às garantias;
  b) A eventual extensão da garantia para além do termo do contrato;
  c) O regime de evolução e adaptação dos prémios na vigência do contrato.

Artigo 180.º
Pluralidade de seguros

1. Salvo convenção em contrário, as prestações de valor predeterminado são cumuláveis com outras da mesma natureza ou com prestações de natureza indemnizatória, ainda que dependentes da verificação de um mesmo evento.

2. Ao seguro de pessoas, na medida em que garanta prestações indemnizatórias relativas ao mesmo risco, aplicam-se as regras comuns do seguro de danos prescritas no artigo 133.º

3. O tomador do seguro ou o segurado deve informar o segurador da existência ou da contratação de seguros relativos ao mesmo risco, ainda que garantindo apenas prestações de valor predeterminado.

Artigo 181.º
Sub-rogação

Salvo convenção em contrário, o segurador que realize prestações de valor predeterminado no contrato não fica, após a satisfação destas, sub-rogado nos direitos do tomador do seguro ou do beneficiário contra um terceiro que dê causa ao sinistro.

Artigo 182.º
Apólice nominativa

A apólice no seguro de pessoas não pode ser emitida à ordem nem ao portador.

Capítulo II
Seguro de vida

Secção I
Regime comum

Subsecção I
Disposições preliminares

Artigo 183.º
Noção

No seguro de vida, o segurador cobre um risco relacionado com a morte ou a sobrevivência da pessoa segura.

Artigo 184.º
Âmbito

1. O disposto relativamente ao seguro de vida aplica-se aos seguintes contratos:

a) Seguros complementares dos seguros de vida relativos a danos corporais, incluindo, nomeadamente, a incapacidade para o trabalho e a morte por acidente ou invalidez em consequência de acidente ou doença;
b) Seguros de renda;
c) Seguro de nupcialidade;
d) Seguro de natalidade.

2. O disposto nesta secção aplica-se ainda aos seguros ligados a fundos de investimento, com excepção dos artigos 185.º e 186.º

Artigo 185.º
Informações pré-contratuais

1. No seguro de vida, às informações previstas nos artigos 18.º a 21.º acrescem, quando seja o caso, ainda as seguintes:

a) A forma de cálculo e atribuição da participação nos resultados;
b) A definição de cada cobertura e opção;
c) A indicação dos valores de resgate e de redução, assim como a natureza das respectivas coberturas e penalizações em caso de resgate, redução ou transferência do contrato;
d) A indicação dos prémios relativos a cada cobertura, principal ou complementar;
e) O rendimento mínimo garantido, incluindo informação relativa à taxa de juro mínima garantida e à duração desta cobertura;

f) A indicação dos valores de referência utilizados nos contratos de capital variável, bem como do número das unidades de participação;
g) A indicação da natureza dos activos representativos dos contratos de capital variável;
h) A indicação relativa ao regime fiscal;
i) Nos contratos com componente de capitalização, a quantificação dos encargos, sua forma de incidência e momento em que são cobrados;
j) A possibilidade de a pessoa segura aceder aos dados médicos de exames realizados.

2. As informações adicionais constantes do número anterior são também exigíveis nas operações de gestão de fundos colectivos de reforma.
3. Aos deveres de informação previstos no n.º 1 podem acrescer, caso se revelem necessários para a compreensão efectiva pelo tomador do seguro dos elementos essenciais do contrato, deveres de informação e de publicidade ajustados às características específicas do seguro, nos termos a regulamentar pela autoridade de supervisão competente.
4. Se as características específicas do seguro o justificarem, pode ser exigido que a informação seja disponibilizada através de um prospecto informativo, cujo conteúdo e suporte são regulamentados pela autoridade de supervisão competente.

Artigo 186.º
Informações na vigência do contrato

1. O segurador, na vigência do contrato, deve informar o tomador do seguro de alterações relativamente a informações prestadas aquando da celebração do contrato, que possam ter influência na sua execução.
2. Aquando do termo de vigência do contrato, o segurador deve informar o tomador do seguro acerca das quantias a que este tenha direito com a cessação do contrato, bem como das diligências ou documentos necessários para o seu recebimento.

Artigo 187.º
Apólice

1. Além do disposto no artigo 37.º, a apólice de seguro de vida, quando seja o caso, deve indicar as seguintes informações:
   a) As condições, o prazo e a periodicidade do pagamento dos prémios;
   b) A cláusula de incontestabilidade;
   c) As informações prestadas nos termos do artigo 185.º;
   d) O período máximo em que o tomador do seguro pode exercer a faculdade de repor em vigor o contrato de seguro após a respectiva resolução ou redução;
   e) As condições de manutenção do contrato pelos beneficiários em caso de morte, ou pelos herdeiros;
   f) Se o contrato dá ou não lugar a participação nos resultados e, no primeiro caso, qual a forma de cálculo e de distribuição desses resultados;
   g) Se o contrato dá ou não lugar a investimento autónomo dos activos representativos das provisões matemáticas e, no primeiro caso, indicação da natureza e regras para a formação da carteira de investimento desses activos.

2. Das condições gerais e ou especiais dos contratos de seguro de grupo devem constar, além dos elementos referidos no número anterior, os seguintes:
 a) As obrigações e os direitos das pessoas seguras;
 b) A transferência do eventual direito ao valor de resgate para a pessoa segura, no mínimo na parte correspondente à sua contribuição para o prémio, caso se trate de um seguro contributivo;
 c) A entrada em vigor das coberturas para cada pessoa segura;
 d) As condições de elegibilidade, enunciando os requisitos para que o candidato a pessoa segura possa integrar o grupo.

SUBSECÇÃO II
Risco

ARTIGO 188.º
Incontestabilidade

1. O segurador não se pode prevalecer de omissões ou inexactidões negligentes na declaração inicial do risco decorridos dois anos sobre a celebração do contrato, salvo convenção de prazo mais curto.
2. O disposto no número anterior não é aplicável às coberturas de acidente e de invalidez complementares de um seguro de vida, salvo previsão contratual em contrário.

ARTIGO 189.º
Erro sobre a idade da pessoa segura

1. O erro sobre a idade da pessoa segura é causa de anulabilidade do contrato se a idade verdadeira divergir dos limites mínimo e máximo estabelecidos pelo segurador para a celebração deste tipo de contrato de seguro.
2. Não sendo causa de anulabilidade, em caso de divergência, para mais ou para menos, entre a idade declarada e a verdadeira, a prestação do segurador reduz-se na proporção do prémio pago ou o segurador devolve o prémio em excesso, consoante o caso.

ARTIGO 190.º
Agravamento do risco

O regime do agravamento do risco previsto nos artigos 93.º e 94.º não é aplicável aos seguros de vida, nem, resultando o agravamento do estado de saúde da pessoa segura, às coberturas de acidente e de invalidez por acidente ou doença complementares de um seguro de vida.

Artigo 191.º
Exclusão do suicídio

1. Está excluída a cobertura da morte em caso de suicídio ocorrido até um ano após a celebração do contrato, salvo convenção em contrário.

2. O disposto no número anterior aplica-se em caso de aumento do capital seguro por morte, bem como na eventualidade de o contrato ser reposto em vigor, mas, em qualquer caso, a exclusão respeita somente ao acréscimo de cobertura relacionado com essas circunstâncias.

Artigo 192.º
Homicídio

O autor, cúmplice, instigador ou encobridor do homicídio doloso da pessoa segura, ainda que não consumado, perde o direito à prestação, aplicando-se, salvo convenção em contrário, o regime da designação beneficiária.

Artigo 193.º
Danos corporais provocados

Sem prejuízo do disposto no artigo 46.º e nos artigos da presente subsecção, se o dano corporal na pessoa segura foi provocado dolosamente pelo beneficiário, a prestação reverte para a pessoa segura.

Subsecção III
Direitos e deveres das partes

Artigo 194.º
Redução e resgate

1. O contrato deve regular os eventuais direitos de redução e de resgate de modo a que o respectivo titular se encontre apto, a todo o momento, a conhecer o respectivo valor.

2. No seguro de grupo contributivo, o contrato deve igualmente regular a titularidade do resgate tendo em conta a contribuição do segurado.

3. O segurador deve anexar à apólice uma tabela de valores de resgate e de redução calculados com referência às datas de renovação do contrato, sempre que existam valores mínimos garantidos.

4. Caso a tabela seja anexada à apólice, o segurador deve referi-lo expressamente no clausulado.

5. No caso de designação irrevogável de beneficiário, o contrato fixa as condições de exercício do direito de resgate.

ARTIGO 195.º
Adiantamentos

O segurador pode, nos termos do contrato, conceder adiantamentos sobre o capital seguro, nos limites da provisão matemática.

ARTIGO 196.º
Cessão ou oneração de direitos

O direito de resgate ou qualquer outro direito de que goze o tomador do segurado, o segurado ou o beneficiário pode ser cedido ou onerado, nos termos gerais, devendo tal facto ser comunicado ao segurador.

ARTIGO 197.º
Cessão da posição contratual

1. Salvo convenção em contrário, o tomador do seguro, não sendo pessoa segura, pode transmitir a sua posição contratual a um terceiro, que assim fica investido em todos os direitos e deveres que correspondiam àquele perante o segurador.
2. A cessão da posição contratual depende do consentimento do segurador, nos termos gerais, devendo ser comunicada à pessoa segura e constar de acta adicional à apólice.

ARTIGO 198.º
Designação beneficiária

1. Salvo o disposto no artigo 81.º, o tomador do seguro, ou quem este indique, designa o beneficiário, podendo a designação ser feita na apólice, em declaração escrita posterior recebida pelo segurador ou em testamento.
2. Salvo estipulação em contrário, por falecimento da pessoa segura, o capital seguro é prestado:
    a) Na falta de designação do beneficiário, aos herdeiros da pessoa segura;
    b) Em caso de premoriência do beneficiário relativamente à pessoa segura, aos herdeiros desta;
    c) Em caso de premoriência do beneficiário relativamente à pessoa segura, tendo havido renúncia à revogação da designação beneficiária, aos herdeiros daquele;
    d) Em caso de comoriência da pessoa segura e do beneficiário, aos herdeiros deste.
3. Salvo estipulação em contrário, no seguro de sobrevivência, o capital seguro é prestado à pessoa segura, tanto na falta de designação do beneficiário como no caso de premoriência do beneficiário relativamente à pessoa segura.

Artigo 199.º
Alteração e revogação da cláusula beneficiária

1. A pessoa que designa o beneficiário pode a qualquer momento revogar ou alterar a designação, excepto quando tenha expressamente renunciado a esse direito ou, no seguro de sobrevivência, tenha havido adesão do beneficiário.
2. Em caso de renúncia à faculdade de revogação ou, no seguro de sobrevivência, tendo havido adesão do beneficiário, o tomador do seguro, salvo convenção em contrário, não tem os direitos de resgate, de adiantamento e de redução.
3. O poder de alterar a designação beneficiária cessa no momento em que o beneficiário adquira o direito ao pagamento das importâncias seguras.
4. No caso de a pessoa segura ter assinado, juntamente com o tomador do seguro, a proposta de seguro de que conste a designação beneficiária ou tendo a pessoa segura designado o beneficiário, a alteração da designação beneficiária pelo tomador do seguro carece do acordo da pessoa segura, sem prejuízo do disposto quanto ao seguro de grupo.
5. A alteração da designação beneficiária feita por pessoa diversa da pessoa segura ou sem o acordo desta deve ser comunicada pelo segurador à pessoa segura, sem prejuízo do disposto quanto ao seguro de grupo.

Artigo 200.º
Pessoas estranhas ao benefício

As relações do tomador do seguro com pessoas estranhas ao benefício não afectam a designação beneficiária, sendo aplicáveis as disposições relativas à colação, à imputação e à redução de liberalidades, assim como à impugnação pauliana, só no que corresponde às quantias prestadas pelo tomador do seguro ao segurador.

Artigo 201.º
Interpretação da cláusula beneficiária

1. A designação genérica dos filhos de determinada pessoa como beneficiários, em caso de dúvida, entende-se referida a todos os filhos que lhe sobreviverem, assim como aos descendentes dos filhos em representação daqueles.
2. Quando a designação genérica se refira aos herdeiros ou ao cônjuge, em caso de dúvida, considera-se como tais os herdeiros legais que o sejam à data do falecimento.
3. Sendo a designação feita a favor de vários beneficiários, o segurador realiza a prestação em partes iguais, excepto:
   a) No caso de os beneficiários serem todos os herdeiros da pessoa segura, em que se observam os princípios prescritos para a sucessão legítima;
   b) No caso de premoriência de um dos beneficiários, em que a sua parte cabe aos respectivos descendentes.

4. O disposto no número anterior não se aplica quando haja estipulação em contrário.

Artigo 202.º
Pagamento do prémio

1. O tomador do seguro deve pagar o prémio nas datas e condições estipuladas no contrato.
2. O segurador deve avisar o tomador do seguro com uma antecedência mínima de 30 dias da data em que se vence o prémio, ou fracção deste, do montante a pagar assim como da forma e do lugar de pagamento.

Artigo 203.º
Falta de pagamento do prémio

1. A falta de pagamento do prémio na data de vencimento confere ao segurador, consoante a situação e o convencionado, o direito à resolução do contrato, com o consequente resgate obrigatório, o direito à redução do contrato ou o direito à transformação do seguro num contrato sem prémio.
2. O período máximo em que o tomador do seguro pode exercer a faculdade de repor em vigor, nas condições originais e sem novo exame médico, o contrato de seguro reduzido ou resolvido deve constar das condições da apólice e ser fixado a contar da data de redução ou de resolução.

Artigo 204.º
Estipulação beneficiária irrevogável

1. Em caso de não pagamento do prémio na data de vencimento, se o contrato estabelecer um benefício irrevogável a favor de terceiro, deve o segurador interpelá-lo, no prazo de 30 dias, para, querendo, substituir-se ao tomador do seguro no referido pagamento.
2. O segurador, que não tenha interpelado o beneficiário nos termos do número anterior, não lhe pode opor as consequências convencionadas para a falta de pagamento do prémio.

Artigo 205.º
Participação nos resultados

1. A participação nos resultados corresponde ao direito, contratualmente definido, de o tomador do seguro, de o segurado ou de o beneficiário auferir parte dos resultados técnicos, financeiros ou ambos gerados pelo contrato de seguro ou pelo conjunto de contratos em que aquele se insere.
2. Durante a vigência do contrato, o segurador deve informar o tomador do seguro, anualmente, sobre o montante da participação nos resultados distribuídos.
3. No caso de cessação do contrato, o tomador do seguro, o segurado ou o beneficiário, consoante a situação, mantém o direito à participação nos resultados, atribuída mas ainda não distribuída, bem como, quando ainda não atribuída, o direito à participação nos resultados calculado pro rata temporis desde a data da última atribuição até à cessação do contrato.

Artigo 206.º
Instrumentos de captação de aforro estruturados

1. Os instrumentos de captação de aforro estruturados correspondem a instrumentos financeiros que, embora assumam a forma jurídica de um instrumento original já existente, têm características que não são directamente identificáveis com as do instrumento original, em virtude de terem associados outros instrumentos de cuja evolução depende, total ou parcialmente, a sua rendibilidade, sendo o risco do investimento assumido, ainda que só em parte, pelo tomador do seguro.

2. São qualificados como instrumentos de captação de aforro estruturados os seguros ligados a fundos de investimento, podendo, por norma regulamentar da autoridade de supervisão competente, ser qualificados como instrumentos de captação de aforro estruturados outros contratos ou operações que reúnam as características identificadas no número anterior.

3. Sem prejuízo do disposto no n.º 1 do artigo 187.º, a apólice de seguros ligados a fundos de investimento deve estabelecer:

a) A constituição de um valor de referência;
b) Os direitos do tomador do seguro, quando da eventual liquidação de um fundo de investimento ou da eliminação de uma unidade de conta, antes do termo do contrato;
c) A forma de informação sobre a evolução do valor de referência, bem como a regularidade da mesma;
d) As condições de liquidação do valor de resgate e das importâncias seguras, quer seja efectuada em numerário quer nos títulos que resultam do funcionamento do contrato;
e) A periodicidade da informação a prestar ao tomador do seguro sobre a composição da carteira de investimentos.

SECÇÃO II
Operações de capitalização

Artigo 207.º
Extensão

O regime comum do contrato de seguro e o regime especial do seguro de vida são aplicáveis subsidiariamente às operações de capitalização, desde que compatíveis com a respectiva natureza.

Artigo 208.º
Documento escrito

1. Das condições gerais e especiais das operações de capitalização devem constar os seguintes elementos:

a) A identificação das partes;

b) O capital garantido e os respectivos valores de resgate nas datas aniversárias do contrato;
c) As prestações a satisfazer pelo subscritor ou portador do título;
d) Os encargos, sua forma de incidência e o momento em que são cobrados;
e) A indicação de que o contrato confere ou não confere o direito à participação nos resultados e, no primeiro caso, de qual a forma de cálculo e de distribuição desses resultados;
f) A indicação de que o subscritor ou portador do título pode requerer, a qualquer momento, as seguintes informações:
  i) Em contratos de prestação única com participação nos resultados, o valor da participação nos resultados distribuída até ao momento referido no pedido de informação;
  ii) Em contratos de prestações periódicas, a situação relativa ao pagamento das prestações e, caso se tenha verificado falta de pagamento, o valor de resgate contratualmente garantido, se a ele houver lugar, bem como a participação nos resultados distribuídos, se for caso disso;
g) O início e a duração do contrato;
h) As condições de resgate;
i) A forma de transmissão do título;
j) A indicação do regime aplicável em caso de destruição, perda ou extravio do título;
l) As condições de cessação do contrato por iniciativa de uma das partes;
m) A lei aplicável ao contrato e as condições de arbitragem.

2. Sem prejuízo do disposto no número anterior, os contratos de capitalização expressos em unidades de conta devem incluir as cláusulas estabelecidas no n.º 3 do artigo 206.º

3. Tratando-se de títulos ao portador, as condições gerais e ou especiais do contrato devem prever a obrigatoriedade de o seu legítimo detentor, em caso de extravio, avisar imediatamente o segurador.

4. Nas condições particulares, os títulos devem referir:
a) O número respectivo;
b) O capital contratado;
c) As datas de início e de termo do contrato;
d) O montante das prestações e as datas da sua exigibilidade, quando periódicas;
e) A taxa técnica de juro garantido;
f) A participação nos resultados, se for caso disso;
g) O subscritor ou o detentor, no caso de títulos nominativos.

5. As condições gerais e especiais dos contratos de capitalização devem ser identificadas no título emitido no momento da celebração de cada contrato.

6. O título a que se refere o número anterior pode revestir a forma escritural, nos termos regulamentados pelas autoridades de supervisão competentes.

Artigo 209.º
Manutenção do contrato

A posição do subscritor no contrato transmite-se, em caso de morte, para os sucessores, mantendo-se o contrato até ao prazo do vencimento.

Capítulo III
Seguros de acidente e de saúde

Secção I
Seguro de acidentes pessoais

Artigo 210.º
Noção

No seguro de acidentes pessoais o segurador cobre o risco da verificação de lesão corporal, invalidez, temporária ou permanente, ou morte da pessoa segura, por causa súbita, externa e imprevisível.

Artigo 211.º
Remissão

1. As regras constantes dos artigos 192.º, 193.º, 198.º, 199.º, n.ºs 1 a 3, 200.º e 201.º são aplicáveis, com as necessárias adaptações, aos seguros de acidentes pessoais.
2. O disposto sobre salvamento e mitigação do sinistro nos artigos 126.º e 127.º aplica-se aos seguros de acidentes pessoais com as necessárias adaptações.

Artigo 212.º
Regra especial

1. Se o contrato respeitar a terceiro, em caso de dúvida, é este o beneficiário do seguro.
2. Se o tomador do seguro for designado como beneficiário e não sendo aquele a pessoa segura, para a celebração do contrato é necessário o consentimento desta, desde que a pessoa segura seja identificada individualmente no contrato.

Secção II
Seguro de saúde

Artigo 213.º
Noção

No seguro de saúde, o segurador cobre riscos relacionados com a prestação de cuidados de saúde.

ARTIGO 214.º
Cláusulas contratuais

Do contrato de seguro de saúde anual renovável deve constar de forma bem visível e destacada que:
 a) O segurador apenas cobre o pagamento das prestações convencionadas ou das despesas efectuadas em cada ano de vigência do contrato;
 b) As condições de indemnização em caso de não renovação do contrato ou da cobertura da pessoa segura respeitam ao risco coberto no contrato, de acordo com o disposto no artigo 217.º

ARTIGO 215.º
Regime aplicável

Não é aplicável ao seguro de saúde:
 a) O regime do agravamento do risco, previsto nos artigos 93.º e 94.º, relativamente às alterações do estado de saúde da pessoa segura;
 b) A obrigação de informação da pluralidade de seguros, prevista nos n.ᵒˢ 2 e 3 do artigo 180.º

ARTIGO 216.º
Doenças preexistentes

1. As doenças preexistentes, conhecidas da pessoa segura à data da realização do contrato, consideram-se abrangidas na cobertura convencionada pelo segurador, podendo ser excluídas por acordo em contrário, de modo genérico ou especificadamente.
2. O contrato pode ainda prever um período de carência não superior a um ano para a cobertura de doenças preexistentes.

ARTIGO 217.º
Cessação do contrato

1. Em caso de não renovação do contrato ou da cobertura e não estando o risco coberto por um contrato de seguro posterior, o segurador não pode, nos dois anos subsequentes e até que se mostre esgotado o capital seguro no último período de vigência do contrato, recusar as prestações resultantes de doença manifestada ou outro facto ocorrido na vigência do contrato, desde que cobertos pelo seguro.
2. Para efeito do disposto no número anterior, o segurador deve ser informado da doença nos 30 dias imediatos ao termo do contrato, salvo justo impedimento.

ÍNDICE GERAL

Plano	5
Abreviaturas	7
I – Introdução	9
A – Enquadramento	12
1. A União Europeia	13
1.1. Livre circulação	13
1.2. Mercado único de seguros	15
2. Legislação	16
2.1. Legislação específica sobre contratos celebrados à distância	16
2.2. Legislação específica sobre contratação electrónica	17
2.3. Legislação específica sobre contrato de seguro	18
2.3.1. Regime anterior a 2009	20
2.3.2. Novo regime	22
2.4. Legislação geral aplicável aos contratos	26
2.4.1. Regime das cláusulas contratuais gerais	26
2.4.2. Legislação de defesa do consumidor	28
3. Consumidores	29
3.1. Protecção do consumidor	31
3.2. Evolução do regime de protecção	34
3.2.1. Revisão do aquis comunitário em matéria de contratos de consumo	35
3.2.2. Revisão da legislação nacional	38
3.2.3. Simplificação da informação	38
3.2.4. Dever de conselho ao consumidor	39
3.2.5. Abrangência das micro-empresas	40
3.3. Protecção objectiva	41
B – Sistematização	44
1. Sequência	44
2. Delimitação	45
3. Circunstâncias específicas	45
4. Questão transversal e questões estruturais	48
5. Regime do contrato de seguro à distância	48

II – Contratação à distância 49
   A – Regime geral do contrato à distância 52
      1. Aspectos gerais 52
         1.1. Âmbito de aplicação dos diplomas legais 52
         1.2. Definições 55
            1.2.1. Contrato à distância 56
            1.2.2. Prestadores de serviços financeiros à distância 59
            1.2.3. Consumidor 60
      2. Deveres de informação 61
         2.1. Informações obrigatórias a consumidores 61
         2.2. Modo e tempo da prestação da informação 64
            2.2.1. Entrega de cláusulas contratuais 64
            2.2.2. Modo 65
            2.2.3. Tempo 66
            2.2.4. Consequências 67
         2.3. Comunicações por telefonia vocal 68
      3. Direito de livre resolução do contrato 68
         3.1. Âmbito 71
         3.2. Prazo 71
         3.3. Modo 73
         3.4. Pendência do exercício 73
         3.5. Caducidade e efeitos 74
      4. Fiscalização e regime sancionatório 75
   B – Contratação electrónica 78
      1. Noções de contratação electrónica 78
         1.1. Contratação electrónica em sentido legal 80
         1.2. Contratos celebrados por meio de comunicação individual 82
      2. Regime da contratação electrónica 84

III – Contrato de seguro 89
   1. Definição de seguro 89
      1.1. Regime anterior a 2009 94
      1.2. Novo regime 97
   2. Forma 99
      2.1. Regime anterior a 2009 99
         2.1.1. Amplitude da forma legal para o contrato de seguro 101
         2.1.2. Modos de cumprimento dos requisitos de forma 104
         2.1.3. Consequências efectivas da inobservância da forma legal 105
      2.2. Novo regime 105
   3. Pagamento de prémios 107
      3.1. Regime anterior a 2009 107
      3.2. Novo Regime 108
   4. Deveres de informação do segurador 108
      4.1. Regime anterior a 2009 109
         4.1.1. Deveres de informação pré-contratuais e na vigência do contrato 110

      4.1.2. Menções obrigatórias da apólice 113
      4.1.3. Modo de informar 115
    4.2. Novo regime 115
      4.2.1. Deveres de informação 115
      4.2.2. Dever especial de esclarecimento 117
      4.2.3. Menções obrigatórias na apólice 120
      4.2.4. Modo de informar 121
  5. Direito de resolução do contrato 122
    5.1. Regime anterior a 2009 124
      5.1.1. Direito de renúncia no regime da transparência 125
      5.1.2. Direito de renúncia no regime geral da actividade seguradora   126
    5.2. Novo regime 127
      5.2.1. Direito de livre resolução 127
      5.2.2. Resolução por incumprimento de deveres de informação 130
      5.2.3. Resolução por não entrega da apólice 132
      5.2.4. Resolução por justa causa e após o sinistro 133
      5.2.5. Consequências 134

IV – Contrato de seguro à distância 137

  A – Aspectos gerais 140

    1. Evolução do mercado 140
    2. Canais de distribuição 142
    3. Questões prévias 145
      3.1. Protecção de consumidores e de não consumidores 146
        3.1.1. Consumidores 146
        3.1.2. Não consumidores 147
        3.1.3. Atenuação prática da distinção 147
      3.2. Práticas comerciais desleais 148
      3.3. Regime anterior e novo regime do contrato de seguro 149
    4. Figuras relevantes 150
      4.1. Contrato electrónico 151
      4.2. Contrato em linha 153
      4.3. Contrato por telefone 154
    5. Terminologia adoptada 155

  B – Contrato de seguro electrónico 156

    1. Formação do contrato 158
      1.1. Forma e assinatura electrónicas 158
      1.2. Forma do contrato de seguro electrónico 163
        1.2.1. Regime anterior a 2009 164
        1.2.2. Novo regime do contrato de seguro electrónico 169
      1.3. Dispositivos de identificação e correcção de erros 170
      1.4. Estrutura da loja virtual 172
      1.5. Pagamento do prémio 174
    2. Deveres de informação e apólice 176
      2.1. Deveres de informação pré-contratual e na vigência do contrato 176
        2.1.1. Do contrato à distância 177

        2.1.2. Da contratação electrónica 180
        2.1.3. Do contrato de seguro 182
    2.2. Menções obrigatórias na apólice 184
    2.3. Acumulação de informação 186
    2.4. Modo de informar 190
    2.5. Consequências do não cumprimento 192
        2.5.1. Contra-ordenações e invalidade 192
        2.5.2. Sanções acessórias 193
        2.5.3. Regime das cláusulas contratuais gerais 194
  3. Direito de livre resolução do contrato de seguro electrónico 194
    3.1. Regime anterior a 2009 195
    3.2. Novo regime do contrato de seguro electrónico 197
  4. Processo de formação do contrato de seguro electrónico 199

C – Contrato de seguro em linha 203
  1. Regime específico do contrato em linha 203
  2. Regime do contrato de seguro em linha 206
    2.1. Formação do contrato 207
    2.2. Deveres de informação e direito de livre resolução 212

D – Contrato de seguro por telefone 214
  1. Aspectos gerais 215
  2. Contratação electrónica e por telefone 217
  3. Especificidades do contrato por telefone 218
  4. Regime do contrato de seguro por telefone 219
    4.1. Formação do contrato 219
        4.1.1. Regime anterior a 2009 220
        4.1.2. Novo regime do contrato de seguro por telefone 221
    4.2. Deveres de informação pré-contratual e apólice 221
    4.3. Direito de livre resolução do contrato 223

V – Conclusões gerais 225

Bibliografia 233

Anexo de Legislação 247
  Serviços financeiros à distância 249
  Comércio electrónico e serviços da sociedade da informação 265
  Práticas comerciais desleais 283
  Lei do contrato de seguro 299

Índice geral 373